LITTÉRATURE, HISTOIRE, POLITIQUE
sous la direction de Catherine Coquio, Lucie Campos et Emmanuel Bouju
46

W. G. Sebald, l'économie du pathos

Ce livre a été écrit au Zentrum für Literatur- und Kulturforschung de Berlin grâce à une bourse de recherche de la Fondation Alexander von Humboldt.

Ouvrage publié avec le soutien de l'Équipe de recherche interdisciplinaire sur les aires culturelles (ERIAC) de l'université de Rouen Normandie.

Karine Winkelvoss

W. G. Sebald, l'économie du pathos

PARIS
CLASSIQUES GARNIER
2021

Karine Winkelvoss est maîtresse de conférences en littérature de langue allemande à l'université de Rouen Normandie. Ancienne élève de l'École normale supérieure de Fontenay-Saint-Cloud, agrégée d'allemand, elle a publié *Rilke, la pensée des yeux* (préface de Georges Didi-Huberman) et d'autres travaux sur Rilke, Thomas Mann, Peter Handke, Georg Trakl et W. G. Sebald.

ISBN 978-2-406-10760-6 (livre broché)
ISBN 978-2-406-10761-3 (livre relié)
ISSN 2259-9479

TABLE DES ABRÉVIATIONS

Œuvres de Sebald

Les citations des œuvres de W. G. Sebald sont données ici en traduction française. Afin que le lecteur puisse se reporter facilement aux passages correspondants des œuvres en langue originale, j'indique en note, à la suite de la référence de la traduction française, celle de l'édition de référence allemande. Pour tous les autres textes cités, en l'absence de référence à une traduction française, c'est moi qui traduis.

RÉCITS : ÉDITIONS EN LANGUE ORIGINALE

DA	*Die Ausgewanderten. Vier lange Erzählungen*, Frankfurt a. M., Eichborn, 1992.
RS	*Die Ringe des Saturn. Eine englische Wallfahrt*, Frankfurt a. M., Fischer, 1997 (l'édition originale, parue en 1995 chez Eichborn, étant difficilement accessible, on cite ici d'après l'édition de poche parue chez Fischer).
A	*Austerlitz*, München, Hanser, 2001.
SG	*Schwindel. Gefühle.*, Frankfurt a. M., Eichborn, 1990.

RÉCITS : TRADUCTIONS

V *Vertiges*, traduit de l'allemand par Patrick Charbonneau, Arles, Actes Sud, 2001.

LÉ *Les Émigrants : quatre récits illustrés*, traduit de l'allemand par Patrick Charbonneau, Arles, Actes Sud, 1999.

AS *Les Anneaux de Saturne*, traduit de l'allemand par Bernard Kreiss, Arles, Actes Sud, 1999.

A' *Austerlitz*, traduit de l'allemand par Patrick Charbonneau, Arles, Actes Sud, 2002.

ESSAIS : ÉDITIONS EN LANGUE ORIGINALE

BU *Die Beschreibung des Unglücks. Zur österreichischen Literatur von Stifter bis Handke*, Salzburg/Wien, Residenz Verlag, 1985.

LL *Logis in einem Landhaus. Über Gottfried Keller, Johann Peter Hebel, Robert Walser und andere*, München, Hanser, 1998.

LK *Luftkrieg und Literatur. Mit einem Essay zu Alfred Andersch*, München, Hanser, 1999.

CS *Campo Santo*, München, Hanser, 2003.

/ W. G. Sebald (éd.), *A Radical Stage. Theatre in Germany in the 1970s and 1980s*, Oxford / New York / Hamburg, Berg, 1988.

ESSAIS : TRADUCTIONS

AP *Amère patrie : à propos de la littérature autrichienne*, essais traduits de l'allemand par Patrick Charbonneau, Arles, Actes Sud, 2017.

DM *La description du malheur : à propos de la littérature autrichienne*, essais traduits de l'allemand par Patrick Charbonneau, Arles, Actes Sud, 2014.

SC *Séjours à la campagne*, suivi de *Au royaume des ombres*, par Jan Peter Tripp, traduit de l'allemand par Patrick Charbonneau, Arles, Actes Sud, 2005.

DD *De la destruction comme élément de l'histoire naturelle*, traduit de l'allemand par Patrick Charbonneau, Arles, Actes Sud, 2004.

CS' *Campo Santo*, traduit de l'allemand par Patrick Charbonneau et Sibylle Muller, Arles, Actes Sud, 2009.

POÉSIE : ÉDITIONS EN LANGUE ORIGINALE

NN *Nach der Natur*, Frankfurt a. M., Fischer, 1995 (l'édition originale, parue en 1988 chez Greno à Nördlingen, étant difficilement accessible, on cite ici d'après l'édition de poche parue chez Fischer).

U *Unerzählt. 33 Texte und 33 Radierungen. Mit einem Gedicht von Hans Magnus Enzensberger und einem Nachwort von Andrea Köhler* [avec Jan Peter Tripp], München, Hanser, 2002.

POÉSIE : TRADUCTIONS

AN *D'après nature : poème élémentaire*, traduit de l'allemand par Patrick Charbonneau et Sibylle Muller, Arles, Actes Sud, 2007.

NED *Nul encore n'a dit : poèmes*, illustrations de Jan Peter Tripp, traduit de l'allemand par Patrick Charbonneau, préface de Gilles Ortlieb, Paris, Éditions Fario, 2014.

ENTRETIENS

G « *Auf ungeheuer dünnem Eis* ». *Gespräche 1971 bis 2001* [2011], éd. Torsten Hoffmann, Frankfurt a. M, Fischer, 2011.

AdM Lynne Sharon Schwartz *et al.* (éd.), *L'archéologue de la mémoire. Conversations avec W. G. Sebald*, trad. Delphine Chartier et Patrick Charbonneau, Arles, Actes Sud, 2009 [titre original : *The Emergence of Memory. Conversations with W. G. Sebald*, Seven Stories Press, New York, 2007.]

MANUSCRITS ET DOCUMENTS INÉDITS

Les manuscrits, tapuscrits, documents et matériaux divers, ainsi que la bibliothèque de travail de W. G. Sebald sont conservés au Deutsches Literaturarchiv de Marbach. Pour cette étude, j'y ai consulté en particulier :

– Le manuscrit d'*Austerlitz* (*Austerlitz. Handschriftliches Manuskript)* et autres tapuscrits, épreuves, documents et matériaux divers liés à *Austerlitz* (17 dossiers répartis en quatre boîtes), notamment la *Mappe 12, 14 et 15.*

- Les deux dossiers de fiches et de notes intitulés « *Verschiedenes. Konvolut* POETOLOGISCHE ZITATE UND NOTIZEN » et « *Konvolut* EXZERPTE UND NOTIZEN »
- Les volumes (le plus souvent annotés) de la bibliothèque de travail de Sebald, dont le catalogue, consultable sur place, a été établi par Jo Catling.

INTRODUCTION

SEBALD « SANS PATHOS » : UNE IDÉE REÇUE ?

> PATHOS : Tonner contre, s'insurger. Déclarer avec un air hautain que la vraie littérature l'ignore. Féliciter un auteur d'avoir su, dans son roman, éviter l'écueil du pathos. Écrire : c'est un beau livre, grave. Ajouter aussitôt : mais sans pathos[1].

Cette entrée ne figure pas dans le *Dictionnaire des idées reçues* de Flaubert : c'est Philippe Forest qui, dans son « Petit éloge du pathos », la lui ajoute en pensée. Flaubert lui-même aurait-il pu inscrire ce discours anti-pathétique à l'index de ses *idées reçues* et railler ainsi l'inanité d'un refus du pathos que par ailleurs il revendique à travers le principe de l'*impassibilité* ? C'est possible, tant la question du *pathos* est vertigineuse. En tout cas, pour le lecteur d'aujourd'hui, cette entrée fictive produit très fortement l'effet que le *Dictionnaire* flaubertien était, dans son ensemble, destiné à produire : « qu'une fois qu'on l'aurait lu on n'osât plus parler, de peur de dire naturellement une des phrases qui s'y trouvent[2]. » En effet, féliciter un auteur d'avoir su « éviter l'écueil du pathos » est quelque chose qui arrive très « naturellement » – notamment lorsqu'on parle de W. G. Sebald. À propos d'*Austerlitz*, son dernier livre, dont le personnage éponyme découvre

1 « Je me propose d'ouvrir à la lettre P le *Dictionnaire des idées reçues* qui accompagne (théoriquement, invisiblement, fictivement) mes romans. J'y trouve l'article "Pathos". Je lis : [...] ». Philippe Forest, « Petit éloge du pathos », *Le roman, le réel et autres essais* (*Allaphbed 3*), Nantes, Éditions Cécile Defaut, 2007, p. 211-219, p. 212. *Cf.* Maïté Snauwaert, « Une poétique du pathétique », *Philippe Forest. Une vie à écrire*, éd. Aurélie Foglia, Catherine Mayaux, Anne-Gaëlle Saliot et Laurent Zimmermann, Paris, Gallimard, 2018, p. 15-25.

2 À Louise Colet, 16 décembre 1852, cité dans Gustave Flaubert, *Le Dictionnaire des idées reçues* et *Le Catalogue des idées chic*, éd. Anne Herschberg Pierrot, Paris, Librairie Générale Française, 1997, p. 23.

tardivement son histoire et son identité d'enfant juif de Prague, sauvé de la déportation par un convoi d'enfants vers l'Angleterre, pourquoi devrait-on avoir peur de dire que c'est un « beau livre, grave [...] mais sans pathos » ? N'est-ce pas ce qui se dit le plus souvent, n'est-ce pas à juste titre que cela se dit, et n'est-ce pas enfin ce que Sebald lui-même ne cesse de revendiquer ?

Dans ses essais critiques comme dans ses entretiens, Sebald défend en effet l'*impassibilité* du style, la neutralité du ton, la sobriété de l'expression, la diction non-pathétique et non-mélodramatique avec une telle insistance et une telle constance que son souci d'« éviter l'écueil du pathos » semble avoir acquis une valeur d'évidence, rarement interrogée en tant que telle par la critique[3] – tant la tentation est grande d'adopter, implicitement et comme par mimétisme, les valeurs « éthiques-esthétiques » explicitement revendiquées par l'auteur pour les voir ensuite réalisées – ou non – dans son œuvre. De nombreux lecteurs, en effet, soit félicitent Sebald d'avoir su éviter le pathos, soit le blâment de n'avoir pas su l'éviter, confirmant dans tous les cas l'impression d'un consensus implicite, d'un impératif impensé, d'une *doxa* qui a fini par se constituer en *idée reçue* et exige d'être identifiée comme telle, parce qu'elle fausse la lecture de l'œuvre, me semble-t-il, sur un point central. Car en postulant l'*absence* pure et simple de pathos, on s'empêche de saisir le *travail* paradoxal du pathos et les *formes* qu'il prend dans l'œuvre de Sebald, à travers des procédés qui cherchent à la fois à l'intensifier et à le maîtriser. L'enjeu de la question du pathos, c'est en effet que les affects « ouvrent » la pensée et non qu'ils la referment.

Car il est évident que le *pathos* est au cœur de l'œuvre de Sebald, pour peu que l'on ne retienne pas de ce terme sa seule acception péjorative – celle d'un mode d'expression grandiloquent, excessif, creux, bref inauthentique. Cette connotation, acquise à partir du XVIIIe siècle dans le contexte de la critique de la rhétorique et d'un nouvel idéal de « naturel » dans l'expression des émotions[4], se maintient curieusement alors

3 À l'exception notamment de Susan Sontag, « Une âme en peine [*A mind in mourning*] », *Face à Sebald*, Paris, éditions inculte, 2011, p. 383-396, et de Lucie Campos, *Fictions de l'après : Coetzee, Kertész, Sebald. Temps et contretemps de la conscience historique*, Paris, Classiques Garnier, 2012.

4 J. A. Bär, « Pathos », *Historisches Wörterbuch der Rhetorik*, éd. Gert Ueding, vol. 6, Tübingen, Niemeyer, 2003, p. 689-717, p. 708 (l'article a deux autres auteurs, M. Kraus pour l'Antiquité et B. K. Vollmann pour le Moyen-Âge).

même que depuis longtemps, notamment grâce à l'anthropologie et à tout ce qui relève de la *Kulturwissenschaft*, on a cessé de croire au *naturel* de l'expression des émotions – et même de ces émotions elles-mêmes. Étrangement, donc, le discours anti-pathétique de Sebald semble participer d'un souci d'*authenticité* maintes fois revendiqué par cet auteur pourtant particulièrement autoréflexif et conscient de ses propres procédés et artifices. On pourrait certes être tenté, à propos du *pathos*, de faire appel au bon sens et au juste milieu : tout en sachant bien qu'il n'est pas d'expression des émotions qui ne soit dans une certaine mesure traversée par des formes culturelles préexistantes, on réprouve généralement le recours à une rhétorique conventionnelle – au nom de l'authenticité. Et tout en valorisant une certaine intensité émotionnelle, on s'accorde facilement sur la nécessité de ne pas « en faire trop » – notons ici que le consensus spontané sur le rejet du pathos porte autant sur son caractère *excessif* que sur son caractère *préfabriqué, stéréotypé.* Mais il n'est pas aisé d'en déterminer les critères et les limites sans réduire le problème du pathos à une simple affaire de bon goût, de décence, de convenance – enjeu très étriqué, voire lui-même « indécent » en réalité, au regard de l'exigence « éthique-esthétique » de Sebald.

Plutôt que d'adopter ici, comme le recommande ironiquement le Flaubert imaginaire de Philippe Forest, la certitude que la « vraie littérature » ignore le pathos et de tenir pour acquis que l'œuvre de Sebald en soit par conséquent – nécessairement – exempte, il s'agit ici de prendre au sérieux l'inquiétude constante de Sebald sur ce point, et d'en clarifier les enjeux au-delà du consensus apparent qui consiste à « déclarer d'un air hautain » qu'il faut en « éviter l'écueil ». Car si Sebald rejette violemment tout « sentimentalisme », son projet littéraire, fondé sur une sorte d'archéologie des « traces de douleur [*Schmerzensspuren*][5] » de l'histoire, parcours de deuil ou « triste carrière [*Trauerlaufbahn*][6] », n'en porte pas moins sur ce qu'il nomme avec Flaubert l'« éducation sentimentale » du sujet historique et politique, ou encore le « patrimoine affectif [*Gefühlshaushalt*][7] » de la collectivité. Attaché à une esthétique de l'impassibilité, il désigne néanmoins comme « point de départ de tout effort d'imagination [...] le ressenti subjectif [*Betroffenheit*,

5 A', p. 21 [A, p. 20].
6 LÉ, p. 96 [DA, p. 115].
7 DD, p. 23 [LK, p. 20].

littéralement : l'état de celui qui est affecté] et l'engagement personnel[8] ». Tout en aspirant à une « neutralité » du ton, il définit en même temps *Austerlitz* comme une « longue élégie en prose[9] ». Le deuil et la plainte, la lamentation funèbre – *Totenklage* – est une dimension essentielle de son œuvre : il cherche, comme il le dit dans un entretien, à trouver « une attitude de deuil [*eine Trauerhaltung*][10] ». Et s'il vise un « discours dénué de passion [*leidenschaftslose Art der Rede*] » et une « indifférence de ton [*Impassibilität* !][11] », l'objectif n'en est pas moins de « rendre l'histoire accessible par l'empathie [*empathetisch*][12] », une empathie entendue au sens fort, celui d'une véritable « *(com)passion* allant au-delà de la simple pitié [*eine übers bloße Mitleid hinausweisende Mitleidenschaft*] », comme il le dit à propos de Peter Weiss[13]. Toutes ces problématiques ne renvoient-elles pas très exactement à la question du pathos, pour peu que l'on ne réduise pas ce terme à sa dimension la plus caricaturale et la plus péjorative, celle d'un style excessif, creux et grandiloquent ?

LE PATHOS, POINT AVEUGLE DE L'ŒUVRE DE SEBALD ?

Le terme grec de *pathos*, tel qu'il a été élaboré dans la poétique de la tragédie et la rhétorique des affects, articule en effet entre elles, en les désignant par le même mot, plusieurs dimensions. Le pathos désigne tout d'abord l'événement objectif lui-même : ce qui arrive au sujet, qu'il subit et dont il pâtit, spécialement un malheur[14]. Mais le pathos désigne aussi la réaction affective ou émotionnelle à cet événement, autrement

8 CS', 87-88 [CS, p. 89].
9 AdM, p. 104.
10 G, p. 115.
11 CS', 84 [CS, p. 86].
12 Franz Loquai (éd.), *W. G. Sebald* [Porträt 7], Eggingen, Isele, 1997, p. 137.
13 CS', p. 124 [CS, p. 130].
14 « Le pathétique [...] relève d'une action qui provoque la mort ou la souffrance, et consiste à montrer sur scène la mort des personnages, leurs souffrances, leurs blessures, etc. » Aristote, *Poétique*, *Œuvres. Éthiques, Politique, Rhétorique, Poétique, Métaphysique*, éd. Richard Bodéüs, Paris, Gallimard [coll. Bibliothèque de la Pléiade], 2014, p. 889 (1452b, p. 10). Aristote parle aussi d'« événement pathétique » (*Ibid.*, p. 892 (1453 b, p. 15)).

dit les « sentiments douloureux » de celui qui souffre[15]. Enfin, le pathos désigne « l'expression de ce pathos intérieur par les mots ou les gestes[16] » et plus généralement la dimension affective du discours, que la rhétorique antique compte parmi les trois moyens de persuasion (*ethos*, *pragma* ou *logos*, et *pathos*)[17]. Ces diverses dimensions du pathos ne se distinguent que pour mieux mettre en évidence la complexité de leur intrication[18]. Ainsi, le pathos en tant qu'événement objectif est immédiatement saisi en tant qu'il affecte le sujet, tandis qu'à son tour cette souffrance du sujet y implique toujours une dimension d'expression – cet enjeu expressif faisant la spécificité du pathos par rapport à d'autres concepts de l'émotion[19].

L'œuvre de Sebald s'inscrit à bien des égards dans cette constellation *pathique*, non seulement en raison du pathos propre aux sujets qu'il aborde, mais aussi parce que ces « événements objectifs » sont d'abord appréhendés à travers l'effet qu'ils produisent dans l'économie affective des sujets – « carrières de deuil » (*Trauerlaufbahn*) et « traces de douleur » (*Schmerzensspuren*). Le premier terme, *Trauerlaufbahn*, associe l'idée de parcours, de carrière, de trajectoire (*Laufbahn*, qui peut aussi bien évoquer le parcours d'une vie que la trajectoire d'une planète), à l'idée de deuil, de tristesse, d'affliction ; le terme évoque aussi, sur le plan littéraire, le genre tragique ou dramatique (*Trauerspiel*). C'est donc bien sous le signe du pathos que sont placés la cohérence et l'ordre des choses dans ce terme de *Trauerlaufbahn* qui, enfin, peut aussi s'entendre dans le sens d'un génitif subjectif, où ce ne serait pas la nature d'un parcours placé sous le signe du deuil, mais la tristesse, le tragique, le deuil même qui serait au centre du propos et dont on chercherait à

15 Cornelia Zumbusch, « Probleme mit dem Pathos. Zur Einleitung », *Pathos. Zur Geschichte einer problematischen Kategorie*, éd. Cornelia Zumbusch, Berlin, Akademie Verlag, 2010, p. 7-24, p. 8.

16 M. Kraus, « Pathos », *Historisches Wörterbuch der Rhetorik*, *op. cit.*, p. 689-717, p. 708.

17 « Les moyens de persuasion fournis par le discours sont de trois sortes ; les premiers sont inhérents au caractère de l'orateur, les deuxièmes à l'état d'âme particulier de l'auditeur, les troisièmes au discours lui-même à travers ce qu'il démontre ou semble démontrer ». Aristote, *Rhétorique*, *Œuvres*, *op. cit.*, p. 706 (1356 a).

18 *Cf.* Susanne Gödde, « Pathos in der griechischen Tragödie », *Handbuch Literatur und Emotionen*, éd. Martin von Koppenfels et Cornelia Zumbusch, Berlin/Boston, Walter de Gruyter, 2016, p. 209-243.

19 C'est ce que souligne Martin von Koppenfels dans son article « Pathos », *Lexikon Literaturwissenschaft. Hundert Grundbegriffe*, éd. Gerhard Lauer et Christine Ruhrberg, Stuttgart, Reclam, 2011, p. 246-249, p. 247.

reconstituer la trajectoire : trajectoire *du* deuil plutôt que trajectoire *de* deuil. L'intérêt que porte Sebald aux métamorphoses du deuil dans le temps justifie une lecture attentive aux *survivances* psychiques et aux formes par lesquelles elles s'expriment.

Le deuxième terme central, *Schmerzensspuren*, apparaît notamment dans la dernière grande œuvre publiée de Sebald, *Austerlitz*, comme la clé de tout un mode de lecture historique : « Austerlitz parla encore longuement des traces que laissent les douleurs passées [*Schmerzensspuren*], et qui se manifestent, prétendait-il savoir, sous la forme d'innombrables lignes ténues sillonnant l'histoire[20]. » Ces traces de douleur ou de souffrance, ou encore ces lignes de pathos, sont en effet au cœur des recherches historiques que Sebald attribue à son personnage : « Étudiant l'architecture des gares, dit-il [...], il ne pouvait s'empêcher de penser, bien que cela n'ait rien à voir avec le sujet [avec l'histoire de leur construction, *Baugeschichte*], au tourment des adieux et à la peur de l'inconnu[21]. » À travers son étude minutieuse et encyclopédique sur les « airs de famille [*Familienähnlichkeit*] » qui relient les bâtiments les plus divers (gares, forteresses, palais de justice), l'historien de l'art qu'est Austerlitz travaille, un peu à la manière de Walter Benjamin sur le livre des *Passages* ou plus encore d'Aby Warburg sur l'atlas d'images *Mnémosyne*, à un véritable atlas de ces traces de souffrance qui, quoi que lui-même en dise par déni, ont tout à voir avec la *Baugeschichte* des bâtiments qu'il étudie. Que ce soit le *pathos* de son histoire personnelle qui porte à son insu l'*ethos* de son entreprise d'historien, cela n'en diminue en rien la validité : loin d'en faire un tourment purement subjectif, personnel, individuel, c'est bien ce pathos-là qui lui permet de saisir derrière l'apparente rationalité des constructions architecturales l'oppression et la violence dont elles sont issues et la souffrance dont elles témoignent malgré elles.

Sebald donne là une image de ses propres constructions littéraires, de ses propres montages dont le principe de ressemblance relève toujours d'une dimension de pathos : dans une interview, il décrit son œuvre comme une tentative de retracer cet « immense réseau de douleur [*Netzwerk des Schmerzes*][22] » – à rebours du refoulement qui constitue à ses yeux le trait essentiel de sa propre *Zeitheimat* – sa *patrie temporelle*,

20 A', p. 21 [A, p. 20].
21 A', p. 21-22 [A, p. 20-21].
22 G, p. 233.

ou *époque natale*, celle de l'après-guerre et de l'après-Shoah, marquée par ce *deuil impossible* (« *Unfähigkeit zu trauern* ») diagnostiqué en 1967 par Alexander et Margarete Mitscherlich. Le projet sebaldien de *restitution*[23] des traces de souffrance répond à cette constellation de déni et d'apathie face à ce qui ne lui semble « guère avoir laissé de séquelles [*kaum eine Schmerzensspur*] dans la conscience collective[24] ».

La parenté avec les projets de Benjamin et de Warburg ne se limite donc pas à la structure du montage et de la constellation, à un style de pensée qui fait surgir des ressemblances inédites et porteuses de sens (la fameuse *Poetik der Koinzidenz*) : ce qu'elles révèlent, c'est bien aussi ce que Benjamin nomme une « histoire des souffrances du monde [*Leidensgeschichte*] », terme que les *Anneaux de Saturne*[25] empruntent à l'*Origine du drame baroque allemand*, que Sebald a très attentivement lu et annoté[26]. Warburg, de son côté, appelle *Leidschatz der Menschheit*[27] – trésor de souffrances de l'humanité – ce qui se transmet et se dépose dans les formes reprises et transformées, activées et actualisées, que sont les formules de pathos (*Pathosformeln*), objets d'une survivance inconsciente autant que d'une appropriation délibérée.

Le pathos se situe donc tant au niveau des sujets de l'œuvre de Sebald qu'au niveau, inséparable du premier, de son architecture – celle du montage ou de la forme-atlas – et de son style, celui de l'« élégie en prose » (comme le dit Sebald à propos d'*Austerlitz*). Pour qui place comme Sebald les « traces de douleur » de l'histoire au cœur de son projet d'écriture, et qui s'intéresse donc à la manière dont l'événement s'inscrit dans le « patrimoine affectif » du sujet et contribue à son « éducation sentimentale », la dimension expressive de la « description du malheur », pour reprendre le titre d'un de ses ouvrages critiques, est un

23 « Une tentative de restitution [*Ein Versuch der Restitution*] », CS', p. 231-238 [CS, p. 240-248].

24 DD, p. 17 [LK, p. 12].

25 AS, p. 76 [RS, p. 74]. Bernard Kreiss traduit simplement *Leidensgeschichte* par « malheurs ».

26 « C'est là le noyau de la vision allégorique, de l'exposition baroque, profane, de l'histoire comme histoire des souffrances du monde [*Exposition der Geschichte als Leidensgeschichte der Welt*] ». Walter Benjamin, *Ursprung des deutschen Trauerspiels*, *Gesammelte Schriften*, éd. Rolf Tiedemann et Hermann Schweppenhäuser avec la collaboration de Theodor W. Adorno et Gershom Scholem, Frankfurt a. M., 1978-, vol. I, 1, p. 343. Pour toutes les citations de Benjamin, nous citons désormais cette édition sous le sigle GS suivi du numéro de volume et de page.

27 Formulation issue de notes préparatoires à une conférence de 1928, citée dans Martin Warnke, « Der Leidschatz der Menschheit wird humaner Besitz », *Die Menschenrechte des Auges. Über Aby Warburg*, éd. Werner Hofmann, Georg Syamken et Martin Warnke, Frankfurt a. M., Europäische Verlagsanstalt, 1980, p. 113-186, p. 165.

enjeu central, car c'est à travers elle que le pathos se communique, s'offre à l'*empathie* du lecteur et forme à son tour son « patrimoine affectif ». Il est d'ailleurs significatif que Sebald définisse l'*éducation sentimentale* des écrivains ouest-allemands de sa génération dans les années 1960 comme la prise de conscience de la nécessaire lutte contre *l'apathie politique* de leurs compatriotes[28]. Cela engage explicitement la question du pathos, quand bien même on ne passerait pas par le terme même d'*a-pathie* employé par Mitscherlich et repris par Sebald dans son commentaire. En effet, l'équivalent allemand plus usité, *Abstumpfung*, y renvoie lui aussi indirectement, puisque c'est le terme employé par Brecht dans sa lecture critique d'Aristote et sa réflexion critique sur la catharsis, l'empathie (*Einfühlung*) et donc le pathos.

Sebald évite manifestement (peut-être précisément à la suite de Brecht) le terme d'*Einfühlung* et choisit celui, beaucoup moins courant, de *Mitleidenschaft* qui évoque plus directement l'idée de *pathos* (le terme de *Leidenschaft* faisant entendre, plus encore que le français *passion*, la souffrance – *Leiden* – contenue dans ce *pâtir*). C'est bien en effet le modèle du pathos tragique que porte le mot *Mitleidenschaft* employé par Sebald à propos de Peter Weiss et dont il se réclame implicitement lui-même. Sebald évoque même explicitement la tragédie grecque dans son essai sur Günter Grass et Wolfgang Hildesheimer, « Constructions du deuil », où il dit de Hans Erich Nossack qu'il « a cherché à comprendre les catégories du deuil à partir des précédents de la tragédie grecque[29] ». Dans la tragédie grecque, c'est parce que le pathos est à la fois « la blessure et la douleur, la cause et l'effet, ce qui provoque le sentiment et le sentiment provoqué[30] », que le spectateur touché par la douleur du personnage est comme touché lui-même par le malheur qui la suscite. La logique du pathos veut en effet que le personnage suscite dans le spectateur la douleur qu'il exprime. Le pathos de l'expression communique le pathos de l'événement en suscitant dans le spectateur le pathos qui affecte le personnage. C'est ainsi que le pathos en vient à désigner, dans la théorie de la tragédie développée à la suite d'Aristote, le *Mitleiden* du public en même temps que le *Leiden* du héros[31].

---

28 CS', 105 [CS, p. 108].

29 CS', p. 102 [CS, p. 104].

30 Cornelia Zumbusch, « Probleme mit dem Pathos », art. cité, p. 9.

31 *Ibid.* « On peut dire que la tragédie est l'imitation d'une action [...] capable, enfin, par les sentiments de pitié et de crainte qu'elle évoque en nous, de nous purifier d'affects

Ce que Sebald appelle la *Mitleidenschaft* renvoie donc à des questions très proches de ce qui est en jeu, sous le nom de pathos, dans la poétique de la tragédie et la théorie de la catharsis[32], ainsi que dans la rhétorique, où elle relève de la technologie de l'affect[33]. En tant que catégorie rhétorique, le pathos permettrait en effet de mettre l'auditeur dans un certain état émotionnel, de l'amener à « éprouver des passions[34] ». Le pathos produirait un « effet de transfert automatique[35] » en vertu duquel l'expression des émotions susciterait dans l'auditeur ces mêmes émotions – Quintilien recommandant à l'orateur de commencer par se les faire éprouver lui-même afin de mieux les transmettre[36]. Si Sebald paraît aussi éloigné qu'on peut l'être du style particulier que désigne cette *rhétorique* du pathos, il y a bien chez lui un enjeu central en termes de transmission ou de communication des affects. Lorsque Sebald désigne la *subjektive Betroffenheit*, le fait de se sentir concerné, affecté, bouleversé, comme le point de départ et l'impulsion première de tout « effort d'imagination » et d'écriture, et que le point d'arrivée est la *Mitleidenschaft* aussi bien de l'auteur que du lecteur, il s'inscrit bien dans la problématique du *pathos* entendu comme faculté de s'émouvoir et de mouvoir.

Pourtant, Sebald ne semble considérer comme légitime que ce qu'il nomme une « diction *non pathétique* » (*unpathetische Diktion*[37]), et

---

tels que ceux-là. » Aristote, *Poétique*, *op. cit.*, p. 883 (1449 b, 25) ; « Car la fable doit être composée de manière que, même sans la voir représentée, celui qui l'entend soit rempli d'effroi et de pitié par ces événements [...] ». *Ibid.*, p. 892 (1453 b).

32 Martin von Koppenfels et Cornelia Zumbusch (éd.), *Handbuch Literatur und Emotionen*, *op. cit.*, p. 13 ; Cornelia Zumbusch, « Probleme mit dem Pathos », art. cité, p. 8-10.

33 Le pathos en tant que catégorie rhétorique est traditionnellement associée à des genres particuliers – la tragédie, mais aussi l'épopée, le drame baroque, l'hymne, la poésie amoureuse (on ne parle pas ici des genres délibératifs et judiciaires). La rhétorique latine l'associe par ailleurs, au sein du système des *genera dicendi*, au *genus grande* ou *genus sublime* (*cf.* Koppenfels, « Pathos », art. cité, p. 247-248), voire au *genus grave, vehemens, grandiloquum* (M. Kraus, « Pathos », art. cité, p. 690).

34 Aristote, *Rhétorique*, *op. cit.*, p. 872.

35 M. Kraus, « Pathos », art. cité, p. 696. Cornelia Zumbusch, « Probleme mit dem Pathos », art. cité, p. 9.

36 M. Kraus, « Pathos », art. cité, p. 696. Le principe se trouve déjà chez Aristote : « ceux qui se mettent dans les dispositions de leurs personnages sont beaucoup plus convaincants : celui qui sait se désoler à plaisir fera se désoler ses personnages, et celui qui sait se mettre en colère les fera s'emporter avec un maximum de vérité. » Aristote, *Poétique*, *op. cit.*, p. 896 (1455 a).

37 CS', p. 87 [CS, p. 88].

n'emploie que les formes littéraires à première vue les plus éloignées des genres traditionnellement associés au style pathétique que sont la tragédie, l'hymne, l'élégie et, par extension, le lyrisme et la théâtralité. Le mot *pathos* est toujours chez lui connoté de manière (très) négative. Étrangement, c'est dans son emploi du mot *pathologique* que l'on peut peut-être déceler l'aspect symptomatique de ce rejet. En effet, il est significatif qu'à diverses reprises et d'un point de vue anthropologique, Sebald qualifie l'écriture littéraire de phénomène « pathologique » – un terme qu'il emploie d'ailleurs aussi à propos du peintre Grünewald, le peintre au « regard pathétique » (*mit pathetischem Blick*[38]) qui savait sans doute, écrit Sebald, que lui-même et son art faisaient eux-mêmes partie du « spectacle pathologique » (*pathologische[s] Schauspiel[]*[39]) qu'il décrivait. L'emploi de ce terme témoigne de l'ambivalence de Sebald sur ce point : malgré une forme d'adhésion à cette « pathologie » dont il s'estime, de toute évidence, relever lui-même, et qu'il attribue aux auteurs et artistes qu'il admire, il n'emploie pas non plus ce terme sur le mode purement ironique, pour moquer cet usage péjoratif et s'en démarquer. Ses évocations de la dimension « pathologique » des œuvres de la culture témoignent d'un malaise réel, comme dans l'essai de *Campo Santo* où il qualifie de « pathologique » l'art des pleureuses dans les rituels funéraires corses et qu'il les compare à « l'hystérie » des chanteuses d'opéra[40] – deux exemples dans lequels, au-delà du vocabulaire médical, c'est bien la question fondamentale du *pathos* qui est en jeu.

PATHOS, TRAUMA, MÉLANCOLIE

À cette relecture de l'œuvre de Sebald à la lumière d'un concept – le pathos – que lui-même rejette avec force, on pourrait faire spontanément plusieurs objections. La première porterait sur le terme même : elle consisterait à dire qu'il y a pathos et pathos, qu'il ne faut pas confondre

38 AN, p. 27 [NN, p. 27].
39 AN, p. 24 [NN, p. 24].
40 CS', p. 33 [CS, p. 30].

le pathos noble et le pathos trivial, et que ce n'est pas parce que Sebald rejette – à juste titre et comme tout le monde – la grandiloquence larmoyante et l'excès mélodramatique qu'il y a matière à interroger son rapport au « pathos » au sens antique. L'objection consisterait à dire que le refus sebaldien du pathos ne concerne que l'acception courante et péjorative souvent évoquée par l'auteur lui-même (« je me méfie du mélodrame [*ich fürchte das Melodramatische*][41] »), qui n'aurait évidemment rien à voir avec l'acception noble du terme de *pathos* tel qu'il est issu de la poétique de la tragédie et de la rhétorique des affects développées par Aristote.

Or il s'avère qu'il n'est pas si aisé de faire la part des choses – quand bien même d'ailleurs on réduirait le terme de pathos à son versant le plus caricatural, celui d'un mode d'expression excessif, larmoyant, sentimental et finalement creux et inauthentique : si en général on le réprouve dans l'abstrait, le diagnostic précis en est particulièrement délicat à établir. La délimitation stricte du vrai et du faux pathos, du bon et du mauvais pathos, du pathos noble et du pathos trivial, apparaît bien plutôt comme une vaine tentative pour venir à bout d'un phénomène dont les contradictions sont intrinsèques et non imputables au mauvais goût ni au déclin de la culture. Ainsi, entre l'intensité expressive et la rhétorique creuse, l'affectivité maximale et le sentimentalisme trivial, il n'y a pas de chronologie historique linéaire qui verrait un pathos noble et authentique céder la place à un pathos vulgaire et contrefait : avant même que la connotation négative du terme ne devienne la première, sinon la seule, qu'évoque spontanément le mot « pathos », il y a toujours eu une conscience aiguë de son ambivalence potentielle – que ce soit au XVIIIe siècle[42] ou même, déjà, dans l'Antiquité[43].

Car le pathos n'est pas un dispositif secondaire que l'on *choisirait* de mettre en œuvre, quelque chose qui viendrait s'*ajouter* – ou non – à une écriture virtuellement neutre (comme le suggère malgré tout le terme de « neutralité » appliqué au style), de sorte qu'il y aurait des œuvres *avec* et des œuvres « *sans* pathos ». Il en va du *pathos* comme des *sentiments*,

---

41 Titre d'un entretien accordé au *Spiegel*, G, p. 196-207, p. 203.

42 Anne Coudreuse a mis en évidence les deux versants du phénomène dans *Le refus du pathos au XVIIIe siècle*, Paris, Honoré Champion, 2001 et *Le goût des larmes au XVIIIe siècle*, Paris, Desjonquères, 2013.

43 M. Kraus, « Pathos », art. cité, p. 690 (qui rappelle à ce propos le terme de *Parenthyrsos*). Cornelia Zumbusch, « Probleme mit dem Pathos », art. cité, p. 12-13.

dont Alexander Kluge, auteur essentiel dans la formation intellectuelle de Sebald, note qu'à l'instar des Celtes, ils sont partout, mais qu'on ne les voit pas : « *sie sind überall, man sieht sie nur nicht*[44]. » Le pathos n'est pas quelque chose que l'on pourrait décider d'éliminer : la question est seulement de savoir quoi en faire, et en particulier comment lui donner forme. Chez Flaubert lui-même, l'impassibilité n'est pas la négation (le déni) du pathos, mais la forme destinée à le maîtriser – sa forme « moderne ». La rhétorique même de l'*impassibilité* canonisée par Flaubert serait ainsi, selon Martin von Koppenfels, « une variante du pathétique, déterminante pour le roman moderne[45] ».

Par ailleurs, l'« air hautain » qui, dans l'*idée reçue* imaginée par Philippe Forest, accompagne la préférence pour le « sans pathos », marque son appartenance virtuelle à ces « idées chic » qui sont aussi des marqueurs sociaux du bon goût et de la convenance, par définition très relatifs. Il semblerait qu'à l'issue d'une longue histoire de discrédit où le pathos a été de plus en plus exclusivement entendu comme un synonyme d'excès sentimental (creux, faux, vulgaire, kitsch), seule la culture populaire assumerait désormais sans complexes la mise en œuvre de ce que la « haute culture » perçoit comme une sorte d'additif toxique dont l'absence serait une garantie de qualité, et en tout cas un facteur de distinction. Cornelia Zumbusch cite l'exemple instructif du marché du disque, où les enregistrement contemporains de classiques sont vendus sous l'étiquette « *Klassiker ohne Pathos* », tandis que les productions commerciales destinées aux circuits de la grande distribution misent sans détour sur la promesse d'une « *Musik mit Pathos*[46] ». L'hypothèse suivie ici est qu'on ne saurait se placer, par le choix d'un genre ou d'un style particulier, à l'abri du pathos dans le camp de la décence et du bon goût.

Mais pourquoi – ce serait là une deuxième objection possible – envisager l'œuvre de Sebald sous l'angle du *pathos*, alors que lui-même n'emploie ce terme que pour le rejeter et que dans le même ordre d'idées, d'autres concepts s'imposent *a priori* avec beaucoup plus d'évidence, notamment parce qu'ils sont revendiqués par l'auteur lui-même ? Pour

44 Alexander Kluge, *Chronik der Gefühle*, Frankfurt a. M., Suhrkamp, 2000, 2 volumes, vol. I, p. 7.

45 Martin von Koppenfels, *Immune Erzähler. Flaubert und die Affektpolitik des modernen Romans*, München, Wilhelm Fink, 2007, p. 18.

46 Cornelia Zumbusch, « Probleme mit dem Pathos », art. cité, p. 7.

penser sa poétique du deuil et de la plainte, les modèles théoriques de la *mélancolie*[47] et du *trauma* ne sont-ils pas beaucoup plus pertinents, puisqu'ils constituent le cadre de référence de l'auteur, tel qu'il l'a élaboré au fil de ses travaux critiques ? Et la poétique « anti-pathétique » de Sebald ne va-t-elle pas de soi, compte tenu des modèles qu'il ne cesse de mettre en avant, en premier lieu celui de l'« éthique-esthétique » *documentaire* ?

Indéniablement, les indications de lecture que Sebald met lui-même plus ou moins explicitement à la disposition de ses interprètes sont très efficaces, et elles ont suscité de nombreuses et éclairantes études. Mais le double registre, littéraire et critique, poétique et théorique, de l'œuvre de Sebald, en incitant à lire son œuvre d'écrivain à la lumière de ses écrits critiques, à reconnaître les motifs de ceux-ci dans celle-là, a tendance à produire aussi une sorte de circularité qui limite la réflexion sur l'œuvre autant qu'elle la facilite. Ce phénomène a d'ailleurs fini par susciter un soupçon plus général qui se porte sur l'œuvre littéraire elle-même : celui d'avoir posé trop délibérément les jalons de sa propre réception, de sorte que le lecteur, dans ce parcours savamment balisé, n'a plus qu'à expliciter l'implicite.

S'il paraît aberrant de voir dans cette inévitable perméabilité des différentes dimensions de l'œuvre l'effet d'un calcul intégral – comme le fait Fridolin Schley, qui prête à Sebald une cynique stratégie de marketing consistant à susciter par ses travaux critiques une demande littéraire à laquelle lui seul serait ensuite capable de fournir l'offre adéquate[48] –, il semble légitime d'éprouver une certaine réticence à l'idée de se prêter, en tant que lecteur, à un jeu de pistes qui consisterait à déployer les réseaux d'associations suggérés, à rechercher les références intertextuelles

47 Sur la mélancolie chez Sebald, *cf.* Sigrid Löffler, « ‚Melancholie ist eine Form des Widerstands'. Über das Saturnische bei W. G. Sebald und seine Aufhebung in der Schrift », *Text + Kritik* n° 158, IV/2003, p. 103-111. Sur la mélancolie sebaldienne et la référence à Benjamin, *cf.* Claudia Öhlschläger, « Der Saturnring oder Etwas vom Eisenbau », *Politische Archäologie und melancholische Bastelei*, éd. Claudia Öhlschläger et Michael Niehaus, Berlin, Erich Schmidt, 2006, p. 189-204 ; Anja Lemke, « Figurationen der Melancholie. Spuren Walter Benjamins in W. G. Sebalds "Die Ringe des Saturn" », *Zeitschrift für deutsche Philologie* n° 127, 2008, p. 239-267 ; et plus récemment Luisa Banki, *Post-Katastrophische Poetik. Zu W. G. Sebald und Walter Benjamin*, München, Fink, 2016 et Muriel Pic (éd.), *Politique de la mélancolie. À propos de W. G. Sebald*, Dijon, Les presses du réel, 2016.

48 *Cf.* Fridolin Schley, *Kataloge der Wahrheit. Zur Inszenierung von Autorschaft bei W. G. Sebald*, Göttingen, Wallstein, 2012.

que l'auteur y a astucieusement disposées etc.[49]. On pourrait bien sûr objecter que cette réticence comporte elle-même sa part de naïveté : à moins de croire que le poète obéit à sa seule inspiration et que ses textes s'écrivent tout seuls et comme à son insu, on ne peut guère reprocher à un auteur de trop savoir ce qu'il fait, ni même d'orienter sa propre réception. Mais il est vrai qu'une œuvre littéraire commencée sur le tard après tant d'écrits universitaires portant sur des questions proches est particulièrement exposée à une sorte de suspicion d'hyper-réflexivité.

Mais au-delà de ce risque de tourner en rond lorsqu'on appréhende l'œuvre de Sebald à la lumière exclusive de ses propres catégories, les limites de catégories comme la mélancolie et le trauma est que ce ne sont pas des catégories poétiques ou esthétiques, qui permettraient de saisir un travail de la forme. Il est vrai que les textes de Sebald se prêtent parfaitement, comme objet, aux théories de la mémoire, aux *Trauma Studies*, aux approches psychanalytiques etc. Mais il me semble que ce type d'approches, évidemment très intéressantes en elles-mêmes, ont tendance à négliger la dimension proprement littéraire du texte, ce qui le différencie d'un document ou d'un témoignage, et ce qui différencie ses personnages de personnes réelles. Le risque est alors grand de réduire l'œuvre à une illustration de théories qui lui préexistent[50], et son interprétation à une sorte de retraduction en langage théorique, et finalement de paraphrase. D'un autre côté, les études plus strictement littéraires, par exemple sur l'intertextualité, ont parfois tendance à devenir une fin en soi et à ne pas interroger suffisamment le sens, la portée historique et anthropologique des formes.

Quoi qu'il en soit, et sans minimiser en rien l'évidente pertinence des outils et cadres d'interprétation indiqués par Sebald lui-même

49 *Cf.* sur ce point Helmut Lethen, « Sebalds Raster. Überlegungen zur ontologischen Unruhe in Sebalds "Die Ringe des Saturn" », *W. G. Sebald. Politische Archäologie und melancholische Bastelei*, *op. cit.*, p. 13-30, p. 14. *Cf.* aussi Inka Mülder-Bach, « Der große Zug des Details. W. G. Sebald : *Die Ringe des Saturn* », *Was aus dem Bild fällt : Figuren des Details in Kunst und Literatur*, éd. Edith Futscher, Stefan Neuner, Wolfram Pichler et Ralph Ubl, München, Fink, 2007, p. 281-307, qui écrit : « Lorsqu'on tente de saisir Sebald à l'aide des *topoï* de la modernité et de la postmodernité, on ne fait que saisir la perche que lui-même tend au lecteur. » Mais elle admet immédiatement que « des alternatives vraiment convaincantes à ces *topoï* ne sont pas en vue, et le *détail* lui-même ne saurait guère être la voie royale pour trancher le nœud gordien. » (p. 285).

50 Le mouvement inverse est bien plus fécond : *cf.* Pierre Bayard, *Peut-on appliquer la littérature à la psychanalyse ?*, Paris, Minuit, 2004.

– mélancolie, trauma, documentaire – et par rapport auxquels la question du pathos peut paraître incongrue *a priori*, on parie justement ici sur la valeur heuristique d'un léger déplacement, d'un pas de côté pour interroger un rapport au pathos qui nous semble plus complexe qu'il y paraît et dont les enjeux sont, eux aussi, éthiques et esthétiques. Le propos de cette étude n'est évidemment pas d'opposer, au *topos* critique d'un Sebald « sans pathos », un Sebald « pathétique », que ce soit d'ailleurs dans un esprit de dénonciation ou de réhabilitation, mais de préciser l'importance et la complexité de cet enjeu. Pour ce faire, il s'agira à la fois d'analyser en détail les strates et filiations complexes du rapport de Sebald au pathos, et de rendre justice à ce qui, dans sa pratique d'écrivain et son travail sur les formes, déjoue ses propres cadres théoriques et ses références explicites.

Le pathos serait donc – c'est notre hypothèse – une sorte de point aveugle, ou une piste de lecture qui aurait précisément l'avantage de n'avoir pas été délibérément tracée par l'auteur lui-même. La question du pathos telle qu'elle se pose pour Sebald est déterminée par ce qu'il appelle sa *Zeitheimat*, c'est-à-dire l'après-guerre et plus particulièrement l'après-Shoah, mais elle est en même temps – et ceci ne relativise en rien son ancrage dans le présent historique, bien au contraire – sur le plan littéraire, tributaire de la tradition de la modernité et de son idéal d'impassibilité, et informée (y compris de manière plus ou moins inconsciente) par d'autres strates qui viennent de beaucoup plus loin : Flaubert, Stendhal, le XVIIIe siècle, mais aussi le pathos tragique, par l'intermédiaire de Benjamin et de Brecht. Un des exemples les plus parlants de cette survivance-là est la manière dont ressurgissent, dans *Austerlitz*, des motifs appartenant à un projet inachevé antérieur sur la Corse, et dans lequel la question des formes du pathos s'avère aussi centrale qu'irrésolue. Attardons-nous un instant sur cet exemple qui nous semble introduire mieux que tout autre le propos développé ici.

SEBALD
ET LES PLEUREUSES CORSES

Le cas d'*Austerlitz* est particulièrement intéressant parce que ce livre, paru en 2001 peu de temps avant la mort de Sebald, a eu sans doute le plus grand succès public, mais aussi la réception la plus ambivalente : cette longue « élégie en prose » cristallise plus que d'autres des divergences significatives dans l'appréciation de l'œuvre. Les uns voient dans *Austerlitz* un chef-d'œuvre, un *opus magnum*[51], l'aboutissement du travail sur l'histoire et la mémoire qui caractérise l'ensemble de l'œuvre. Les autres estiment que dans cette œuvre-là, Sebald n'a pas su, en somme, « éviter l'écueil du pathos ». C'est ainsi en effet que l'on pourrait résumer les critiques parfois violentes dont *Austerlitz* a fait l'objet : *kitsch raffiné (Edelkitsch), guimauve sinistre (schwarze Zuckerwatte), narcissisme sombre (schwarzer Narzissmus), mise en scène de soi en homme de douleurs (Selbststilisierung als Schmerzensmann)*... La question a manifestement tourmenté Sebald lui-même qui, d'interview en essai critique, ne cesse d'exprimer la difficulté de donner *forme* au *pathos*, avec une constante « peur du faux » : la peur de l'excès pathétique, du « mélodramatique », et la crainte de figer l'attitude de deuil [*Trauerhaltung*] dans les formules convenues de la culture mémorielle et commémorative officielle. Sans que cela soit tout à fait explicite, c'est l'idée de *rhétorique* qui semble être en cause, avec la connotation négative qui lui est attachée comme pourvoyeuse de formules toutes faites incompatibles avec l'exigence d'authenticité.

C'est de ce point de vue que les pages intitulées « Campo Santo », qui ont donné leur nom au recueil publié à titre posthume en 2003, sont significatives. Une promenade dans un cimetière corse donne au narrateur l'occasion de méditer sur la culture funéraire et ses rituels de lamentation – c'est-à-dire sur les formes codifiées du deuil –, un sujet qu'il avait d'ailleurs évoqué à l'occasion de la parution des *Anneaux de Saturne*, qu'il appelait un « livre des morts et du deuil [*Ein Toten- und Trauerbuch*] », ajoutant :

51 Hugo Dittberner, « Der Ausführlichste oder : ein starker Hauch Patina. W. G. Sebalds Schreiben », *Text + Kritik* 158 (2003), p. 6-14, p. 12.

> Le deuil est un sujet qui m'intéresse depuis longtemps déjà : les rituels funéraires et la façon dont les vivants abordent les morts sont pour moi quelque chose d'extrêmement révélateur[52].

Il va sans dire qu'il ne s'agit pas simplement d'un sujet comme les autres, mais qu'il constitue d'une certaine manière *le point de vue même* de l'auteur. Comme il le dit dans le même entretien, en 1995 :

> La question est pour moi de savoir comment faire face émotionnellement à toutes ces choses terribles et quelle attitude adopter à leur égard. L'attitude que je m'efforce d'adopter – et c'est quelque chose qu'il faut apprendre – est une attitude de deuil[53].

« Campo Santo » donc, inédit jusqu'à sa parution posthume en 2003, s'inscrit dans le « projet corse » (*Korsika-Projekt*) auquel Sebald travaillait en 1995-1996. Après l'abandon de ce projet autour de décembre 1996, Sebald aurait utilisé le matériau et les esquisses de celui-ci comme une réserve de motifs pour *Austerlitz*[54], reprenant des personnages, des scènes (comme celle du cirque Bastiani à la fin d'*Austerlitz*[55]), ou des formulations. Le rapport aux morts est l'un de ces motifs issus du projet corse dont Ulrich von Bülow a publié et commenté des fragments dans le volume *Wandernde Schatten* édité par les archives littéraires allemandes de Marbach. Bülow explique que Sebald a consulté le livre de Dorothy Carrington, *The dream-hunters of Corsica*, abondamment cité et paraphrasé dans son journal corse comme source à propos des cultes funéraires corses[56]. Un personnage né dans ce contexte, Séraphine Aquaviva, dotée d'un rapport particulier au monde des morts et qui devait aller à la recherche de sa propre enfance, apparaît rétrospectivement comme une préfiguration d'Austerlitz – la répétition du nom « Austerlitz » dans ce contexte laissant par ailleurs supposer, comme l'indique Bülow, que

52 G, p. 115.

53 G, p. 115. Notons que le champ d'application de cette *Trauerhaltung* est ici très large. La suite immédiate de ce passage dit : « Il ne s'agit pas d'être larmoyant, mais très conscient de voir quelque chose qui disparaît : un corps, une société, un État, une part de nature ou quoi que ce soit d'autre. »

54 Ulrich von Bülow, « Sebalds Korsika-Projekt », *Wandernde Schatten. W. G. Sebalds Unterwelt*, éd. Ulrich von Bülow, Heike Gfrereis et Ellen Strittmatter, Marbach am Neckar, Deutsche Schillergesellschaft, 2008 (= Marbacher Katalog 62), p. 210-224.

55 *Ibid.*, p. 221.

56 *Ibid.*, p. 217.

cette dimension du projet corse « présente un lien particulièrement étroit avec le dernier livre de Sebald et constitue presque pour lui une sorte de matrice [*Keimzelle*][57]. »

Et pourtant, un élément particulièrement frappant de ce registre du deuil et des morts ne sera pas réutilisé dans *Austerlitz*, du moins pas sous cette forme : la lamentation des pleureuses corses lors de la veillée funèbre. La question du *pathos* et de l'*impassibilité* apparaît ici sous la forme la plus spectaculaire qui soit. Sebald décrit dans « Campo Santo » la veillée funèbre (*Totenwache*),

> au cours de laquelle les femmes ordinairement condamnées au silence jouaient le rôle principal, chantaient et hurlaient toute la nuit leurs plaintes, et, surtout s'il s'agissait de la victime d'un meurtre, s'arrachaient les cheveux comme les furies antiques et s'égratignaient le visage, selon toute apparence hors d'elles de colère et de douleur aveugles[58].

Derrière le ton légèrement ironique du passage se lit le trouble que produit la contradiction entre l'expression superlative de la douleur et l'indifférence émotionnelle que manifestent par ailleurs ces pleureuses –

> la façon dont les pleureuses d'une part entraient progressivement en transe, étaient prises de vertiges et perdaient conscience, et d'autre part ne donnaient absolument pas l'impression d'être envahies par une émotion sincère. Certains témoins, selon Stephen Wilson, vont jusqu'à parler d'une absence d'émotion frappante ou même de rigidité, quand la chanteuse, en dépit de la passion qui explose convulsivement dans les aigus, ne verse pas une larme. Devant un tel contrôle de soi, en apparence glacé, quelques commentateurs inclinaient à voir dans les plaintes des *voceratrici* un rituel vide, prescrit par la tradition, ce que confirme l'observation que pour rassembler un chœur de pleureuses il fallait déjà une bonne mesure de préparation pratique et, pour le chant lui-même, de discipline rationnelle[59].

---

57 *Ibid.*, p. 219.

58 CS', p. 31-32 [CS, p. 28-29]. C'est moi qui souligne. Sur l'importance de ces gestes rituels de la lamentation funèbre dans la tragédie grecque, *cf.* notamment Susanne Gödde, « Pathos in der griechischen Tragödie », art. cité, p. 221.

59 CS', p. 32 [CS, p. 29]. On pense ici au texte de Marcel Mauss, « L'expression obligatoire des sentiments (rituels oraux funéraires australiens) », *Journal de psychologie*, 18, 1921, p. 3-8, p. 3 : « Ce ne sont pas seulement les pleurs, mais toutes sortes d'expressions orales des sentiments qui sont essentiellement, non pas des phénomènes exclusivement psychologiques, ou physiologiques, mais des phénomènes sociaux, marqués éminemment du signe de la non-spontanéité, et de l'obligation la plus parfaite. » Et plus loin : « Taplin nous dit qu'il y avait une "quantité conventionnelle de pleurs et cris", chez

D'un côté, Sebald semble vouloir récuser comme une naïveté l'idée que le caractère réglé, maîtrisé, contrôlé, et en fin de compte *glacé* de cette débauche de pathos ôte à la plainte mortuaire son authenticité et sa sincérité. Dans la suite immédiate du texte en effet, il constate avec une feinte neutralité qu'il n'y a aucune contradiction entre l'authenticité émotionnelle et le calcul esthétique. Mais le ton du passage, l'extrémisme de ses formulations et surtout sa chute laissent penser que, malgré tout, ces effets froidement calculés dans la plainte des morts ont pour Sebald quelque chose d'insupportable :

> en vérité, il n'y a pas de contradiction entre cette sorte de calcul et un authentique désespoir, qui effectivement va jusqu'au bord de la perte d'identité, car le va-et-vient entre l'expression, semblable à une crise d'étouffement, de la douleur psychique ressentie au plus profond de l'âme et une manipulation visant à des modulations esthétiques, proprement rouée, pour ne pas dire retorse, du public devant lequel nous exposons nos souffrances est bel et bien, à tous les niveaux de la civilisation, la marque sans doute la plus caractéristique de notre espèce perturbée, devenue folle de son propre fait[60].

Si ces réflexions n'ont pas trouvé de « débouché » manifeste dans *Austerlitz* et n'ont pas été non plus publiées sous une autre forme du vivant de Sebald, ce n'est certainement pas parce qu'il se serait désintéressé de leur contenu – bien au contraire, serait-on tenté de dire. Peut-être la problématique en jeu est-elle tellement virulente et insoluble que Sebald ne sait littéralement pas quoi en faire – c'est peut-être d'ailleurs une des raisons pour lesquelles le projet corse dans son ensemble est demeuré inachevé. Quoi qu'il en soit, ces rituels dans lesquels on pleure les morts avec une intensité aussi excessive que codifiée, où le pathos est aussi paroxystique que formalisé, aussi vital que théâtral, n'ont pu manquer d'interpeller Sebald : car *pleurer les morts*, c'est bien aussi ce qui est au cœur de sa propre écriture.

Si Sebald suggère ici que le lien entre l'expression de la douleur et la manipulation esthétique dans *l'exposition des souffrances* serait une sorte

---

les Narrinyerri. Remarquons que cette conventionnalité et cette régularité n'excluent nullement la sincérité. Pas plus que dans nos propres usages funéraires. Tout ceci est à la fois social, obligatoire, et cependant violent et naturel ; recherche et expression de la douleur vont ensemble. » (*Ibid.*, p. 6) ; « une catégorie considérable d'expressions orales de sentiments et d'émotions n'a rien que de collectif [...] ce caractère collectif ne nuit en rien à l'intensité des émotions, bien au contraire. » (*Ibid.*, p. 7).

60 CS', p. 32-33 [CS, p. 29-30].

de constante anthropologique, il note aussi des parentés qui évoquent un modèle plus historique de généalogie ou de survivance culturelles : en effet, les lamentations funèbres corses, qui elles-mêmes rappellent les « furies antiques », se retrouvent dans les « paroxysmes d'hystérie parfaitement mis au point » de l'opéra bourgeois[61], dont les « gestes dramatiques » exercent à leur tour, lit-on dans le passage des *Anneaux de Saturne* consacré à Joseph Conrad, « une influence déterminante » sur « les formes de la passion amoureuse[62] ». Les « gestes dramatiques » d'autant plus intenses qu'ils citent ou imitent des formes préexistantes semblent susciter chez Sebald autant de fascination que d'inquiétude, peut-être parce qu'il lui est difficile de penser ce phénomène autrement que dans un sens très négatif, où le recours à des codes, des formes, a fortiori des formules empruntées est supposé incompatible avec une expression *authentique*[63]. De ce point de vue, il n'est sans doute pas fortuit que la figure de Flaubert joue un rôle important au sein du projet corse. Flaubert, dont le narrateur trouve un volume de la *Bibliothèque de la Pléiade* dans le tiroir de la table de nuit de sa chambre d'hôtel[64], semble s'inscrire à divers titres dans les préoccupations du projet corse : d'abord, les formes du deuil semblent constituer le lien implicite entre les deux notations du journal corse qui concernent les *Trois contes*, l'un sur la mort de la petite Virginie, l'autre sur le perroquet de Félicité. Et puis, Flaubert reste le théoricien de l'impassibilité d'une part, et des formules et stéréotypes d'autre part.

Le projet corse posait donc de diverses manières cette question des « formes de la passion » ou des formes du pathos. Si le projet est resté inachevé, son principe actif, pour ainsi dire, se retrouve dans *Austerlitz* et ailleurs dans l'œuvre de Sebald : comment donner forme au pathos ? La prose de Sebald, tout particulièrement en ce qui concerne *Austerlitz*, est généralement décrite comme non-pathétique, impassible, on la rattache volontiers à une poétique de l'oblique, comme l'a fait Sebald lui-même

61 CS', p. 33 [CS, p. 30].

62 AS, p. 137-138 [RS, p. 136-137].

63 Le *Historisches Wörterbuch der Rhetorik* édité par Gert Ueding note la continuité du rejet, entre le XVIIIe et le XXe siècle, de la *formule*, qui est associée au cliché, à une écriture creuse et inexpressive. *Cf.* « Formel », vol. 3, Tübingen, Niemeyer, 1996, p. 411-415. *Cf.* Iris Denneler (éd.), *Die Formel und das Unverwechselbare. Interdisziplinäre Beiträge zu Topik, Rhetorik und Individualität*, Frankfurt a. M. / Berlin, Peter Lang, 1999.

64 CS', p. 48 [CS, p. 46].

à maintes reprises[65]. Le pathos des pleureuses corses, un des rares motifs du *Korsika-Projekt* qui n'a pas été repris dans *Austerlitz*, n'apparaît-il pas, de ce point de vue, comme le refoulé de cette poétique[66] – un refoulé qui, en tant que tel, ne manque pas de faire retour de diverses manières ? Notons d'ailleurs que le pathos des pleureuses corses apparaît déjà en lui-même comme le retour d'un refoulé, puisque « les femmes ordinairement condamnées au silence [...] chantaient et hurlaient toute la nuit leurs plaintes », et que ce soudain excès d'un cri généralement étouffé apparaît comme l'irruption anachronique de formes antiques du pathos, puisque les pleureuses « s'arrachaient les cheveux comme les furies antiques et s'égratignaient le visage ».

FORMULES DE PATHOS
Avec Warburg

Cette survivance d'un geste de pathos antique dans un rituel de lamentation (presque) contemporain, et jusqu'à la référence à l'opéra[67], nous renvoie directement à Aby Warburg et au *Nachleben der Antike* qu'il voit à l'œuvre dans ce qu'il appelle les « formules de pathos »

65 Ainsi dans l'interview avec Michael Silverblatt : « écrire sur les camps de concentration est, à mon avis, quasiment impossible. C'est pour cela qu'il faut trouver des moyens de convaincre le lecteur que, même si c'est une préoccupation qui vous taraude, cela ne vous autorise pas nécessairement à vous appesantir sur le sujet page après page [...] ce n'est que de façon oblique, indirecte, par allusions plutôt que frontalement, que l'on peut aborder de telles questions ». AdM, p. 84.

66 Le pathos des pleureuses corses n'est pas non plus abordé en tant que tel dans les études qui évoquent cet essai de Sebald, par exemple chez Jürgen Ritte (chapitre dans *Endspiele*), Muriel Pic (« Élégies documentaires ») ou Ulrich von Bülow (« Sebalds Korsika-Projekt »). Richard T. Gray, qui consacre tout un chapitre au projet corse dans son récent livre, n'évoque pas non plus cet aspect (*Ghostwriting. W. G. Sebald's Poetics of History*, New York, Bloomsbury Academic, 2017, p. 361-412). Et il ne fait pas non plus l'objet d'une attention particulière chez Elena Agazzi, malgré le titre de son article « Riti antichi e persistenza del passato. Il percorso interrotto nell'opera-testamento *Campo Santo* », *La grammatica del silenzio di W. G. Sebald*, Rome, Artemide, 2007, p. 117-131. Elle qualifie pourtant très justement le projet corse d'un des « actes manqués les plus évidents » de Sebald (« *uno dei più evidenti atti mancati* », p. 117).

67 Sigrid Weigel, « Pathosformel und Oper. Die Bedeutung des Musiktheaters für Aby Warburgs Konzept der Pathosformel », *KulturPoetik* 6 (2006), p. 234-253.

(*Pathosformeln*). Warburg désigne par là des formules visuelles antiques – en particulier des gestes – qui survivent (*Nachleben*) dans la mémoire culturelle et font retour, de manière anachronique, dans l'histoire des images, non pas sur le mode de l'imitation académique, mais plutôt à la manière de symptômes, de retours intempestifs du refoulé, qui font rupture au sein d'un mode de représentation donné et portent du même coup une intensité expressive particulière, due à l'énergie émotionnelle qu'elles sont capables de réactiver[68]. Un des exemples les plus connus – et dont les pleureuses corses rappellent le souvenir – est celui de Marie-Madeleine au pied de la croix dans les Crucifixions de la Renaissance italienne : Warburg montre que dans leur figuration des gestes de deuil et de lamentation, les peintres ont recours à des « valeurs expressives prédéterminées » (*vorgeprägte Ausdruckswerte*[69]) relevant de l'iconographie antique des ménades en furie, de sorte que Marie-Madeleine apparaît visuellement comme une ménade sous la croix. Cette irruption dionysiaque au cœur du dispositif narratif chrétien apparaît comme une incongruité, un anachronisme, un symptôme : l'irruption d'un élément refoulé de la mémoire culturelle inconsciente rompt la continuité du système représentatif et produit par là même un effet d'intensité. Cet effet de rupture fait l'efficacité visuelle de la représentation et son intensité affective : selon Warburg, ces « formules de pathos » (gestes codifiés, repris et modifiés, voire inversés dans leur signification : *inversion énergétique*[70]) survivent dans la culture comme des « conserves d'énergie » (*Energiekonserven*[71]) qui se trouvent réactivées dans d'autres contextes, y compris et surtout lorsqu'on modifie leur signification d'origine, et encore davantage lorsqu'on l'inverse : l'inversion énergétique (*energetische Inversion*) étant un facteur d'intensification de l'expressivité. Ainsi le

68 *Cf.* Aby Warburg, *Werke in einem Band*, éd. par Perdita Ladwig, Martin Treml et Sigrid Weigel, Berlin, Suhrkamp, 2010 ; Georges Didi-Huberman, *L'image survivante. Histoire de l'art et temps des fantômes selon Aby Warburg*, Paris, Minuit, 2002 ; Philippe-Alain Michaud, *Aby Warburg et l'image en mouvement*, préface de Georges Didi-Huberman, Paris, Macula, 1998.

69 Aby Warburg, « Mnemosyne I. Aufzeichnungen, 1927-29 », *Werke in einem Band*, *op. cit.*, p. 640-646, p. 644, où Warburg définit le projet *Mnemosyne* comme une « série d'images destinée à l'étude de la fonction de valeurs expressives prédéterminées dans la représentation des mouvements de la vie [*Funktion vorgeprägter Ausdruckswerte bei der Darstellung bewegten Lebens*] dans l'art de la Renaissance européenne ».

70 *Cf.* par exemple Aby Warburg, « Mnemosyne I. Aufzeichnungen, 1927-29 », art. cité, où l'expression « *energetische Inversion* » apparaît plusieurs fois, notamment p. 641 et p. 646.

71 *Ibid.*, p. 640.

geste de deuil est d'autant plus intense qu'il réactive, en l'inversant, un geste d'ivresse[72].

Mais cette dialectique de la formule de pathos, qui veut que le recours à une formule existante intensifie son énergie expressive, ne doit pas faire oublier qu'en l'intensifiant, la formule a aussi pour effet de *contenir* le pathos et de le maîtriser. Cet aspect est essentiel et s'oublie facilement dès lors qu'on s'intéresse en premier lieu au fonctionnement du pathos et des mécanismes de l'intensification expressive. Pour Warburg, il ne s'agit en aucun cas de faire l'apologie du pathos : s'il fallait désigner un objectif à sa « science de l'image », ce serait plutôt le souci d'établir une *distance*[73], un *Denkraum der Besonnenheit*[74]. Ainsi, sa réflexion sur les formes du pathos ne prête pas *a priori* aux images qu'il étudie la recherche d'une expressivité maximale : les formules de pathos ne sont pas d'abord au service de sa maximisation, mais surtout de sa maîtrise. La question est davantage de savoir *que faire du pathos* que de savoir *comment le produire.* Car le pathos – ce qui « arrive » au sujet et l'affecte – est toujours déjà là.

C'est dans cet esprit qu'on aura recours ici au concept warburgien. Penser l'œuvre de Sebald à la lumière de la « formule de pathos », ce n'est pas démasquer un quelconque pathos dissimulé derrière l'apparente impassibilité, ni chercher à « réhabiliter » de quelque manière le pathos en tant que tel, mais le saisir comme un principe actif. Le concept warburgien des formules de pathos, loin d'être incompatible avec la poétique de l'impassibilité revendiquée par Sebald, permet au contraire de saisir cette recherche d'impassibilité comme un travail sur la manière

72 Autre exemple, symétrique, dans le *Miracle de St. Bernard* d'Agostino di Duccio (façade de San Bernardino à Pérouse), Warburg remarque une draperie gonflée comme une voile au-dessus de la tête de la mère portant son enfant noyé ressuscité par le Saint – un motif qui reprend une représentation antique de Médée sur un sarcophage romain. « La mère éperdue de reconnaissance, pleine d'émotion pathétique [...] a recours, pour dire l'extrême de ses sentiments, au pathos de la mère infanticide antique [*Die pathetisch bewegte, dankerfüllte Mutter [...] bedient sich, um das Äusserste an Gefühlen zu sagen, des Pathos der antiken Kindesmörderin*] ». Cité dans Aby Warburg, *Werke in einem Band*, *op. cit.*, p. 609.

73 C'est la première phrase de l'introduction à l'atlas d'images Mnemosyne : « La création consciente d'une distance entre soi et le monde extérieur peut sans doute être qualifiée d'acte fondamental de la civilisation humaine [*Bewusstes Distanzschaffen zwischen sich und der Außenwelt darf man wohl als Grundakt menschlicher Zivilisation bezeichnen* [...] ». « Mnemosyne Einleitung », *Werke in einem Band*, *op. cit.*, p. 629-639, p. 629.

74 *Cf.* Cornelia Zumbusch, « Besonnenheit. Warburgs Denkraum als antipathetisches Verfahren », *Warburgs Denkraum. Formen, Motive, Materialien*, éd. Martin Treml, Sabine Flach et Pablo Schneider, München, Fink, 2014, p. 243-258.

de donner forme au pathos et non comme un choix de principe qui consisterait à le nier.

Les notations perplexes de Sebald sur ces pleureuses corses qui citent les furies antiques et ressemblent aux chanteuses de l'opéra bourgeois ne sont qu'un exemple particulièrement manifeste de l'affinité entre ses interrogations sur les formes du pathos et celles de Warburg. Il ne s'agit évidemment pas ici de construire une hypothétique filiation – on est même étonné de trouver, avec les pleureuses, un motif concret commun entre les deux œuvres, qui constitue de plus un point névralgique. Car on ne sait pas, par exemple, si Sebald avait lu, ni même s'il avait simplement connaissance des écrits de Warburg[75], bien qu'il ait manifestement rencontré au moins une fois le terme de *Pathosformel*[76]. Mais là n'est pas la question. Dans le cas précis de Sebald et pour les raisons évoquées plus haut, le fait que ce concept théorique ne lui ait probablement pas été familier serait plutôt un argument en sa faveur en tant qu'outil critique. Par rapport aux auteurs qui constituent pour Sebald des références explicites et indubitables, comme Freud et Benjamin, Warburg se situe à une distance intéressante : d'un côté, les points de recoupement ne manquent pas et la formule de pathos s'inscrit dans une constellation de pensée que Sebald connaissait, comme la théorie freudienne du symptôme et du retour du refoulé, peut-être aussi l'essai « Du sens opposé des mots originaires [*Über den Gegensinn der Urworte*][77] » qui correspondrait au versant langagier de l'inversion énergétique, ou – pour ce qui est de Benjamin – la pensée de l'image dialectique, dont

75 Jo Catling, qui a établi le catalogue de sa bibliothèque de travail et poursuit l'enquête sur ce qu'il avait lu en essayant de retrouver la trace des emprunts qu'il a faits à la bibliothèque de l'Université d'East Anglia (Norwich) où elle était sa collègue, estime que c'est fort probable (conversation en septembre 2014 à Cerisy-la-Salle).

76 Dans son article « Der große Zug des Details : W. G. Sebald : *Die Ringe des Saturn* », art. cité, p. 294-495, Inka Mülder-Bach note que la description de *La leçon d'anatomie du Dr. Tulp* dans les *Anneaux de Saturne* reprend, dans la plupart de ses détails, le livre de William Heckscher, *Rembrandt's Anatomy of Dr. Nicolaas Tulp : an iconological study*, Washington Square, New York University Press, 1958. http://archive.org/details/rembrandt00heck (consulté le 12/11/2020). Or on trouve, à la page 35 de cette étude, juste avant la description, reprise par Sebald, du « *brocken neck unsupported, so that the chest is unnaturally pushed upward* », la mention des « *uncongruous poses of what Aby Warburg has so aptly called "Pathosformeln"* ».

77 *Cf.* Sigmund Freud, *L'Inquiétante étrangeté et autres essais*, trad. Bertrand Féron, Paris, Gallimard, 1985, p. 47-60 [« Über den Gegensinn der Urworte », *Studienausgabe*, éd. par Alexander Mitscherlich, Angela Richards et James Strachey, Frankfurt a. M., Fischer, 1969-1975, vol. 4, p. 227-234].

Cornelia Zumbusch a démontré l'affinité structurelle avec la formule de pathos de Warburg[78].

Mais ce que seule la *Pathosformel* permet explicitement de penser, c'est précisément la question du *pathos*, qui, comme on l'a vu, est si fondamentale chez Sebald et qui reste étrangement peu identifiée dans les études sebaldiennes, y compris dans les travaux qui font référence à Warburg, puisque ceux-ci portent plutôt en général sur la forme de l'*atlas* (*l'Atlas Mnémosyne*) et du montage[79], au même titre que Benjamin et ses *Passages*. Dans ce cadre, la dimension du pathos n'est généralement pas perçue en tant que telle. Pourtant, chez Warburg, il y a un lien très étroit entre la forme de l'atlas d'images et la formule de pathos, puisque la formule de pathos précisément tire sa puissance expressive de la réactivation de ces formes gestuelles et visuelles oubliées ou refoulées, mais survivantes, dont l'atlas restitue la complexe généalogie. L'expressivité des formules de pathos, leur capacité à donner forme au pathos en l'intensifiant tout en le maîtrisant, est bien l'horizon et l'enjeu permanent des montages d'images de Warburg – l'identification de la survivance des formules visuelles n'est pas une fin en soi, elle sert à comprendre comment celles-ci sont réactivées et comment elles agissent en termes d'intensité expressive. Dans ce sens, le concept de *Pathosformel* permet de penser la question du pathos autrement qu'en termes de jugements de goût où de choix a priori : il ne s'agit pas de décider si oui ou non, Sebald est « pathétique », s'il « donne dans le pathos » ou pas. Car au nom de quels critères pourrait-on le décider ? Ceux d'un « bon goût » se présentant éventuellement sous les traits moraux de la décence ? Ceux d'une invérifiable authenticité ?

Plutôt que de chercher vainement à trancher ces questions-là, il s'agira ici d'articuler systématiquement la question du pathos à la question de ses formes : d'où, encore une fois, la pertinence du concept warburgien. On examinera ainsi quatre motifs formels centraux chez Sebald en interrogeant leur fonction dans le travail du pathos.

Le premier chapitre réinterroge sous l'angle du pathos l'usage du « document ». Il s'avère que les catégories centrales de l'authenticité et

78 Cornelia Zumbusch, *Wissenschaft in Bildern : Symbol und dialektisches Bild in Aby Warburgs Mnemosyne-Atlas und Walter Benjamins Passagen-Werk*, Berlin, Akademie Verlag, 2004.

79 *Cf.* Doris McGonagill, *Warburg, Sebald, Richter : toward a visual memory archive*, Cambridge/Mass., Harvard University, 2006 ; Muriel Pic, *W. G. Sebald – L'image-papillon*, Dijon, Les presses du réel, 2009.

de la « peur du faux » ne s'appliquent pas à l'authenticité documentaire opposée à la fictionnalisation, que Sebald assume parfaitement, mais bien plutôt à des formes de sentimentalisation, c'est-à-dire d'inauthenticité émotionnelle. C'est donc dans le cadre de l'économie de l'affect que fait sens ce qu'il faut appeler bien davantage un *effet de document* qui, plutôt que preuve au sein d'une enquête, est une forme expressive – une formule de pathos. Car le problème du pathos n'est pas en réalité son excès (trop de sentiment, trop d'empathie), mais son détournement : non pas la quantité, mais la « qualité des émotions », selon l'expression de Ruth Klüger. C'est ce que met en évidence l'analyse de quelques exemples de ces « sentiments faux » dans lesquels s'expriment des conflits collectifs, historiques et politiques dont Sebald a une conscience aiguë.

La deuxième chapitre prolonge la réflexion sur la référence au modèle documentaire en interrogeant l'exemplarité, aux yeux de Sebald, du « *ton* documentaire », qu'il présente comme l'antidote le plus efficace contre le risque pathétique, et dont son propre style est pourtant très éloigné. Il s'agit ici de définir plus précisément ce ton sebaldien qui, dans la critique, fait l'objet des perceptions les plus contradictoires, au-delà de l'alternative stricte entre pathétique et anti-pathétique, et au-delà, aussi, des figures de l'équilibre, ou de la compensation, de la modération, de la neutralisation du pathos. Pour ce faire, on se penche aussi bien sur le travail très concret de Sebald sur le manuscrit d'*Austerlitz* que sur sa lecture d'auteurs qui lui sont chers – Calvino, Améry, ou Flaubert – et qui ont négocié, chacun à leur manière, la question de la forme à donner au pathos. L'écriture de Sebald relève, pour reprendre un terme proposé par Patrice Loraux, d'une poétique de la *passibilité*, qui serait, non pas un impensable « juste milieu » entre *impassibilité* et *pathos*, mais une sorte de suspension du pathos, ou un pathos en suspens(ion) – une virtualité, une puissance d'être affecté : quelque chose qui s'opposerait à cette insensibilisation ou désensibilisation que Sebald identifie à la fois comme une cause et comme une conséquence de la barbarie.

Le troisième chapitre réinterroge sous l'angle du pathos la question de l'image. L'usage des images chez Sebald a fait l'objet de nombreuses études : le plus souvent, le rapport entre texte et image s'inscrit dans la question du montage documentaire, ou alors dans des études qui cherchent à définir le dispositif sémiologique à l'œuvre, le statut du texte par rapport à l'image, la nature particulière de cet « iconotexte ».

Ici, l'image – aussi bien l'image matérielle insérée dans les pages de Sebald que l'image évoquée ou remémorée par le texte lui-même – sera envisagée dans son enjeu d'intensification expressive. L'image est une figure d'intensité d'abord parce qu'elle cristallise le temps et notamment le temps de l'affect : elle est le médium par excellence du « sujet dévasté en proie à la *présence d'esprit*[80] », selon l'expression de Roland Barthes. Enfin, il sera question dans ce chapitre de motifs qui relèvent de manière plus étroite de la formule de pathos selon Warburg : l'arrêt sur image, le geste, la plainte silencieuse et – à travers la métaphore cinématographique, *leitmotiv* sebaldien – l'image en mouvement.

Pour finir, on reviendra sur la survivance du pathos théâtral dans cette œuvre qui se définit avec tant d'insistance comme une œuvre de *prose*, qui a d'ailleurs donné lieu à de nombreuses études narratologiques sur la structure du récit ou le statut du narrateur, faisant écho aux théorisations de l'auteur sur sa prose « périscopique » ou « oblique ». En contrepoint, on se souviendra que la *citation*, employée chez Sebald comme une *valeur expressive prédéterminée* (*vorgeprägter Ausdruckswert*), relève d'un mode théâtral : c'est une formule de pathos qui intensifie l'expressivité du sujet par la reprise, certes déplacée, d'un *masque* ou d'un *rôle* qui lui préexiste. Les moments de théâtre qui émaillent la prose de Sebald offrent un autre point de vue sur les questions qui nous occupent, celles de l'économie de l'affect et du pathos ; la survivance de modèles tels que la catharsis de la tragédie d'Aristote ou la distanciation du théâtre épique de Brecht éclairent les questionnements centraux de « l'éthique-esthétique » de Sebald, entre *impassibilité* et *Mitleidenschaft*.

80 Roland Barthes, *Journal de deuil. 26 octobre 1977 – 15 septembre 1979*. Texte établi et annoté par Nathalie Léger, Seuil/Imec, 2009, 40.

CONJURER LE FAUX

Document/sentiment

FORMES DOCUMENTAIRES ET ÉCONOMIE DU PATHOS

LA « PEUR DU FAUX », UNE QUESTION DE POLITIQUE DE L'AFFECT

Dans *Les Anneaux de Saturne*, Sebald décrit les « scrupules de l'écrivain Flaubert » comme « une peur du faux [...] qui le clouait parfois durant des semaines, voire des mois sur son canapé, tourmenté par la crainte de ne plus jamais pouvoir jeter, sans se compromettre irrémédiablement, ne serait-ce qu'une demi-ligne sur le papier[1]. » Cette *peur du faux* est, de manière générale, un motif central chez Sebald, au même titre que le souci d'*authenticité*, qui revient souvent dans ses entretiens comme dans ses essais critiques. L'aspect en apparence « documentaire » de son œuvre, suggéré par l'insertion de photographies et reproductions diverses dans le texte ainsi que par le contexte historique et les références littéraires de Sebald lui-même[2] incite généralement à placer l'authenticité sur ce plan-là, puisque ce serait justement le propre du document que d'être « authentique ». Et Sebald lui-même, associant les mots « authentique » et « document », a suggéré à plusieurs reprises que ses scrupules « éthiques-esthétiques » portaient sur la légitimité du principe même de l'*invention* :

> C'est là le dilemme moral de toute littérature. A-t-on seulement le droit d'inventer quoi que ce soit ? C'est pour cela que les réalistes du XIXe siècle allemand ont toujours le souci de suggérer au lecteur que ce

1 AS, p. 18 [RS, p. 16].
2 Sebald évoque la « vague documentaire [...] de la littérature allemande [...] qu'il y a eue dans les années 60, 70, de Peter Weiss à Alexander Kluge. » G, p. 198.

qu'ils écrivent est fondé sur des documents authentiques qu'ils tiennent de quelque part[3].

Cette question, évoquée ici à propos de son dernier livre, *Austerlitz*, était déjà présente au tout début de la carrière littéraire de Sebald, où il évoque ses difficultés à assumer l'invention – des inhibitions que, non sans humour, il présente comme une déformation professionnelle du *Germanistikprofessor* qu'il est :

> Et donc, bien sûr, j'ai quelques scrupules à inventer, comme vous pouvez l'imaginer, n'est-ce pas ? Car c'est une certaine forme de tricherie [*Schummelei*] et un procédé absolument pas scientifique que, par conséquent, on craint d'employer[4].

Et lorsqu'on l'interroge sur son usage de la photographie, Sebald répond avec une simplicité désarmante :

> Il se passe effectivement des choses étranges quand on se balade dans le monde sans idée préconçue [...]. Il se passe des choses qu'ensuite personne ne vous croit. [...] Il faut fixer ces choses d'une manière ou d'une autre. Bien sûr, on peut le faire en écrivant, mais l'écrit n'est pas un vrai document. La photographie, c'est le vrai document par excellence [*das Geschriebene ist ja kein wahres Dokument. Die Fotografie ist das wahre Dokument par excellence*]. Les gens se laissent convaincre par une photographie[5].

Le propos paraît évidemment trop ingénu pour être pris à la lettre, et il est d'ailleurs amplement contredit ne serait-ce que par le cours des entretiens eux-mêmes. Si en effet la « peur du faux » est ramenée dans un premier temps à la question de la fictionnalisation et de sa légitimité[6], le propos ne tarde pas à glisser vers d'autres enjeux. Ainsi, lorsque Joseph Cuomo demande à Sebald si le terme de « fiction documentaire », qu'il a employé à propos des *Émigrants*, vaut pour tous ses livres, il répond qu'*Austerlitz* serait plutôt une « longue élégie en prose[7] ». Et son propos

3 G, p. 202.

4 G, p. 64.

5 G, p. 168.

6 C'est ainsi qu'elle est présentée aussi dans l'étude de Doren Wohlleben, *Schwindel der Wahrheit. Ethik und Ästhetik der Lüge in Poetik-Vorlesungen und Romanen der Gegenwart. Ingeborg Bachmann, Reinhard Baumgart, Peter Bichsel, Sten Nadolny, Christoph Ransmayr, W. G. Sebald, Hans-Ulrich Treichel*, Freiburg i.B. / Berlin, Rombach, 2005.

7 AdM, p. 104.

sur Flaubert et la « peur du faux » s'inscrit dans une réflexion tout autre, portant sur le rapport à l'écriture et le fait qu'« écrire n'est plus une chose qui nous soit naturelle[8] ». Ce n'est pas un cas isolé : si, dans les entretiens, Sebald place généralement d'abord ses scrupules d'écrivain sur le plan de l'*invention* – ce qui est le plus souvent induit par les questions posées, qui portent généralement sur le statut documentaire de ses œuvres –, le propos ne manque jamais de basculer par la suite vers d'autres problématiques. Dans l'entretien de 1990 avec Andreas Isenschmid, il apparaît peu à peu que les scrupules éthiques portent finalement moins sur l'invention en tant que telle que sur l'implication émotionnelle du sujet qui écrit – celle-ci apparaissant à la fois comme un motif de soupçon et comme un argument de légitimité[9]. Et dans l'entretien accordé au *Spiegel* en 2001 à propos *d'Austerlitz*, Sebald qualifie certes encore de « problème moral » la légitimité de l'invention et de la fiction[10], mais il déplace ensuite la question de l'authenticité vers le problème de la *mélodramatisation*, du kitsch et du pathos excessif – qui serait donc une forme d'inauthenticité émotionnelle – à laquelle seule pourrait répondre « l'authenticité esthétique[11] ». Il semblerait donc que l'inquiétude éthique très forte qui traverse toute son œuvre, sa conscience aiguë du caractère douteux, contestable, discutable, de l'écriture en général (« *Fragwürdigkeit der Schriftstellerei überhaupt*[12] »), son souci permanent de « l'authenticité esthétique qui, d'une manière souterraine et intime, est liée à l'éthique[13] », ne s'épuise pas dans la question de l'authenticité documentaire, qui est certes centrale, mais qu'il pratique avec lucidité et virtuosité, y compris sur un mode presque ludique, en produisant des « faux », par exemple[14]. Le souci d'authenticité porte sur cet équilibre extrêmement précaire : invention mais pas falsification, mise en forme mais pas esthétisation, empathie mais pas usurpation

8 AdM, p. 111.

9 G, p. 64 : « j'ai remarqué que [...] ces deux autres figures [Kafka et Stendhal, dans *Vertiges*] étaient finalement en réalité pour moi des prétextes pour comprendre mes propres pensées inconscientes [*wirklich im Grunde für mich Folien waren, um hinter meine eigenen, von mir unerkannten Gedanken zu kommen*] »

10 G, p. 202.

11 G, p. 203.

12 DA, p. 345. Patrick Charbonneau traduit par « une mise en question de la possibilité de toute écriture » (LÉ, p. 270), ce qui me semble gommer un peu cet aspect *éthique*.

13 G, p. 203.

14 AdM, p. 75.

de l'identité et de l'expérience d'autrui, expression de l'émotion mais pas kitsch mélodramatique et sentimental.

Mais quelle est alors la fonction des « documents », si ce n'est pas sur l'authenticité proprement documentaire que se fonde l'« authenticité esthétique » ? L'usage particulier que fait Sebald des « documents » a fait l'objet de très nombreuses études : le rapport complexe entre documentaire et fiction, la multiplicité des procédés d'insertion des images, leur relation variable au texte, la diversité des provenances et de la nature desdits « documents » (trouvés, modifiés, fabriqués par l'auteur lui-même), ont été examinés en détail[15] et constituent même un domaine privilégié de la recherche sur Sebald. Ce qui en ressort, c'est l'extrême ambivalence du « document » et sa fonction paradoxale, que Sebald lui-même a soulignée : si la plupart des images insérées dans ses textes sont des « documents authentiques », dit-il, d'autres ont précisément pour fonction de mettre en cause « l'authenticité du texte[16] ». Le matériau documentaire chez Sebald authentifie donc le récit autant qu'il en expose le caractère fictionnel[17]. Quel est le sens de cette contradiction ? Il semblerait que la forme documentaire ne soit pas tant destinée ici à *satisfaire* l'exigence d'authenticité si fortement revendiquée par Sebald qu'à la maintenir en éveil.

C'est peut-être la pertinence même du terme de « document » qui serait à réinterroger ici, tant l'usage qu'en fait Sebald se dérobe à l'élément central de sa définition, celui de la *preuve* : « écrit servant de preuve ou

15 Ruth Vogel-Klein, qui a étudié certaines sources documentaires de Sebald (listes de déportés du Mémorial de la Shoah, livres et articles de presse consultés par Sebald, interlocuteurs divers avec lesquels il a pu s'entretenir, conclut à propos du personnage d'Amélie Cerf (dans *Austerlitz*) : « Au niveau de la recherche d'archives, les indications apparemment documentaires ne correspondent jamais intégralement, et si nous avons retrouvé la date de la déportation d'Amélie Cerf, fait exceptionnel, son adresse, elle, a été choisie par l'auteur pour d'autres raisons évoquées plus haut [l'association avec Paul Celan]. Son lien avec Jacques Austerlitz appartient entièrement au domaine de la fiction. Une photographie floue d'un monument mortuaire du cimetière Montparnasse, qui semble attester l'authenticité du récit sur la tombe de la famille juive, participe de la construction imaginaire. » « Dans l'atelier de W. G. Sebald. Écriture oblique et chronotopes parisiens », *W. G. Sebald*, éd. Lucie Campos et Raphaëlle Guidée, *Europe. Revue littéraire mensuelle* n° 1009, 2013, p. 152.

16 G, p. 85.

17 Michael Niehaus souligne que « le matériau documentaire est employé à la fois pour authentifier et pour mettre au jour le caractère fictionnel. » « Fiktion – Dokument », *W. G. Sebald Handbuch. Leben – Werk – Wirkung*, éd. Claudia Öhlschläger et Michael Niehaus, Stuttgart, Metzler, 2017, p. 130-142, p. 133.

de renseignement », par extension tout « ce qui sert de preuve, de témoignage », selon le *Grand Robert*, et « chose qui enseigne ou renseigne, [synonyme de] titre, [ou de] preuve » selon le *Littré*[18]. Cet élément de définition semble également central en littérature : ainsi Tiphaine Samoyault interprète la « promotion actuelle du document en littérature » comme un signe que celle-ci est entrée dans le « régime de la preuve » : le recours au document lui permettrait de « retrouver une puissance perdue en étant une des disciplines de la vérité, un art du réel et des faits[19] ». Quand bien même on chercherait à dépasser ce « sens juridique moderne de “écrit servant de preuve ou de renseignement” » et « l'objectivité rationnelle prêtée au document » pour y voir un « objet magique », comme l'écrit Muriel Pic, il reste bien quelque chose de la logique de la preuve :

> Le document a le pouvoir de rendre présent le monde auquel il se rapporte, lointain ou passé. Il n'est plus un écrit stable et fixé par les lois et les institutions, c'est une trace qui possède la qualité magique du fragment : être la *pars pro toto* du réel évanoui[20].

Or la trace est bien par définition, et pas seulement « pour l'historien », une preuve, avant que de pouvoir être, pour la littérature, « le véhicule d'un transport[21] ». Quand bien même le document, « au sein de la fiction documentaire », serait « trace avant que preuve[22] », la « trace » n'est-elle pas elle-même une forme de preuve ? « Toute trace est une preuve en puissance[23] » : c'est bien cela qui fonde le « paradigme indiciaire » selon Carlo Ginzburg[24] et avec lui cette « poétique de la trace » que Muriel Pic définit comme la spécificité de la « fiction documentaire[25] ». Si la

18 Cité dans Camille Bloomfield et Marie-Jeanne Zenetti, « Écrire avec le document : quels enjeux pour la recherche et la création littéraire contemporaines ? », *Littérature* n° 166, juin 2012, p. 7-12, p. 7.

19 Tiphaine Samoyault, « Avant-propos. Du goût de l'archive au souci du document », *Littérature* n° 166, juin 2012, p. 3-6, p. 5. Elle parle encore de « contribution de l'art à l'établissement de la vérité » et de « fonction d'attestation de la littérature » (*ibid.*).

20 Muriel Pic, « La fiction documentaire (XIXe-XXIe siècle) : devinette, divination, deuil », *Littérature et document autour de 1930. Hétérogénéité et hybridation générique*, éd. Sarah Bonciarelli, Anne Reverseau, Carmen Van den Bergh, *La Licorne. Revue de langue et de littérature française* n° 109, septembre 2014, p. 39-51, p. 48-49.

21 *Ibid.*, p. 49.

22 *Ibid.*, p. 40.

23 *Ibid.*, p. 43.

24 *Ibid.*, p. 47.

25 *Ibid.*, p. 46.

trace engage « l'*enquête*[26] », c'est bien en tant qu'elle atteste d'un réel passé – mais cela suppose que les « traces » en question ne soient pas, comme souvent chez Sebald, inventées.

Oliver Rohe parle justement, à propos de Sebald, d'« inventer la trace ». Il me semble que malgré la séduction du paradoxe, cela brouille les choses plutôt que de les éclairer : d'un côté, l'œuvre de Sebald aurait été écrite pour « dresser, face à l'opération de falsification qu'est l'Histoire, un ensemble de digues, de preuves, d'archives, pourquoi pas de fictions, bref une trace de ce qui a un jour existé[27]. » « Traquer la trace sera la grande entreprise littéraire de Sebald », écrit encore Rohe[28]. Mais la volte décisive – et pour le moins problématique – dans son argument est que celui qui *invente* les traces fait davantage et mieux que celui qui ne fait « que » les *exhumer* ou les *recueillir* : « Ces traces, Sebald ne va pas se contenter de les recueillir à travers l'observation, la recherche historique ou l'exhumation d'archives ; il va également les obtenir au moyen de la fiction[29] ». Les questions posées par de telles « traces » inventées (« quel statut leur accorder ? Celui d'indices d'une vérité enfouie ou de traces fabriquées de toutes pièces ? Comment les distinguer des falsifications contre lesquelles elles ont été élaborées ? »), ces questions sont déclarées nulles et non avenues, voire imbéciles et mesquines :

> Poser ces questions, comme *ne se sont pas privés* de le faire certains critiques allemands [...], revient à contester à la littérature le premier de ses droits : raconter le monde. [...] C'est, enfin, postuler que seule l'Histoire détient le monopole de la représentation de la réalité[30].

Certes, il est juste et nécessaire de réaffirmer la légitimité de la fiction et de la littérature y compris dans la représentation et la compréhension de l'histoire. Mais n'est-il pas paradoxal de vouloir légitimer la fiction en la niant comme telle, en gommant la différence de nature entre une trace réelle et une trace fictionnelle, en les mettant sur le même plan, en revendiquant à tout prix la notion de *trace* et de *document*, et même de *preuve*, quitte à faire perdre le sens même de ces termes ? Ainsi

26 *Ibid.*, p. 46-47.
27 *Cf.* Oliver Rohe, « Écrire, inventer la trace, sur W. G. Sebald », *Inculte* n° 1, 2004, p. 23-29, p. 24.
28 *Ibid.*, p. 26.
29 *Ibid.*, p. 27.
30 *Ibid.*, p. 28. C'est moi qui souligne.

quand Rohe, en conclusion à son texte, écrit que « [l]e privilège de la littérature consiste à lutter, par tous les moyens, contre l'oubli[31] », il est difficile d'ignorer que l'*invention* de traces, en elle-même, est susceptible de favoriser l'oubli autant que de le combattre. Sebald, en tout cas, était parfaitement conscient de ces questions et ne les tenait pas pour négligeables[32].

Dans ce cas (de l'invention), on ne saurait parler de trace et de document que sur le plan même de la fiction : ainsi, on pourrait dire que Sebald *met en scène* sur le plan fictionnel, plus qu'il ne l'accomplit réellement, l'enquête documentaire et la recherche des traces[33]. Si la littérature de Sebald se veut une « discipline de la vérité » et un « art du réel », et si le « document » ou le matériau documentaire (si on veut appeler ainsi les textes et les images de sources diverses avec lesquelles il travaille) participe de ce projet, ce n'est pas en tant qu'il relèverait d'un « régime de la preuve », ni même d'une « poétique de la trace ». Car l'enjeu, chez Sebald, n'est pas l'enquête documentaire proprement dite (qui a été et continue d'être faite par les historiens, sur les travaux desquels Sebald s'appuie d'ailleurs largement, par exemple celui de H. G. Adler sur Theresienstadt), mais la réflexion – *documentée* – sur la mémoire individuelle et collective et sur ce qu'il appelle le « patrimoine affectif [*Gefühlshaushalt* : on pourrait aussi traduire par *économie affective*] » de la collectivité[34]. C'est sur ce plan-là – on y reviendra – plutôt que sur le plan strictement factuel que se situent à mon sens le souci d'authenticité et la « peur du faux ». Dans ce cadre, le « document » sebaldien, plus qu'une preuve ou une trace, est avant tout un *effet de document*.

31 *Ibid.*, p. 28.

32 Pour une analyse détaillée de ce débat qui n'est pas ici le centre du propos, voir Françoise Lavocat, *Fait et fiction. Pour une frontière*, Paris, Seuil, 2016.

33 Muriel Pic considère au contraire que le « respect des pré-contraintes fonde le pacte éthique de la fiction documentaire ». « La fiction documentaire », art. cité, p. 40. À propos de Sebald, reprenant le terme de « bricolage » qu'il emprunte à Lévi-Strauss, elle parle de « l'imagination concrète » qui « invente des formes en respectant les formes premières, la précontrainte de chaque objet, de chaque document ». « Élégies documentaires », *Europe* n° 1009, 2013, p. 104-116, p. 108. Or cela ne correspond pas à la pratique effective de Sebald (on reviendra plus loin sur la manière dont il a utilisé un document – un témoignage authentique inédit – pour le journal de Luisa Lanzberg dans les *Émigrants*).

34 DD, p. 23 [LK, p. 20].

EFFET DE DOCUMENT, EFFET DE MONTAGE

Chez Sebald, le jeu avec les *formes* documentaires est tel qu'il faut le distinguer très clairement du documentaire proprement dit[35]. Sebald recourt bien à la forme documentaire dans le sens où il expose le matériau et qu'il le reproduit en tant que tel (quoique de moins en moins au fil de l'œuvre[36]) ; mais cette forme d'exposition suffit-elle à faire de l'objet exposé un « document » au sens classique ? Et quand bien même le matériau exposé serait effectivement prélevé sur le réel et non fabriqué ou modifié par l'auteur, peut-on parler de « document authentique » dès lors que sa fonction n'est plus d'attester le réel qu'il est censé reproduire, mais d'accréditer une fiction ? Ainsi la photographie d'une personne réelle trouvée dans un album de famille peut-elle être qualifiée de « document » lorsqu'elle sert à donner un visage à un personnage fictif[37] ? Chez Sebald, la forme documentaire apparaît parfois comme l'effet suprême de la fiction, comme il le suggère dans l'entretien avec Carole Angier sur les *Émigrants*, à propos de ce qui s'y présente comme la photographie du journal intime de l'oncle Ambros Adelwarth :

35 *Cf.* Olivier Lugon, *Le style documentaire*, Paris, Macula, 2001. *Cf.* aussi J.-F. Chevrier et P. Roussin (éd.), « Le parti pris du document : littérature, photographie, cinéma et architecture au XXe siècle », *Communications*, n° 71, Paris, Seuil, octobre 2001, ainsi que « Des faits et des gestes, le parti pris du document, 2 : littérature, photographie, cinéma et architecture au XXe siècle », *Communications* n° 79, Paris, Seuil, juin 2006.

36 Niehaus montre ainsi que dans *Vertiges*, Sebald expose de manière très appuyée sa base documentaire et son caractère de montage, tout en jouant déjà sur les décalages, les déplacements et les falsifications, notamment dans l'épisode de Kafka. « Fiktion – Dokument », art. cité, p. 132. Mais dans les œuvres suivantes, c'est de moins en moins le cas ; le caractère de « preuve » est mis en question de plus en plus ouvertement et il est souvent suggéré que les documents, le plus souvent désormais des photos, ont été fabriqués pour l'occasion. En ce qui concerne les documents textuels, on observe une homogénéisation croissante entre le ton du narrateur et celui de ses « sources », et c'est dans *Austerlitz* que cet effet est le plus poussé. *Ibid.*, p. 138-139.

37 La photographie du petit page sur la couverture d'*Austerlitz* est le cas le plus suggestif et le plus évident de ce phénomène, comme l'a remarqué notamment Raphaëlle Guidée dans « "Le temps n'existe absolument pas" : photographie et sortie du temps dans Austerlitz, de W. G. Sebald », http://www.fabula.org/atelier.php?Photographie_et_sortie_du_temps (consulté le 12/11/2020). *Cf.* aussi Marie-Jeanne Zenetti, « Travail littéraire du dispositif documentaire dans l'œuvre de W. G. Sebald », *W. G. Sebald. Littérature et éthique documentaire*, éd. Muriel Pic et Jürgen Ritte, Paris, Presses de la Sorbonne nouvelle, 2017, p. 37-49, p. 46-47.

> Vous avez raison, dans ce cas, c'est une falsification. C'est moi qui l'ai écrit. Tout ce qui a de l'importance est authentique. Les événements majeurs – l'instituteur qui pose la tête sur la voie ferrée, par exemple – vous pourriez penser qu'ils ont été inventés pour créer un effet dramatique, pas du tout, ils sont véridiques, tous. C'est au niveau du détail, du détail mineur la plupart du temps, que l'imagination intervient pour créer *l'effet de réel*[38].

C'est donc précisément, du moins dans cet exemple, le « document » censé authentifier l'histoire qui est fabriqué de toutes pièces, qui est une falsification. Car l'effet de réel n'est en aucun cas l'effet *du* réel, l'effet qui émane du réel, mais un effet de l'imagination, un effet de l'écriture, « le signifiant même du réalisme », comme l'a défini Roland Barthes[39]. Les photographies, cartes et plans, billets d'entrée et additions de pizzeria chez Sebald relèvent bien d'un fonctionnement semblable : ils sont destinés à produire ce que Marie-Jeanne Zenetti appelle par analogie un *effet de document*[40]. Ce qui se présente ici sous la *forme* du document ne serait pas en réalité à *lire* ou à *déchiffrer* comme signe ou indice, « voie d'accès à autre chose que lui-même (au réel, actuel ou passé) » : au contraire, cet « usage du document comme signe » serait mis en question par *l'illisibilité* dont jouent ces photographies, « que vient souligner leur absence de légende[41] » – et, pourrait-on ajouter, leur flou, souvent souligné, et les effets de décalage entre le texte et les photographies de par leur emplacement.

Zenetti montre donc que Sebald déjoue l'imaginaire littéraire du document comme trace qui, selon le modèle du paradigme indiciaire

38 AdM, p. 75.

39 Roland Barthes, « L'effet de réel » [1968], *Littérature et réalité*, éd. R. Barthes, L. Bersani, Ph. Hamon, M. Riffaterre et I. Watt, Paris, Seuil, 1982, p. 81-90, p. 89. S'interrogeant sur les « détails inutiles » chez Flaubert par exemple et sur « la signification de cette insignifiance » (p. 83), Barthes observe en effet que « au moment même où ces détails sont réputés dénoter directement le réel, ils ne font rien d'autre, sans le dire, que le signifier [...] c'est la catégorie du "réel" (et non ses contenus contingents) qui est alors signifiée ; autrement dit, la carence même du signifié au profit du seul référent devient le signifiant même du réalisme : il se produit un *effet de réel* [...] » (p. 89).

40 Marie-Jeanne Zenetti, « Travail littéraire du dispositif documentaire dans l'œuvre de W. G. Sebald », art. cité, p. 38 *sq.* Zenetti avait déjà introduit cette notion d'*effet de document* dans son livre *Factographies. L'enregistrement littéraire à l'époque contemporaine*, Paris, Classiques Garnier, 2014, p. 69-83.

41 *Ibid.*, p. 42.

emprunté à Carlo Ginzburg, serait à déchiffrer[42]. Au contraire, selon elle, les documents chez Sebald sont exposés à

> un regard qui n'est pas celui du détective ou du chasseur, parangons du paradigme indiciaire, mais bien ceux de l'amateur et du collectionneur. [...] les documents portent la marque dispersée d'un sujet, qui ne trouve à se dire qu'à travers eux. Ce qu'ils restituent et cristallisent, c'est sans doute moins un passé historique ou l'histoire de tel ou tel personnage qu'un rapport que l'auteur entretient à eux[43].

L'œuvre de Sebald, écrit encore Zenetti,

> peut aussi être perçue comme emblématique d'une fascination « littéraire » pour le document, dans le sens parfois péjoratif qu'un tel adjectif peut prendre : l'écho qu'elle rencontre dans la sensibilité contemporaine peut être considérée comme symptomatique d'un romantisme de l'archive, qui se détourne de la constitution d'un discours de vérité pour entrer en résonance avec la sensibilité d'un sujet, et privilégier dans le document ce qui donne lieu à rêver plus qu'à comprendre le passé, selon une logique qu'on peut estimer complaisante[44].

Un *romantisme* qui va de pair avec une certaine *mélancolie* de l'archive :

> Dans la littérature et les arts visuels contemporains se manifeste ainsi un goût insistant pour une certaine mélancolie de l'archive qui touche parfois au fétichisme ou à la déploration, et qui entre en tension avec la scientificité du document, l'érigeant en objet de fantasmes, valorisé pour lui-même, en tant qu'il présente un potentiel d'investissement inépuisable[45].

Sebald lui-même en revanche, selon Zenetti, n'est pas dupe de « l'image que la postérité, de son vivant déjà, lui a érigée : celle d'un archéologue mélancolique de la mémoire[46] », cette image d'« archiviste des vies oubliées, image qui marque encore largement la réception de ses livres, notamment en France », où elle est concomitante d'un « tournant

42 *Cf.* Carlo Ginzburg, « Traces, racines d'un paradigme indiciaire », *Mythes, Emblèmes, Traces. Morphologie et histoire*, trad. M. Aymard, Ch. Paoloni, E. Bonan et M. Sancini-Vignet, Paris, Flammarion, 1989.

43 Marie-Jeanne Zenetti, « Travail littéraire du dispositif documentaire dans l'œuvre de W. G. Sebald », art. cité, p. 44.

44 *Ibid.*

45 *Ibid.*, p. 44.

46 *Ibid.*, p. 45.

documentaire » de la littérature contemporaine[47]. Le cas d'*Austerlitz* est particulièrement frappant, œuvre à laquelle on prête volontiers l'image d'une « restitution des vies d'autrui » alors que Sebald lui-même ne fait aucun mystère de son caractère fictionnel, « tout en mobilisant toujours le document en tant que forme[48] », combinant les histoires de « deux personnes et demi[49] » dont certaines, notamment Susi Bechhöfer, ont témoigné elles-mêmes[50].

C'est un tel « romantisme de l'archive » qu'Irving Wohlfarth critique lui aussi très vivement chez Sebald, en particulier dans *Austerlitz* qu'il lit comme une « *Roman(t)isierung der Passagenarbeit* » : sa thèse est que le personnage de cet historien de l'architecture qui ne vient pas à bout de son encyclopédique travail de recherche serait la version romancée et romantisée du Benjamin du *Livre des passages* (notamment dans le motif romantique de « l'échec » qui pourtant, on le sait, a chez Benjamin des raisons d'un tout autre ordre[51]). Wohlfarth dénonce violemment cette analogie qu'il prête à Sebald entre le penseur de « l'illumination profane » cherchant à saisir le présent historique à travers l'identification de constellations historiques et politiques[52], et le personnage dont tout le projet de recherche, une fois révélée sa fonction psychologique d'*écran*[53], est abandonné au profit de la « résolution » de son traumatisme individuel : l'enjeu ne serait qu'un « sauvetage privé, familial [*eine private, familiäre Rettungsaktion*][54] ». Dans sa version sebaldienne, le projet des *Passages* serait ainsi « psychologisé », « relittérarisé[55] » et du même coup dépolitisé.

Certains aspects de ce jugement sont contestables : il est par exemple difficile de qualifier le traumatisme d'Austerlitz d'affaire privée, et d'une manière générale, Sebald n'a cessé de mettre en évidence l'intrication de l'intime et du politique. Lorsqu'il parle d'« éducation sentimentale » d'un

47 *Ibid.*, p. 46.
48 *Ibid.* p. 46.
49 G, p. 196.
50 Josephs, Jeremy et Bechhöfer, Susi, *Rosas Tochter. Bericht über eine wiedergefundene Kindheit* [1996], München, Piper, 1998.
51 Irving Wohlfarth, « Anachronie. Interferenzen zwischen Walter Benjamin und W. G. Sebald », *Internationales Archiv für Sozialgeschichte der deutschen Literatur (IASL)* 33/2 (2008), p. 184-242, p. 226.
52 *Ibid.*, p. 227.
53 *Ibid.*, p. 225.
54 *Ibid.*, p. 225.
55 *Ibid.*, p. 229.

sujet, personnage ou auteur, c'est toujours par rapport à une certaine configuration historique[56]. Et puis, ce n'est pas forcément rendre justice à une œuvre que de juger le personnage principal – plus exactement, le projet de recherche du personnage principal ! – à l'aune d'une œuvre réelle pour dénoncer les déformations qu'il ferait subir à un original auquel il ne fait pas référence. La critique de Wohlfarth ne se justifie qu'à adhérer d'emblée à cette conclusion qui est en même temps l'hypothèse de départ, selon laquelle *Austerlitz* serait bien une « roman(t)isation du Livre des passages ». Par ailleurs, cette condamnation impitoyable de l'œuvre de Sebald au nom de celle de Benjamin appelle immédiatement la contradiction.

Et pourtant, cette étude très fine, précise et informée met indéniablement le doigt, aussi, sur des questions que l'œuvre de Sebald soulève réellement. Ainsi, le télescopage entre Austerlitz et Benjamin n'est certes rendu explicite nulle part ; mais Benjamin étant par ailleurs chez Sebald une référence aussi centrale que dissimulée (dissimulée *parce que* centrale, dirait Wohlfarth), la suggestion est suffisamment appuyée pour inviter l'interprète à en suivre la piste, et suffisamment dissimulée pour donner au lecteur averti le plaisir de la reconnaissance et de l'explicitation.

Parmi les aspects de l'œuvre de Sebald qui se prêtent à une lecture « benjaminienne », il y a la question du *montage*, éminemment lié à la question du document. Sebald dit dans un entretien :

> Il faut un matériau aussi précis, aussi authentique que possible pour faire une bonne histoire. Je vois cela un peu comme le métier de tailleur. Ce qui est fictif, c'est la coupe de la robe, mais une bonne coupe ne sert à rien si le tissu, le matériau est miteux. On ne peut travailler qu'avec une matière qui a elle-même une base légitime[57].

Sebald laisse donc entendre que dans le travail du texte-tissu, l'auteur est moins le tisserand que le tailleur, et que la fiction elle-même n'est que l'effet de la coupe. Autrement dit, que l'on ne peut « faire une bonne histoire » que par le *montage* du « matériau authentique ». Indéniablement, cette manière de présenter les choses fait penser à Benjamin :

> Méthode de ce travail : le montage littéraire. Je n'ai rien à dire. Seulement à montrer. Je ne vais rien dérober de précieux, ni m'approprier des formules

56 Lucie Campos, « L'excès du savoir et du sentiment », *Europe* nº 1009, 2013, p. 79-88.
57 G, p. 85.

spirituelles. Mais les guenilles, le rebut : je ne veux pas en faire l'inventaire mais leur rendre justice de la seule façon possible : en les utilisant[58].

Mais est-ce réellement ainsi que procède Sebald ? L'analogie avec Benjamin est-elle réellement pertinente au-delà de cette métaphore, et au-delà de ce que suggère l'auteur par le truchement du personnage fictionnel auquel il est si tentant de l'identifier, lorsque son « travail de réflexion et de mémoire » consiste à expérimenter sans cesse de nouvelles constellations d'images en les déplaçant « selon un ordre dicté par leur air de famille[59] » ? Bien sûr, on peut penser au Benjamin du *Livre des passages*, et peut-être encore davantage au Warburg de *l'Atlas Mnémosyne*. Irving Wohlfarth estime pour sa part qu'« il y a un monde » entre la technique de montage du romancier (*Montage-Technik, Romantechnik*) mise en œuvre par Sebald et le « montage littéraire » du *Livre des passages*, qui s'interdit toute mise en forme (*Gestaltung*) qui soit « illégitimement "poétique" [*unerlaubt "dichterisch"*][60] ». En effet, on est, chez Sebald, très loin du « Je n'ai rien à dire. Seulement à montrer » de Benjamin : lorsqu'on examine de plus près les éléments du « montage » de Sebald, on constate que, non seulement de nombreux « documents » ont été fabriqués spécialement pour y prendre place (sans d'ailleurs que cela soit particulièrement dissimulé), mais que beaucoup, aussi, ont été modifiés, manipulés, réécrits lorsqu'il s'agit de documents textuels – ainsi l'histoire de Luisa Lanzberg dans les *Émigrants*[61]. Ulrich von Bülow, responsable des archives à Marbach où sont conservés les manuscrits, la bibliothèque de travail et de nombreux documents de Sebald, note :

La spécificité de Sebald est qu'il affirme la contingence et l'objectivité de ce qu'il raconte et qu'il semble la prouver par des illustrations et des éléments

58 Walter Benjamin, *Paris, capitale du XIXe siècle : Le Livre des passages*, Paris, Cerf, 1989, p. 476 [GS V, 1, p. 574]. Muriel Pic cite ce passage à l'appui de « l'éthique documentaire de Sebald » et de « son esthétique : le montage ». « Révérence à la poussière. W. G. Sebald et l'archive », *W. G. Sebald. Littérature et éthique documentaire*, *op. cit.*, p. 170-171. *Cf.* aussi *id.*, *W. G. Sebald – L'image-papillon*, *op. cit.*, p. 13 : « L'invention littéraire de Sebald relève du *montage*, méthode littéraire que Benjamin développa au niveau cognitif et dont le matérialisme cède la priorité aux traces. »

59 A', p. 144 [A, p. 172].

60 Benjamin cité par Wohlfarth dans « Anachronie », art. cité, p. 226.

61 *Cf.* Klaus Gasseleder, « Erkundungen zum Prätext der Luisa-Lanzberg-Geschichte aus W. G. Sebalds *Die Ausgewanderten*. Ein Bericht », *Sebald. Lektüren*, éd. Marcel Atze et Franz Loquai, Eggingen, Isele, 2005, p. 157-175.

> vérifiables, alors que souvent il retravaille très largement ses sources par son choix, ses arrangements et ses interprétations, jusqu'à les falsifier[62].

Observant la migration des motifs dans les œuvres de Sebald, par exemple du projet corse à *Austerlitz*, Bülow en conclut : « Une fois de plus, on constate que la méthode de Sebald, qui consiste à situer très précisément dans le temps et l'espace chaque événement raconté, ne prouve en rien son authenticité, mais qu'il est un procédé artistique qui sert à produire un *effet du reel* [*sic*][63]. » Interrogé par sa sœur sur sa manière de travailler, Sebald aurait décrit ainsi le procédé : « C'est très simple, tu sais. Je fais comme les gens de l'Allgäu. C'est un patchwork. Alors, je recule de quelques pas et je dis : ma foi, il manque encore un petit coup de bleu[64]. »

Il semble qu'ici la logique du montage soit au moins partiellement inversée : ce n'est pas seulement à partir de ces objets trouvés (« les guenilles, le rebut ») que s'impose un certain montage, c'est au vu du montage que sont cherchés, modifiés, sinon *produits* les objets qui pourraient convenir. Rien ne s'oppose bien sûr à ce qu'on écrive soi-même ce « petit coup de bleu » qui manque. Et il n'y a rien à redire à ce procédé classique de composition et d'écriture – simplement, ce n'est pas un montage au sens benjaminien. On imagine mal en effet Benjamin « arranger » un passage pour que la citation fonctionne mieux dans son montage ou Warburg retoucher un tableau – ou en ajouter un de sa main – dans son *Atlas d'images*.

De même qu'il faut parler d'*effet de document* plutôt que de document, il faudrait donc parler d'*effet de montage* plutôt que de montage. Il me semble important en effet de ne pas entretenir de confusion entre des ressemblances, des correspondances, des filiations latentes mais néanmoins réelles que l'historien, quand bien même non-positiviste et non-chronologique, cherche à mettre au jour (Benjamin, Warburg), et une construction fictionnelle où la « poétique de la coïncidence », même si elle s'appuie (comment en serait-il autrement ?) sur des éléments prélevés sur le réel, et notamment – mais pas exclusivement, sur des « documents

62 Ulrich von Bülow, « Sebalds Korsika-Projekt », art. cité, p. 215.

63 *Ibid.*, p. 220.

64 « "Ein Flickerlteppich". Interview de Ruth Vogel-Klein avec Gertrud Th. Aebischer-Sebald », *W. G. Sebald : mémoire, transferts, images*, éd. Ruth Vogel-Klein, *Recherches germaniques*, hors série nº 2, 2005, p. 211-220, p. 217.

authentiques », est aussi largement le résultat d'une élaboration *a posteriori*. Cela n'enlève par ailleurs rien au fait que les œuvres de Sebald s'appuient sur un important travail de documentation et que l'arrière-plan historique sur lequel s'élaborent ses fictions est assez documenté pour que l'on puisse les qualifier de vraisemblables. Mais cela n'en fait pas un montage documentaire, par lequel des matériaux bruts sont réagencés de manière à faire apparaître entre eux des correspondances inaperçues dont le monteur ne saurait toutefois être l'auteur.

Le plus souvent, les « coïncidences » chez Sebald sont fabriquées, comme dans cet exemple d'une modification que l'auteur a apportée au manuscrit d'*Austerlitz* pour créer une « coïncidence » à laquelle il n'avait manifestement pas pensé au départ et qu'il introduit à un stade relativement avancé du travail. Le numéro de la chambre d'hôtel qu'Austerlitz partage à Marienbad avec celle qui, dans le manuscrit, s'appelle encore Alma[65], est d'abord le 34 – mais le 4 est couvert par un 8 au stylo plume noir : Sebald a donc eu a posteriori l'idée de donner à la chambre le numéro 38, qui rappelle l'année 1938 où Austerlitz avait passé son dernier séjour avec sa famille avant la déportation de sa mère[66]. Ce n'est bien sûr une coïncidence que du point de vue du personnage lui-même[67] : ici, par exemple, on ne saurait dire que « [l]e "hasard objectif" est pris en compte comme une donnée de la réalité, une superstition qui nous agit » et que « Sebald fournit les preuves de ces coïncidences[68] », à moins de prendre tous ces termes – réalité, objectif, trace, preuve – dans un sens métaphorique qui, alors, nous prive de la

65 Sur le manuscrit, conservé au Deutsches Literaturarchiv de Marbach sous le nom de « *Austerlitz. Handschriftliches Manuskript* », on observe que sur cette page écrite au crayon, ce prénom est déjà souligné et surmonté d'un M majuscule au stylo plume noir : sans doute l'initiale du prénom de Marie.

66 A, p. 297. Manuscrit d'*Austerlitz*, p. 398 (ancienne numérotation barrée : 364/388).

67 On a souvent rapproché cette « poétique de la coïncidence » de la théorie surréaliste du « hasard objectif ». *Cf.* Judith Ryan, « Fulgurations : Sebald and Surrealism », *The Germanic Review*, vol. 82, nº 3, 2007, p. 227-249. Selon Ryan, l'illumination (ou épiphanie) chez Sebald ne révèle pas, comme chez Aragon, un autre monde, ou une transcendance (*Ibid.*, p. 232). La référence la plus explicite au surréalisme est par ailleurs celle à *Nadja* d'André Breton, que rappellent les paires d'yeux reproduites au début d'*Austerlitz*. Mais l'idée du « hasard objectif » doit à mon sens rester ouverte et flottante (comme elle l'est sans doute, d'ailleurs, dans le surréalisme lui-même) : la sensibilité à la ressemblance, la perspective particulière qu'elle désigne risque de perdre de sa puissance poétique (de déplacement) si son « objectivité » est prise trop à la lettre.

68 Muriel Pic, « La fiction par les traces, l'histoire par les présages », *Face à Sebald*, *op. cit.*, p. 143-168, p. 151.

possibilité même de penser l'écart entre fiction et réalité – un écart qui toutefois est essentiel dans l'éthique-esthétique de Sebald, et bien au-delà.

Iris Radisch, dans une de ces critiques d'autant plus violentes qu'elles sont formulées sur un ton léger et moqueur, avait qualifié, dans l'hebdomadaire *Die Zeit*, *Austerlitz* de « kitsch noir[69] ». Ce kitsch, aux yeux de Radisch, tiendrait surtout à la « superstition » qui consisterait à suggérer des liens secrets entre des événements très éloignés les uns des autres. Anja Lemke critique également cette « intégrations des correspondances dans un modèle pré-moderne intact du microcosme et du macrocosme dont la cohérence close permet de tout relier à tout », et cette « tendance à abolir le temps et la fugacité dans la mythification des choses. Par ce procédé, Sebald courrait le risque d'opposer, à sa critique du progrès, un modèle simpliste de rédemption mythique » – un modèle de re-mythisation et de ré-auratisation très à l'opposé de l'esprit de Benjamin auquel il fait pourtant référence[70].

Cela dit, il me semble que chez Sebald, le basculement dans le mythe reste toujours plus hypothétique qu'affirmatif, et que c'est davantage *l'absence* de tout type de transcendance (y compris celle de la perméabilité réelle entre le domaine des morts et celui des vivants, par exemple), qui est mise en évidence – c'est bien cela qui fait l'irréparable mélancolie, le deuil inconsolable. Sebald n'est pas dupe des coïncidences qu'il met en scène. Il les expose et les surexpose, il en joue et les déjoue, et le dit d'ailleurs explicitement :

> d'une manière où d'une autre, nous avons besoin de donner un sens à notre existence, qui, par ailleurs, en est totalement dénuée. Par exemple, vous rencontrez quelqu'un dont l'anniversaire tombe le même jour que le vôtre –, il y a une chance sur trois cent soixante-cinq que cela arrive, pas si exceptionnel que cela en réalité. Mais il suffit que vous aimiez bien la personne pour que cela prenne immédiatement une importance significative. [...] Je pense que tous nos systèmes philosophiques, tous nos systèmes de croyances, tous nos dispositifs, y compris les dispositifs technologiques, se construisent de cette façon, pour créer un semblant de sens, là où, comme nous le savons tous, il n'y en a pas. [*Rires du public*][71].

69 Iris Radisch, « Der Waschbär der falschen Welt. W. G. Sebald sammelt Andenken und rettet die Vergangenheit vorm Vergehen », *Die Zeit*, 5. 4. 2001, p. 55-56, p. 56.

70 Anja Lemke, « Figurationen der Melancholie. Spuren Walter Benjamins in W. G. Sebalds "Die Ringe des Saturn" », art. cité, p. 265 et p. 267.

71 AdM, p. 97.

La fictionnalisation ne se situe donc pas simplement dans la coupe et l'agencement du matériau, donc dans le montage, comme le laissait entendre l'image du tailleur et aussi celle, empruntée au Lévi-Strauss de la *Pensée sauvage*, du « bricolage », « où l'on fouille dans les trouvailles accumulées par hasard jusqu'à ce qu'elles finissent d'une manière ou d'une autre à donner un sens[72] » : l'ajustement et la manipulation du matériau documentaire va jusqu'à leur falsification, leur invention, leur création – tout cela étant mis en œuvre de manière si assumée, si maîtrisée et même ludique que l'on a peine à croire que là se situerait la « peur du faux » qui tourmente tant Sebald. La métaphore du tailleur se prolonge d'ailleurs dans des directions qui revendiquent très explicitement le principe de la fictionnalisation, ainsi lorsqu'il note que c'est « à la jonction du document et de la fiction [*an der Nahtstelle zwischen Dokument und Fiktion*] » qu'adviennent les « choses intéressantes du point de vue littéraire[73] », ou lorsque, interrogé sur sa « peur du faux » et son souci de « faire en sorte que ce qu['il] écri[t] ait l'air vrai », il répond que c'est « ce tissu de mensonges » qui peut être « plus fidèle à la vérité, du moins je l'espère, que si vous relatiez des réalités strictement vérifiables[74]. » Dans un entretien de 1996, Sebald va même jusqu'à revendiquer ce qu'il appelle *l'invention de la vérité* :

> Et ce qui est paradoxal et impossible dans ce métier, c'est qu'il faut essayer de trouver la vérité par... en inventant la vérité d'une manière ou d'une autre. C'est être sur le fil, et on peut tomber très, très facilement, comme le sait, je pense, tout écrivain[75].

Si donc la « peur du faux » ne porte pas sur la fictionnalisation en tant que telle[76], si l'authenticité n'est pas assimilable à l'authenticité documentaire au sens strict, cette liberté dans l'usage et la manipulation, le déplacement et l'invention de « documents » n'est pas pour autant synonyme de désinvolture face au matériau historique. Bien au contraire : en exposant aussi ouvertement les procédés qu'il met en œuvre, en relançant toujours implicitement l'interrogation sur la nature et l'emploi des images insérées et des textes cités, en jouant sans cesse

72 G, p. 84.
73 G, p. 198.
74 AdM, p. 109-110.
75 G, p. 147-148.
76 Comme l'affirme notamment Doren Wohlleben, *Schwindel der Wahrheit*, *op. cit.*

sur la frontière, Sebald n'entend pas *brouiller* la distinction de principe entre le factuel et le fictionnel, le documentaire et le « littéraire », mais plutôt en aiguiser la conscience : il s'agit d'*actualiser l'imagination d'un réel passé sans en usurper la réalité.* Les effets de réel servent à intensifier cette imagination, mais ils contribuent tout à la fois à exposer leur caractère fictionnel et rappellent l'incommensurabilité du réel vers lequel ils font signe. Susan Sontag a donné de ce paradoxe une formulation extrême en disant que ce qui fait la fiction, c'est précisément l'effet de réel :

> Ce qui crée la fiction n'est pas le fait que l'histoire soit fausse – elle peut être véritable, en partie ou en intégralité – mais son utilisation, ou son extension, d'un ensemble d'outils (dont des documents falsifiés ou inventés de toutes pièces) qui produisent ce que les critiques littéraires appellent des « effets de réel ». Les fictions de Sebald – et les illustrations qui les accompagnent – jouent des effets de réel à l'extrême[77].

RÉEL ET EFFET DE RÉEL

> Le critère de référentialité, soit l'inscription de sa fiction dans le réel n'est alors pas tant historique que *documentaire.* Grâce aux documents, des biographies imaginaires sont entrées dans la réalité et l'Histoire est convoquée par le biais de cas fictifs. Grâce à l'imagination, des destins anonymes trouvent une identité et à exister dans l'histoire qui les a décimés. Face au « crimes non résolus », Sebald donne aux victimes des *noms*, des *visages*, des *preuves*,

écrit Muriel Pic, qui poursuit :

> la fiction s'avère faire intégralement partie de la mémoire et, davantage encore, de la réalité. / Rien de plus réel en effet pour Sebald que les constructions imaginaires, en particulier lorsqu'elles sont générées par les pathologies de la mémoire telles que l'amnésie ou l'hypermnésie. Et, parce que ces dernières font partie de la réalité, occupent le temps présent de chacun, le plongent d'arrière en avant, de souvenirs en fantasmes, la conception chronologique du temps et le temps des horloges n'est, pour Sebald, qu'un artifice[78].

Il me semble qu'il y a là plusieurs confusions : pourquoi vouloir à tout prix revendiquer l'acception la plus littérale du terme « documentaire » (*noms, preuve, réel*), pour de l'imaginaire et du fictionnel, si légitime soit-il y compris pour la compréhension de l'Histoire ? Les sciences humaines

---

77 Susan Sontag, « Une âme en peine », art. cité, p. 387.

78 Muriel Pic, « La fiction par les traces, l'histoire par les présages », art. cité, p. 147.

et en particulier l'approche des *Kulturwissenschaften*, de la psychanalyse, de l'anthropologie, ont permis de développer une conscience plus aiguë de la puissance performative des constructions imaginaires et de la manière dont elles informent le réel ; mais cela ne saurait conduire à les lui substituer purement et simplement, et à les considérer comme plus réelles que le réel lui-même (*Rien de plus réel…*). Ne se prive-t-on pas, ainsi, de la possibilité de dénoncer la falsification, l'usurpation, l'appropriation indue de l'histoire ? Et peut-on mettre sur le même plan les « constructions imaginaires » entendues au sens d'un dispositif fictionnel mis en œuvre par un auteur d'une part, et d'autre part les « pathologies de la mémoire » prêtées aux personnages et informées par un savoir psychanalytique sur les mécanismes de la mémoire et du refoulement, le fonctionnement du trauma et l'anachronisme constitutif du psychisme[79] ? Est-ce une raison d'assimiler, de fait, « fantasme » et « mémoire » ? Un tel discours ne donne-t-il pas lieu enfin à une sorte d'indifférence à la question de la réalité, comme si elle était une préoccupation mesquine et obtue, relevant d'une vision positiviste et étriquée de l'histoire ? Ne risque-t-on pas à la fin de faire ainsi, involontairement, le jeu des inventeurs de « faits alternatifs » ?

De même, parler à propos de Sebald d'« éthique documentaire » me semble, un peu comme l'idée d'« inventer la trace », risquer de prêter à confusion :

> Les personnages des *Émigrants* n'existent pas, n'ont pas existé, mais c'est tout comme. Austerlitz n'existe pas, n'a jamais existé – et pourtant, il devient réel dès que l'on ouvre le livre qui nous montre des photos d'Austerlitz jeune, de ses parents, des lieux de son enfance[80].

Ce « tout comme », ce personnage qui « devient réel dès que l'on ouvre le livre » ne décrit-il pas précisément l'effet que toute fiction cherche à produire et produit, dès lors qu'elle est bien faite ? Les images éventuellement insérées pour obtenir cet effet de réel en deviennent-elles

79 Sigrid Weigel a ainsi fait remarquer que « l'universalisation du concept de trauma, élevé au statut de théorie de l'histoire, suppose l'indifférence à l'événement lui-même ». « Télescopage im Unbewußten. Zum Verhältnis von Trauma, Geschichtsbegriff und Literatur », *Trauma. Zwischen Psychoanalyse und kulturellem Deutungsmuster*, éd. Elisabeth Bronfen, Birgit R. Erdle et Sigrid Weigel, Köln/Weimar/Wien, Böhlau, 1999, p. 51-76, p. 56.

80 « Introduction », *Littérature et éthique documentaire*, *op. cit.*, p. 10.

pour autant des « documents » au sens propre, sens propre revendiqué ou suggéré, malgré tout, par le terme d'« éthique documentaire » ? Cette presque-existence, cette réalité qui advient à la lecture peut-elle être comprise autrement que dans un sens métaphorique ? À jouer ainsi sur le sens propre et le sens figuré du mot « réel », n'en vient-on pas à gommer une différence irréductible, et sans laquelle la notion même de document et de documentaire perd l'essentiel de son sens ?

Enfin, peut-on réellement considérer que « pour Sebald, la distinction entre fiction et réalité se perd à partir du moment où l'on considère cette injustice fondamentale que même "les douleurs endurées ne rendent pas plus réel le temps passé[81]" » ? Cette phrase – « *Nicht wirklicher / durch die ausgestandenen Leiden / wird die vergangene Zeit*[82] » – figure dans le pan central du triptyque *Nach der Natur* consacré à Georg Wilhelm Steller, après l'évocation des errances de l'expédition conduite par Vitus Bering. Cette expérience-limite, qui a mené l'équipage comme au-delà de la mort (« jusqu'à ce qu'à la fin / il n'y eût plus guère de différence / entre les vivants et les morts[83] »), s'achève par le naufrage du bateau puis la mort de Bering, enseveli par ses compagnons sur une île sauvage sur laquelle ils survivent quelques mois. Reprenant la mer l'été venu, regardant à présent cette même île « dans la lumière de l'été finissant » et depuis la mer, les compagnons la voient « comme si les hommes ne l'avaient pas encore touchée[84] » : une illusion troublante, une modification de la perception due au changement de point de vue, comme il est dit encore : « Vu du bord, le paysage bouge[85]. » Et c'est là que figure la phrase : « Les souffrances endurées / ne rendent pas plus réel / le temps écoulé. »

Bien loin, selon moi, de rendre caduque la distinction entre fiction et réalité, elle parle du trouble de qui, ayant survécu après avoir déjà basculé du côté de la mort, ne sait comment intégrer dans sa vie – et dans son regard de vivant – la réalité de cette expérience, qui désormais lui échappe *malgré* les « souffrances endurées ». On pense par exemple à Robert Antelme qui explique « comment, *à distance* du camp, au retour, l'expérience devient *inimaginable*, et d'abord pour ceux-là même qui l'ont

81 *Ibid.*, p. 9.
82 NN, p. 61. La traduction exacte de Sibylle Muller et Patrick Charbonneau est : « Les souffrances endurées / ne rendent pas plus réel / le temps écoulé. » AN, p. 57.
83 AN, p. 54 [NN, p. 57].
84 AN, p. 57 [NN, p. 61].
85 *Ibid.*

traversée[86]. » Et au-delà, elle anticipe la détresse et la solitude de qui, ayant vécu une expérience incommensurable qui l'isole de l'expérience commune, voit la réalité de son expérience implicitement déréalisée par une collectivité qui ne la partage pas. Comme a pu le lire Sebald dans *Les cadres sociaux de la mémoire* de Maurice Halbwachs, qu'il avait dans sa bibliothèque de travail, le souvenir d'une expérience vécue personnellement qui n'est pas, d'une façon ou d'une autre, accueilli dans cette mémoire collective (ce que Sebald, dans un autre contexte, appelle le « patrimoine affectif » d'une collectivité), se trouve inévitablement comme frappé d'irréalité, comme des « hallucinations », y compris parfois – comble de la cruauté – aux yeux même de celui qui l'a vécu[87].

En aucun cas Sebald ne s'autoriserait de ce phénomène qu'il déplore, puisqu'aux « douleurs endurées » il ajoute leur déréalisation, pour relativiser ou brouiller les limites entre fiction et réalité. En effet, présenter

86 Aurélia Kalisky, « Les voix distantes. Réflexions sur les malentendus du témoignage », *Die ersten Stimmen. Deutschsprachige Texte zur Shoah 1945-1963*, éd. Ruth Vogel-Klein, Würzburg, Königshausen & Neumann, 2010, p. 289-328, p. 294. Annette Wieviorka cite aussi l'histoire, rapportée par Nathan Beyrak, d'un survivant du ghetto de Kovno qui, lisant devant la caméra des passages du journal qu'il tenait à l'époque, laisse de côté certaines pages en disant « qu'il était impossible que certaines choses écrites dans le journal fussent réellement arrivées, car il n'en gardait aucun souvenir. Pourtant, la lecture de ces pages ne laissait aucun doute sur leur authenticité, une description de la faim, notamment. Mais le témoin ne voulait pas les lire à haute voix. Elles lui semblaient "irréelles". Comme le note Beyrak, il ne pouvait simplement pas mettre en relation sa mémoire et l'expérience décrite. » Annette Wieviorka, *L'ère du témoin* [1998], Paris, Fayard, 2013, p. 172. Référence à Nathan Beyrak, « To rescue the individual out of the mass number : intimacy as a central concept in oral history », *Ces visages qui nous parlent*, Actes de la rencontre audiovisuelle internationale sur le témoignage des survivants des camps de concentration et d'extermination nazis, éd. Maurice Cling et Yannis Thanassekos, Bruxelles/Paris, Fondation Auschwitz et Fondation pour la mémoire de la déportation, 1995, p. 100.

87 Dans son exemplaire de la traduction allemande de Maurice Halbwachs, Sebald a annoté (de six traits dans la marge, et avec la mention « Aust[erlitz ?] »), la phrase suivante : « Un homme qui se souvient seul de ce dont les autres ne se souviennent pas ressemble à quelqu'un qui voit ce que les autres ne voient pas. C'est, à certains égards, un halluciné, qui impressionne désagréablement ceux qui l'entourent. » *Les cadres sociaux de la mémoire* [1925], Paris, Albin Michel, 1994, p. 167 [*Das Gedächtnis und seine sozialen Bedingungen*, übersetzt von Lutz Geldsetzer, Frankfurt a. M., Suhrkamp, 1985, p. 229]. Sur la dernière page du livre d'Halbwachs, Sebald a noté au crayon : « Ce dont je lui ai parlé n'appartient pas à une série d'images-fantômes tels qu'elles apparaissent en rêve mais sont des fragments de mon souvenir réel [*Das, wovon ich ihr erzählt habe, sei nicht Bestandteil einer Folge von Phantombildern wie sie im Traum erscheinen sondern Bruchstücke meiner realen Erinnerung*] », avec deux autres tentatives de formulation de la même idée, barrées.

des fictions comme des réalités parmi ces réalités trop facilement prises pour des fictions, reviendrait – en semant la confusion et en tirant, de fait, parti de cette « injustice fondamentale » qui veut que, une fois passé, tout paraît pour ainsi dire également irréel – à faire porter sur la réalité passée un soupçon de fictionnalité[88]. « Les survivants qui peuplent la prose de Sebald », lit-on toujours dans l'introduction à *Littérature et éthique documentaire*,

> s'ils appellent le lecteur à agir contre l'oubli, s'adressent à lui avec la force d'une présence incarnée : les preuves de leur existence sont sous nos yeux, images qui donnent visages et corps, lieux et dates. Les personnages de Sebald ne sont pourtant pas des personnages historiques [...] Ce sont plutôt les personnages d'une *fiction vécue*, dont le mode d'être est l'épiphanie[89].

Mais comment « agir contre l'oubli » de personnages qui n'ont jamais existé, et qu'entend-on au juste, s'agissant de personnages fictifs, de « preuves de leur existence » ? Le « vécu » caractérise normalement l'expérience faite dans la réalité : on parle d'histoire vécue comme on parle d'histoire vraie. En parlant de *fiction vécue*, ne risque-t-on pas de gommer la différence radicale qui séparera toujours une expérience *imaginée*, quelle que soit son intensité, d'une expérience traversée dans la réalité ? À force d'exiger à tout prix que la part fictionnelle soit reconnue comme réelle, et en estompant ainsi une frontière essentielle, on contribue à déréaliser en retour une réalité qui a produit des documents et des preuves au sens propre.

La légitimité de la fiction n'en est pas pour autant remise en cause : pourquoi ne pas reconnaître sans détour – à l'instar de Sebald lui-même – que certaines de ces « preuves », de ces images placées « sous nos yeux » (le portrait d'Austerlitz enfant, par exemple), sont des *effets d'évidence* – des *épiphanies*, pourquoi pas, à condition d'être clair sur le sens purement poétique et non religieux/ontologique du terme –, des

88 Carlo Ginzburg note à ce propos : « L'estrangement me semble susceptible de constituer un antidote efficace à un risque qui nous guette tous : celui de tenir la réalité (nous compris) pour sûre. Les implications antipositivistes d'une telle observation sont évidentes. Mais en soulignant les enjeux cognitifs de l'estrangement, je voudrais m'opposer aussi avec la plus grande clarté à certaines théories en vogue, qui tendent à brouiller jusqu'à les rendre indistinctes les frontières entre l'histoire et la fiction. » « L'estrangement. Préhistoire d'un procédé littéraire », *À distance. Neuf essais sur le point de vue en histoire*, trad. de l'italien par Pierre-Antoine Fabre, Gallimard, 2001, p. 36.

89 « Introduction », *Littérature et éthique documentaire*, *op. cit.*, p. 9.

effets d'évidence qui donnent au lecteur les moyens de s'interroger sur leur statut, et ne prétendent pas réellement documenter « visages et corps, lieux et dates », mais ne cessent au contraire d'exposer leur propre précarité ? L'« éthique documentaire » ne saurait consister, à mon sens, à prendre à la lettre ces effets de réel et à exiger du lecteur une sorte d'acte de foi, en prêtant à une esthétique inspirée des formes documentaires, ou même faisant usage de matériau documentaire, un statut ontologique qu'elle n'a pas[90].

La réflexion sur les limites, les troubles et les difficultés de la perception et de la mémoire, sur l'impossibilité d'accéder à une vision objective et complète de la réalité historique et de la restituer de manière satisfaisante, sur la nécessité d'avoir recours à l'imagination, non seulement ne gomme pas l'irréductible différence entre faits et fiction, mais la rend plus sensible ; non seulement elle n'est pas destinée à favoriser l'érosion du concept même de réalité, mais elle met en évidence son irréductible différence de nature avec toute représentation que l'on peut s'en faire – et que l'on doit s'en faire, puisque la réalité (ou *l'expérience* de la réalité), surtout passée, n'est guère accessible de manière plus directe[91]. Il me semble qu'il y a là un glissement face auquel il faut être vigilant : car à force d'insister (à juste titre !) sur le caractère intrinsèquement construit de toute représentation et sur la nécessité épistémologique de distinguer la représentation de la réalité elle-même, à force de se méfier (à juste titre !) des notions d'objectivité et d'authenticité, il arrive que celles-ci soient purement et simplement déclarées obsolètes, et avec elles, subrepticement, la notion même de réalité historique et d'authenticité documentaire[92].

---

90 Et que n'a pas même, si l'on en croit Dominique Baqué, le document proprement dit : « pas plus que l'art le document ne "donne" le réel : il le construit, l'élabore, lui donne sens, au risque encouru des faux sens et des contresens. Il faut y insister : le document n'est pas et ne sera jamais l'épiphanie du réel. » *Pour un Nouvel Art politique, de l'art contemporain au documentaire*, Paris, Flammarion, 2004, p. 199-200.

91 L'introduction à *Littérature et éthique documentaire* précise bien, en citant Ruth Klüger (*Dichter und Historiker : Fakten und Fiktionen*, Wien, Picus Verlag, 2000, p. 51 *sq.*) qu'« il convient de bien respecter la réalité historique », et qu'il faut interroger « la modification de l'*ethos* du document dans la prose de Sebald : non plus preuve de l'historien mais matériau de montage pour l'écrivain », mais ce « passage de l'éthique à l'*ethos* » et les « transformations de l'*ethos* du document » ne sont pas explicitées (« Introduction », p. 10-11, p. 13).

92 Lors d'une table ronde sur le thème « Dokumentarische Empathie. Über den Umgang mit dem Archiv » (Haus am Kleistpark, Berlin, 8 juin 2016) et portant sur l'exposition d'Annett Gröschner et Arwed Messmer intitulée « Inventarisierung der Macht. Die Berliner

Le paradoxe, dans une partie de la réception surtout française de Sebald (Muriel Pic et Oliver Rohe), est que, dans le souci d'affirmer la légitimité de la littérature et de la fiction face à une histoire positiviste qui réduit les témoignages à leur seule fonction d'attestation des faits[93] et les documents à leur seule dimension de preuve, la légitimité de l'invention et de l'imagination est parfois située sur un plan qui n'est pas exactement le sien : si l'imagination a toute légitimité en tant qu'*hypothèse* sur la réalité, en tant que tentative de « restituer », pour reprendre un mot cher à Sebald, quelque chose de l'expérience que la trace nous invite à *deviner* (« deviner le passé », selon la belle expression de Muriel Pic[94]), on ne saurait revendiquer pour ce travail d'imagination les termes de *vécu*, de *trace* et de *document* sans risquer de brouiller une distinction fondamentale et de contribuer en fin de compte à la déréalisation du passé que l'on veut combattre.

L'EFFET DE DOCUMENT COMME FORME EXPRESSIVE

La légitimité, du point de vue de la littérature, de cet usage des formes documentaires n'en est pas pour autant mise en cause, au contraire. Car il ne s'agit pas de démontrer ici que l'œuvre de Sebald, avec ses *effets* de documents, serait *faussement* documentaire, mais plutôt de saisir plus précisément *en quoi* consiste cet « effet de document » (qu'il émane d'ailleurs de documents authentiques ou non), en déplaçant légèrement la perspective. Car s'il est évident que du point de vue du modèle documentaire et de son éthique, *l'effet de document* ne peut qu'apparaître, au mieux comme un simple effet secondaire, au pire comme une imposture, ce point de vue n'est pas celui qui définit le plus précisément l'exigence

Mauer aus anderer Sicht », le photographe Arwed Messmer a longuement justifié son choix de « redresser » littéralement les tours de contrôle photographiées par les postes-frontières du mur de Berlin afin de les « rendre plus lisibles et plus visibles ». La discussion porte sur le fait que le résultat, du coup, apparaît plus proche des images de Bernd et Hilla Becher que des documents qui ont servi de matière première, et donc sur l'authenticité de ce qui est présenté comme un travail documentaire. Aux nombreux auditeurs qui s'interrogent sur la légitimité de ce procédé, l'historienne Marion Detjen oppose que l'authenticité n'est plus une catégorie pour les historiens – une naïveté d'amateur, en somme. Il me semble au contraire que la conscience de l'incontournable construction, mise en scène, mise en forme du réel, de même que la conscience de l'inévitable recours à l'imagination, ne doit en aucun cas conduire à l'érosion du concept de réalité historique et de document authentique.

93 *Cf.* à ce propos Aurélia Kalisky, « Les voix distantes », art. cité, p. 296.

94 Muriel Pic (éd.), *Politique de la mélancolie*, *op. cit.*, p. 28.

« éthique-esthétique » de Sebald. Dès lors que l'authenticité recherchée est celle de l'*expérience* et de l'*expression*[95], l'effet de document a une fonction bien particulière dans l'économie du pathos. Une fonction que Sebald explicite indirectement dans un passage d'*Austerlitz* sur la puissance de pathos des « photographies arrachées soudainement à l'oubli » :

> On avait l'impression, dit-elle [la nourrice d'Austerlitz], que quelque chose bougeait en elles, on avait l'impression d'entendre des *gémissements de désespoir*, comme si les images elles-mêmes avaient une mémoire [...][96].

La fonction des « documents » ne me semble donc pas être de *neutraliser* le pathos, comme le suggère Muriel Pic, pour qui la « prose élégiaque » de Sebald « neutralise l'excès de *pathos* de la douleur dionysiaque en restituant l'*ethos* des documents[97]. » D'abord, on l'a vu plus haut, cet *ethos des documents*, chez Sebald, n'a rien d'évident. Mais surtout, l'effet de document, s'il paraît à première vue participer d'un effort pour *contenir* le pathos en faisant référence à un genre – documentaire – réputé aussi étranger qu'on peut l'être à la rhétorique pathétique, la dialectique inhérente à ce type de procédés veut que l'évitement du pathos puisse produire en même temps son intensification[98], que l'effet antipathétique soit en dernière instance un effet de pathos. Georges Didi-Huberman rappelle ainsi cette phrase de Brecht : « C'est justement la forme la plus rationnelle, [ici l'image documentaire, là] la pièce didactique, qui provoque les réactions les plus émotionnelles[99]. » D'où, écrit Didi-Huberman,

> cette possibilité de *lyrisme documentaire* inhérente aux plus notoires utilisations littéraires de la photographie, depuis *Bruges-la-Morte* de Georges Rodenbach

95 Markus R. Weber évoque en passant cette *expressivité* du *document historique*, mais sans en expliciter le fonctionnement. « Die fantastische befragt die pedantische Genauigkeit. Zu den Abbildungen in W. G. Sebalds Werken », *Text und Kritik* n° 158, IV/2003, p. 63-74, p. 65.

96 A', p. 218 [A, p. 262]. L'expression en italiques est en français dans le texte.

97 Muriel Pic, « Élégies documentaires », art. cité, p. 105.

98 Les procédés rhétoriques censés inhiber ou restreindre l'affect – ironie, litote, laconisme, aposiopèse, paradoxe, sarcasme – peuvent également se retourner et produire un effet d'intensification, comme le fait remarquer Martin von Koppenfels dans *Immune Erzähler*, *op. cit.*, p. 16-17.

99 Bertolt Brecht, « La dramaturgie non-aristotélicienne » (1932-1951), trad. dirigée par Jean-Marie Valentin, *Theâtre épique, théâtre dialectique. Écrit sur le théâtre*, Paris, L'Arche, 1999, p. 103. Cité par Georges Didi-Huberman, *Quand les images prennent position* (*L'œil de l'histoire, 1*), Paris, Minuit, 2009, p. 170-171.

jusqu'à *Austerlitz* de W. G. Sebald en passant, bien sûr, par *Nadja* de Breton ou par les *Documents* de Georges Bataille[100].

Ce qui, chez Sebald, évoque immédiatement le genre documentaire, c'est notamment l'insertion de ces « documents iconographiques » ainsi nommés, non pas parce qu'ils viendraient forcément prouver quelque chose dont ils seraient la trace, mais parce que, en tant qu'images, ils apparaissent comme l'Autre du texte. C'est cette altérité, cette hétérogénéité, cette qualité de *matériau* prélevé (qu'il s'agisse par ailleurs d'images ou de texte) qui est exposée – un aspect formel constitutif du *genre* documentaire, ou du documentaire comme *forme*[101]. En effet, la littérature documentaire proprement dite se définit par le fait que « le matériau "cité" est identifiable comme tel, c'est-à-dire qu'apparaissent dans le texte des éléments étrangers, destinés non pas seulement à représenter [*darstellen*] du réel, mais à le reproduire [*reproduzieren*][102] ». Ce « nouveau rapport de l'œuvre au réel », dont le modèle serait la photographie et le film, est donc « différent de la *mimésis*, et [...] privilégie la présentation à la représentation, la captation à la figuration[103]. » On devine dès lors que l'efficacité du procédé tient en partie à l'irruption de l'un dans l'autre : lorsque le « document » est inséré comme un « corps étranger » à l'intérieur du texte (« *Fremdkörper innerhalb des Fließtextes* », selon l'expression de Michael Niehaus[104]), cela produit un effet d'*estrangement*[105] qui intensifie l'expressivité tout en produisant un effet de mise à distance, à la manière même d'une formule de pathos. Ce qui, dans la prose de Sebald, se présente comme « document », photographique par exemple, relève également de ce

100 Georges Didi-Huberman, *Quand les images prennent position*, *op. cit.*, p. 172.

101 Michael Niehaus, « Fiktion – Dokument », art. cité, p. 130. Il se réfère notamment à Nikolaus Miller, « Dokumentarische Literatur », *Literaturlexikon. Begriffe, Realien, Methoden*, éd. Volker Meid, Gütersloh, 1992, 183-185, et *Id.*, *Prolegomena zu einer Poetik der Dokumentarliteratur*, München, Fink, 1982.

102 Nikolaus Miller, « Dokumentarische Literatur », art. cité, p. 183 ; cité par Niehaus, « Fiktion – Dokument », art. cité, p. 131.

103 Marie-Jeanne Zenetti, « Travail littéraire du dispositif documentaire dans l'œuvre de W. G. Sebald », art. cité, p. 38.

104 Michael Niehaus, « Fiktion – Dokument », art. cité, p. 130.

105 Dans « Le document et la métaphore du voyage de l'historien », *Littérature* n° 166, 2012, p. 64-68, p. 67, Benjamin Boulay emploie à propos de la forme documentaire ce terme développé par Carlo Ginzburg dans son texte déjà cité, « L'estrangement. Préhistoire d'un procédé littéraire », *À distance*, *op. cit.*, p. 15-36. *Cf.* l'*ostranénie* du formaliste russe Victor Chklovski, dans *Sur la théorie de la prose* (1929).

fonctionnement : ce sont des formes empruntées, étrangères au médium propre de l'écriture, et qui permettent à la fois la mise à distance et l'irruption du pathos[106].

Il est vrai que la matérialité des « documents », chez Sebald, est tantôt exposée, tantôt dissimulée : soit qu'il expose à la manière d'un document classique un document qui est en réalité un faux (comme le journal d'Ambros Adelwarth dans les *Émigrants*[107]), soit qu'il cite sans guillemets un texte que l'on ne peut par conséquent pas identifier comme un document. Lorsque les « documents » sont clairement exposés, la question de la poétique documentaire se confond donc, à maints égards, aussi bien avec la question du rapport entre texte et image qu'avec la question de la citation. Mais ce n'est pas toujours le cas : là où l'éthique-esthétique du montage documentaire a pour effet, *a priori*, d'effacer l'instance narrative au profit des objets disparates qu'elle donne à voir et à entendre, la prose de Sebald a tendance à assimiler ceux-ci au style, au ton et à la sensibilité (*Empfindungsweise*) du narrateur à la première personne[108]. Lisant Giorgio Bassani, Sebald a relevé le passage où il dit vouloir « rapprocher l'intuition poétique et le document jusqu'à ce que l'un prenne la couleur de l'autre[109] ». C'est bien en effet cette contamination réciproque qui se produit chez Sebald, aussi bien lorsque les « documents » sont utilisés de manière dissimulée que lorsqu'ils sont présentés en tant que tels – à l'exemple de ces photographies qui, parce qu'elles sont systématiquement dépourvues de légendes, flottent dans le texte à la manière de visions intérieures surgies de l'imagination ou de la mémoire du narrateur. Cet effet se renforce au fil des œuvres successives de Sebald à la faveur d'une homogénéisation croissante : là où *Vertiges* exposait très ouvertement le matériau et les procédés documentaires, *Austerlitz* donne à voir des « documents » dont la plupart

106 *Cf.* Karine Winkelvoss, « "Die Schrecksekunde des Blitzlichts". L'arrêt sur image chez Sebald, entre panique et illumination », *W. G. Sebald. Récit, histoire et biographie dans* Die Ausgewanderten *et* Austerlitz, éd. Sylvie Arlaud, Mandana Covindassamy et Frédéric Teinturier, Paris, L'Harmattan, 2015, p. 141-161.

107 LÉ, p. 158-159 [DA, p. 194-195].

108 Michael Niehaus, « Fiktion – Dokument », art. cité, p. 140.

109 Sebald a lu cette phrase (« *poetische Intuition und Dokument einander so anzunähern, daß das eine die Farbe des andern annimmt* ») dans l'essai de Eberhard Schmidt, « Auf den Spuren der Finzi-Contini. Ein Gang durch Giorgio Bassanis Ferrara – heute », Giorgio Bassani, *Erinnerungen des Herzens*, éd. par Eberhard Schmidt, München/Zürich, Piper, 1991, p. 133-149, p. 134.

ont été spécialement fabriqués à cet effet[110], Sebald accordant beaucoup moins de place au hasard, de sorte que l'effet centrifuge des « documents » se trouve largement aboli. De ce point de vue, le procédé de la narration « périscopique » empruntée à Thomas Bernhard, généralement lu comme un signal de discontinuité et d'étrangéisation, comme un rappel de l'altérité des paroles rapportées, correspond tout aussi bien à un lissage de l'hétérogénéité des sources, puisqu'elle remplace progressivement tout autre marquage direct des documents textuels sollicités. Cette homogénéisation des discours rapportés, plus grande que dans les *Émigrants* (où Ambros Adelwarth et Luisa Lanzberg introduisaient une autre voix, quand bien même réécrite par Sebald) contribue, dans *Austerlitz*, à une certaine uniformité de ton[111].

La perméabilité entre la voix du narrateur/auteur, dont la figure reste diffuse, et celle des personnages, est due aussi au style indirect libre, dont l'esprit général domine les narrations sebaldiennes, au point de fondre les paroles les unes aux autres[112]. On en trouve un équivalent visuel dans la photographie de l'Antikos Bazar de Theresienstadt, où c'est bien Sebald lui-même, et non Austerlitz à qui la prise de vue est attribuée, qui se reflète dans la vitrine, l'appareil à la main[113]. Au sarcasme dont cette scène a été l'objet de la part de la critique littéraire Iris Radisch dans l'hebdomadaire *Die Zeit* du 5 avril 2001, Sebald a répondu indirectement en protestant de l'authenticité des émotions qu'il a ressenties, lui Sebald, devant la vitrine de Theresienstadt[114]. Est-ce à dire que la scène elle-même autant que sa justification par l'auteur est une illustration – involontaire et littérale – du sentimentalisme qui consiste, selon l'expression de Ruth Klüger, à « contempler nos propres sentiments dans un miroir [*Selbstbespiegelung der Gefühle*][115] ? » plutôt qu'à regarder l'objet qui se présente à nous ? En tout cas, le fait que l'auteur se « trahisse » en se montrant lui-même sur cette image attribuée au

110 La plupart des photographies attribuées à Austerlitz ont été prises par Sebald. *Cf.* Michael Niehaus, « Fiktion – Dokument », art. cité, p. 140.

111 *Ibid.*, p. 138-139.

112 *Cf.* Armin Schäfer, « Stil/Schreibweise », *W. G. Sebald Handbuch*, *op. cit.*, p. 143-149, p. 145.

113 A', 233 [A, p. 280].

114 G, p. 215, cité par Michael Niehaus, « Fiktion – Dokument », p. 140-141.

115 Ruth Klüger, *Refus de témoigner. Une jeunesse*, traduit de l'allemand par Jeanne Étoré, Paris, Viviane Hamy, 1997, 85 [*weiter leben. Eine Jugend* [1992], München, dtv, 1994, p. 76]. Traduction modifiée.

personnage a une dimension apotropaïque : c'est une manière de déjouer l'effet de l'appropriation en en exposant ouvertement le dispositif.

Nous disions plus haut que l'effet de document, outre son effet d'intensification expressive, avait ceci de commun avec le fonctionnement de la formule de pathos qu'il constituait un point de rupture au sein d'un système représentatif donné (« document » dans la fiction, image ou autre « citation » dans le texte) : qu'en est-il lorsque cette hétérogénéité est gommée, que la couture [*Nahtstelle*] est dissimulée, pour reprendre l'image employée par Sebald[116] ? L'effet d'intensification demeure, produit par le flottement permanent sur le mode employé. Car « l'effet de document » se double le plus souvent d'un « effet de littérarité », comme le montre Marie-Jeanne Zenetti[117]. Ainsi, dans *Témoignage* [*Testimony*] de Charles Reznikoff, il s'agit de « sortir le document de ses usages (juridiques, historiques) qui auraient tendance à lire le témoignage pour les informations qu'il présente, afin de le rendre à son épaisseur, à sa densité émotive et sonore[118]. » De même pour Alexander Kluge, dans *Stalingrad* [*Schlachtbeschreibung*], il s'agit

> d'activer une réception inquiète de documents qui sommeilleraient sans cela sous la poussière des archives. Ils nous amènent à prendre conscience que le document qui restitue des paroles anonymes peut faire l'objet de la même écoute complexe, stratifiée, que l'on accorde à la parole poétique[119].
>
> Plus qu'une lisibilité, [...] elle [la « relecture permanente des faits »] crée les conditions d'un renouvellement et d'une intensification du regard et de l'écoute [...] la trame d'un « apprentissage » offert au lecteur afin d'exercer sa perception et son attention aux faits et aux discours[120].

Mais il ne s'agit pas non plus de substituer, au regard qui réduirait le document aux informations qu'il contient, un regard « purement » poétique :

> L'œuvre factographique [empêche] le regard de se figer en un point de vue, qu'il soit documentaire ou esthétique. [...] Si d'une part le contexte de l'œuvre permet une lenteur que la plupart des moyens d'information ou que les écritures factuelles non littéraires n'autorisent pas, le rappel incessant de

116 G, p. 56.
117 *Factographies*, *op. cit.*, p. 114-127.
118 Marie-Jeanne Zenetti, « Prélèvement/déplacement : le document au lieu de l'œuvre », *Littérature* n° 166, juin 2012, p. 34.
119 *Ibid.*, p. 38-39.
120 Marie-Jeanne Zenetti, *Factographies*, *op. cit.*, p. 216.

> la valeur documentaire de ces œuvres, d'autre part, interdit une posture de détachement, d'absorption pleine et entière dans la posture esthétique[121].

C'est donc la mobilité du point de vue et la conscience des différents modes de parole qui produit l'efficacité – l'intensité émotionnelle – d'une écriture qui, comme celle de Sebald, joue sur cette frontière. L'apologie emphatique de la « littérature » commentée plus haut, qui consiste, en brouillant la frontière entre réalité et fiction, à revendiquer la *réalité de la fiction*, ne permet pas de saisir cet effet.

Sebald, on l'a vu, ne revendique pas la réalité de ses fictions ; sa « peur du faux » ne porte pas sur la fictionnalisation en tant que telle, qu'il assume d'autant plus qu'il la met en scène et en expose ouvertement les dispositifs, mais sur la *sentimentalisation*, dimension centrale et délicate de la *littérarisation*. Un court texte de Victor Klemperer, qui commente en 1959 un recueil de témoignages du ghetto, est intéressant de ce point de vue, bien qu'il s'agisse ici de textes d'une tout autre nature, et d'une autre époque (Klemperer commentant ces témoignages en 1959, avant le procès d'Eichmann à Jérusalem et les procès d'Auschwitz à Francfort). L'interrogation de Klemperer, dont le souci est de dégager la réalité brute de l'expérience historique de tout supplément de « littérature » et en particulier de toute « sentimentalisation », porte sur les questions d'authenticité et de falsification que (se) pose aussi Sebald, justifiant que l'on y consacre ici quelques pages.

LITTÉRARISATION, SENTIMENTALISATION ? AVEC KLEMPERER

Dans son article « Inferno und Nazihölle[122] », donc, où Klemperer commente un recueil de *Journaux du ghetto*[123], la question de la *littérarisation* est en effet centrale. Elle s'ouvre sur le *topos* de l'analogie entre l'enfer de Dante et l'enfer nazi – Klemperer se demandant « pourquoi

121 *Ibid.*, p. 216. Ou encore : « les factographies utilisent le contexte de l'œuvre littéraire afin de créer les conditions d'une attention soutenue, sur le mode de l'expérience esthétique, à certains faits habituellement occultés ; mais [...] inversement, elles affirment constamment leur statut factuel et la nature documentaire des matériaux qu'elles mobilisent afin de contrebalancer cette lecture esthétique. » *Ibid.*, p. 218.

122 Victor Klemperer, « Inferno und Nazihölle. Bemerkungen zu den "Tagebüchern aus dem Ghetto" », *Neue deutsche Literatur*, Heft 9/10, Sept./Okt. 1959, p. 245-252. Je remercie Aurélia Kalisky d'avoir attiré mon attention sur ce texte.

123 *Im Feuer vergangen. Tagebücher aus dem Ghetto.* Aus dem Polnischen von Viktor Mika. Mit einem Vorwort von Arnold Zweig, Berlin, Rütten & Loening, 1958.

c'est un plaisir esthétique de lire l'*Inferno*, et une torture de se plonger dans n'importe quelle description des camps », malgré les ressemblances dans la cruauté et l'horreur. Il écrit :

> Quelle que soit l'époque, ceux qui réfléchissent savent qu'il s'agit de poésie, et en déduisent donc que même les cruautés révoltantes peuvent procurer un plaisir esthétique lorsqu'elles sont restituées par l'œuvre d'art. / Certes – mais la décontamination de la cruauté par l'art réside-t-elle dans la beauté des vers, dans la puissance colorée avec laquelle les images de l'horreur sont fixées ? Non : elle tient à ce que la puissance réaliste de l'incarnation est marquée à chaque instant comme l'expression de quelque chose d'irréel[124].

La fiction décontamine ou désintoxique (*entgiftet*) la cruauté : de ce point de vue notamment, le premier des *Journaux du ghetto*, celui de Leon Weliczker, est à l'opposé de l'enfer de Dante : le caractère « bestial » de la torture et du massacre réels qui y sont décrits « submerge et emporte sans cesse avec lui », écrit Klemperer, « toute dimension intellectuelle, individuelle et littéraire[125] ». Les quatre autres journaux du recueil en revanche sont « plus littéraires au sens courant » et Klemperer se demande si, dans ce contexte, c'est une qualité ou un défaut[126]. Dans sa présentation de chacun de ces quatre journaux, d'ailleurs tous écrits par des femmes ou des jeunes filles, la « littérarisation » apparaît en effet toujours comme un motif de soupçon : non pas sur « l'*authenticité* historique et documentaire de ce qui est dit », qui n'est en cause dans aucun des journaux[127], mais sur leur *crédibilité*, qui risque d'être entamée, aux yeux de Klemperer, par le moindre procédé littéraire mis en œuvre dans les témoignages, comme si tout indice de littérarité induisait en lui-même, systématiquement, un soupçon de fictionnalité et donc d'inauthenticité – soupçon fatal pour un témoignage[128].

---

124 « Inferno und Nazihölle », art. cité, p. 246.

125 « *daß das Viehische [...] alles Geistige, alles Individuelle, alles Literarische immerfort überflutet und wegschwemmt* ». *Ibid.*, p. 247.

126 *Ibid.*

127 *Ibid.*

128 Aurélia Kalisky montre comment « le témoignage, une fois devenu littéraire, donne lieu à tous les malentendus. Malmené par le juge et l'historien, soumis à la demande perverse de preuve, il se voit accusé de "fiction" et opposé à un chimérique témoignage "pur" censé restituer fidèlement les faits. Parfois il se voit radicalement dénier tout rapport au réel », comme ce fut le cas pour Paul Celan. De plus, « [l]'écoute perverse de la littérature testimoniale amenait bien souvent le témoin à penser lui-même la littérature comme étant incapable d'intégrer le témoignage. Il renonçait donc à la littérature, ou l'hybridait

Klemperer présente ainsi comme très problématique le témoignage d'une petite fille de douze ans, Janina/Janka Hescheles[129], sauvée parce qu'elle avait attiré l'attention par son « indéniable talent et sa maîtrise de la forme littéraire » (selon les termes de l'éditrice polonaise) en disant à ses camarades des « poèmes sans rimes » sur, dit Klemperer, « les expériences qui ont une terrible ressemblance avec ceux de Leon Welicker[130] ». Dans le but d'obtenir une « déclaration documentaire [*dokumentarische Aussage*] » qui soit faite « avec la spontanéité [*Unmittelbarkeit*] d'un enfant », on lui donne de quoi écrire et on l'encourage à noter ses expériences. Cette seule intervention semble déjà problématique aux yeux de Klemperer :

> On a tout de même, pour obtenir ce document, « jeté de l'huile sur le feu », pour ainsi dire de l'huile littéraire et pédagogique. Et cela mène au cœur insoluble du problème : la goutte tirée de la mer du crime était tout de même différente de l'ensemble de la mer [...] : on sauva la petite Janka parce qu'elle avait attiré l'attention par son talent intellectuel et spécifiquement littéraire[131].

Mais le « problème » n'est-il pas distinct de la question du talent littéraire de l'enfant ? ne peut-on pas dire la même chose de n'importe quel témoignage, qu'il soit « littéraire » ou pas, l'expérience d'un individu différant par définition toujours plus ou moins de l'expérience de tous, quelle que soit la forme que prend son témoignage ? Surtout, le fait d'avoir été sauvé, par rapport à ceux qui ne l'ont pas été (le problème si clairement formulé notamment par Primo Levi, Paul Celan, Ruth Klüger et d'autres), n'est-il pas, ici aussi, une différence beaucoup plus fondamentale que celle de la distinction entre survivants avec ou sans talent littéraire ? Et enfin – et c'est la question qui, dans le cadre du questionnement poursuivi ici, sera la plus centrale – pourquoi la dimension littéraire *fausserait-elle* nécessairement la dimension documentaire ?

L'exemple suivant, celui du « journal de Justyna », est particulièrement intéressant à cet égard. Klemperer dit d'emblée que le « soupçon de la littérarisation » (*Verdacht der Literarisierung*) plane sur cette partie

au point que le malentendu sur ses intentions lui devint constitutif et, partant de là, irrémédiable. » « Les voix distantes », art. cité, p. 300-301.

129 Janina Hescheles Altman, *Les Cahiers de Janina*, éd. J. Lyon-Caen / L. Parnes, trad. du polonais par A. Zuk, Paris, Classiques Garnier, 2017.

130 Victor Klemperer, « Inferno und Nazihölle », art. cité, p. 248.

131 *Ibid.*

du recueil, alors que, précise-t-il immédiatement, celui-ci ne s'avère « guère justifié[132] ». Le soupçon s'explique ainsi :

> La narratrice parle d'elle-même à la troisième personne du singulier, elle donne les conversations sous la forme de dialogues, on croit lire un roman. On note aussi l'importance du motif amoureux – on pense aux motifs amoureux et aux figures de femmes cornéliennes[133].

En même temps, Klemperer reconnaît – et c'est l'aspect documentaire, qui compense l'aspect littéraire – que

> le sentiment personnel ne joue en rien le rôle principal dans les notations de Justyna, elle fait bien plutôt, avec une objectivité dont la froideur est souvent effrayante, le récit des difficultés particulières rencontrées dans l'organisation et l'activité de la ligue juive de combat [*jüdischer Kampfbund*][134].

Or l'opposition qu'établit ici Klemperer n'est pas si évidente. Restituer, par exemple, des conversations sous la forme de dialogues n'est sans doute pas la manière de procéder la plus courante et nécessite peut-être en effet un certain talent littéraire – et pourtant, c'est bien la forme qui se rapproche le plus de la réalité, de l'enregistrement factuel. La présence d'un motif amoureux, en lui-même, ne relève pas davantage du roman que de la réalité : c'est bien plutôt son élimination au motif qu'il est hors sujet dans tel ou tel contexte qui supposerait un artifice.

Mais ce qui donne le plus à penser est le fait que Justyna parle d'elle-même à la troisième personne du singulier : en effet, voilà qui n'est pas courant et aucunement naturel. Mais la situation l'est-elle ? Parler de soi comme d'un(e) autre n'est-il pas, dans ce cas précis, le moyen d'expression le plus authentique, le plus fidèle à la réalité vécue par cette jeune femme qui doit jour pour jour sortir d'elle-même, endosser le rôle que réclame cette situation exceptionnelle, pour vivre et agir en quelque sorte à la troisième personne ? Une troisième personne qui, dès lors, ne marque pas seulement la forme littéraire que prend le récit en vertu d'un procédé hautement artificiel, mais la forme de l'expérience même où le sujet se trouve comme dédoublé ? Et ce procédé n'est-il pas, enfin, très proche de cette « objectivité dont la froideur est

132 *Ibid.*
133 *Ibid.*
134 *Ibid.*

souvent effrayante » et qui implique elle aussi un choix formel délibéré, qui produit – non sans violence – une mise à distance volontaire, sans laquelle il ne serait sans doute pas possible de poursuivre, ni le combat lui-même, ni sa description ? Klemperer reconnaît lui-même cette violence en qualifiant d'*effrayante* cette objectivité qu'il approuve comme une qualité documentaire parce qu'il la situe à l'opposé du « soupçon de littérarisation ». Il semblerait que continuent à se superposer implicitement, d'un côté le documentaire et le *neutre*, de l'autre le littéraire et le subjectif, le fictionnel. On voit ici que dans les situations extrêmes qui sont décrites ici, la « froide objectivité » n'est justement pas neutre, au sens où elle n'est pas ce qui est premier, basique, donné, là où la « littérarisation » *ajouterait* quelque chose – en particulier des sentiments ou plutôt *du sentiment* (l'édulcoration mélodramatique et sentimentale étant la critique classique adressée à la littérarisation[135]). La froide objectivité, comme le récit à la troisième personne, sont au contraire les marques d'un travail sur la forme (et donc d'un travail littéraire) qui n'en est pas moins *authentique* pour autant, dans le sens où il traduit une forme de l'expérience dans laquelle cette extériorité à soi est justement centrale.

Sortir de soi, endosser un rôle : que la littérature informe non pas seulement le *récit* des faits et gestes, mais ces faits et gestes eux-mêmes, c'est ce que montre, peut-être un peu malgré lui, Klemperer dans la suite de son commentaire du journal de Justyna :

> Ces jeunes gens sont passionnément disposés [*leidenschaftlich bereit*] à se distinguer en tant que partisans ; à côté du désir de liberté et de la haine de l'ennemi inhumain, c'est aussi un penchant romantique [*Hang zur Romantik*] qui les pousse dans les forêts, et chacun savait que « le seul fait de sa détermination … entourait sa personne d'une sorte d'invisible auréole d'héroïsme[136] ».

Un peu plus loin, Klemperer relate une « scène dramatique », « le récit de la mort héroïque de deux très jeunes partisans[137] ». S'il y a là de la littérarisation, ce n'est pas dans le sens d'une fictionnalité ou d'une sentimentalité ajoutée à une réalité factuelle elle-même neutre : la « passion », le « romantisme », « l'auréole invisible de l'héroïsme » informent l'action des jeunes résistants avant d'en informer le récit ; en somme,

135 *Ibid.*, p. 249.
136 *Ibid.*, p. 248.
137 *Ibid.*

l'héroïsme – nourri, peut-être, d'imagination littéraire – qui se lit dans le récit des jeunes gens est celui-là même qui, dans la réalité, contribue aussi à les faire passer à l'acte.

Mais la méfiance de Klemperer à l'égard de toute « littérarisation » est encore plus nette dans son propos sur le journal de Noëmi Szac-Waynkranc. Du journal de cette jeune femme qui cherche en vain à sortir son mari du camp et ses parents du ghetto de Varsovie, il écrit :

> La parure [*Schmuck*] littéraire de son journal sauvé est faite d'accents tantôt satiriques, tantôt lyriques et pathétiques qui parfois paraissent un peu imités et vieillis, et sont parfois un peu de mauvais goût[138].

Pour illustrer son propos, il cite deux passages dont le premier a certes quelque chose de convenu : « Une très jeune chanteuse à la voix de rossignol chantait merveilleusement, comme si jamais dans le monde il n'y avait eu de ghetto, comme si l'on ne savait pas ce qu'était un Allemand[139]. » Dans le deuxième, la jeune femme écrit :

> Ne pleure pas, jolie demoiselle, ils feront de toi un savon rose qui sent bon, ou bien une fleur poussera à l'endroit dont tu auras servi à engraisser la terre, tu sais bien que, économe, le peuple allemand ne laisse rien perdre[140].

Klemperer voit dans cette phrase un de ces « enjolivements mélodramatiques et sentimentaux qui créent une gêne et provoquent le contraire de l'intention poursuivie[141] ». Le terme d'*enjolivement* ne peut porter ici que sur le simple fait d'ajouter quelque chose à la seule description des faits, car le ton formellement consolateur et les images qui placent en quelque sorte la mort au service de la beauté ne sauraient être entendus autrement que dans un sens satirique – leur « mauvais goût » ne faisant que citer le cynisme nazi. Mais Klemperer considère ces interventions « tantôt satiriques, tantôt lyriques et pathétiques[142] » comme une « parure littéraire » (« *literarische[r] Schmuck* »), un « vernis littéraire clinquant et désuet[143] », heureusement « très largement » compensé par les récits par

---

138 *Ibid.*, p. 249.
139 *Ibid.*, p. 249.
140 *Ibid.*, p. 249.
141 « [...] *wirken solche melodramatischen und sentimentalen Verschönerungen peinlich und bewirken das Gegenteil des Angestrebten* ». *Ibid.*
142 *Ibid.*, p. 249.
143 « *das altmodisch literarische Flitterwerk dieses Tagebuchs* ». *Ibid.*

ailleurs « très sobres » qui constituent une « masse documentaire [*Masse des Dokumentarischen*] » précieuse[144].

Contre le « vernis littéraire » malgré tout si gênant dans le journal de Noëmi, surtout lorsqu'il y est question du « combat désespéré et de la destruction du ghetto de Varsovie », Klemperer cite comme antidote (*Gegengift*) les « Souvenirs du soulèvement du ghetto de Varsovie » de Dorka Goldkorn, dont il relève avec admiration « l'activité héroïque et la répression consciente de tous les sentiments humains [*die bewußte Unterdrückung aller menschlichen Gefühle*] à l'exception de la haine, de la volonté de se venger et de laisser en mourant dans le combat sans issue un fanal de la résistance[145]. » Or cette « *répression* consciente de tous les sentiments humains à l'exception de la haine », qui aux yeux de Klemperer permet seule la « froide objectivité », exige elle aussi, au même titre que l'*expression* des sentiments quels qu'ils soient, un travail sur soi comme sur le récit : elle n'est pas plus immédiate ni plus neutre. Et puis, ce que Klemperer appelle la « littérarisation » peut certes produire des effets de rhétorique qui brouillent la vue sur ce qu'elle est censée donner à voir, mais elle peut aussi, au contraire, déjouer ces effets qui, plus que la littérature, imprègnent le langage courant. C'est parfois précisément le travail littéraire qui permet cette « absence totale de formules [*völlige Phrasenlosigkeit*][146] » que défend Klemperer.

Mais malgré les réticences qu'il exprime quant à la littérarisation en tant que telle, il conclut son essai en disant qu'« on ne discute pas face à ce recueil ; on est trop bouleversé par l'expression non faussée de la souffrance sans nom [*unverfälschte Aussage des namenlosen Leides*] que le nazisme a infligé à cette part de ses victimes, et sa plus haute mission est de maintenir vif le dégoût du nazisme[147] ». Et si Klemperer dessine ici un partage si radical entre le *documentaire*, légitime, et le *littéraire*, systématiquement et par principe soupçonné d'édulcorer le réel, c'est bien sûr lié au contexte particulier des témoignages de survivants du ghetto, dont « le but unique » doit être, dit Klemperer, de « convaincre le lecteur de la vraie réalité [*reale Wirklichkeit*] de toutes ces horreurs » :

> Car la diffusion de ce qui est absolument inhumain ne peut et ne doit avoir qu'un seul but, celui de convaincre le lecteur de la véritable réalité de toutes

---

144 *Ibid.*, p. 249-250.
145 *Ibid.*, p. 250.
146 *Ibid.*, p. 250.
147 *Ibid.*, p. 252.

> ces horreurs. Jamais il ne doit pouvoir penser, même si cette idée ne cesse de l'assaillir, qu'on lui présente une image fantasmée, peut-être une exagération hystérique, et que tout cela sans doute n'a pas été si terrible que cela ; puisqu'il est impossible, n'est-ce pas, que de telles atrocités aient pu être commises à notre époque, et particulièrement par les Allemands, qui sont si fiers de leur culture. Pourtant, cet impossible est une réalité, et la connaissance de cette réalité ne doit pas se perdre ni seulement être diminuée. Il y a encore trop de gens qui veulent que le passé reste vague, peut-être même pour pouvoir le répéter si l'occasion se représente[148].

Il est évident qu'on ne saurait comparer le jugement de Klemperer sur ces journaux du ghetto, motivé par le souci qu'il y ait des *preuves* des crimes nazis, des témoignages au sens juridique du terme, susceptibles d'être versés comme pièces à conviction dans un dossier toujours en cours d'instruction, qui soient le plus *objectifs* possibles, et tout ce qui ressort de la poétique d'un auteur comme Sebald, qui a certes grandi dans une Allemagne marquée par le déni, mais qui, au moment où il commence lui-même à écrire (à la fin des années 1980), n'a pas besoin de convaincre quiconque[149] de la « vraie réalité » de la Shoah, établie dans toute sa méthodique monstruosité et jusque dans le détail le plus concret par un très grand nombre de témoignages et de documents, de procès et de travaux d'historiens qui ont mis en lumière (et continuent de le faire) la réalité des crimes dont les auteurs avaient essayé d'effacer les traces. Le propos de Sebald, donc, n'est pas, y compris lorsqu'il emploie des documents authentiques (comme le plan du camp de Theresienstadt tiré du livre de H. G. Adler), d'authentifier des réalités, de « convaincre le lecteur de la vraie réalité de toutes ces horreurs », mais d'en actualiser la mémoire et la conscience, en en réveillant, au présent, les « traces de douleurs [*Schmerzensspuren*] ». Mais ces deux motivations ne sont peut-être pas si éloignées que cela : simplement dans le cas de Sebald, ce n'est pas la réalité *factuelle* qu'il s'agit d'établir (puisqu'elle l'est déjà), mais sa réalité ou plutôt sa survivance *émotionnelle*, c'est-à-dire sa présence dans un « patrimoine affectif » qui tend immanquablement à l'en évacuer, *comme si* elle était « une image fantasmée, peut-être une exagération hystérique[150] ». Austerlitz lui-même fait état de la déréa-

148 *Ibid.*, p. 249.

149 Les négationnistes constituent un cas à part, mais la plupart d'entre eux ne doutent probablement pas de la réalité de la Shoah, qu'ils nient plutôt à dessein.

150 « Inferno und Nazihölle », art. cité, p. 249.

lisation qui le guette en tant que lecteur du livre de H. G. Adler sur le camp de Theresienstadt, qui « dans sa distorsion en quelque sorte futuriste de la vie sociale, conservait pour moi son caractère d'irréalité, malgré qu'Adler le décrive jusque dans ses moindres détails et sous ses aspects les plus concrets[151]. »

Cette attention aux « traces de douleurs » de l'histoire dans le « patrimoine affectif », ce souci de l'« éducation sentimentale » suppose (et cela ne peut paraître paradoxal qu'au tout premier coup d'œil) de ne pas *sentimentaliser*, d'éviter les « enjolivements mélodramatiques et sentimentaux » (*solche melodramatischen und sentimentalen Verschönerungen*[152]) qui mettraient en péril l'authenticité émotionnelle du récit. De même, l'« authenticité esthétique » selon Sebald, c'est précisément le renoncement à toute *esthétisation* : « tirer des ruines d'un monde anéanti des effets esthétiques ou pseudo-esthétiques est une démarche faisant perdre à la littérature toute légitimité[153] ».

DE LA « QUALITÉ DES ÉMOTIONS » (RUTH KLÜGER)

La « peur du faux », on l'a vu, n'est pas chez Sebald la peur de la fictionnalisation en elle-même, mais l'horreur de ses formes *triviales* : « *Horror vor allen* billigen *Formen der Fiktionalisierung*[154] ». Or *trivial*, ici, signifie *pathétique, mélodramatique* :

> [...] parce que je me méfie de tout ce qui vire au mélodrame, même quand le mélodrame est fondé sur des situations historiques. Cela fait perdre l'authenticité esthétique, qui est liée, d'une manière souterraine et intime, à l'éthique. Il est paradoxal que les documents, sous leur forme brute, ne puissent devenir

151 A', p. 281 [A, p. 335].

152 V. Klemperer, « Inferno und Nazihölle », art. cité, p. 249.

153 DD, p. 61 [LK, p. 64]. Voir aussi l'entrevue avec Andrea Köhler : « KÖHLER : C'est évidemment une question délicate. D'un côté, comment écrire ces histoires sans esthétiser, et de l'autre, à quel moment cette esthétisation bascule-t-elle dans le kitsch héroïque, ou plutôt dans quelque chose de répugnant ? SEBALD : C'est un chemin de crête extrêmement étroit. En la matière, ce qui réussit et ce qui échoue, on ne peut essayer de le comprendre que face à chaque texte singulier. » G, p. 158.

154 G, p. 85.

littérature. Bien sûr, il y a aussi des mauvaises formes de fictionnalisation : le film *La liste de Schindler*, pour moi, en est un exemple[155].

En même temps, c'est précisément la qualité de l'émotion qui fonde aux yeux de Sebald l'« authenticité *esthétique* », justifiant que l'on s'écarte de ces « choses véridiques, indiscutables » auxquelles s'applique a priori l'adjectif « authentique[156] ». L'authenticité esthétique consiste justement dans cet écart, dit Sebald dans un tout autre contexte, à propos des tableaux et dessins à première vue hyperréalistes, quasi photographiques de Jan Peter Tripp. Leur qualité, écrit Sebald, n'est pas l'identité, mais la différence d'avec la réalité :

> la qualité intrinsèque d'un tableau de Tripp [...] ne réside sans doute pas dans la similitude, qui fait immanquablement l'admiration du spectateur, avec la réalité (ou son tirage photographique), mais dans la différence et la divergence, beaucoup moins évidentes. [...] Ce qui est légitime pour la photographie ne l'est toutefois pas pour l'art. Il a besoin d'ambiguïté, de polyvalence, de résonance, il a besoin d'éclairer, d'obscurcir, bref, de transcender le postulat du réel. [...] Sans ce genre de d'interventions, de décalages et de variations, la plus parfaite des réalisations serait dénuée de sentiment et d'idée [*Ohne dergleichen Eingriffe, Abweichungen und Differenzen wäre in der perfektesten Vergegenwärtigung keine Gefühls- und keine Gedankenlinie*][157].

C'est cette « *Gefühls- und Gedankenlinie* » qui se doit d'être juste, et qui est si facilement fausse, comme le souligne Sebald dans un entretien consacré en particulier à *Austerlitz* et à la mémoire de la Shoah :

> Il y a un grand, un très grand manque de justesse [*sehr, sehr viel Falsches*] dans ce domaine. Il y a, c'est certain, des sentiments faux. C'est un... un domaine où il y a beaucoup, beaucoup de choses qui sont faites de travers

155 *Ibid.*, p. 203. Par cette lecture du film de Steven Spielberg, Sebald rejoint l'analyse que fait Annette Wieviorka sur l'américanisation et l'hollywoodisation de la mémoire de la Shoah dans *L'ère du témoin*, *op. cit.*, p. 143 *sq.*, ainsi que celle de Kertész, qui y voit du « kitsch gros comme un dinosaure ». *L'Holocauste comme culture, Discours et essais.* Préface de Péter Nádas, traduit du hongrois par Natalia Zaremba-Huzsvai et Charles Zaremba, Arles, Actes Sud, 2009, p. 154. La défense conjointe du film de Roberto Benigni, *La vie est belle*, montre que ce n'est pas la stricte authenticité documentaire ou la vraisemblance réaliste qui est en jeu : « l'esprit, l'âme de ce film sont fidèles, ce film nous touche par le charme le plus ancien qui soit : la puissance du conte ». *Ibid.*, p. 158.

156 *Dictionnaire historique de la langue française*, éd. Alain Rey, Paris, Le Robert, 1998, tome 1, p. 262.

157 SC, p. 169/172 [LL, p. 178-179]. *Cf.* Claudia Öhlschläger, « Medialität und Poetik des trompe-l'œil : W. G. Sebald und Jan Peter Tripp », *Gegenwartsliteratur. Ein germanistisches Jahrbuch* 6/2007, p. 21-43.

> et où il faut faire très très attention à ne pas se tromper de ton [*daß man den falschen Ton nicht trifft*][158].

C'est ce ton faux encombré de sentiments faux qui, selon la formule de Kertész,

> vole[] l'Holocauste à ses dépositaires pour en fabriquer des articles de pacotille [...] [u]n conformisme de l'Holocauste s'est formé, de même qu'un sentimentalisme, un canon de l'Holocauste, un système de tabous et son langage rituel, des produits de l'Holocauste pour la consommation de l'Holocauste. La négation d'Auschwitz s'est formée[159].

La « peur du faux », c'est donc la peur des *sentiments faux* (*falsche Gefühle*). Mais comment, en matière de sentiments, distinguer le vrai du faux ? Cette question de *justesse* émotionnelle ne saurait être appréciée qu'en regardant de près des textes et des contextes précis.

SENTIMENTS FAUX. CONTRE ANDERSCH

Dans le domaine de l'authenticité affective, Sebald trouve son anti-modèle absolu, son « maître en négatif » [*negativer Lehrmeister*][160] en la personne et l'œuvre d'Alfred Andersch. Torsten Hoffmann a mis en évidence « le lien qui l'assujettit aux objets de son aversion [*die Gebundenheit an die Gegenstände seiner Aversion*] », selon l'expression que Sebald emploie lui-même à propos de Thomas Bernhard[161] : sa polémique contre Andersch est d'autant plus violente qu'elle porte sur des sujets proches de ceux qui l'occupent, de sorte qu'on peut lire en creux, dans son commentaire d'Andersch, son propre « contre-projet poétologique implicite[162] ». C'est vrai jusque dans la matérialité de l'atelier littéraire de Sebald : on trouve ainsi, au dos des épreuves de l'essai sur Andersch, des notes préparatoires au passage sur Theresienstadt qui figurera dans *Austerlitz*[163]. Point par

158 G, p. 242-243. L'exemple que donne Sebald ici est le spectateur qui sort du cinéma en pleurant après avoir vu *La liste de Schindler*, cette expérience de substitution (« *Surrogat-Erlebnis* »).

159 Imre Kertész, *L'Holocauste comme culture*, *op. cit.*, p. 153-154.

160 Torsten Hoffmann, « In weiter Ferne, so nah. W. G. Sebalds Stilkritik an Alfred Andersch », *Alfred Andersch « revisited ». Werkbiographische Studien im Zeichen der Sebald-Debatte*, éd. Jörg Döring / Markus Joch, Berlin/Boston, De Gruyter, 2011, p. 331-356, p. 334.

161 DM, p. 152 [BU, p. 111], cité par Torsten Hoffmann, « Polemik », *W. G. Sebald-Handbuch*, *op. cit.*, p. 155-158, p. 157.

162 Torsten Hoffmann, « In weiter Ferne, so nah », art. cité, p. 332.

163 *Ibid.*, p. 331.

point, Sebald cherche à s'éloigner le plus possible de la « zone de danger esthétique » et éthique qu'il partage avec Andersch[164], notamment en ce qui concerne *Austerlitz*, dont la conception et l'écriture se nourrit aussi de l'aversion contre le roman *Efraim* d'Andersch, qui lui livre un concentré de ce qu'il faut éviter à tout prix.

Le principal grief, et qui contient en lui-même tous les autres, est ce que Sebald appelle le *kitsch*, un terme qui, à part sa forte charge péjorative, est difficile à définir très clairement – à l'image du terme de « pathos » dans son acception courante, qu'il recoupe d'ailleurs en partie. Le kitsch présenterait en tout cas une forme d'« intensification des émotions (*gesteigerte Emotionalität*) » ainsi qu'une « tendance à l'harmonisation qui permet au lecteur ou au spectateur une identification unidimensionnelle[165] ». Dans sa critique extrêmement féroce, Sebald emploie abondamment le terme de kitsch, et une seule fois celui de pathos, lorsqu'il condamne chez Andersch « l'abandon à un pathos creux, qui tourne en rond » (« *die Verfallenheit an das leere, zirkuläre Pathos* », que Patrick Charbonneau traduit par « la rhétorique qui tourne en rond[166] ») du langage « fasciste » de la revue *Der Ruf*. Sebald s'efforcerait donc de ne pas assimiler le pathos *en tant que tel* au kitsch et au trivial. Car, dit Hoffmann,

> si par le pathos on entend une catégorie poétologique qui sert à « intégrer esthétiquement des expériences incommensurables de maladie, de douleur, de souffrance et de mort », alors Sebald est un des grands poètes du pathos [*Pathos-Dichter*] de son temps[167].

L'accusation de kitsch porte moins sur l'*excès* d'expressivité affective que l'on associe généralement au terme de « pathos » que sur les enjeux éthiques de l'*identification*. Mais celle-ci est liée à la question du *pathos* parce qu'elle met en jeu l'*empathie*. C'est sur la question de l'empathie, de l'identification et de la projection affective qu'Andersch constitue une très forte référence négative, et c'est à ce titre que l'on s'y intéresse ici.

---

164 *Ibid.*, p. 334.

165 Hoffmann cite ici l'entrée « Kitsch » de Sikander Singh dans *Metzler Lexikon Literatur*. *Ibid.*, p. 343.

166 DD, p. 129 [LK, p. 143].

167 Torsten Hoffmann, « In weiter Ferne, so nah », art. cité, p. 347. La citation est tirée de l'introduction de Cornelia Zumbusch à son livre *Pathos. Zur Geschichte einer problematischen Kategorie*, *op. cit.*, p. 13.

La question des formes perverties de l'empathie et de l'identification, telles que l'appropriation et l'usurpation, est centrale dans la polémique très violente de Sebald à propos d'Andersch, chez qui il observe diverses manipulations de point de vue. Dans le roman *Efraim*, l'auteur en effet investirait « sans vergogne [*rücksichtslos*] » la place de la victime en choisissant comme narrateur à la première personne la figure de George Efraim, un journaliste juif revenu en Allemagne notamment pour rechercher la trace de la fille « demi-juive » de son rédacteur en chef, Keir Horne, qui l'aurait abandonnée à son sort dans l'Allemagne nazie en 1938.

Or cet abandon fait écho à la biographie d'Andersch lui-même qui, comme le rappelle Sebald, après s'être séparé de sa femme juive et de leur fille commune en 1942, a hâté le divorce, prononcé en mars 1943 alors que la mère d'Angelika Albert avait déjà été déportée, en juin 1942, à Theresienstadt, d'où elle ne devait pas revenir[168]. Sebald rapporte qu'Andersch était tellement pressé d'entrer à la *Reichsschrifttumskammer* – dont il fallait être membre pour publier dans l'Allemagne nazie – qu'il se déclara divorcé trois semaines avant la date effective du divorce[169]. Lorsque plus tard il s'agit de se faire bien voir des autorités américaines, Andersch n'hésite pas à se réapproprier celle dont il avait, en la reniant, risqué la vie, afin d'apparaître lui-même comme une victime du régime (tout en continuant, en toute simplicité, à raisonner en catégories nazies) : « *Being prevented from free writing, up to now, my wife being a mongrel of jwish* [*sic*] *descent*[170]... ». Dans le roman *Efraim* en revanche, Andersch déserterait, par la magie de la perspective narrative, la place coupable qui est la sienne pour s'approprier le point de vue – et prendre la place – de l'innocent :

> Bien loin de reconnaître en Keir Horne un alter ego [...], il choisit George Efraïm pour le représenter. Plus exactement, il entre en lui, il l'investit sans complexe, si bien que le lecteur se rend compte progressivement qu'il n'y a plus de George Efraïm, mais seulement un auteur qui s'est glissé dans la peau de la victime [*einen Autor, der sich an die Stelle des Opfers manövriert hat*][171].

La démonstration est a priori éclatante, tant il est évident que la connaissance de la biographie d'Andersch rend difficilement supportables

168 DD, p. 122 [LK, p. 133].
169 DD, p. 122 [LK, p. 134].
170 DD, p. 124 [LK, p. 136-137].
171 DD, p. 138-139 [LK, p. 153-154], cité dans Torsten Hoffmann, « In weiter Ferne, so nah », art. cité, p. 339.

ses « fictions rétrospectives [*retrospektive Fiktionen*][172] », aisément identifiables dès lors comme des « images rétrospectives de ce qu'on aurait voulu être [*retrospektive Wunschbilder*][173] », comme « [l']effort tenté par l'émigration intérieure pour compenser dans l'art le déficit moral par une résistance symbolique[174] ». « La littérature comme moyen de rectifier la biographie[175] » – en effet, la narration à la première personne produit une forte suggestion autobiographique. Ce diagnostic se confirme dans *Sansibar oder der letzte Grund*, où l'histoire de Gregor et de sa compagne juive Judith se lit elle aussi comme une version retouchée (au point d'être inversée) de celle d'Alfred Andersch et Angelika Albert, puisque Gregor sauve héroïquement Judith au lieu de lâchement la quitter – non sans que soit suggéré d'ailleurs, comme le relève Sebald, que, « "jeune fille gâtée d'une riche famille juive", elle ne le mérite pas vraiment[176]. »

On devine là que la biographie de l'auteur n'est pas le seul problème éthique que pose l'œuvre d'Andersch – si tel était le cas, cette œuvre n'aurait pas constitué pour un auteur comme Sebald un repoussoir aussi intense, propre à susciter toute une contre-poétique. Ce qui, dans le jugement de Sebald, a trait à « l'auteur compromis moralement[177] » est certes essentiel, et démontre aussi, dans une certaine mesure, la pertinence d'une forme d'approche biographique que Sebald a défendue contre sa mauvaise réputation dans les études littéraires, où elle était (et est toujours) décriée pour son « positivisme », de même qu'il a défendu et pratiqué une forme de critique littéraire qui porte des jugements y compris d'ordre moral. Néanmoins, le seul fait que, dans un roman, un auteur qui s'est rendu coupable adopte une autre perspective que celle qui a été la sienne dans la vraie vie, ne serait pas en soi condamnable : l'*éthique-esthétique* est une interaction complexe et non une simple équivalence qui postulerait, par exemple, qu'il doit y avoir continuité et cohérence entre *la vie* et *l'œuvre* de l'auteur, et qu'une littérature qui modifierait la réalité qui l'a inspirée serait nécessairement *verlogen* (mensongère, hypocrite), pour employer un terme cher à Sebald.

Ce qui est choquant dans les passages d'Andersch cités par Sebald, ce n'est pas seulement, et peut-être pas principalement la position qu'il

172 DD, p. 143 [LK, p. 159].
173 DD, p. 142 [LK, p. 157].
174 DD, p. 143 [LK, p. 158].
175 DD, p. 142 [LK, p. 157].
176 DD, p. 132 [LK, p. 145].
177 DD, p. 134 [LK, p. 148].

s'assignerait dans sa construction fictionnelle à travers le choix du point de vue narratif, de la focalisation, du narrateur à la première personne etc., et qui *pourrait* en soi, au lieu de la manipulation cynique, de la mauvaise foi et du déni de réalité, être la forme d'un retour réflexif, même dissimulé, sur son propre échec moral. Le problème est qu'en effet les passages cités par Sebald ne laissent en rien transparaître chez Andersch ce « traumatisme de sa propre faillite morale[178] » auquel son expérience intime de la compromission et de la lâcheté aurait dû radicalement le sensibiliser[179].

Notre propos, toutefois, n'est pas de juger Andersch, mais de préciser ce qui se joue dans l'aversion de Sebald pour son œuvre, indépendamment de la légitimité de cette aversion : sa propre réflexion inquiète sur les mécanismes de projection et d'appropriation. Un passage de la critique de Sebald est particulièrement intéressant à cet égard : dans *Efraim*, le personnage éponyme, narrateur à la première personne, entend dire à un inconnu, dans une soirée, qu'il a l'intention de faire la fête « jusqu'à l'asphyxie [par le gaz : *bis zur Vergasung*] » (on reviendra sur cette expression dans le dernier chapitre). Entendant cela, « Efraim/Andersch », comme l'appelle Sebald, s'approche de l'intéressé, lui demande de répéter et, sans attendre la réponse, lui donne un coup de poing sous le menton[180]. Sebald fait de cette scène la lecture suivante :

> L'accès de violence d'Efraïm, censé être le réflexe d'une indignation morale légitime, est en vérité la preuve qu'Andersch projette involontairement dans l'âme de son protagoniste juif la réaction du gazier [*Landser*] allemand qui va montrer au juif la meilleure manière qu'il y a encore de réagir devant le genre d'individu qu'il a en face de lui. Dans le texte sous-jacent de cette scène, les rôles sont inversés[181].

Tout en admettant que l'*intention* d'Andersch est de prêter à son personnage juif une indignation violente mais légitime, Sebald voit à l'œuvre une

178 DD, p. 138 [LK, p. 153].

179 Sigrid Weigel a montré comment les « classiques du soi-disant travail de mémoire [*Klassiker der sogenannten Bewältigungsliteratur*] » d'après-guerre « érotisent et sexualisent la représentation des victimes et des bourreaux et de leurs relations » – un déplacement qui fait de la « culpabilité quasi-naturelle du rapport entre les sexes l'exutoire d'un autre rapport de culpabilité qui, du même coup, demeure dans le non-dit. » « Télescopage im Unbewußten », art. cité, p. 74-75. *Cf.* le chapitre « Geschlechterverhältnis im NS-Gedächtnis », *Bilder des kulturellen Gedächtnisses. Beiträge zur Gegenwartsliteratur*, Dülmen/Hiddingsel, tende, 1994 (sur Andersch, *cf.* notamment p. 181-197).

180 DD, p. 140 [LK, p. 155].

181 DD, p. 140-141 [LK, p. 155-156].

pensée inconsciente tout autre, où le coup de poing trahirait la véritable identité de son auteur : un soldat allemand et non un « protagoniste juif ». Il semblerait ici que dans son zèle à démontrer « le caractère primitif du récit [*erzählerische Primitivität*] » d'Andersch, Sebald n'échappe pas lui-même à une forme de stéréotypie et d'essentialisation, sensible aussi dans la suite du passage, où il ironise sur le mal qu'Andersch s'est donné en faisant « beaucoup de recherches pour intégrer les réalités juives [*Recherchieren jüdischer Dinge*] dans son roman » et note non sans une certaine satisfaction que ces efforts ont été vains, puisque des « lecteurs juifs » (parmi lesquels il cite Marcel Reich-Ranicki et une connaissance d'Andersch à Londres, Edmund Wolf) auxquels Andersch avait fait lire son manuscrit n'ont « en rien réussi à reconnaître un juif en Efraïm [*von einem Juden in Efraim nichts entdecken konnten*][182] ». Mais la question de savoir si le personnage d'Efraim est crédible *en tant que juif* (ou si son coup de poing ne trahit pas plutôt l'âme d'un *soldat allemand*) est-elle vraiment pertinente ? Son commentaire du coup de poing d'Efraim révèle en tout cas chez Sebald une idée bien précise de ce qui est compatible ou non avec « l'âme [du] protagoniste juif [d'Andersch] » ; quoi que l'on pense de la qualité littéraire de cette scène, ce n'est pas en ces termes que se pose la question de sa vraisemblance ou de son invraisemblance psychologique : pourquoi un personnage juif ne devrait-il pas donner de coup de poing[183] ?

La scène rappelle d'ailleurs celle que rapporte Ralph Giordano et qui constitue pour lui une « scène originelle[184] », révélatrice du déni des crimes nazis dans l'Allemagne d'après 1945, qui fait l'objet de son livre

182 DD, p. 141 [LK, p. 156].

183 Andrea Lauterwein montre que les « figures juives positives dans la littérature d'après-guerre » présentent le plus souvent « en quelque sorte *l'inversion du stéréotype du Juif vindicatif* puisqu'elles construisent *la légende du Juif qui pardonne*. Leur rôle est souvent attribué à un enfant, naïf et passif [...] Avec les meilleures intentions, Heinrich Böll (*1917) introduisit le stéréotype souffrant, martyr sacré [...] ». Elle cite aussi le cas de Wolfgang Koeppen, sur lequel nous reviendrons et qui, réécrivant le témoignage d'un rescapé juif, Jakob Littner, lui fait dire tranquillement : « Je ne hais personne. Je ne hais pas non plus les coupables. J'ai souffert de leurs persécutions, mais je ne me permets pas d'en être juge. » Andrea Lauterwein, *Essai sur la mémoire de la shoah en Allemagne fédérale* (1945-1990), Paris, Kimé, 2005, p. 108-109.

184 L'expression est de Nicolas Berg : selon lui, cette scène, certainement vécue et dramatisée à la fois, ferait figure de « scène originelle [*Urszene*] » pour Giordano. Conférence « "Das Buch meines Lebens". Ralph Giordano liest "Die Unfähigkeit zu trauern" » au colloque « Die Unfähigkeit zu trauern. Ambivalenz und Aktualität, 50 Jahre danach » organisé par Daniel Weidner et Stephan Braese à l'occasion du 50e anniversaire de la parution du livre

paru en 1987, *Die zweite Schuld oder von der Last Deutscher zu sein*[185]. Né en 1923 à Hambourg d'un père italien et d'une mère juive allemande, ayant survécu, avec sa famille, caché dans une cave de sa ville natale pour échapper à la déportation, Giordano raconte qu'en octobre 1945, dans les rues de Hambourg, il entend un homme s'écrier au milieu des ruines : « Tout ça, c'est la faute aux Juifs, aux Juifs ! (*Die Juden, die Juden sind an allem Schuld !*) ». La réponse de Giordano est alors la suivante :

> je lui fonce dessus par derrière en plongeant mes épaules dans le creux de ses genoux, ce qui le jette à terre. Là, avec mes poings, mes ongles et mes dents, je règle son compte au type, qui pèse deux fois plus que moi, jusqu'à ce qu'il prenne le large à toute vapeur[186]

Qu'aurait dit Sebald de cette scène ? La situation de l'auteur et son histoire, autant que la monstruosité du propos dont il est témoin, qui décourage par avance tout échange d'arguments raisonnés, interdisent en l'occurrence de qualifier ces coups, portés par un rescapé de la Shoah à l'auteur de ces paroles, de projection imaginaire digne d'un soldat allemand. Tout ce qu'on peut dire, c'est que sans doute ce n'est pas le style de Sebald : ni le geste lui-même, ni le ton qui le décrit (« *bearbeite ich den Kerl* » – « ce gars-là, je lui règle son compte »). Mais la stupeur face au propos entendu ne l'emporte-t-elle pas ici sur les questions de style ? En voyant dans le coup de poing de l'Efraim d'Andersch une « preuve » que le personnage d'Efraim « n'aurait rien de juif », il semblerait que Sebald, emporté par son élan polémique visant à démasquer l'*usurpation* d'Andersch, ait placé – de manière certainement involontaire – cette usurpation sur un plan qui n'est pas le sien, et qui essentialise la *situation* de la victime en *identité*, en *caractère*, en *nature.* Ruth Klüger s'est insurgée contre ce type de stylisations dont elle a observé d'un œil non moins critique l'opposé symétrique dans le cinéma populaire israélien :

> Ce que je comprends un peu aujourd'hui, mais que je ne saisissais pas encore à l'époque, c'était que ces hommes avaient leur propre vision des choses : la

---

d'Alexander et Margarete Mitscherlich au Zentrum für Literatur- und Kulturforschung à Berlin, le 30.11./1.12.2017.

185 Ralph Giordano, *Die zweite Schuld oder von der Last Deutscher zu sein*, Hamburg/Zürich, Rasch und Röhring, 1987.

186 *Ibid.*, p. 10.

> catastrophe juive était pour eux une humiliation, non pas le martyre tragique qu'on en a fait depuis. « Les Juifs ne se laissent plus gazer », proclame un Israélien de choc dans un film populaire, avant de frapper [*bevor er zuschlägt*]. Le public se réjouit, les critiques citent la formule[187].

Mais la remarque de Sebald exprime peut-être avant tout une inquiétude plus personnelle. Lorsqu'il ironise sur les efforts entrepris par Andersch dans le « *Recherchieren jüdischer Dinge* » en les suggérant d'emblée voués à l'échec – comme s'il mettait en cause la légitimité même de l'auteur à construire un personnage juif –, on ne peut s'empêcher d'y voir une forme d'inquiétude sur sa propre légitimité : lui-même n'est pas plus juif qu'Andersch et s'est comme lui abondamment documenté pour construire ses personnages, juifs ou non (mais ses notes et ses fiches conservées à Marbach montrent qu'il s'est particulièrement informé sur le judaïsme). Mais précisément, est-ce vraiment là la question ? Le travail de recherche que suppose l'élaboration d'un personnage fictionnel ne saurait porter de toute façon que sur les *circonstances* du personnage à inventer, sur tout ce qui l'entoure, sa situation, sa culture, ses lectures, son histoire, les événements qui marquent son existence, pour lesquels l'auteur peut s'inspirer de diverses sources historiques, documentaires, testimoniales. Quant au personnage lui-même, son « caractère », ses émotions, ses réactions, tout ce que Sebald, parlant du protagoniste d'Andersch, appelle son « âme », et qui comprend sa manière d'agir et de parler – comment concevoir que cela ne soit pas, d'une manière ou d'une autre, projeté par l'auteur, né de son imagination, de sa mémoire, marqué par son propre fonctionnement psychique ? En soi, on ne saurait reprocher à Andersch de prêter à son personnage des pensées, des paroles ou des actions qui auraient peut-être été les siennes à sa place, sans remarquer aussi l'air de famille que partagent chez Sebald la plupart des personnages et des narrateurs : en dépit du dispositif « périscopique » destiné à éviter l'appropriation des récits par une instance narrative surplombante, la prose de Sebald a nettement tendance à assimiler ceux-ci au style, au ton et à la sensibilité (« *Empfindungsweise*[188] ») du narrateur à la première personne, que le lecteur a à son tour bien des raisons d'assimiler à l'auteur. Est-ce à dire pour autant que Sebald fait lui-même

---

187 Ruth Klüger, *Refus de témoigner*, *op. cit.*, p. 266 [*weiter leben*, *op. cit.*, p. 241].

188 Michael Niehaus, « Das fingierte Ich. Zum Problem des Fiktionalen in W. G. Sebalds *Austerlitz* », *W. G. Sebald. Récit, histoire et biographie*, *op. cit.*, p. 83-102, p. 95 *sq.*

ce qu'il reproche à Andersch, c'est-à-dire « investit sans complexes » son personnage ? Tombe-t-il lui-même dans ce piège supposé de « l'excès » d'empathie, celui-là même qu'il chercherait à éviter par ces « filtres du récit » que sont les narrateurs interposés, censés préserver une certaine *distance* à l'égard des personnages centraux ?

Peut-être faut-il s'interroger sur ce que l'on entend par là et comment se situe cet impératif de distance par rapport à celui de l'empathie. Il s'agirait en effet pour Sebald de « développer de l'empathie et en même temps de maintenir une distance », comme le dit Hoffmann[189] pour préciser ce que Sebald recherche, à l'opposé de son contre-modèle. Sebald a noté en lisant Calvino, à propos de l'écrivain : « Il lui faut beaucoup d'empathie avec ce qu'il décrit. En même temps, il faut qu'il ait dans le cœur un éclat de glace[190]. » Est-ce à dire que cet « éclat de glace dans le cœur » doit atténuer, modérer, restreindre, limiter l'empathie, afin d'éviter que son excès ne la fasse basculer vers l'appropriation et l'usurpation ? Rien n'est moins certain : à y regarder de plus près, ce n'est pas un *excès*, mais plutôt un *défaut* d'empathie qui caractérise la prose d'Andersch d'après la critique qu'en fait Sebald – ainsi lorsqu'il fait remarquer que l'auteur d'*Efraim* ne tient aucun compte de ce que doit représenter pour son personnage l'usage de la langue allemande après son retour en Allemagne. Si Andersch fait parler Efraim sur un mode très volubile, traversé de formules toutes faites et de tournures idiomatiques en vogue, évoquant tout sauf une rupture avec la langue commune, c'est certes une manière de se projeter, mais c'est surtout, si on suit la lecture de Sebald, un manque de sensibilité et de conscience, et donc d'une certaine manière un manque d'empathie et d'imagination de ce que signifie la privation douloureuse de la langue maternelle, puis la rencontre nouvelle avec ce qui est aussi devenu la langue des bourreaux. Il ne s'agit donc pas de réduire, en termes d'intensité, cette empathie qui est au fondement même de l'œuvre. L'« éclat de glace » que l'auteur doit avoir dans le cœur *en même temps* (*zugleich*) que l'intense empathie n'est pas à entendre au sens d'un éloignement affectif, mais au sens d'une *conscience*, d'une lucidité aiguë. L'usurpation n'est donc pas l'excès de

189 Torsten Hoffmann, « In weiter Ferne, so nah », art. cité, p. 339.

190 « *Er muß ein hohes Maß an Empathie haben mit dem, was er beschreibt. Zugleich braucht er im Herzen einen Splitter aus Eis.* » Deutsches Literaturarchiv Marbach, fiches manuscrites non numérotées, répertoriées sous le titre « Verschiedenes. Konvolut POETOLOGISCHE ZITATE UND NOTIZEN ».

l'empathie, mais son *dévoiement*, qui consiste, en se mettant littéralement *à la place* d'autrui, à déréaliser son vécu en en faisant une surface de projection de ses propres représentations, que l'on prend ensuite – ou que l'on présente – comme la réalité. Ce type de projection est donc aussi une manière de déréaliser l'expérience d'autrui, une paradoxale déréalisation par identification, et donc une forme de déni de réalité au cœur même de l'œuvre censée la représenter, qui finit par rejoindre le déni « pur et simple » déploré par les Mitscherlich, contre lequel Sebald déploie sa poétique du deuil (« *eine Trauerhaltung lernen*[191] »).

Dans *L'empire de la compassion*, Paul Audi explique pourquoi la distinction entre la *représentation* et la *réalité* de la souffrance d'autrui est la condition même de la compassion (posons, pour l'usage que nous en faisons ici, compassion et empathie comme deux termes à peu près équivalents). Dans la compassion, dit-il, « la souffrance de l'autre se donne à moi, à chaque fois, *comme réelle*, c'est-à-dire : pas seulement sous la forme d'une représentation. [...] L'être qui compatit est même celui qui parvient à arracher la souffrance de l'autre à la sphère de la représentation[192]. » En effet, dit-il encore :

> Dans la compassion la pensée exerce une fonction particulière : elle n'est pas là pour se figurer la souffrance d'autrui, mais, à l'inverse, pour la soustraire à toute figuration inconsidérée – ce qui s'appelle précisément prendre en considération. [...] « prendre en considération » veut dire ici : dissocier la représentation de la souffrance de l'autre *de* la réalité de cette souffrance, et cela afin que la souffrance de l'autre puisse apparaître au regard compatissant comme une modalité de la vie (de la vie de l'autre) et non comme un simple objet d'imagination (de l'imagination du compatissant)[193].

Bien sûr, toute figuration n'est pas inconsidérée, et l'imagination n'est pas vouée nécessairement à faire d'autrui un simple objet de représentation : ce qui importe, c'est la capacité à *dissocier* la représentation de la réalité, et donc à maintenir vive la conscience du médium, qui en donnant accès à la réalité, risque toujours en même temps de faire écran, et d'autant plus, paradoxalement, lorsqu'il se donne pour transparent. C'est la raison pour laquelle Sebald refuse le point de vue omniscient, qui

191 G, p. 115.
192 Paul Audi, *L'empire de la compassion*, Paris, Les Belles Lettres, coll. « encre marine », 2011, p. 14.
193 *Ibid.*, p. 15.

rend invisible la position du narrateur : chez Sebald, le « filtre du récit » est exposé, voire surexposé à la manière bernhardienne (« *Maximilian erzählte gelegentlich [davon], erinnerte sich Věra, sagte Austerlitz* » – un emboîtement lissé dans la traduction française : « Věra se rappelait, dit Austerlitz, une anecdote que Maximilian racontait à l'occasion[194] »). Si l'on suit l'analyse de Paul Audi, cette distance-là, loin d'amoindrir la compassion, en serait la condition même. Distance et empathie ne sont donc pas des pôles opposés ou des degrés d'intensité (respectivement minimal et maximal) entre lesquels il s'agirait de trouver un juste milieu : elles se conditionnent et, pourrait-on dire, s'intensifient l'une l'autre.

Dissocier la représentation et la réalité de la souffrance d'autrui, c'est donc aussi, si l'on traduit cette exigence en termes sebaldiens, dissocier l'imagination empathique et la conscience de ses limites, la conscience d'une possible identification usurpatrice. Qu'en est-il chez Sebald ? S'il prend bien soin de ne jamais s'approprier le point de vue des personnages au point de dire « je » en leur nom, et que le narrateur qui le « représente » est toujours au contraire celui qui les *écoute*, il est évident aussi que la seule technique de perspective narrative ne saurait suffire à se prémunir contre tout effet d'identification et de projection abusives. En effet, la parole n'est évidemment *écoutée* que sur le plan de la fiction, à l'intérieur des récits mêmes : sur le plan de l'écriture, elle est tout autant produite (ou modifiée) par l'auteur que celle du narrateur qui lui ressemble. Dans *Austerlitz*, le narrateur et les instances intermédiaires (le procédé « périscopique » cher à Sebald) *encadrent* la parole du personnage central, mais l'auteur ne le fait pas moins parler, lui aussi, à la première personne.

Pourtant, la question du *point de vue* chez Sebald n'est pas seulement une question de technique narrative, un enjeu narratologique qui se traduit plus ou moins fidèlement dans ce dispositif « périscopique » censé éviter l'appropriation jugée « obscène » chez Andersch. La question du point de vue est aussi explicitée, sur le plan thématique : elle est visualisée, par exemple, à travers le regard porté sur une image photographique. La fin du récit « Max Aurach » (Ferber dans l'édition française) dans les *Émigrants*, qui évoque sans la montrer une photographie prise dans le ghetto de Litzmannstadt (Lodz) de trois jeunes femmes derrière un métier à tisser, a souvent été commentée. À l'inverse d'Andersch qui

194 A', p. 200 [A, p. 241].

s'est « glissé dans la peau de la victime » (« *sich an die Stelle des Opfers manövriert hat*[195] »), le narrateur à la première personne souligne ici que « je suis à l'endroit où se tenait Genewein le comptable avec son appareil photo[196] » : en regardant cette photographie (que Sebald, donc, ne montre pas), on hériterait nécessairement, techniquement, du point de vue de celui qui l'a prise, en l'occurrence le fonctionnaire nazi[197]. En même temps, Hoffmann fait remarquer que Sebald opère « un discret changement de perspective pour se placer du côté des victimes », si discret toutefois qu'il suppose d'aller rechercher la photographie en question[198] pour la comparer à la description qui en est faite dans le récit sebaldien, pour constater que l'expression « la filandière à sa gauche » adopte le point de vue des jeunes femmes, et non celui du photographe qui verrait, lui, la filandière en question à sa droite[199]. Anja Lemke, elle, décèle l'identification appropriatrice à même le texte : selon elle, la tentative sebaldienne de contourner la perspective des bourreaux en ne reproduisant pas la photographie de Genewein, mais en la remplaçant par l'ekphrasis, tourne court : « l'ekphrasis ne protège pas de la puissance identificatoire de la photographie ; elle la remplace par le contrôle du narrateur sur les noms et les histoires des autres[200] ». Mais surtout, dit-elle en se référant aux *Anneaux de Saturne* pour montrer comment « le geste d'appropriation se prolonge de texte en texte », c'est l'auteur mélancolique lui-même qui s'y place au centre de la métaphore du tisserand opprimé : une « mise en scène de la honte [*Scham*] qui devient de plus en plus nettement une mise en scène de soi [*Selbststilisierung*] », jusqu'à basculer dans le « narcissisme[201] ».

Il me semble toutefois que de manière générale, Sebald ne cherche aucunement – comme le fait Andersch – à dissimuler la place qui est la sienne et à partir de laquelle il parle : à propos de la forteresse de

195 DD, p. 138-139 [LK, p. 154].

196 LÉ, p. 278 [DA, p. 355].

197 Hoffmann, « In weiter Ferne, so nah », art. cité, p. 340.

198 Elle figure dans le livre de Hanno Loewy et Gerhard Schoenberner, *Unser einziger Weg ist Arbeit. Das Getto in Lodz 1940-1944*, Wien, Löcker, 1990, p. 119.

199 Hoffmann, « In weiter Ferne, so nah », *op. cit.*, p. 340.

200 Anja Lemke, « Das photographische Portrait zwischen Identität und Identifikation bei Walter Benjamin und W. G. Sebald », *Bild und Eigensinn. Über Modalitäten der Anverwandlung von Bildern*, éd. Petra Leutner et Hans-Peter Niebuhr, Bielefeld, transcript, 2006, p. 160-178, p. 175.

201 *Ibid.*, p. 176, 177.

Breendonk où la Gestapo a torturé Jean Améry, le narrateur d'*Austerlitz* dit bien qu'il ne peut guère imaginer ce qu'ont vécu ceux qui ont été torturés à Breendonk, mais qu'en revanche il imagine aisément les tortionnaires, pour les avoir fréquentés, eux ou leurs semblables, dans sa Bavière natale[202]. À propos de l'instituteur Paul Bereyter, le narrateur censure lui-même la tentation d'identification qu'il éprouve lorsque, imaginant son maître poser la tête sur les rails pour attendre le train qui le tuera, ces « tentatives de faire revivre le passé [*Versuche der Vergegenwärtigung*] » lui semblent des « débordements de sentiment qui me paraissent blâmables [*Ausuferungen des Gefühls, wie sie mir unzulässig erscheinen*][203] ». Notons que ce terme de *Ausuferung* qui, davantage encore que l'équivalent français de *débordement*, évoque l'image d'une rivière qui quitte son lit et déborde ses rives [*Ufer*], dénote à la fois l'*excès*, ce en quoi ces *débordements du sentiment* rejoignent l'idée que l'on se fait communément du *pathos*, et le *déplacement*, l'investissement d'un territoire qui n'est pas le sien : une fois de plus, c'est moins l'*intensité* que l'*appropriation* émotionnelle qui apparaît illégitime.

CONJURER L'IDENTIFICATION USURPATRICE

Sebald, on l'a vu, cherche à conjurer ce risque par un dispositif narratif que Jean-Christophe Bailly décrit ainsi : les narrateurs sebaldiens, en particulier celui d'Austerlitz, seraient comme

> une pure oreille ou une pure attention, un appareil enregistreur ultra-sensible, mais muet. Il s'ensuit pour l'écriture un modèle, d'ailleurs inatteignable, qui est celui d'un effacement presque complet de l'ego, de la transformation du sujet en une instance d'absolue résonance – l'émotion, il faut le souligner, étant à ce prix[204].

Mais cette « instance d'absolue résonance » – une description à laquelle Sebald lui-même souscrirait sans aucun doute – est éminemment réversible : le sujet qui se dissout dans les voix qu'il fait résonner s'efface certes en tant qu'« ego », mais n'est-ce pas en même temps sa propre voix que l'on ne cesse d'entendre à travers celles qu'il porte ? Le rapport entre l'auteur/

202 A', 31-32 [A, p. 33].
203 LÉ, p. 42 [DA, p. 45].
204 Jean-Christophe Bailly, « W. G. Sebald ou l'écriture argentique », *Politique de la mélancolie*, *op. cit.*, p. 37-48, p. 41.

narrateur se faisant oublier dans l'écoute de ceux qui se confient à lui ne risque-t-il pas à chaque instant de s'inverser, y compris contre l'intention même de l'auteur ? La subtile circulation des affects et des réminiscences, destinée à signifier l'empathie d'un narrateur-auditeur qui s'involue dans les récits qu'on lui fait, peut finir par faire basculer le dispositif en faisant apparaître ces personnages comme des simples modalités, voire des métaphores des états d'âme du narrateur. Comme l'écrit Anja K. Maier :

> Celui qui parle ne peut guère s'effacer lui-même afin d'être, en quelque sorte, dépositaire de la voix de l'autre. L'homogénéité du discours est censée déplacer l'attention du narrateur vers les personnages, mais elle produit plutôt l'effet inverse et fait apparaître les propos des personnages comme une simple variation de celui du narrateur[205].

Que l'on adhère ou non à cette conclusion, l'analyse fait apparaître en tout cas un équilibre précaire et peut-être indécidable, une sorte de perméabilité du narrateur au pathos des personnages, quelque chose qui ne cesse d'entrer en contradiction avec le souci, si constamment affiché par Sebald, de s'effacer derrière ceux auxquels il prête sa voix.

De fait, dans cette prose, on oublie souvent qui parle ; la structure narrative et les dispositifs de mise à distance s'estompent, gommés par des effets d'homogénéisation y compris du *ton* sur lesquels on reviendra ; l'impression qui s'en dégage principalement est celle d'une très forte perméabilité des voix, jusqu'à la confusion, la superposition, l'identification. Indéniablement, c'est là aussi ce qui fait la séduction de sa prose et l'adhésion du lecteur ; l'effet est simplement très différent de l'intention déclarée, non seulement dans les entretiens et le discours critique de Sebald, mais dans son œuvre même, comme on l'a vu dans les passages sur Breendonk et sur Paul Bereyter. Dans une des critiques les plus sévères à l'égard de Sebald, Thomas Wirtz décrit une forme d'effet pervers qui selon lui transforme le prétendu effacement du moi en appropriation de l'autre : « Les histoires de Sebald vivent des morts, ils les honorent en se les incorporant [*durch Einverleibung*][206] ». Ou encore : « L'attention de Sebald est tournée vers les morts, et le *je* qui s'assimile

205 Anja K. Maier, « Schmerzästhetik und Zeugenschaft bei W. G. Sebald und Anne Duden », *Schmerzdifferenzen. Physisches Leid und Gender in kulturwissenschaftlicher Perspektive*, éd. Iris Hermann et Anne-Rose Meyer Königstein, Helmer, 2006, p. 115-139, p. 128.

206 Thomas Wirtz, « Schwarze Zuckerwatte. Anmerkungen zu W. G. Sebald », *Merkur* 2001/6, p. 530-534, p. 531.

à eux paraît lui-même mortifié de son vivant – il se nourrit des morts et devient l'un d'entre eux[207]. » Ce jugement s'applique essentiellement à *Austerlitz*, où Sebald aurait, selon Wirtz, franchi un pas qu'il s'était gardé de franchir jusque là :

> L'empathie [*Einfühlung*] réduisait la distance mais ne dépassait jamais la limite du *je*. Il s'agissait de complicités qui se gardaient de tourner à l'identification. *Austerlitz* abdique cette liberté. En donnant la parole au personnage éponyme et en faisant du *moi* de Sebald, qui jusque là ne faisait que les recueillir, le médium de restitution [*Wiedergabemedium*] de paroles empruntées, il se prive de la liberté de les mettre à distance[208].

L'image, c'est significatif, est la même que celle de Bailly – *Wiedergabemedium* ou « instance d'absolue résonance » – mais au lieu d'un « effacement presque complet de l'ego », Wirtz y voit un « narcissisme sombre » (« *schwarzer Narzißmus*[209] »), une appropriation, une identification totale :

> Jacques Austerlitz se substitue, en tant que narrateur à la première personne, au narrateur anonyme qui devient un auditeur s'abandonnant au souvenir ; les deux parlent d'une seule voix, leur biographie se fond dans une totalité[210].

Ce phénomène d'identification entre Austerlitz et le narrateur, voire entre Austerlitz et Sebald, est d'autant plus remarquable que s'il fait en Allemagne l'objet de vives critiques, il contribue plutôt, ailleurs, à renforcer l'aura de l'auteur. Au Royaume-Uni, on s'étonne des réticences que peut susciter l'œuvre de Sebald en Allemagne, où on lui reproche « une intimité illégitime avec les morts[211] ». En France aussi, la réception de Sebald est essentiellement laudative[212]. Loin de critiquer par exemple le risque d'usurpation que peut constituer une certaine forme d'identification de l'auteur aux victimes des crimes nazis, certaines

207 *Ibid.*, p. 532.
208 *Ibid.*, p. 534.
209 *Ibid.*, p. 533.
210 *Ibid.*
211 Rüdiger Görner, « Im Allgäu, Grafschaft Norfolk. Über W. G. Sebald in England », *Text + Kritik* n° 158, 2003, p. 23-29, p. 27.
212 *Cf.* Ruth Vogel-Klein, « "Stendhal nach Auschwitz". Zur Rezeption W. G. Sebalds in Frankreich », *Sebald. Lektüren*, *op. cit.*, p. 133-142. Cette réception a commencé en 1999 avec la traduction des *Émigrants*. La réception universitaire commence en France avec le colloque de 2004 à l'ENS Ulm, publié en 2005 : Ruth Vogel-Klein (éd.), *W. G. Sebald : mémoire, transferts, images*, *op. cit.*

lectures créent ou prolongent d'elles-mêmes cette identification, par exemple lorsque le choix de Sebald de s'installer en Angleterre est présenté comme un « exil ». « Sebald, comme Jacques [Austerlitz], est un exilé », écrit par exemple Robert Kahn dans son article sur Sebald et Modiano[213]. C'est dans le même esprit que Muriel Pic cite une phrase de l'essai de Sebald sur les « constructions du deuil » :

> S'entêter à pleurer les morts est un acte d'obstination impie ; ce qui explique que dans une communauté au passé politique chargé la volonté de célébrer la mémoire de ceux qui furent sacrifiés avant son établissement est synonyme de mise en doute de la légitimité de l'ordre nouveau, lequel est tenu de déréaliser le passé et de s'identifier aux vainqueurs[214].

Une phrase que Muriel Pic commente ainsi : « S'entêter à pleurer les morts, telle est bien la vocation de l'élégie documentaire chez Sebald dont le phrasé s'élève depuis l'exil[215]. »

Est-ce à dire que la République fédérale allemande des années 1967 à 2001 (la période de cet « exil » de Sebald en Angleterre) est « tenu[e] de déréaliser le passé et de s'identifier aux vainqueurs » (quels vainqueurs ?), et de considérer comme « impies » ceux qui persistent à « célébrer la mémoire de ceux qui furent sacrifiés avant son établissement » ? La réception allemande de Sebald montre bien plutôt – et cela aussi bien dans ses éléments laudatifs que dans ses éléments critiques – que ce qui est considéré comme « impie », ce n'est pas (comme dans l'immédiat après-guerre et jusque dans les années 1960, c'est-à-dire dans la période dont parle Sebald dans son essai) de « pleurer les morts », car cela fait au contraire partie intégrante, à l'époque où écrit Sebald, c'est-à-dire bien après le procès d'Eichmann en 1961, les procès d'Auschwitz à Francfort en 1963-1964, le mouvement étudiant de 1967-1968, de la culture politique de l'Allemagne fédérale puis réunifiée. Malgré d'indéniables et scandaleuses continuités au niveau de la justice, des élites économiques, administratives et politiques, entre le régime hitlérien et la République

---

213 Robert Kahn, « Les lambeaux de la mémoire. *Dora Bruder* de Patrick Modiano et *Austerlitz* de W. G. Sebald », *Culture et mémoire : représentations contemporaines de la mémoire dans les espaces mémoriels, les arts du visuel, la littérature et le théâtre*, éd. Carola Hähnel-Mesnard, Marie Liénard-Yeterian et Cristina Marinas, Palaiseau, Éditions de l'école polytechnique, 2008, p. 401-408.

214 CS', p. 102 [CS, p. 105].

215 Muriel Pic, « Élégies documentaires », art. cité, p. 109.

fédérale d'Allemagne, on ne saurait considérer celle-ci – et encore moins à partir de la fin des années 1960 – comme l'« ordre nouveau » qui doit son établissement au sacrifice de victimes dont, par conséquent, on ne saurait célébrer la mémoire sans mettre en cause sa légitimité. Dans son rapport au passé nazi de l'Allemagne, Sebald, dont la génération arrive « au pouvoir » au moment où il commence – tardivement – à écrire, est, parmi les intellectuels allemands, la règle plutôt que l'exception. S'il y a quelque chose qui est considéré comme « impie » par certains critiques allemands, ce n'est donc pas de briser un tabou qui n'en est plus un, mais plutôt de favoriser une identification abusive – cristallisée par exemple dans le mot « exil » (que Sebald lui-même n'emploie d'ailleurs jamais à son propre propos, me semble-t-il) – entre, par exemple, le petit garçon juif sauvé de justesse de la déportation par un convoi d'enfants (Austerlitz) et l'étudiant critique à l'égard de son pays et qui, dans les années 1960, choisit de devenir lecteur dans une université du Royaume-Uni.

Dans une note assez assassine de son essai « Anachronie », Wohlfarth repère un *leitmotiv* sebaldien qui relève selon lui du fantasme à peine voilé, et qui correspond à cet effet de fusion des voix qui s'accomplit en dépit du dispositif narratif censé en marquer la séparation : celui de « l'affinité élective » entre le narrateur et Austerlitz, dans lequel il décèle « un coup de foudre qui reconduit la symbiose judéo-allemande [*eine Erneuerung der deutsch-jüdischen Symbiose auf den ersten Blick*][216] ». Ce fantasme se manifeste peut-être plus explicitement encore dans le passage des *Anneaux de Saturne* où le narrateur relate sa visite au poète et traducteur Michael Hamburger : « je ne parviens toujours pas à m'expliquer pourquoi j'ai eu l'impression, dès ma première visite à Michael, que je vivais ou que j'avais vécu autrefois dans sa maison, très exactement la même vie qu'il y menait lui-même[217]. » Selon Wohlfarth, ce motif récurrent de l'inexplicable, du mystérieux, de l'incompréhensible, dissimule mal l'évidence d'une construction par trop transparente qu'il résume ainsi :

> Un bon Allemand, né en 1943, qui après la Shoah ne supportait plus de vivre dans son pays natal, a émigré en Angleterre pour y mener une vie retirée de professeur d'université de province, s'y identifie, jusqu'à presque se confondre avec lui, avec un collègue écrivain juif-allemand auquel le lient des affinités

216 Irving Wohlfarth, « Anachronie », art. cité, p. 231.
217 AS, p. 217 [RS, p. 217-218].

> électives, Michael Hamburger, dont la famille berlinoise a été *contrainte* de fuir le nazisme[218].

D'autres passages notamment dans les *Émigrants* manifestent le même type d'identification, ainsi lorsque, dans le cimetière juif de Bad Kissingen, le narrateur éprouve un « *Erkennungsschreck* » (littéralement la « stupeur de la reconnaissance »), devant la tombe d'un certain Meier Stern, mort le jour de sa naissance, le 18 mai – qui est le jour de la naissance de Sebald, ce qui place l'auteur dans un rapport implicite de continuation de cette autre vie[219].

La virulence avec laquelle Wohlfarth démonte cette identification rappelle celle de Sebald dénonçant la manière dont Andersch s'involue dans le personnage d'Efraim. Sebald est-il lui-même rattrapé par ce syndrôme ? Wohlfarth ironise sur le fait qu'il entreprenne de « réparer de ses propres mains » (« *Dies holt er eigenhändig nach*[220] ») cette « incapacité à faire son deuil » constatée par Alexander et Margarete Mitscherlich et dont Sebald avait prolongé le diagnostic à propos de la littérature allemande d'après-guerre, incapable selon lui d'exprimer une « tentative sincère de deuil à travers l'identification avec les véritables victimes[221] ». Rappelant que Sebald, en même temps, admire la manière dont Améry « interdit aussi bien la pitié que l'auto-apitoiement [*sowohl Mitleid als Selbstmitleid unterbindet*][222] », Wohlfarth affirme que là se situe

> l'aporie de l'empathie, de l'identification et de la pitié dans le contexte de la Shoah. Comment un roman pourrait-il s'en passer ? Mais Nietzsche, Benjamin et d'autres n'ont-ils pas dévoilé leurs abîmes, longtemps avant la Shoah ? En 1925, l'empathie [*Einfühlung*] est pour Benjamin un « fantasme narcissique » (« *selbstbefangenes Fantasieren* » (GS, I, 1, S. 234)) et en 1940, un « *bordel* » (« Bordell » (GS, I, 2, S. 702))[223].

Il n'est certes pas inutile d'examiner d'un œil critique les effets d'identification chez Sebald – qui peuvent être éclipsés par son discours si rigoureux sur la question lorsqu'il s'agit d'autres auteurs et par l'emploi si manifeste de stratégies destinées à les maîtriser. Il faut certes rester

218 Irving Wohlfarth, « Anachronie », art. cité, p. 231.
219 *Ibid.* LÉ, p. 262-263 [DA, p. 335].
220 *Ibid.*
221 CS', p. 103 [CS, p. 106]. Traduction modifiée.
222 CS', p. 148 [CS, p. 155].
223 Irving Wohlfarth, « Anachronie », art. cité, p. 231.

vigilant face aux « apories de l'empathie » et à ses effets pervers que sont l'appropriation narcissique et l'usurpation de l'expérience d'autrui, car il ne suffit pas de les vilipender dans ses essais critiques pour s'en prémunir dans sa propre production. Mais l'argumentation de Wohlfarth tourne, me semble-t-il, à une forme de mauvaise foi polémique lorsqu'il met en balance ces « abîmes » éthiques de « l'empathie, de l'identification et de la pitié » avec la question rhétorique « Comment un roman pourrait-il s'en passer ? », sous-entendant par là que l'empathie ne serait pour Sebald qu'un ingrédient indispensable à la fabrication d'un *roman*, comme si c'était là son seul objectif (un objectif purement esthétique donc, et non éthique, historique, politique), alors que précisément Sebald a toujours refusé fermement cette dénomination de « roman », ce que Wohlfarth feint ici d'ignorer.

Or, quand bien même on n'aurait pas l'intention d'écrire un *roman*, qui exigerait l'empathie comme un adjuvant certes fatal sur le plan éthique, mais esthétiquement indispensable au genre, le problème resterait entier. Les « apories de l'empathie » excèdent largement le seul domaine du roman et de la « littérarisation » – puisque c'est bien elle qui est en cause. La thèse centrale de Wohlfarth, on s'en souvient, est qu'*Austerlitz* est une version romanesque autant que romantique du Livre des passages (« *Roman(t)isierung der Passagenarbeit*[224] »), qui donne la priorité à la *littérature*, là où le « montage littéraire » selon Benjamin avait pour fonction de *délittérariser* les modes de représentation traditionnels de l'histoire[225]. Mais n'est-ce pas se débarrasser un peu trop facilement du problème de l'empathie que d'en faire un problème purement *littéraire* ? Si la littérature est bien un lieu d'expérimentation, d'élaboration et de prise de conscience de ces apories, ce n'est pas elle qui *produit* à ses fins propres le problème éthique de la position à adopter « devant la douleur des autres », pour reprendre le titre du célèbre essai de Susan Sontag[226]. Ce n'est donc pas, pourrait-on répondre à Wohlfarth, en raillant la tentative de Sebald de « réparer » « l'incapacité

224 *Ibid.*, p. 218.
225 *Ibid.*, p. 230.
226 Susan Sontag, *Devant la douleur des autres* [2002], traduit de l'anglais par Fabienne Durand-Bogaert, Paris, Christian Bourgois, 2003. Voir aussi Hans Blumenberg, *Naufrage avec spectateur : paradigme d'une métaphore de l'existence*, traduit de l'allemand par Laurent Cassagnau, Paris, L'Arche, 1997 ; Myriam Revault d'Allonnes, *L'homme compassionnel*, Paris, Seuil, 2008.

à faire son deuil », que l'on résout le problème, à moins de considérer sérieusement qu'il est possible – et souhaitable ! – d'*éviter* purement et simplement « l'empathie, l'identification et la pitié », comme d'éviter le *pathos*. On verra qu'en tout cas, ce n'est pas ce que propose Améry, que Wohlfarth prend indirectement à témoin. Comme l'écrit Myriam Revault d'Allonnes,

> la sensibilité n'est pas le contraire de la rationalité. Pour réagir de façon « raisonnable », il faut d'abord avoir été « touché » par l'émotion. Ce qui s'oppose à la rationalité, c'est l'insensibilité (l'oubli de la pitié, l'incapacité à éprouver de la compassion) ou, à l'inverse, la sentimentalité qui est une perversion du sentiment[227].

Quant à Benjamin, Wohlfarth admet lui-même que s'il rejette l'empathie (*Einfühlung*), il approuve en revanche le « pouvoir d'imitation » (*mimetisches Vermögen*), et que la limite entre celui-ci et celle-là n'est pas toujours très nette[228].

ENDOSSER LA DOULEUR

Prenons en effet, dans les *Émigrants*, le passage qui relate le voyage du peintre Max Aurach (Ferber) à Colmar. Le retable d'Issenheim de Grünewald place Aurach face à un immense déploiement de douleur qui, de proche en proche, de flux en reflux, circule et se communique, comme par contamination, ressemblance et imitation, entre les corps et les âmes, les hommes et les paysages, l'image et le sujet qui la regarde :

> La monstruosité de la souffrance qui, émanant des personnages représentés, recouvre la nature entière pour ensuite refluer des paysages éteints et pénétrer les figurations humaines de la mort, cette monstruosité se mettait à présent en mouvement, montant et descendant en moi exactement comme les oscillations des marées[229].

Dans le long poème de *D'après nature* consacré à Grünewald, Sebald avait évoqué la fonction thérapeutique, *cathartique* au sens

227 Myriam Revault d'Allonnes, *L'homme compassionnel*, *op. cit.*, p. 14. Elle fait ici référence à Hannah Arendt, « De la violence », *Du mensonge à la violence. Essais de politique contemporaine*, Pocket, « Agora », 2002.

228 Irving Wohlfarth, « Anachronie », art. cité, p. 231.

229 LÉ, p. 202 [DA, p. 253].

médical du terme, de ce retable destiné aux malades de l'hospice d'Issenheim, qui

> devait jouer un rôle thérapeutique central
> par la représentation [*Vergegenwärtigung*],
> dans les couleurs les plus belles,
> et les plus effrayantes,
> de l'heure des livides
> purulences, et donc aussi
> par la force et l'effet des images[230].

Cette puissance ancienne (dont l'orthographe médiévisante de la version originale renforce la suggestion), l'image semble l'avoir conservée, puisque la douleur qu'elle donne à voir est immédiatement *reconnue* par Aurach (Ferber) qui, face à elle, parvient pour la première fois à *voir* sa propre souffrance et son histoire : « À l'époque, à Colmar, dit Ferber, j'ai tout vu de mes yeux, avec une acuité inégalable, ce que j'avais vécu et enduré, puis mon état ultérieur[231]. » L'image qu'il a sous les yeux déclenche un « flux de souvenir [*Erinnerungsstrom*] » dont le point de départ est le souvenir d'un « paroxysme de douleur [*Schmerzensparoxysmus*] » provoqué des années auparavant par une hernie discale[232], « paroxysme de douleur » qui à l'époque, en l'immobilisant dans une position penchée, lui avait fait prendre conscience de la douloureuse paralysie intérieure (*Schmerzlähmung der inneren Verfassung*[233]) qui était la sienne depuis des années. Enfin, cette posture physique actualise le souvenir d'une photographie de lui-même enfant, penché sur son cahier d'écriture.

Face au panneau de Grünewald représentant la passion du Christ, le peintre Aurach retrouve la généalogie de sa propre souffrance à travers ce geste particulier qui réactive la « trace d'un événement lui aussi depuis longtemps enfoui [*verschüttete[] Erlebnisspur*][234] » et l'expérience douloureuse qui y est déposée. On peut dire qu'il s'agit là très exactement

230 AN, p. 22-23 [NN, p. 22].

231 LÉ, p. 202-203 [DA, p. 254].

232 *Ibid.* Patrick Charbonneau traduit par « douleur paroxystique » (LÉ, p. 203).

233 « la paralysie totale provoquée par cette douleur effroyable était en adéquation on ne peut plus parfaite avec l'état mental qui était devenu le mien au fil de ces années. » LÉ, p. 203 [DA, p. 255].

234 LÉ, p. 204 [DA, p. 256].

d'une formule de pathos selon Warburg[235] – et pas de n'importe quelle formule de pathos, mais de celle qui sous-tend toute l'entreprise de son atlas d'images, celle d'Atlas, donc, qui porte le monde sur ses épaules[236]. On y reviendra dans le dernier chapitre. L'aspect qui nous intéresse ici, c'est la manière dont la circulation de la souffrance, qui ravive tout un réseau de douleurs passées et présentes, physiques et morales, débouche et culmine dans une image qui touche à *l'origine de l'écriture.* Voilà qui peut produire « une certaine transfiguration et romantisation de la douleur par la construction d'une proximité, c'est-à-dire par la parallélisation de la douleur et de l'écriture[237]. » Cette articulation entre douleur et écriture en effet traverse toute l'œuvre de Sebald ; on la trouve aussi dans les *Anneaux de Saturne*, où nous lisons à propos des *Mémoires d'outre-tombe* de Chateaubriand :

> Le chroniqueur qui a été présent et se remémore ce qu'il a vu, inscrit ses expériences, en un acte d'automutilation, sur son propre corps. Devenu, en vertu de cet acte scriptural, le martyr de ce que la providence nous réserve, il repose de son vivant déjà dans la tombe que représentent ses mémoires[238].

À propos de ce passage comme de celui sur Grünewald, Anja K. Maier écrit :

> Cette parallélisation, récurrente chez Sebald, du « martyre » de l'écriture et de l'expérience de la douleur, cette affinité suggérée entre la douleur physique et la production du texte, va à l'encontre de l'effort de conjurer le danger d'une identification illégitime avec les victimes, car elle place le narrateur à la première personne dans une proximité quasi-identificatoire avec ses personnages. Ils souffrent de ce monde et sont unis dans cette souffrance commune. Cette dynamique du texte sebaldien échappe totalement pour sa part à la conscience et à la réflexion de son auteur [*unreflektiert*], autrement

235 « Les modèles de mémoire du début du XXe siècle s'avèrent ici structurants : le modèle topologique de Freud […], mais aussi le modèle archéologique de fouille et de stratification de Walter Benjamin […]. Par ailleurs, c'est le projet d'histoire culturelle Mnemosyne d'Aby Warburg qui se retrouve dans un récit comme "Max Aurach" dans les *Émigrants* lorsque des symboles culturels, des images, des gestes se voient attribuer la capacité à susciter la mémoire. » Claudia Öhlschläger, « Unabschließbare Rahmen. Wege des Erzählens bei W. G. Sebald », *W. G. Sebald. Intertextualität und Topographie*, éd. Irene Heidelberger-Leonard et Mireille Tabah, Berlin, LIT, 2008, p. 169-186, p. 170-171.

236 Georges Didi-Huberman, *Atlas ou le gai savoir inquiet*, Paris, Minuit, 2011, p. 99.

237 Anja K. Maier, « Schmerzästhetik und Zeugenschaft bei W. G. Sebald und Anne Duden », art. cité, p. 127.

238 AS, p. 303 [RS, p. 305].

> dit on atteint ici la limite de l'autoréflexivité de Sebald, au-delà de laquelle commence le kitsch[239].

On pourrait certes rétorquer ici que ce n'est pas le narrateur à la première personne, mais respectivement l'écrivain Chateaubriand et le peintre Aurach qui sont, d'une certaine façon, érigés en martyrs – mais c'est sans doute un détail au regard de l'identification qui s'instaure immanquablement entre ces figures d'écrivain ou de peintre d'une part et, d'autre part, le narrateur à la première personne, sinon l'auteur Sebald lui-même.

Mais il y a un point essentiel à l'argumentation d'Anja K. Maier qui me semble devoir être réfuté : le fait que ce mouvement « échappe à la conscience et à la réflexion de son auteur ». L'article de Sebald sur Peter Weiss, publié d'abord dans la revue *Orbis litterarum* en 1986, puis repris dans *Campo Santo*, porte très exactement sur ce rapport entre écriture et douleur et l'inscrit, de manière très consciente et élaborée, dans une éthique-esthétique de la remémoration et du deuil qui restera une référence y compris pour Sebald lui-même :

> C'est parce que quelque chose doit être remémoré que Weiss entre en littérature, un purgatoire au seuil duquel se tient l'ange qui de la pointe de son épée grave aussi sur le front de Dante la lettre P, pour *peccatum*, signe que l'on est conscient de sa condition de pécheur. La voie menant le sujet qui doit s'amender à la connaissance de sa vraie condition, c'est l'obligation de rechercher, en endurant patiemment les souffrances, la signification du message secret gravé sur la peau – un procédé archaïque selon les principes duquel est également construite, comme on sait, la machine à torturer de *La Colonie pénitentiaire* [...] « Peut-être », écrit Nietzsche dans *Généalogie de la morale*, « peut-être n'y a-t-il rien de plus terrible ni de plus inquiétant, dans toute la préhistoire de l'homme, que sa mnémotechnique. On grave une chose par le feu afin qu'elle reste dans la mémoire : seule la chose qui ne cesse pas de faire mal reste dans la mémoire[240]. »

Martyre, purgatoire, péché : on est frappé, dans ces passages, par le vocabulaire religieux qu'emprunte Sebald dans ce discours sur la douleur

239 *Ibid.*, p. 128. À propos du « kitsch » de Sebald, voir aussi, à part Thomas Wirtz (« Schwarze Zuckerwatte », art. cité), l'article de Sibylle Cramer, « Zartbitterstes. Ist es versuchte Nähe, ist es "Abwehrzauber" ? Warum nur lieben alle den Kitsch W. G. Sebalds ? », *die tageszeitung*, 9. 7. 1993.

240 CS', p. 134 [CS, p. 140]. *Cf.* Sigrid Weigel, « Mitleid/Compassio. Über Rituale, Diskurse und die Kulturgeschichte des Mitgefühls », *Die Leidenschaften, ein Drama in fünf Akten : Begleitbuch zur Ausstellung des Deutschen Hygiene-Museums Dresden*, 2012, p. 222-228.

et l'écriture qui, en dépit des références de Nietzsche à Kafka, évoque presque une sorte de dolorisme chrétien où il échoirait à l'écrivain d'accomplir dans sa chair une forme sécularisée d'*imitatio christi.* « On pourrait presque dire », note Claudia Öhlschläger, « que le processus d'écriture auquel se soumet aussi bien le narrateur que Sebald lui-même ne prolonge pas seulement le message de la passion, mais semble s'y accomplir. Dans la réalisation douloureuse de l'acte d'écrire se dessine un espoir de rédemption[241]. »

Le glissement qui s'opère entre la perspective benjaminienne d'une écriture de l'histoire du point de vue des vaincus et celle d'un écrivain-martyr qui endosse la douleur, au sens le plus littéral qui soit, est particulièrement sensible dans le commentaire de Sebald sur *l'Esthétique de la résistance* de Peter Weiss, où sa lecture introduit les motifs du pélerinage, de la rédemption et de la fin des temps :

> ce pélerinage [...] à travers les éboulis amoncelés par notre culture et notre histoire, [...] ne se comprend pas seulement comme l'expression – presque programmatique – d'un désir éphémère de rédemption, mais aussi comme celle de la *volonté* de se retrouver à la fin des temps du côté des victimes [*am Ende der Zeit auf der Seite der Opfer zu stehen*][242].

Dans l'interprétation très littérale que, à l'exemple de Kafka, Sebald fait de l'analyse de Nietzsche – pas de mémoire sans douleur –, l'écrivain qui se consacre à la mémoire de ceux qui ont souffert devrait (doublement) *souffrir avec* eux :

> Mais plus nettement que toute autre œuvre contemporaine, celle de Peter Weiss démontre que si elle ne témoigne pas, y compris dans l'exploration et la reconstitution de l'heure concrète de la torture, d'une compassion [*Mitleidenschaft*] allant au-delà de la simple pitié [*Mitleid*], la remémoration abstraite des morts ne peut pas grand-chose contre les séductions de l'amnésie. Dans une telle reconstitution, le sujet artiste qui assume le devoir de mémoire ainsi que l'entend Weiss n'est pas sans pratiquer sur sa propre personne des interventions assez douloureuses pour garantir la pérennité du souvenir[243].

241 Claudia Öhlschläger, « W. G. Sebald – Matthias Grünewald », *Kunst im Text*, éd. Konstanze Fliedl et Irene Fußl, Basel / Frankfurt a. M., Stroemfeld/Nexus, 2005, p. 259-279, p. 264.

242 CS', p. 140 [CS, p. 147].

243 CS', p. 124-125 [CS, p. 130].

Quelques pages plus loin, Sebald donne un exemple concret tiré de *l'Esthétique de la résistance*, la description de l'exécution des résistants à Plötzensee :

> Vers la fin du roman, la description en dix pages de l'exécution des résistants à Plötzensee par les bourreaux Röttger et Roselieb, où sont réunies angoisse et souffrance mortelles avec une puissance qui, à ma connaissance, n'a pas son équivalent dans la littérature et ne pouvait qu'anéantir le sujet qui écrivait – cette description est le lieu d'où l'écrivain Peter Weiss ne reviendra pas[244].

L'admiration qui s'exprime ici est évidente, même et justement parce que Sebald constate que dans cette description s'accomplit le sacrifice même de l'écrivain, son *extinction* volontaire (pour reprendre le titre du roman de Thomas Bernhard, *Auslöschung*), qui a toutefois ici un sens très différent de cet « effacement presque complet de l'ego » que Jean-Christophe Bailly atteste à Sebald, et dont les moyens sont tout autres. Car la description d'une exécution sur dix pages est à peu près à l'opposé de la poétique de l'oblique de Sebald, qui écrit par ailleurs : « la recréation [*Rekreation*] de l'horreur, que ce soit par des images ou par des lettres [*mit Bildern oder mit Buchstaben*], est quelque chose dont le principe même est problématique. Un charnier ne peut être décrit[245]. » Mais *l'extinction du sujet écrivant* fait apparaître ici sous un autre jour le motif poétologique plus familier de la discrétion du narrateur qui s'efface pour prêter sa voix aux vaincus ou aux victimes de l'histoire. C'est un motif plus violent, plus héroïque, plus sacrificiel aussi, que vient redoubler le passage où Sebald compare Peter Weiss au peintre Géricault :

> De même que Géricault, dans son atelier de la rue des Martyrs, accomplissait son œuvre autodestructrice pour servir d'exemple et de mise en garde à une société qui, lui semblait-il, obéissait à un principe de destruction, de même Peter Weiss conquérait en un long et tenace exercice paroxystique de la mémoire [*im langanhaltenden Paroxysmus seiner Erinnerung*] une place dans la confrérie des martyrs de la résistance[246].

Ce « long paroxysme de sa mémoire », expression étrange, associe le « paroxysme de douleur [*Schmerzensparoxysmus*] » et le « flux de la mémoire [*Erinnerungsstrom*] » des *Émigrants*. La parenté qui s'établit

---

244 CS', p. 140 [CS, p. 147].

245 G, p. 180.

246 CS', p. 140-141 [CS, p. 147-148].

ainsi entre Géricault et Grünewald, tous deux par ailleurs qualifiés d'*extrémistes* – un terme souvent associé chez Sebald à celui du « pathologique » – s'étend indirectement à Sebald et Peter Weiss. Ce qui ressort de cet « immense réseau de douleur [*riesiges Netzwerk des Schmerzes*][247] », de cet atlas du pathos, c'est en effet la suggestion que l'écrivain est un martyr de l'écriture, identifié ici aux martyrs de la résistance – de même qu'ailleurs, Sebald qualifie la mélancolie de « forme de résistance [*eine Form des Widerstands*][248] ». C'est là l'aspect qui pose question – non pas seulement du point de vue de l'appropriation et de l'éventuelle « vanité et coquetterie[249] » qu'il peut y avoir à cette stylisation de l'écrivain en martyr, mais aussi d'un point de vue plus politique, qui concerne le sens de cette identification. Penser la résistance en termes de martyre et placer l'identification sur ce plan-là, n'est-ce pas en effet sacraliser un sacrifice et une souffrance dont certes les résistants avaient pris le risque, mais qui n'était en rien le but de leur engagement ? N'est-ce pas oublier qu'ils menaient ce combat pour vaincre et non pour être vaincus, pour vivre et non pour mourir ? Et la « résurrection » des morts n'est-elle pas singulièrement détournée lorsqu'elle aboutit à une sorte de mortification des vivants ? Ce mouvement par lequel l'auteur, ou le narrateur, prend place aux côtés des morts ne s'oppose-t-il pas dans une certaine mesure au rôle de *transmission* qu'il s'assigne par ailleurs, et qui est figuré chez Sebald, non seulement par la structure narrative (le narrateur s'efface devant ceux qu'il écoute et dont il note le témoignage par écrit), mais aussi par la représentation de la transmission, par exemple dans la scène où Aurach donne au narrateur le journal de sa mère, ou dans celle où Austerlitz fait de même avec la photographie de sa mère ? Dans l'introduction à *La description du malheur*, Sebald fait remarquer l'importance, dans la tradition de la littérature autrichienne, de la « catégorie de l'enseignement et de l'apprentissage [...] sur laquelle, autant que je sache, jamais personne encore n'a attiré l'attention, sans doute en raison du fait qu'elle est en contradiction flagrante avec un

247 G, p. 233.

248 DM, p. 17 [BU, p. 12].

249 « There is a certain vanity and coquetry in Sebald's view that writing is a pathological act. » Greg Bond, « On the Misery of Nature and the Nature of Misery », *W. G. Sebald – A Critical Companion*, éd. J. J. Long et Anne Whitehead, Edinburgh, Edinburgh University Press, 2004, p. 31-44, p. 40. Cité par Anja K. Maier dans « Schmerzästhetik und Zeugenschaft bei W. G. Sebald und Anne Duden », art. cité, p. 127.

mal de vivre beaucoup plus ostensible et, selon toute apparence, défaitiste[250]. » Il souligne que Stifter, Kafka, Canetti, Bernhard ou Handke témoignent d'une

> attitude susceptible d'apporter la preuve que la transmission a un sens. Sous cet aspect, l'énonciation de notre malheur personnel et collectif communique aussi une expérience grâce à laquelle, ne serait-ce que d'extrême justesse, il est encore possible d'accéder au contraire du malheur[251].

POINT DE VUE DES VAINCUS ET PLACE DES VICTIMES

« S'entêter à pleurer les morts », c'est contester « la légitimité de l'ordre nouveau, lequel est tenu de déréaliser le passé et de s'identifier aux vainqueurs[252] », écrivait Sebald dans *Campo Santo.* Cette identification aux vainqueurs fait bien sûr référence aux thèses *Sur le concept d'histoire* de Benjamin, selon lesquelles l'historien de l'historisme s'identifie (*einfühlt*) immanquablement au vainqueur[253]. Citer ces lignes, c'est en général se placer soi-même, à la suite de Benjamin, du côté des vaincus. Mais est-ce si simple ? Irving Wohlfarth se demande à ce propos si Sebald n'a pas « succombé, malgré toutes ses précautions, à la tentation de *s'identifier aux vaincus* – qui sont moralement invicibles [*sich in die – moralisch unbesiegbaren –* Verlierer einzufühlen][254] ». Mais pourquoi *succombé*, pourquoi serait-ce une tentation à laquelle il aurait mieux valu résister ? N'est-ce pas une qualité que d'être, comme le formule Robert Kahn dans un sens clairement positif, en « totale empathie avec les victimes[255] » ? Wohlfarth suggère que l'identification aux vaincus serait une manière particulièrement subtile de s'identifier aux vainqueurs – vainqueurs non pas sur le plan historique, mais sur le plan moral, où les vaincus seraient pour ainsi dire plus que vainqueurs : *invincibles.* Ce raisonnement, qui peut paraître alambiqué à première vue, attire cependant l'attention sur le fait que le *point de vue des vaincus* – dont la mise en

250 DM, p. 18 [BU, p. 13].

251 DM, p. 18-19 [BU, p. 13].

252 CS', p. 102 [CS, p. 105].

253 « Qui est-ce, en fin de compte, à qui devront s'identifier les maîtres de l'historisme. La réponse sera, inéluctablement : le vainqueur. » Walter Benjamin, *Écrits français*, éd. Jean-Maurice Monnoyer, Paris, Gallimard, 1991, p. 437 [GS, I, 2, p. 696].

254 Irving Wohlfarth, « Anachronie », art. cité, 231. Soulignement I. W.

255 Robert Kahn, « Les lambeaux de la mémoire », art. cité, p. 403. Notons ici d'ailleurs que les « victimes » ne sont pas les « vaincus » de Benjamin.

évidence, chez Benjamin, apparaît comme un acte de résistance difficile, qui exige de « lire l'histoire à rebours » en déchiffrant, à même un récit historique qui les nie, les traces enfouies des opprimés – ne devrait pas être confondu avec *l'identification aux victimes*, susceptible de glisser vers une facilité qui fausse l'esprit de l'exigence benjaminienne. Car cette facilité – qu'il est moralement et psychologiquement plus confortable et plus valorisant de se reconnaître dans la victime plutôt que dans le bourreau[256], quand bien même la réalité serait tout autre (comme dans le cas d'Andersch) – risque à tout moment de basculer dans une forme de satisfaction narcissique dans laquelle l'expérience et le point de vue d'autrui se trouvent non pas exprimés, mais niés de manière particulièrement retorse.

Ruth Klüger formule très précisément le lien entre cette occultation, quand bien même involontaire, du réel et du vécu d'autrui, et le *sentimental* – qu'elle définit précisément comme le procédé qui consiste à détourner subrepticement l'attention de l'objet apparent, au profit du déploiement narcissique de sentiments dont il n'est en réalité que le prétexte. C'est ce qu'elle observe à propos de la *Museumskultur* des camps et notamment d'Auschwitz :

> Le visiteur qui se retrouve là et qui éprouve une émotion, ne fût-ce que ce léger frisson d'horreur, se sentira quand même un homme meilleur. Qui s'interroge sur la qualité des sentiments [*Qualität der Empfindungen*], quand on est fier d'éprouver seulement quelque chose ? Ces vestiges rénovés de terreurs anciennes n'induisent-ils pas au sentimentalisme, ne nous éloignent-ils pas en réalité de l'objet sur lequel ils n'ont attiré l'attention qu'en apparence,

256 Il va sans dire qu'il n'est pas forcément préférable de se reconnaître dans le bourreau. Comme le dit Camille de Toledo : « J'aurais pu suivre cette école de la fin du siècle qui voulait que l'on écrive du point de vue du bourreau : me mettre à la place d'une espèce solide de salaud, un nazi par exemple, et travailler à des scènes où l'on viole, on tue, en déroulant l'histoire de sa culpabilité ou, mieux, de sa joie. J'aurais pu me glisser dans le long cortège des romanciers *eichmanniens* qui affirment explorer les profondeurs du mal tandis qu'ils profitent du petit scandale bourgeois de leur profanation. » *Oublier trahir puis disparaître*, Paris, Seuil, 2014, p. 88. Aurélia Kalisky note que dans *Les Vaincus*, Peter Weiss « finit par affirmer avec force qu'il ne peut que s'identifier aux plus faibles, aux torturés, aux assassinés, et non aux bourreaux, quand bien même seraient-ils les vaincus d'aujourd'hui ». « Les voix distantes », art. cité, p. 318, à propos de Peter Weiss, *Die Besiegten*, écrit en 1947 en suédois au même moment que Stig Dagerman et son *Automne allemand* (De Besegrade, Stockholm, Albert Bonniers 1948), traduit du suédois par Beate Mazenauer. *Die Besiegten*, suivi de 'Sechs Reportagen aus Deutschland für Stockholms Tidningen', Frankfurt a. M., Suhrkamp, 1985.

> pour nous entraîner à contempler nos propres sentiments dans un miroir [*Selbstbespiegelung der Gefühle*][257] ?

Faire disparaître un objet en le mettant en scène, faire taire un témoin en prétendant lui donner la parole : de ce procédé, Klüger donne un autre exemple saisissant, et d'autant plus intéressant pour notre usage qu'il concerne le traitement d'un témoignage textuel. À l'été 1945 (elle a alors 14 ans), ayant envoyé à un journal deux de ses poèmes sur Auschwitz dont elle est rescapée, elle attend en vain une réponse du journal – avant d'y voir un jour imprimé ceci :

> Au lieu d'une modeste colonne, je trouvai une demi-page où il était question de moi. Au milieu, la photographie d'un extrait de ma lettre d'accompagnement, soigneusement déchirée préalablement de telle sorte que les bords irréguliers [...] pouvaient faire l'effet d'un courrier trouvé dans une bouteille à la mer. [...] Seules deux strophes de mon poème étaient reproduites et elles étaient insérées dans le texte larmoyant et pathétique [*in einen weinerlichen, händeringenden Text*], sollicitant la pitié du public qui aime les enfants. [...] Le fait que la rédaction ne se soit même pas mise en rapport avec moi par la suite me révolta particulièrement, car c'était en contradiction avec les épanchements sentimentaux [*Gefühlsergüsse*] du journaliste qui avait concocté cette poignante bouillie [*den rührseligen Brei*], et à qui j'étais tellement indifférente [...][258].

Il y a là plusieurs niveaux de faux – diverses variétés de *faux sentiments* (*falsche Gefühle*, selon l'expression de Sebald) – à distinguer : d'une part bien sûr (et c'est ce qui choque le plus la jeune auteure), le décalage total entre la débauche de moyens destinés à attendrir le lecteur sur son sort, et l'indifférence et le mépris que lui manifeste le journaliste dans la réalité – le faux, donc, sous sa forme la plus brutale. Ensuite, il y a le procédé de fabrication de cette demie page de journal, qui transforme un vrai témoignage en faux document, ou un document en *effet* de document, puisque les poèmes eux-mêmes, c'est-à-dire la *parole* de la jeune Ruth Klüger, sont en grande partie censurés au seul profit de la matérialité manipulée de leur support, que le journaliste n'hésite pas – en le « déchirant soigneusement » – à falsifier pour lui donner un air plus authentique, et pour dramatiser sa récupération. Moyennant quoi, le journaliste détruit en réalité (et symboliquement) les poèmes

---

257 Ruth Klüger, *Refus de témoigner*, *op. cit.*, p. 85 [*weiter leben*, *op. cit.*, p. 76]. Traduction légèrement modifiée.

258 *Ibid.*, p. 217-218 [*weiter leben*, *op. cit.*, p. 200].

de Klüger pour les remplacer par son propre texte : loin de se contenter d'un court texte de présentation de ces témoignages, il renverse le rapport pour en faire de simples prétextes et accessoires venant illustrer et accommoder sa propre « bouillie sentimentale » (*rührseliger Brei*), qui se retrouve de fait au centre du dispositif – notamment en cherchant à émouvoir par le style « larmoyant » (*weinerlich*) de ses épanchements sentimentaux (*Gefühlsergüsse*), déniant de fait aux poèmes la capacité à parler pour eux-mêmes. En un mot : « vous parlez de ma vie, mais vous parlez sans me voir ; vous faites comme si vous vous préoccupiez de moi, mais vous ne parlez de rien d'autre que de votre propre sentiment[259]. »

De ce procédé qui occulte la parole d'autrui en prétendant la lui donner, Aurélia Kalisky donne un exemple semblable et stupéfiant, celui du témoignage d'un rescapé juif munichois, Jakob Littner, que l'écrivain Wolfgang Koeppen a « littérairement retravaillé » à la demande de l'éditeur. Publié en 1948 sans nom d'auteur, le texte est réédité en 1992 sous le nom de Koeppen, tandis que Littner devient un simple personnage du roman intitulé *Jakob Littners Aufzeichnungen aus einem Erdloch*[260]. Aurélia Kalisky pose la question suivante :

> les écrivains allemands non juifs ont-ils répondu à l'appel intérieur qu'aurait pu (ou dû ?) leur dicter leur conscience, en essayant de *donner leur voix* aux victimes [...] ? S'ils se sont contentés d'usurper la position de victime, et de mimer la voix du témoin en prenant le risque de la travestir, comme Koeppen, ont-ils réellement donné leur voix ? N'ont-ils pas plutôt – certes involontairement – réduit le témoin au silence en lui volant la sienne[261] ?

Chez Koeppen, Kalisky voit à l'œuvre une

> euphémisation de la souffrance juive, autorisant les non-juifs à se considérer *eux aussi* comme victimes du nazisme. L'identification aux victimes empêche la pensée et le sentiment à la fois : elle est un « sentiment de substitution ». Dans l'œuvre de l'écrivain allemand, le témoignage du rescapé ne subsiste que comme une matière à fiction dans laquelle peuvent être injectés ses sentiments, ses émotions et ses états d'âme, voire même, insidieusement, sa mauvaise conscience[262].

259 *Ibid.*, p. 219 [*weiter leben*, *op. cit.*, p. 201].

260 Aurélia Kalisky, « Les voix distantes », art. cité, p. 303-304, qui cite une analyse très critique de Ruth Klüger sur l'usurpation de la « langue du témoin » par Koeppen et Andersch.

261 *Ibid.*, p. 306.

262 *Ibid.*, p. 305. *Cf.* Ulrike Jureit et Christian Schneider dans *Gefühlte Opfer. Illusionen der Vergangenheitsbewältigung*, Stuttgart, Klett-Cotta, 2010.

Comme l'écrit Klaus R. Scherpe : « L'identification avec les victimes [...] permet ici d'éprouver des sentiments de substitution [*Ersatzgefühle*][263]. »

Sebald semble très conscient de ce risque, d'où sa « peur du faux », sa peur des « sentiments faux » et du « ton faux ». Dans un entretien paru d'abord en anglais dans *The Jewish Quarterly* (hiver 1996/1997), Carole Angier lui pose cette question : les modèles, qu'en pensent-ils ? Sebald répond :

> Cette question me préoccupe, s'emparer de la vie de quelqu'un d'autre n'est pas sans danger. Il est évident que je ne suis jamais à l'abri des fautes de tact, de jugement, de style... Mais – à moins qu'ils ne soient morts – je leur demande leur avis. [...] D., par exemple, a accepté que j'utilise son histoire et l'autobiographie de sa tante, dont il m'avait fait cadeau et dont je me suis servi pour le portrait de la mère de Max Ferber[264].

Ce cas précis a justement été étudié en détail par Klaus Gasseleder, qui a retrouvé le pré-texte en question et l'a mis en regard avec le texte sebaldien. Il s'agit de deux récits tapés à la machine par Thea Frank-G., intitulés respectivement *Meine Kindheit / Erinnerungen* (60 pages) et *Jugend in Kissingen* (35 pages), probablement rédigés en plusieurs étapes, entre 1947 et 1964, par cette femme née en 1891[265]. C'est donc un témoignage non publié que Sebald intègre, en le modifiant, à son propre récit, sans indiquer sa source et sans nommer son véritable auteur – le fait que la famille de Thea G. ait autorisé Sebald à utiliser ces textes, et qu'elle ait également autorisé Klaus Gasseleder à en publier des extraits dans son article (qui rappelle le grand respect que l'on voue à Sebald dans la famille de Thea[266]), ne suffit pas à balayer les questions que cela soulève.

263 Klaus R. Scherpe, « Von Bildnissen zu Erlebnissen : Wandlungen der Kultur "nach Auschwitz" », *Literatur und Kulturwissenschaften. Positionen, Theorien, Modelle*, éd. Hartmut Böhme et Klaus R. Scherpe, Reinbek bei Hamburg, Rowohlt, 1996, p. 254-282, p. 257.

264 AdM, p. 77. Dans ce même entretien, Sebald dit bien qu'il s'est aussi heurté à des refus : sans nommer personne, il évoque l'artiste londonien Frank Auerbach, dont la vie et l'œuvre ont inspiré le récit « Max Aurach ». Auerbach refusera que ses œuvres reproduites dans la version allemande apparaissent dans l'édition anglaise et obtiendra le changement du nom de Aurach, trop proche du sien, en Ferber (*Ibid.*, 78). Quant au prénom du peintre fictionnel, Max, c'est le prénom d'élection de Sebald, celui par lequel il se faisait couramment appeler. On pourrait aussi ajouter le mécontentement de Susi Bechhöfer, un des modèles d'Austerlitz, qui avait publié son histoire : Jeremy Josephs et Susi Bechhöfer, *Rosa's Child. The True Story of One Woman's Quest for a Lost Mother and a Vanished Past*, London 1996.

265 Klaus Gasseleder, « Erkundungen zum Prätext der Luisa-Lanzberg-Geschichte », art. cité, p. 161.

266 *Ibid.*, p. 163.

D'après les passages publiés par Gasseleder, il apparaît en tout cas que les modifications de Sebald ne relèvent guère de ce travail d'écriture qui seul ferait d'un témoignage brut un texte littéraire, car le texte de Thea G. relève déjà lui-même en partie de cette catégorie. Le travail de Sebald se situe à un autre niveau, qui est précisément celui du *pathos* de l'histoire. Gasseleder rapporte que la figure de Paula Frank, qui dans les *Émigrants* devient Luisa Lanzberg, apparaît dans le récit de Thea G. « comme une jeune fille pleine de vie, puis comme une jeune femme attirante, excellente danseuse, désirée par les hommes, et bonne comédienne[267]. ». *Luisa*, elle, est d'emblée placée sous le signe de la déportation et de la mort[268], et Sebald

> retire des récits de Thea – à part quelques descriptions de scènes d'enfance idylliques – tout ce qui est gai ou drôle [*alles Heitere entfernt*], comme par exemple l'histoire, que l'on raconte dans la famille Frank, d'un Russe un peu bizarre venu pour une cure thermale[269].

Un autre exemple frappant est la modification du passage où Thea G., allongée dans l'herbe, décrit, presque dans l'esprit du jeune Werther de Goethe, la sensation de l'infiniment petit et de l'infiniment grand :

> Je suis de nouveau couchée dans l'herbe. Et de nouveau les herbes et les fleurs sont très grandes au-dessus de moi comme une forêt et les insectes très gros, presque comme les beaux lucanes cerfs-volants dans la forêt de Windheim, et je les entends bourdonner et vrombir bruyamment[270].

Dans les *Émigrants*, l'observation par *Luisa* des mêmes insectes a une toute autre tonalité :

> Moi, ce qui m'intéresse le plus, ce sont les lucanes cerfs-volants laqués de noir qui peuplent à profusion la forêt de Windheim. Je les suis patiemment des yeux dans leurs déambulations. Parfois, ils paraissent soudain pris de panique et tombent dans une sorte de coma. Ils restent là, raides et figés, et j'ai l'impression que le cœur du monde s'est arrêté de battre. Puis quand on retient soi-même son souffle, ils reviennent à la vie et le temps reprend son cours[271].

267 *Ibid.*, p. 172.
268 On observera le même type de modifications sur le manuscrit d'*Austerlitz*.
269 *Ibid.*, p. 172.
270 *Ibid.*, p. 169.
271 LÉ, p. 244-245 [DA, p. 310]. Cité in *Ibid.*, p. 172.

SE TENIR DU CÔTÉ DES VICTIMES

Sebald prête à Peter Weiss la volonté de se tenir, « à la fin des temps », « du côté des victimes ». Or, être de leur côté « à la fin des temps », ce n'est pas la même chose qu'être de leur côté dans le temps, dans l'histoire et dans le présent : « Héritière de la “tradition des opprimés”, l'éthique qui préside aujourd'hui à la résurrection des victimes serait en réalité aux antipodes des fondements politiques de cette tradition », écrit Raphaëlle Guidée[272], s'inspirant de l'analyse que fait Enzo Traverso de la figure de la victime et de sa signification politique :

> Massives, anonymes, silencieuses, les victimes ont envahi la scène de l'histoire [...] L'histoire ressemble maintenant au paysage contemplé par l'Ange de la neuvième thèse de Walter Benjamin : un champ de ruines s'amoncelant sans cesse vers le ciel. Sauf que le nouvel esprit du temps est aux antipodes du messianisme du philosophe judéo-allemand. Aucun « temps actuel » (*Jetztzeit*) n'entre en résonance avec le passé pour accomplir l'espérance des vaincus. La mémoire du Goulag a effacé celle des révolutions, la mémoire de la Shoah a remplacé celle de l'antifascisme, la mémoire de l'esclavage a éclipsé celle de l'anticolonialisme ; tout se passe comme si le souvenir des victimes ne pouvait coexister avec celui de leurs combats, de leurs conquêtes et de leurs défaites[273].

Ainsi pour Peter Weiss – mais surtout pour Sebald lisant Peter Weiss – il ne s'agirait pas de s'inscrire dans une généalogie politique des vaincus avec l'idée de prendre la relève de leur combat – ce serait la version benjaminienne et brechtienne de l'« être du côté de » – mais d'être pour ainsi dire, au-delà de l'histoire, *compté parmi les victimes* – dans une perspective de rédemption. Andrea Köhler écrit ainsi :

> Ce n'est guère un hasard si l'auteur voit dans l'écriture-torture de Peter Weiss, en particulier dans *L'esthétique de la résistance*, la tentative d'accéder, « par un travail autodestructeur, à une sorte d'absolution pour se retrouver à la fin des temps du côté des victimes ». Quand on pense que Sebald a souvent donné à ses personnages sa propre date de naissance comme date de leur mort, on peut reconnaître dans ces dédicaces son propre désir de rédemption[274].

272 Raphaëlle Guidée, « Politique de la catastrophe. Mélancolie et dépolitisation de l'histoire dans l'œuvre de W. G. Sebald », *Europe* n° 1009, 2013, p. 53-67, p. 58.

273 Enzo Traverso, *L'Histoire comme champ de bataille. Interpréter les violences au XXe siècle*, Paris, La Découverte, 2011, p. 264-265, cité par Raphaëlle Guidée, « Politique de la catastrophe », art. cité, p. 58-59.

274 Andrea Köhler, « Verabredungen in der Vergangenheit. Das Archivierungswerk des Schriftstellers W. G. Sebald », *Merkur. Deutsche Zeitschrift für europäisches Denken*, H. 4,

À première vue, ce déplacement paraît effectivement symptomatique du fantasme d'identification que reconnaît Wohlfarth chez Sebald, et il pourrait confirmer aussi son diagnostic aussi laconique que féroce d'une dépolitisation complète :

> Pour Benjamin, il n'y a pas de politique sans deuil, mais il n'y a pas non plus de deuil sans politique. En revanche, la politique de Sebald, si tant est qu'on puisse même parler de politique, s'épuise très largement dans le deuil[275].

En effet, dit-il, là où Sebald comme Benjamin veulent « voir l'histoire de souffrance des vaincus sauvée de la marche triomphale de l'histoire universelle [*die Leidensgeschichte der Besiegten vor dem Siegeszug der Weltgeschichte gerettet sehen wollen*] », seul Benjamin inscrirait cette *Leidensgeschichte* dans la perspective d'une « autre histoire, d'une histoire à venir » et à faire advenir « au nom des "ancêtres asservis[276]" ». Il faut noter ici que le mot lui-même, *Leidensgeschichte*, n'est pas exclusivement benjaminien : Sebald l'a aussi rencontré dans les écrits de Freud, où il a précisément souligné, dans son exemplaire du volume VI de la *Studienausgabe*, « *Hysterie und Angst* », les mots « *eine ganze Leidensgeschichte*[277] ». Le *pathos* sebaldien, en tout cas, pour Wohlfarth, n'est pas *rebelle* comme celui de Baudelaire[278], Sebald étant un « chiffonnier élégiaque en deuil de tout, sauf de la révolution[279] », chez qui « la perspective de dépasser le capitalisme » apparaîtrait condamnée, et les « défaites historiques de la lutte des classes » hors de son champ de vision[280]. La « mélancolie de gauche » consisterait ici, pour reprendre l'expression de Benjamin, à « s'installer confortablement dans une situation inconfortable », c'est-à-dire à se résigner en abandonnant toute perspective de lutte[281], très à l'opposé de la « mélancolie de gauche » mise en avant par Enzo Traverso[282].

59. Jg., April 2005 (Stuttgart, Cotta-Klett), p. 343-349, p. 348. La citation de Sebald est un condensé de plusieurs formules tirées du texte sur Weiss.

275 Wohlfarth, « Anachronie », art. cité, p. 193.

276 *Ibid.* La citation de Benjamin se trouve dans GS I, 2, 700, p. 696.

277 Sigmund Freud, « Über den psychischen Mechanismus hysterischer Phänomene », *Studienausgabe*, *op. cit.*, vol. 6, *Hysterie und Angst*, p. 17.

278 Wohlfarth, « Anachronie », art. cité, p. 194-195.

279 *Ibid.*, p. 233. Référence à DA, p. 317 et p. 324.

280 *Ibid.*, p. 234-235.

281 « Jamais on ne s'était installé plus confortablement dans une situation aussi inconfortable. » « Linke Melancholie. Zu Erich Kästners neuem Gedichtbuch » (1931), GS, III, p. 279-283, p. 281.

282 Enzo Traverso, *Mélancolie de gauche. La force d'une tradition cachée (XIXe-XXe siècle)*, Paris, La Découverte, 2016.

D'un autre côté, il est vrai aussi que l'épicentre de la *Trauer* chez Sebald, la Shoah, échappe en grande partie aux termes de ce débat, car les victimes du génocide ne sont pas les vaincus d'une lutte politique. Ruth Klüger rapporte d'ailleurs le mépris que, à Buchenwald où elle avait été déportée avant d'être transférée à Auschwitz, certains détenus politiques pouvaient manifester envers les détenus juifs parce que – absurde logique – ils n'avaient rien fait, eux, pour « mériter » leur détention :

> Les détenus politiques, en partie eux-mêmes issus de milieux antisémites, méprisaient les Juifs, parce qu'ils se sentaient moralement supérieurs : ils avaient été arrêtés pour leurs convictions, les Juifs pour rien et moins que rien. (Dans les camps, les Juifs politiquement engagés étaient toujours traités comme Juifs.)[283]

S'il y a bien, comme le regrettent Traverso ou Wohlfarth, un risque de dépolitisation à éclipser par exemple la lutte antifasciste par la cristallisation sur la figure « apolitique » de la victime ou du « martyr juif », il y aurait bien aussi une forme de déni à ne pas prendre en compte ce qui se dérobe aux catégories de la lutte politique « classique ». C'est ce que donne à voir, semble-t-il, la mémoire de la Shoah en RDA, où le récit historique est centré sur la figure du résistant notamment communiste. Ruth Vogel-Klein a rappelé les ambivalences de cette mémoire du nazisme, très différente de celle de la République Fédérale[284]. Le succès phénoménal du roman *Nackt unter Wölfen* [*Nu parmi les loups*] de Bruno Apitz, vendu à plus de deux millions d'exemplaires rien qu'en RDA, en est un exemple parlant, puisqu'il évoque l'histoire d'un enfant juif

283 Ruth Klüger, *Refus de témoigner*, *op. cit.*, p. 83 [*weiter leben*, *op. cit.*, p. 74].

284 D'un côté, l'élite politique y étant constituée en grande partie d'anciens résistants communistes, la dénazification est menée beaucoup plus sérieusement qu'en RFA. Les chiffres sont spectaculaires : en zone d'occupation soviétique, on compte en 1948 13000 condamnations de criminels de guerre et nazis. Dans les zones de l'Ouest, dont la population est trois fois plus nombreuse, on n'en compte que 6450, dont seuls 300 sont encore détenus un an après. *Cf.* Ruth Vogel-Klein, *Die ersten Stimmen*, *op. cit.*, p. 16. Après 1945, une série de témoignages de survivants juifs sont publiés en zone d'occupation soviétique. Mais dès la création de la RDA en 1949, le discours officiel présente le régime nazi comme une « période de domination étrangère [*Fremdherrschaft*] » (Martin Broszat, cité dans *Ibid.*, p. 17) dont la République Fédérale serait la seule héritière. Ainsi justifie-t-on par ailleurs le refus de toute indemnisation, que les demandes émanent de particuliers, d'associations juives, ou d'Israël ; à quoi s'ajoute la vague d'antisémitisme stalinien de 1949 à 1953 qui se répercute aussi en RDA. L'ouvrage de référence paru en 1968 et réédité en 1975, *Deutschland von 1939-1945*, développe longuement le mouvement de résistance antifasciste, mais ne consacre à la Shoah que 5 pages sur 500 (*Ibid.*, p. 19).

sauvé par des détenus politiques dans le camp de Buchenwald. Ruth Klüger évoque sans ménagements ce roman ainsi que la plaque qui, à Buchenwald, rend hommage aux héros :

> Les représentants de l'agit-prop qui ont apposé cette plaque à la mémoire de l'enfant sauvé ont minimisé et tourné en kitsch le génocide, le cataclysme juif du XXe siècle. C'est à mes yeux le symbole par excellence du sentimentalisme concentrationnaire [*KZ-Sentimentalität*]. Et le roman sur cet enfant, en dépit de tout son prestige, est une œuvre kitsch[285].

Il s'agirait en effet d'une « tentative de donner un sens et une signification à l'histoire [...] en abolissant la rupture de civilisation d'Auschwitz dans le modèle d'une histoire heureuse [*geglückt*][286] ». Il semblerait donc que le *kitsch* et la *sentimentalisation* guettent des modèles par ailleurs opposés : dans le discours critique *de* Sebald, mais aussi parfois *sur* Sebald, ce risque désigne une forme d'absolutisation de la souffrance qui, dans l'identification émotionnelle aux victimes de la Shoah, noie toute réflexion politique sur les mécanismes qui l'ont rendu possible, sur les responsabilités objectives et les actes réels. Ici en revanche, il porte sur un procédé à première vue presque opposé, celui de la récupération politique : car le kitsch et la sentimentalisation dont Ruth Klüger accuse le roman d'Apitz porte moins sur le choix « sentimental » de l'enfant en tant que tel que sur le fait qu'il serve de prétexte et d'objet à la mise en scène d'une action héroïque qui suggère une forme de rédemption. Ce serait donc une autre modalité de ce vœu pieux (*Wunschdenken*) que Sebald voyait à l'œuvre dans la littérature d'après-guerre ouest-allemande.

Voilà qui permet de préciser en quoi consiste plus fondamentalement ce *sentimentalisme* qu'il craint tant et qui touche de si près, aussi, la question du *pathos*. Que la *Leidensgeschichte* soit absolutisée au point de faire office de modèle de l'histoire ou qu'elle soit abolie dans le modèle téléologique dont l'horizon est la victoire définitive contre le capitalisme, le fascisme et la guerre, il y a dans les deux cas une forme de « dépassement » de l'événement singulier qui a ceci de « sentimental », au sens de Ruth Klüger, qu'il renvoie avant tout aux projections de celui qui le décrit, et qui les y intègre.

---

285 Ruth Klüger, *Refus de témoigner*, *op. cit.*, p. 83 [*weiter leben*, *op. cit.*, p. 74-75].

286 Norbert Otto Eke, « Konfigurationen der Shoah in der Literatur der DDR », *Shoah in der deutschen Literatur*, éd. N.-O. Eke et Hartmut Steinecke, Berlin, Erich Schmidt, 2006, p. 87. Cité par Ruth Vogel-Klein dans l'introduction à *Die ersten Stimmen*, *op. cit.*, p. 18-19.

TONALITÉS AFFECTIVES

Questions de justesse

> Il y a, c'est certain, des sentiments faux. C'est un… un domaine où il y a beaucoup, beaucoup de choses qui sont faites de travers et où il faut faire très très attention à ne pas se tromper de ton [*daß man den falschen Ton nicht trifft*][1].

Contre ce *ton faux* fait de *sentiments faux*, que Sebald voit à l'œuvre de manière générale dans la littérature allemande d'après-guerre, le meilleur antidote semble a priori ce qu'il appelle le *ton documentaire*, qu'il identifie notamment chez Hans Erich Nossack – à propos des bombardements aériens et non de la Shoah – et dans lequel il voit un « paradigme de l'évolution ultérieure de la littérature ouest-allemande[2] ».

CONJURER LE PATHOS

EXEMPLARITÉ DU « TON DOCUMENTAIRE » ?

Dans l'essai de Sebald sur la « description littéraire de la destruction totale », paru pour la première fois en 1982 et publié de nouveau à titre posthume dans *Campo Santo*, le livre de Nossack *Der Untergang* (la chute) est à peu près le seul à échapper à sa critique selon laquelle la littérature allemande d'après-guerre « se préoccupait principalement des "problèmes personnels" et des sentiments privés des protagonistes » et n'offrait « qu'une valeur informative relativement restreinte sur la

---

1 G, p. 242-243.

2 CS', p. 80 [CS, p. 81]. Patrick Charbonneau et Sibylle Muller traduisent « *dokumentarischer Ton* » par « ton *du* documentaire ». Tout en comprenant ce choix, je préfère pour mon usage traduire littéralement (*ton documentaire*).

réalité objective de l'époque[3] ». Le texte de Nossack ne semble pas en réalité se prêter totalement à la lecture que Sebald en fait, ce qui rend encore plus manifeste son parti-pris en faveur d'une écriture neutre : s'il constate bien, dans *Der Untergang*, de la « confession personnelle » et des « structures à caractère mythique et allégorique », il n'y voit pas moins « la tentative délibérée de consigner avec la plus grande neutralité possible une expérience qui dépasse tout ce que l'art pourrait imaginer[4]. » Il faut dire que Nossack lui-même, dans un essai de 1961 cité par Sebald, dit vouloir « s'exprimer aussi simplement que possible, sans adjectifs ornementaux, sans images époustouflantes et sans bluff, plus comme quelqu'un qui écrit une lettre, et presque dans le jargon de tous les jours[5]. » Dans cet essai comme dans d'autres, Sebald oppose deux auteurs dont l'un (ici, Hermann Kasack) sert par contraste à mettre l'autre (ici, Nossack) en valeur. Ainsi la « neutralité » initiale des récits de Kasack « ne tarde pas à se fourvoyer dans le romanesque [*romanhafte Züge*] », tandis que Nossack parviendrait, lui, à maintenir le « ton documentaire » qui servirait, donc, de « modèle [*vorbildlich*] pour le développement ultérieur de la littérature ouest-allemande[6] ». Plus loin, Sebald écrit encore :

> À ces conditions, l'écriture devient une affaire exigeant impérativement que dans l'intérêt de la vérité on renonce à tout exercice de style et passe à « ce discours dénué de passion » [*leidenschaftslose Art der Rede*], dont « l'indifférence de ton » [*Impassibilität*] permet de rendre compte de « quelque chose d'atroce » qui semble s'être produit en « des temps préhistoriques[7] ».

L'apologie du récit dépassionné et impassible appelle alors l'évocation des notes prises par un médecin survivant d'Hiroshima, le Dr. Hachiya, dont parle Canetti. « L'idéal du vrai », écrit Sebald, « tel qu'il est contenu dans cette forme totalement dénuée de prétention, se révèle être le fondement irréfutable de toute entreprise littéraire[8]. » Et enfin, c'est l'idéal de la « diction non pathétique » que Sebald dégage d'une longue citation de Nossack dont on pourrait tout aussi bien tirer des conclusions opposées.

3 CS', p. 70 [CS, p. 70-71].
4 CS', p. 79 [CS, p. 80].
5 CS', p. 79-80 [CS, p. 80-81].
6 CS', p. 80 [CS, p. 81].
7 CS', p. 84 [CS, p. 86].
8 CS', p. 85 [CS, p. 86].

Sebald reconnaît d'ailleurs lui-même la construction « métaphysique » qui la sous-tend[9], mais il semble vouloir à tout prix maintenir cet idéal esthétique d'un « style documentaire », autrement dit d'un style non-pathétique, malgré – ou justement en vertu de – la *compassion* (*Mitleidenschaft*[10]) qu'il est supposé exprimer.

Dans *De la destruction comme élément de l'histoire naturelle* (*Luftkrieg und Literatur*), paru en 1999, Sebald reprend ces propos sur Nossack, et la contradiction y est encore accentuée : tout en notant bien sa « fatale tendance à la sublimation philosophique et à la fausse transcendance », sa « rhétorique du fatalisme » et la « tournure allégorique de contes de fées » qu'il fait prendre aux choses, la préoccupation première et fondamentale de Nossack resterait malgré tout la « réalité concrète [*schiere Faktizität*] », et l'effort « de consigner avec aussi peu de fioritures possible ce qu'il avait réellement vu[11]. » Ce *ton documentaire*, Sebald en donne un exemple précis qu'il introduit ainsi :

> L'impératif moral imposant qu'il y ait au moins *un* témoin pour consigner ce qui s'est passé dans cette nuit de juillet à Hambourg incite à renoncer dans une large mesure au reste, à l'art et à ses effets. Le « discours » est « dénué de passion », comme si l'on relatait « un événement atroce des temps préhistoriques ». Dans cette cave à l'épreuve des bombes, un groupe est mort grillé parce que les portes s'étaient coincées et que la réserve de charbon dans les pièces d'à côté avait pris feu. Cela s'est passé ainsi : « La chaleur des murs les avait repoussés au centre de la cave. C'est là qu'on les a retrouvés entassés. Leurs corps étaient gonflés par la chaleur[12]. »

Et c'est là que le commentaire de Sebald devient intéressant pour notre propos, car le *ton documentaire* s'avère être également celui de la *tragédie* :

> Le ton est ici celui du messager de la tragédie. Nossack sait que souvent, les messagers porteurs de telles nouvelles sont pendus. Dans son mémorandum sur l'effondrement de Hambourg[13], il intègre la parabole d'un homme soutenant qu'il doit raconter comment cela s'est passé et que ses auditeurs assomment parce qu'il répand un froid mortel. En général, ceux qui arrivent à trouver un sens métaphysique à la destruction échappent à ce sort ignominieux. Ils

---

9 CS', p. 86-87 [CS, p. 88].

10 *Ibid.*

11 DD, p. 59 [LK, p. 62].

12 DD, p. 60 [LK, p. 63].

13 Hambourg et non Berlin, comme il est dit par erreur dans la traduction française.

exercent un métier moins dangereux que celui qui consiste à se souvenir concrètement[14].

Sebald avait déjà cité le passage de Nossack dans son essai de 1982, où il avait également rapproché le ton documentaire d'une forme antique :

> Le commentaire laconique rappelle le vers d'Homère sur le sort des pendus : « Ainsi, têtes en ligne / et le lacet passé autour de tous les cols, / (elles) subissaient la mort la plus atroce, et leurs pieds / s'agitaient un instant, mais très bref[15] ».

Sebald avait probablement découvert ce passage (Odyssée, XXII, 471-473) chez Adorno et Horkheimer. Dans son exemplaire de la *Dialectique de la raison*, il a marqué entre crochets ce passage qui explique le sens véritable du ton impassible, celui de démentir sa propre impassibilité :

> Avec une sérénité inébranlable [*Mit ungerührter Gelassenheit*], inhumaine comme seule peut l'être l'*impassibilité*[16] des plus grands prosateurs du XIXe siècle, Homère décrit le sort des servantes pendues et les compare, sans exprimer la moindre émotion [*ausdruckslos*], à des oiseaux pris au lacet, tout commentaire étant réduit à ce silence dont la cristallisation est le résidu véritable de tout discours [*mit jenem Schweigen, dessen Erstarrung der wahre Rest aller Rede ist*]. Le passage se termine par ce vers décrivant les femmes pendues « dont les pieds s'agitèrent encore un peu, mais pas longtemps » [Odyssée, XXII, 473]. La précision de la description, dont émane déjà la froideur de l'anatomie et de la vivisection, enregistre à la manière d'un roman les spasmes des créatures soumises [...]. En tant que citoyen qui médite sur cette exécution, Homère se console en même temps qu'il console ses auditeurs, c'est-à-dire ses lecteurs, en constatant que ce ne fut pas long – un instant et tout était fini. Mais après ce constat que « ce ne fut pas long », le flux interne de la narration s'immobilise. Pas long ? semble demander le geste du narrateur, faisant mentir sa sérénité. En retardant le cours de la narration, Homère nous empêche d'oublier les victimes et révèle le tourment éternel, indicible, de cette seconde d'agonie pendant laquelle les servantes luttent avec la mort[17].

Ce qui frappe par ailleurs dans l'essai republié dans *Campo Santo*, c'est que la sobriété d'expression que Sebald prête à Nossack ne semble pas

14 DD, p. 60-61 [LK, p. 63].

15 CS', p. 86 [CS, p. 88].

16 Le mot *impassibilité*, en français dans le texte, est souligné au feutre rouge dans l'exemplaire de Sebald.

17 Max Horkheimer, Theodor W. Adorno, *Dialektik der Aufklärung. Philosophische Fragmente*, Frankfurt a. M., Fischer, 1969, p. 86-87.

imposée en premier lieu par la situation historique de la « destruction totale », mais tout autant par une référence littéraire : dans l'essai de 1961 cité plus haut, Nossack écrit que c'est « depuis la lecture de Stendhal[18] » qu'il a décidé de s'exprimer le plus sobrement possible. Quant à Sebald lui-même, il traduit la « forme dépassionnée du discours » (*leidenschaftslose Art der Rede*) revendiquée par Nossack par l'*impassibilité* (*Impassibilität*)[19], terme très inusité en allemand et qui renvoie immédiatement à Flaubert. On est donc face à ce paradoxe que le renoncement revendiqué à tout « effet », à toute « prétention » littéraire renvoie lui-même immanquablement à une certaine tradition littéraire que le contexte historique de Sebald peut facilement faire oublier, alors même que ses propres associations explicites le mènent, de manière très frappante, du « ton documentaire » à la tragédie et à Homère.

Martin von Koppenfels et Cornelia Zumbusch ont montré à quel point l'histoire des formes littéraires était indissociable de celle des *cultures émotionnelles* (*Gefühlskulturen*), qui en sont autant le miroir que le laboratoire. Ainsi se dessinent des affinités particulières entre certaines émotions et certains genres :

> l'épopée avec la colère, la poésie des psaumes avec les sentiments de triomphe et de culpabilité, la comédie avec l'amour et la jalousie, la tragédie avec la terreur et la pitié, certaines formes lyriques avec le deuil [*Trauer*], la satire avec l'indignation, le conte avec la peur etc.[20].

Et qu'en est-il de la « prose d'un genre indéterminé[21] » de Sebald ? La référence au « ton documentaire », qui suggère implicitement une sorte de « degré zéro » de l'affect, participe pourtant d'une économie – ou d'une politique – particulièrement complexe de l'affect et de ses formes. C'est aux diverses cultures émotionnelles à l'œuvre dans l'écriture de Sebald qu'il faut s'intéresser si l'on ne veut pas s'en tenir à l'« analyse psychologique » des personnages et réduire, par exemple, *Austerlitz* à une simple « illustration de la recherche sur le trauma [*Traumaforschung*][22] ».

18 CS', p. 79 [CS, p. 80].

19 CS', p. 84 [CS, p. 86]. Dans la traduction française, *Impassibilität* est traduit par « indifférence de ton ».

20 Martin von Koppenfels, Cornelia Zumbusch (éd.), *Handbuch Literatur und Emotionen*, *op. cit.*, p. 4.

21 G, p. 199 : « *ein Prosabuch unbestimmter Art* ».

22 Irving Wohlfarth, « Anachronie », art. cité, p. 239.

Comme le « document » lui-même, le « ton documentaire » – associé au neutre, au dépassionné, au non-pathétique, à l'impassible – renvoie davantage ici à une économie de l'affect qu'à un régime d'authenticité. C'est peut-être même le seul critère de ce « ton » dans l'esprit de Sebald, du moins le seul critère qui semble opérant pour son œuvre, puisque les critères stylistiques de l'écriture dite « blanche[23] », que le « ton documentaire » évoque également, ne sauraient de toute évidence s'appliquer à son propre style. La question de la température émotionnelle en revanche est centrale et marque jusqu'à la métaphorique récurrente du feu et de la glace, notamment dans l'évocation du « saint patron » Sand Sebolt dans les *Anneaux de Saturne*, où est interrogé le rapport entre *glaciation intérieure* et *cœur incandescent* :

> je me suis souvent demandé si, au bout du compte, la glaciation et la désertification intérieures ne constituent pas un préalable à partir duquel on peut faire croire au monde, au moyen d'une sorte de mise en scène mystificatrice [*vermittels einer Art schwindelhafter Schaustellerei*], que le pauvre cœur est encore incandescent [*in Flammen*][24].

Et on se souvient aussi de cette phrase de Calvino que Sebald a notée : l'écrivain « doit avoir une grande empathie avec ce qu'il décrit. En même temps, il doit avoir dans le cœur un éclat de glace[25]. »

CONJURER LE PATHOS. ÉQUILIBRE, MODÉRATION, NEUTRALISATION ?

C'est presque devenu un *topos* de la réception de Sebald que de dire que sa prose est « dépourvue de pathétique[26] », que le « le style de ses récits évite toute forme de pathos » [*jedes Pathos vermeidende*

23 *Cf.* Roland Barthes à propos du « style indifférent, mais pas inhumain » de Camus ; il y voit « le langage d'une certaine absence, ou tout au moins d'une présence sans passion. » « Réflexion sur le style de l'Étranger », *Œuvres complètes* I, 1942-1961, Paris, Seuil, 2002 ; « L'écriture et le silence », *Le Degré zéro de l'écriture* [1953], Paris, Seuil, 1972, p. 54-57. *Cf.* aussi Dominique Rabaté et Dominique Viart (éd.), *Écritures blanches*, Saint-Étienne, Publications de l'Université de Saint-Étienne, 2009.

24 AS, p. 108 [RS, p. 107].

25 « [*Er muß ein hohes Maß an Empathie haben mit dem, was er beschreibt. Zugleich braucht er im Herzen einen Splitter aus Eis.*] » Deutsches Literaturarchiv Marbach, fiches manuscrites non numérotées, répertoriées sous le titre « Verschiedenes. Konvolut POETOLOGISCHE ZITATE UND NOTIZEN ».

26 « Peut-être la fiction ainsi conçue, non-esthétisante, dépourvue de pathétique, utilisant des documents d'archive, est-elle seule à même de "représenter l'irreprésentable" », écrit Robert Kahn dans « Les lambeaux de la mémoire », art. cité, p. 405-406.

Erzählweise][27], qu'il écrit « sans la moindre trace de pathos[28] ». Lucie Campos parle plus prudemment d'un « *pathos restreint* », qu'elle associe toutefois à « la pureté classique du style », la « pureté de la prose », la « stylistique volontairement dépouillée[29] » de Sebald. Mais que signifie ici *pureté*, et en quoi cette stylistique est-elle *dépouillée* ? Si la *pureté* et le *dépouillement* suggèrent un style sobre, minimaliste, sans ornements ni effets, sans complication, austère et nu – en somme, une sorte d'écriture blanche –, il n'est pas évident ces caractéristiques s'appliquent au style de Sebald.

Pour la plupart des lecteurs de langue allemande en effet, le style de Sebald est tout sauf dépouillé. Selon Heinrich Detering, Sebald écrit « pour ainsi dire en queue-de-pie [*gewissermaßen im Frack*][30] ». Sibylle Cramer, dans son article particulièrement féroce sur *Les Émigrants*, ajoute qu'il s'agit d'une queue-de-pie *empruntée* : pour elle, Sebald est

> un auteur qui fait tourner ses personnages en queue-de-pie d'emprunt, en costume folklorique des Alpes ou en redingote romantique, affublés de manières verbales d'une autre époque, où régnait la syntaxe de la grande bourgeoisie. Ils parlent comme les professeurs des romans de Thomas Mann, sans se rendre compte qu'ils ne font que les parodier[31].

À ses yeux, le ton de Sebald est « précieux » (*der kostbare Erzählton*), alambiqué, évoque la Franconie d'antan (*das Umständliche und Altfränkische seines Tons*) et affiche un style « maîtres anciens » : *Altmeisterlichkeit*... Pour Charles Simic, c'est « comme si quelqu'un avait décidé d'utiliser la technique du daguerréotype pour rendre l'aspect des villes d'aujourd'hui et de leurs habitants[32] » ; Hugo Dittberner parle d'une « forte touche de patine[33] », un anachronisme perçu comme un procédé éminemment artificiel et sophistiqué, dont témoigne une langue volontiers archaïsante

---

27 Émission du 5 octobre 2003 sur *Deutschlandradio*, citée par Torsten Hoffmann, « In weiter Ferne, so nah », art. cité, p. 347.

28 Mandana Covindassamy, « Du lien entre intime et politique dans l'œuvre de W. G. Sebald », *L'intime et le politique dans la littérature et les arts contemporains*, éd. Florence Baillet et Arnaud Regnauld, Paris, Michel Houdiard, 2011, p. 186-195, p. 188.

29 Lucie Campos, *Fictions de l'après*, *op. cit.*, p. 357, 357, 362 et 258.

30 Cité par Armin Schäfer, « Stil/Schreibweise », art. cité, p. 143-149, p. 143.

31 Sibylle Cramer, « Zartbitterstes », art. cité.

32 Cité par Armin Schäfer, « Stil/Schreibweise », art. cité, p. 143.

33 Hugo Dittberner, « Der Ausführlichste oder : ein starker Hauch Patina », art. cité Dittberner conclut toutefois : « même si, peut-être avec un peu de sarcasme, on se dit : haut de gamme, grande tradition, ambition maximum et une sacrée dose d'emphase

à laquelle se montrent plus sensibles (en positif ou en négatif) les lecteurs de langue allemande, ce qui peut laisser penser que l'effet « XIXe siècle » de la langue de Sebald est peut-être un peu lissé dans la traduction.

Si dépouillement il y a, il doit donc être d'un autre ordre, émotionnel : le style de Sebald serait « classique » du point de vue du traitement des affects, classique au sens où il serait dépouillé d'hystérie, au sens où les variations de la température affective n'induiraient pas de ruptures dans l'unité du style, dont la « pureté » serait à son tour l'effet d'une certaine uniformité, voire d'une uniformisation, des affects. Pureté et dépouillement sont donc à entendre comme des catégories relevant de l'économie affective, même et surtout lorsque leur signification proprement stylistique est en tension avec leur effet émotionnel. Comme l'écrit Lucie Campos, « la pureté de style qui caractérise les récits en prose de Sebald est à prendre avec méfiance. Comme c'est le cas dans le texte de Stifter, la perfection stylistique anticipe le plus souvent une “irruption imminente de la destruction[34]” ». Telle est cette « stylistique paradoxale de l'affect, caractérisée par l'alternance entre de longs passages écrits dans une prose en apparence impassible et des moments de retournement catastrophique, où l'émotion vient se glisser dans les failles[35]. ». Néanmoins, écrit Lucie Campos, Sebald aurait le « souci de restreindre les effets de pathos » et de « modérer les mouvements de l'empathie[36] ».

D'autres lecteurs relèvent au contraire, souvent avec un certain sarcasme, ce qu'ils perçoivent chez Sebald comme un style pathétique, et cela d'autant plus qu'ils notent eux aussi son souci affiché de l'éviter. Armin Schäfer, par exemple, souligne à propos d'*Austerlitz* le « pathos stylistique [*das stilistische Pathos*] que sa prose met en œuvre pour évoquer un traumatisme » et qui, ajoute-t-il, « contraste avec les récits des survivants des camps de concentration et des ghettos, qui en général sont particulièrement sobres, objectifs et s'abstiennent de parler d'eux-mêmes [*Nüchternheit, Sachlichkeit und Abwesenheit von Selbstthematisierung*][37] ». Cette comparaison, bien qu'elle mette en balance deux types de récits qui ne

[*eine gehörige Ladung Schmock*], on ne peut s'empêcher d'être irrésistiblement entraîné dans une lecture qui vous enrichit. » *Ibid.*, p. 8.

34 Lucie Campos, *Fictions de l'après*, *op. cit.*, p. 359.

35 *Ibid.*, p. 358.

36 *Ibid.*

37 Armin Schäfer, « Stil/Schreibweise », art. cité, p. 144.

sauraient être comparés, touche cependant, on le verra, un point crucial de la question du pathos et de l'impassibilité chez Sebald.

Mais il faut aussi évoquer une exception notable par rapport au présupposé « anti-pathétique » que les admirateurs de Sebald partagent avec ses plus virulents détracteurs : celle de Susan Sontag, qui loue sans détours cette « voix [...] si directe dans son expression du sentiment », sa « blancheur passionnée » (*passionate bleakness*, que l'on pourrait aussi traduire par « désolation passionnée »), sa « ferveur morale » et sa « compassion[38] ». Cette position tranche si singulièrement avec le discours habituel sur Sebald, et avec son propre positionnement, que l'on pourrait être tenté d'y voir une spécificité américaine. Pourtant, Susan Sontag voit dans cette veine passionnément désespérée une filiation « allemande » – il faudrait plutôt dire ici : de langue allemande, puisqu'elle cite Jean Paul, Franz Grillparzer, Adalbert Stifter, Robert Walser, Hofmannsthal et Thomas Bernhard comme précurseurs de Sebald, « ce maître contemporain de la littérature de la lamentation ». Cette littérature de la lamentation serait très éloignée, dit-elle, de la littérature anglaise du siècle écoulé, où « [l]e consensus [...] veut que le lyrisme et l'élégie ne soient pas appropriés à la fiction, qu'ils soient boursouflés, prétentieux[39]. »

C'est pourtant là un discours familier aussi dans la critique allemande, et Susan Sontag souligne elle-même le caractère « peu romantique » de la littérature allemande d'après-guerre et plus généralement de la modernité littéraire, qui favorise « l'anti-sublime[40] ». Par rapport à ce modèle, la hauteur de ton (« *hoher Ton* ») de Sebald marque un écart évident. Si cette tonalité particulière de la prose de Sebald est un fait largement commenté – ses archaïsmes, ses régionalismes, la longueur inhabituelle de ses phrases, ses anachronismes, tout ce « ton distingué [*vornehmer Ton*] » tantôt admiré, tantôt critiqué, moqué ou parodié –, cette incongruité par rapport à l'idée que l'on se fait habituellement d'un style neutre, impassible, voire d'une écriture blanche, n'a pas empêché que cette neutralité et cette impassibilité, que Sebald persiste à revendiquer, continue aussi à lui être attribuée, ou à lui être déniée – mais sans que soit véritablement envisagée la possibilité d'un décalage

38 Susan Sontag, « Une âme en peine », art. cité, p. 393-394. Version originale : « A Mind in Mourning », *Times Literary Supplement*, 25/02/2000, p. 3-4. Version allemande : « Ein trauernder Geist », *Akzente* H. 1, 2003, p. 93.

39 *Ibid.*, p. 394.

40 *Ibid.*, p. 394.

entre l'impassibilité explicitement revendiquée par l'auteur et d'autres modèles à l'œuvre dans sa poétique. Tout se passe comme si le contexte littéraire immédiat de Sebald et ses références les plus manifestes interdisaient de percevoir cette veine du pathos élégiaque que Sontag relève en toute simplicité, dégageant une filiation dissimulée du XVIIIe au XXe siècles, mais dont les sources remontent beaucoup plus loin. La question du pathos – c'est-à-dire, le plus souvent, de l'anti-pathos –, très ancrée dans le contexte historique spécifique du présent de Sebald, est en même temps porteuse de strates plus diverses et plus anciennes qui viennent l'informer y compris, semble-t-il, malgré lui : les mettre au jour permet de porter sur son œuvre un regard qui ne soit pas faussé par des critères élaborés à partir d'un tout autre type de littérature (notamment documentaire et testimoniale), à la lumière de laquelle les textes de Sebald sont souvent implicitement lus, ne serait-ce que parce que Sebald lui-même la cite comme référence et que ses sujets se prêtent à cette superposition. La lecture de Susan Sontag est intéressante en ceci qu'elle affirme sans réserve la dimension « pathétique » de l'œuvre de Sebald, y compris dans ce qui est communément présenté comme le facteur anti-pathétique et anti-sentimental par excellence : son aspect documentaire. Sontag perçoit en effet les « documents » insérés par Sebald comme autant de « reliques visuelles » ou de « talismans » qui ajoutent « un surplus de pathos à ce qui était déjà décrit dans les mots[41]. »

Ce que Susan Sontag appelle la « ferveur morale » de Sebald[42] et sa voix « si directe dans son expression du sentiment[43] » n'est donc pas sans poser quelques problèmes. Dans ses entretiens et ses essais critiques, il semblerait que Sebald parle moins en écrivain et en auteur qu'en dépositaire inquiet de la « quadrature de la morale » – qui est certes pour lui, du moins sur le versant conscient, la mission même de l'écrivain[44]. Il apparaît là comme un enfant de l'Allemagne d'après 1945 : comme le fait remarquer Jürgen Ritte, « la critique littéraire en République Fédérale d'Allemagne, comme en général "l'institution" de la littérature, est plus chargée de problématiques morales et éthiques qu'elle ne l'est

41 *Ibid.*, p. 395.
42 *Ibid.*, p. 394.
43 *Ibid.*, p. 393.
44 À propos de Günter Grass, il écrit que « dans le système de la division sociale du travail c'est de l'écrivain chargé de la quadrature de la morale que s'empare la conscience collective [*den das kollektive Gewissen überkommt*] ». CS', 114 [CS, p. 118].

dans d'autres pays de l'Europe de l'Ouest[45] ». Loin de contredire le constat sebaldien d'un manque de conscience historique et politique dans son pays, cela le confirme plutôt, puisque Hans Magnus Enzensberger note en 1968 que la littérature en Allemagne est d'autant plus sommée de répondre à des attentes de nature politique et sociale que la réalité de la société d'après-guerre n'y répond pas elle-même. La littérature apparaît dès lors comme un « programme culturel d'accompagnement » (*kulturelles Beiprogramm*), dont l'attribution principale est d'incarner « la "bonne" attitude morale vis-à-vis du passé allemand[46] » – une attitude « morale » dissimulant la réalité de conflits de nature politique. Jürgen Ritte fait remarquer que cette centralité du critère moral mal compris a « étouffé la sensibilité aux aspects esthétiques et rhétoriques de la littérature », au point de percevoir comme « suspect, gratuit, purement ornemental » (on voit que cette vision étriquée et dogmatique de la littérature n'est pas réservée aux censeurs soviétiques) même un auteur comme Georges Perec, et de ne pas voir le « chemin jusqu'alors inexploré que cet auteur a trouvé pour donner une *forme* esthétique à ce qui est au centre de la mémoire et de la culpabilité allemande[47] ».

Le double adjectif *éthique-esthétique*, cher à Sebald qui l'emprunte à Adorno et à l'école de Francfort[48], est destiné à saisir ce rapport et à montrer que la forme n'est, pour ainsi dire, pas qu'une question de forme. Mais là aussi, les choses peuvent se retourner. L'articulation entre esthétique et éthique, issue au départ d'une forte exigence éthique – puisqu'il s'agit d'interroger systématiquement les implications éthiques de la forme esthétique –, peut aussi, lorsqu'elle se fige en automatisme, produire une confusion où le style (le bon style) finit par faire office d'éthique. Dans sa critique cinglante d'*Austerlitz*, Thomas Wirtz a pointé – certes avec une certaine malveillance – ce phénomène d'un « effet éthique » du style :

> Ainsi, le lecteur de Sebald [...] est par trop facilement dupé par un effet trompeur : happé et subjugué par la mélodie vraiment merveilleuse de la

45 Jürgen Ritte, *Endspiele. Geschichte und Erinnerung bei Dieter Forte, Walter Kempowski und W. G. Sebald*, Berlin, Matthes & Seitz, 2009, p. 21.

46 *Ibid.*, p. 21.

47 *Ibid.*, p. 22.

48 *Cf.* Ben Hutchinson, « "L'ombre de la résistance". W. G. Sebald et l'École de Francfort », *Europe* n° 1009, 2013, p. 68-78, p. 70-71 et 76.

> phrase, il croit être le témoin d'un récit absolument moral [*einem unbedingt moralischen Erzählen*], d'une sorte de soutien qu'apporterait la grande littérature préoccupée des victimes des crimes contre l'humanité perpétrés par les nazis[49].

Notons encore une fois le très grand décalage entre la perception qu'ont du style sebaldien ses lecteurs y compris les plus critiques, parfois sensibles malgré eux à la « mélodie vraiment merveilleuse » de sa phrase, et le modèle du « ton documentaire » que Sebald lui-même revendique avec tant d'obstination. Le ton inflexible de ses analyses littéraires et les jugements moraux implacables qu'il porte sur d'autres auteurs semblent parfois destinés à conjurer les contradictions presque insurmontables de sa propre doctrine de l'impassibilité. Car si *neutralité*, par exemple, ne signifie pas *indifférence*, il n'est pas facile d'éviter qu'on prenne l'une pour l'autre, ni de définir précisément ce qui les différencie sur le fond. Certains entretiens témoignent de cette difficulté :

> Oui, ce serait en somme mon ambition [« de produire en tant que narrateur cette forme de neutralité [*diese Art Neutralität*] »]. Cette tentative de décrire les choses de la manière la plus neutre possible, sans donner l'impression qu'on ne se sent pas concerné [*nicht unbeteiligt*]. On ne peut pas, bien sûr, raconter les choses en étant complètement indifférent [*aus einer völligen Gleichgültigkeit heraus*]. Mais je pense que la plus grande neutralité possible [*größtmögliche Neutralität*] est la seule attitude possible vis-à-vis de ces choses-là[50].

Est-ce à dire que « neutralité » et « indifférence » sont du même ordre, et donc qu'il s'agirait surtout de bien *doser* la neutralité pour être « le plus neutre possible » sans être non plus « complètement indifférent », comme si donc la neutralité était déjà, d'une certaine manière, une forme d'indifférence ? Ce n'est certainement pas ce que veut dire Sebald, mais son propos n'en est pas moins symptomatique de la difficulté à situer cette neutralité – cette impassibilité, ce refus du pathos – dans la configuration « éthique-esthétique » qui est la sienne, et dans laquelle les catégories censément esthétiques (l'impassibilité comme style, le point de vue comme catégorie narratologique) entrent immanquablement en conflit avec leur équivalent ou leur versant éthique (l'impassibilité comme indifférence, le point de vue comme position). Quoi qu'il en

49 Thomas Wirtz, « Schwarze Zuckerwatte », art. cité, p. 531.
50 G, p. 162.

soit, il est clair qu'on ne saurait réduire la contradiction entre neutralité (du côté de l'anti-pathos) et deuil (du côté du pathos) à la simple distinction entre forme et fond, ou esthétique et éthique. Car ces positions sont inextricables, comme le terme même de *Haltung*, qui désigne à la fois un point de vue, un positionnement, et – *via* l'idée de ligne de conduite – une attitude, une posture[51]. Sebald affirme tantôt que la neutralité est « la seule attitude possible [*die einzig mögliche Haltung*] vis-à-vis de ces choses-là[52] », et tantôt, employant ce même terme de « Haltung », il estime indispensable d'apprendre une « attitude de deuil [*eine Trauerhaltung*] » – mais sans *Larmoyanz*[53].

Face à la difficulté de penser ce rapport entre l'attitude de deuil, la restitution des « traces de douleur », l'empathie, bref la dimension de pathos d'un côté, et de l'autre la posture de neutralité, de refus du pathos, d'impassibilité, voire d'indifférence, une figure semble d'abord s'imposer, aussi bien à Sebald lui-même qu'à ses interprètes : c'est celle de l'*équilibre* entre pathos et impassibilité, équilibre décrit en termes de *modération*, de *restriction*, d'*empêchement* ou d'*évitement* du pathos. « Sebald, entre compassion et indifférence[54] » : tel est le titre de l'un des chapitres du livre de Lucie Campos. Contre la « thérapie des électrochocs [*Schocktherapie*] » que Sebald critique chez Döblin parce qu'elle ne ferait que répéter les détails effrayants et esthétiser l'horreur, Sebald mettrait en œuvre un « pathos restreint » et travaillerait à « modérer les mouvements de l'empathie[55] ».

Modérer, c'est donc « diminuer, parce qu'elles sont jugées excessives, la valeur, la force, l'intensité de. [...] Atténuer la violence de (un sentiment,

51 Dans sa reconstruction historique de l'*habitus* de la froideur (la *kalte persona*) entre les deux guerres, dans les années de la Nouvelle Objectivité, Helmut Lethen note que ce terme de *Haltung* est arrivé « au centre de l'éthique politique » de la fin de la République de Weimar, au point que Benjamin, à l'occasion d'un compte-rendu de l'ouvrage collectif *Krieg und Krieger* d'Ernst Jünger, déplore que « [d]ans tous leurs discours, un mot sur trois est "*Haltung*" ["*Haltung" ist in all ihren Reden das dritte Wort*] »). Dans ce contexte-là, où le mot est employé dans l'absolu, sans adjectif, il est censé valoriser une fermeté inébranlable de l'attitude « morale » qui masque en réalité une sorte de verrouillage interne que Lethen qualifie de monstrueux et qui rejoint le type d'impassibilité dont parle Patrice Loraux à propos notamment d'Eichmann. Helmut Lethen, *Verhaltenslehren der Kälte : Lebensversuche zwischen den Kriegen*, Frankfurt a. M., Suhrkamp, 1994.

52 G, p. 162.

53 G, p. 115.

54 Lucie Campos, *Fictions de l'après*, *op. cit.*, p. 357-363.

55 *Ibid.*, p. 357-358.

une passion) [...] mettre des limites raisonnables à[56]. » C'est cette idée qui malgré tout reste difficile à saisir, de même que la catégorie, connexe, de l'*excès* qu'il faudrait neutraliser – selon l'expression de Muriel Pic pour qui, on s'en souvient, la « prose élégiaque » de Sebald « neutralise l'excès de *pathos* de la douleur dionysiaque en restituant l'*ethos* des documents[57]. » Or les « documents », dont l'*ethos* est, de manière tout à fait assumée, extrêmement variable dans les ouvrages de Sebald, y constituent plutôt, on l'a vu, des *formes* du pathos, destinées autant à l'*intensifier* qu'à le neutraliser. Mais n'est-ce pas plus généralement la catégorie même de l'*excès* qu'il faudrait réinterroger ? Lucie Campos écrit pour sa part que

> ce motif de l'impassibilité paraît anticiper et prévenir un *excès d'empathie* sur le plan de la réception et y remédier dans une certaine mesure. Les spectres du pathos et du sentimentalisme réapparaissent ici, l'empathie risquant de fausser la transmission par de *faux effets d'identification* ou par un flux incontrôlé d'affects stérilisants. Un relatif *blocage de l'affect* fonctionnerait en partie comme une immunisation contre les *clichés émotionnels* régnants[58].

Si cette analyse décrit avec précision ce que Sebald (mais il est également question ici de Kertész et de Coetzee) cherche à éviter (les « *faux* effets d'identification » et les « *clichés* émotionnels régnants »), il me semble que ce n'est pas à proprement parler l'« *excès* d'empathie » qui est en cause, et donc son intensité, mais son manque de justesse, son dévoiement, sa manipulation consciente ou inconsciente, son hypocrisie potentielle, telle que l'illustre, aux yeux de Sebald, un auteur comme Andersch. Les *faux* effets d'identification et les *clichés* émotionnels sont eux-mêmes, on l'a vu à son propos, non pas du côté de l'*excès*, mais plutôt du côté du *défaut* d'empathie et d'émotion.

Par conséquent, ce n'est pas exactement le « blocage de l'affect », même « relatif », qui permet d'y remédier. D'une part parce que le « blocage de l'affect », l'impassibilité, la neutralité sont eux-mêmes toujours susceptibles de devenir des clichés émotionnels, notamment dans le sillage d'une tradition littéraire marquée par l'héritage de l'impassibilité flaubertienne. D'autre part et surtout, le blocage de l'affect ne serait-il pas lui-même, dans un cas comme *Austerlitz* ou le récit « Max

56 CNRTL, *op. cit.*

57 Muriel Pic, « Élégies documentaires », art. cité, p. 105.

58 Lucie Campos, *Fictions de l'après*, *op. cit.*, p. 343. C'est moi qui souligne.

Aurach » des *Émigrants*, un « faux effet d'identification », où le narrateur reprendrait à son compte les effets d'un trauma subi par le personnage principal ? Dans ce cas, l'impassibilité, loin d'être un mode de la mise à distance, serait au contraire le symptôme d'une identification allant paradoxalement jusqu'à l'« atrophie du cœur » (Flaubert). Or justement, ce n'est – à mon sens – pas le cas chez Sebald. Le « blocage de l'affect », s'il est montré chez certains personnages, n'est pas pour autant mimé par le narrateur, et encore moins suscité chez le lecteur. Peut-être est-ce là la différence irréductible entre un auteur comme Kertész et un auteur comme Sebald, y compris quant au prétendu « dépouillement » stylistique. Lucie Campos écrit ainsi : « Le dépouillement de la langue recoupe là en partie une autre "blancheur", celle d'une écriture du témoignage qui veut éviter les déformations de la "littérature". Ce dépouillement intègre aussi, déjà, l'apathie qui est celle du narrateur de l'après[59]. » Or « l'après » de Sebald n'est pas celui du témoin et du survivant, et Sebald ne saurait – et ce n'est d'ailleurs pas ce qu'il fait – se réclamer de la « souffrance apathique de la survie » et de l'« apathie schizoïde » décrite par Kertész[60]. L'appropriation d'un style indifférent, apathique, impassible recèle donc tout autant qu'un style pathétique le risque d'usurpation et de « faux effets d'identification », parce qu'il consisterait à « s'approprier » les effets d'un trauma dont on a certes hérité, mais que l'on n'a pas subi. Enfin, n'y a-t-il pas une contradiction entre l'idée de *modération* de l'affect et celle de son *blocage*, puisque « l'empêchement du pathos », comme le précise Lucie Campos, est aussi un procédé littéraire capable de produire un effet inverse – non pas de modération, mais d'intensification ? Cette dialectique est connue de la rhétorique même du pathos, comme en témoigne la figure de l'aposiopèse[61]. Si le blocage de l'affect est un mode particulier de son expression, voire un effet de pathos, il ne saurait contribuer à le *modérer*.

De manière générale, en termes d'économie ou de « politique de l'affect » (Koppenfels), la figure de la modération, de la compensation ou de la neutralisation du pathos me semble moins évidente qu'on ne pourrait le penser au premier abord, même si on trouve chez Sebald, en particulier dans ses essais, de quoi l'étayer. « Sebald revient sans cesse sur la nécessité

59 *Ibid.*, p. 349.
60 *Journal de galère*, cité dans *Ibid.*, p. 350.
61 *Ibid.*, p. 345.

d'un équilibre de l'écriture », écrit Lucie Campos : « l'horreur doit être compensée, dit-il, par quelque chose qui ressemble à de la légèreté, et la compassion par l'indifférence[62]. » Dans son essai sur Johann Peter Hebel où il est question de ce rapport entre *Mitleidenschaft* et *Indifferenz*, ce n'est toutefois pas exactement *l'équilibre* ou la *compensation* qu'évoque Sebald, mais une « étrange constellation » qui « unit » ces deux pôles affectifs :

> Tous deux, le conteur et la comète, tracent leur ligne de lumière sur notre vie défigurée par la violence, ils voient tout ce qui advient ici-bas mais d'une distance aussi éloignée que possible. *L'étrange constellation où se concilient de la sorte compassion et indifférence* [*Mitleidenschaft und Indifferenz*] est, dirait-on, le secret professionnel d'un chroniqueur [...][63]

D'un point de vue éthique en effet, l'idée de *compensation* reste difficile à saisir : pourquoi faudrait-il *compenser* l'horreur par la légèreté, et comment la compassion pourrait-elle être *compensée* par l'indifférence ? Comment concevoir un tel *équilibre* ? est-ce à dire que l'idéal est d'être à moitié compassionnel et à moitié indifférent, d'avoir une compassion moyenne, à mi-chemin de l'indifférence ? est-ce une question de dosage, une question quantitative ? et comment imaginer précisément un équilibre entre horreur et légèreté ? « Sebald s'intéresse à toutes les formes de contraste ou de balancement stylistique », précise Lucie Campos[64] :

> à l'« étrange humour » de Thomas Bernhard, à la « gaieté » [*Feierlichkeit*, solennité] de Handke, qu'il voit comme des contrepoids littéraires à l'apprentissage du malheur, trouvant chez ces auteurs les formules stylistiques d'une légèreté dans la gravité : l'« *historia calamitatum* » n'est pas incompatible avec la « bonne humeur » [*guten Muts*, sérénité], qui l'éclaire au contraire de son ton paradoxal[65].

Mais l'idée d'équilibre et de compensation, de modération et de neutralisation que suggère le terme de « contrepoids » ne rend pas exactement compte, à mon sens, de la qualité particulière de ce que Lucie

62 *Ibid.*, p. 358.

63 SC, p. 21 [LL, p. 20]. C'est moi qui souligne.

64 Bien qu'elle appelle cela une « poétique du déséquilibre » (*Ibid.*, p. 358), ce que décrit Lucie Campos (contraste, balancement, contrepoids) relève davantage d'une figure d'équilibre – ce qui est d'ailleurs cohérent avec cette « nécessité d'un équilibre de l'écriture » qu'elle prête à Sebald (*Ibid.*).

65 Lucie Campos, *Fictions de l'après*, *op. cit.*, p. 358-359. Elle fait référence ici à l'introduction de Sebald à *La description du malheur*, BU, p. 12.

Campos nomme par ailleurs très justement la « prose traversée d'effroi[66] » de Sebald. Peut-être y a-t-il dans ces figures d'équilibre, d'évitement de l'excès, de modération et de compensation (employées, on l'a vu, y compris par Sebald lui-même) une sorte de survivance presque inconsciente de normes esthétiques classiques, où le pathos est pensé comme ce qu'il s'agirait de neutraliser, avec l'idée sous-jacente que la maîtrise de l'affect supposerait d'en réduire l'intensité, et que l'acuité de la pensée serait inversement proportionnelle à l'intensité de l'affect. De ce point de vue aussi, le concept warburgien de *formule de pathos* permet d'appréhender autrement les termes de cette économie du pathos. Car la *formule de pathos* met en jeu une *dialectique* et non la compensation, la neutralisation, la modération. Donner forme au pathos, le maîtriser, le *contenir*, ne signifie pas le tempérer, l'atténuer, le refroidir, mais tout à la fois l'intensifier.

GRAVITÉ ET LÉGÈRETÉ. AVEC CALVINO

Comment s'articulent le « travail de réflexion et de mémoire [*Denk- und Erinnerungsarbeit*][67] », le centre de gravité de l'œuvre de Sebald, et « l'idée d'apensanteur [*Idee der Schwerelosigkeit*][68] » ? Pour Italo Calvino, à qui Sebald a emprunté le concept, c'est Persée, le héros aux sandales ailées, qui incarne cette *leggerezza* dont il fait une « leçon de méthode pour qui se mêle d'écrire[69] ». La légèreté, c'est une réponse à ce que « le monde entier me semblait devenir pierre [...] Comme si personne n'avait pu échapper à l'impitoyable regard de Méduse[70] ». L'arme de Persée, ce n'est pas seulement la « vision indirecte » et le regard oblique : c'est aussi parce qu'il « prend appui sur ce qu'il y a de plus léger, les nuages et le vent » que Persée est parvenu à trancher la tête de Méduse « sans s'exposer à devenir pierre[71] ». La généalogie de la légèreté se poursuit lorsque, du sang de Méduse, « naît un cheval ailé, Pégase ; la pesanteur de la pierre peut se renverser en son contraire[72] ». Mais que faire de ces

66 *Ibid.*, p. 359.
67 A', p. 144 [A, p. 172].
68 DM, p. 241 [BU, p. 181].
69 Italo Calvino, « Légèreté », *Leçons américaines. Aide-mémoire pour le prochain millénaire*. Traduit de l'italien par Yves Hersant, Paris, Gallimard, 1989, p. 17-58, p. 21.
70 *Ibid.*, p. 20.
71 *Ibid.*, p. 21.
72 *Ibid.*, p. 22. J'ai évoqué ces questions dans mon article « Vogelperspektiven und Flügelsandalen. W. G. Sebalds geheime Ornithologie », *Neue Rundschau* 2017/1 (*Poetische Ornithologie*, éd. Teresa Präauer), p. 68-80, p. 72-73.

images lorsque, comme le fait Sebald à la suite de Primo Levi, on associe la Méduse à la Shoah ?

Dans son livre *Die dialektische Imagination*, Ben Hutchinson suggère que les moments de lévitation chez Sebald seraient le « revers positif du pessimisme historique [*positive Kehrseite des historischen Pessimismus*][73] » – reprenant un motif de la compensation dont la figure ultime est peut-être cette *transcendance* qu'il évoque quelques pages plus loin, lorsqu'il voit dans les « perspectives élargies de la lévitation une des principales possibilités de transcendance[74] ». Cette hypothèse est partagée par Philipp Schönthaler dans son livre sur la place du narrateur dans les « poétiques négatives » de Thomas Bernhard, Sebald et Kertész. Philipp Schönthaler interroge en effet ce qu'il appelle la « trajectoire aérienne [*Höhenflug*] de la prose de Sebald[75] » – expression empruntée à un passage des *Anneaux de Saturne* sur Thomas Browne – à la lumière d'Adorno, en particulier de sa *Dialectique négative*. La formule d'Adorno sur la « capacité, en tant que spectateur, à prendre de la distance et de la hauteur [*Fähigkeit, im Zuschauen sich zu distanzieren und zu erheben*][76] » s'appliquerait précisément à « l'écriture de l'élévation [*Elevation*] selon Sebald », une écriture semblable à celle de Thomas Browne qui, « procédant par la pensée et par l'écriture, [contemple] l'existence terrestre [...] du point de vue de quelqu'un d'extérieur, pour ainsi dire avec l'œil du créateur[77] ». Schönthaler écrit ainsi :

> L'élévation [*Erhebung*], pour Sebald comme pour Adorno, procède de la « nécessité » d'un contre-mouvement transcendant face à la pure négativité de la description de la « catastrophe », c'est-à-dire qu'il s'agit d'opposer à la négativité du malheur en tant que « *down to earth* », l'élévation[78].

Il est vrai qu'on lit chez Sebald, à propos de Browne :

---

73 Ben Hutchinson, *W. G. Sebald – Die dialektische Imagination*, Berlin / New York, De Gruyter, 2009, p. 146.

74 *Ibid.*, p. 158.

75 Philipp Schönthaler, *Negative Poetik. Die Figur des Erzählers bei Thomas Bernhard, W. G. Sebald und Imre Kertész*, Bielefeld, transcript, 2011, p. 294. *Cf.* RS, p. 30 : « *das Mittel eines gefahrvollen Höhenfluges der Sprache* ».

76 Theodor W. Adorno, *Negative Dialektik, Jargon der Eigentlichkeit*, Frankfurt a. M., Suhrkamp, 2003, p. 356, cité dans Philipp Schönthaler, *Negative Poetik*, *op. cit.*, p. 298.

77 AS, p. 30 [RS, p. 29].

78 Philipp Schönthaler, *Negative Poetik*, *op. cit.*, p. 299.

> En raison notamment de cette charge énorme, il ne parvient pas toujours à décoller du sol, mais quand il se laisse porter, tel un adepte du vol à voile aspiré par les courants d'air chaud, de plus en plus haut, avec son fardeau, par les mouvements orbiculaires de sa prose [*auf den Kreisen seiner Prosa*], alors, même le lecteur d'aujourd'hui a le sentiment d'entrer en lévitation [*ein Gefühl der Levitation*][79].

Mais peut-on en conclure que « l'expérience de la négativité ne peut être compensée [*aufgewogen*] que par la transcendance[80] » ? Ni l'idée de *transcendance*, ni l'idée de *compensation*, qui constituent sans doute le cadre philosophique et religieux de l'auteur baroque, ne me semblent véritablement pertinentes à propos de l'œuvre de Sebald.

Il est vrai que s'y exprime un désir qui, avant même de se traduire dans les textes fictionnels, se lit dans l'essai sur Peter Handke :

> La narration [des chamanes] retrace en règle générale les étapes d'un rêve de vol et s'agrémente d'images où fréquemment apparaissent des créatures ailées chargées de guider l'âme du chamane, ce qui fait que celui-ci se pare également d'ailes et tente dans son périple aérien d'imiter les oiseaux. Ce n'est donc pas un hasard si, dans *Lent retour* et dans *La Leçon de la Sainte-Victoire*, se trouvent insérées de façon emblématique des images d'oiseaux qui suggèrent un dépassement de la vie à la surface de la terre[81].

Dans l'essai sur Robert Walser, Sebald cite le récit de son voyage en ballon et note : « Walser était né, je crois, pour ce genre d'excursion silencieuse dans les airs [*lautlose Reise durch die Luft*]. Dans tous ses textes en prose, il veut toujours s'élever au-dessus de la pesante vie terrestre, il veut planer doucement, sans bruit, vers des contrées plus libres[82]. » « Plus on s'éloigne [*abheben*] de la terre, meilleur c'est[83] » – c'est aussi l'avis de l'aviateur Gerald Fitzpatrick dans *Austerlitz* : « La libération qu'il avait éprouvée [*das Gefühl der Befreiung*] la première fois que, dans un avion du Cadet Corps, il avait senti sous lui la portance de l'air, était indescriptible[84] ». L'impulsion d'« échapper à tout cette détresse [*über die ganze Misere hinwegfliegen*][85] », une figure

79 AS, p. 31 [RS, p. 30].
80 Philipp Schönthaler, *Negative Poetik*, *op. cit.*, p. 300.
81 DM, p. 240-241 [BU, p. 180].
82 SC, p. 160 [LL, p. 166].
83 A', p. 135 [A, p. 160].
84 A', p. 139 [A, p. 165].
85 A', p. 135 [A, p. 160]. Traduction modifiée.

d'élévation qui s'apparente au détachement, à l'indifférence, apparaît encore plus radicale dans le projet inachevé sur la Corse qui a ensuite servi de réserve à *Austerlitz* :

> En pensant à la fragilité de la civilisation humaine […], j'ai souvent été pris du désir de quitter cette planète pour toujours, de monter toujours plus haut, comme ont essayé de le faire certains des premiers aviateurs qui alors, happés par l'ivresse de l'altitude, ont disparu sans laisser de traces[86].

Mais cette « ivresse de l'altitude » n'est pas le dernier mot : la « passion de l'aviation [*Flugleidenschaft*] » de Gerald est liée, dans *Austerlitz*, à son désir d'« élaborer un système ornithologique » dont le critère principal, le « degré d'aviabilité [*Flugtüchtigkeit*] », se mesure avant tout à l'« art de la navigation » qui permet notamment aux pigeons de retrouver « infailliblement le chemin de la maison » et de « mettre le cap sur le lieu de leur origine [*den Ort ihrer Herkunft*][87] ». Au-delà de la symbolique liée à la biographie d'Austerlitz, c'est plus généralement la double direction de cette trajectoire qui est en jeu : la force du lien maintenu à l'égard de la réalité dont on se détache. C'est précisément l'idée que Sebald a pu retrouver incarnée dans le chaman de Calvino qui écrit, toujours dans l'essai sur la légèreté :

> À la précarité de l'existence imposée à la tribu – sécheresse, maladies, influences malignes –, le chaman répondait en annulant le poids de son corps, en s'envolant dans un autre monde, à un autre niveau de perception, où il pouvait trouver assez de forces pour modifier la réalité[88].

Chez Sebald, le motif du vol, de l'apesanteur, de la lévitation engagent toujours aussi la question d'une « autre dimension de la perception », d'un autre *point de vue* sur la réalité ainsi mise à distance. L'élévation n'est pas une fuite, la légèreté n'est pas une manière de minimiser, de relativiser, de nier la pesanteur, le fardeau – de l'histoire, de la mémoire – mais une tentative d'échapper à la *pétrification du monde* évoquée par Calvino. Il s'agit de mobilité dans la recherche d'une distance qui n'occulte pas l'objet, mais permet au contraire d'ajuster le regard. Le modèle de Persée aux sandales ailées doit nous permettre, disait Calvino, de « considérer

86 *Wandernde Schatten*, *op. cit.*, p. 170.
87 A', p. 138 [A, p. 164-165].
88 Italo Calvino, « Légèreté », art. cité, p. 55.

le monde avec une autre optique[89] ». Mais quelle autre optique ? La formule employée à propos de Browne – « du point de vue de quelqu'un d'extérieur, pour ainsi dire avec l'œil du créateur[90] » – pourrait sembler accréditer à première vue une idée de « transcendance ». Mais ce regard de l'extérieur, d'en haut, ce regard surplombant et comme *indifférent*, non impliqué, non concerné par « l'existence terrestre », fait précisément l'objet d'une longue méditation critique, notamment dans le passage très souvent commenté des *Anneaux de Saturne* sur *La leçon d'anatomie du Dr. Tulp* de Rembrandt.

Sebald lit en effet le tableau comme une critique de Rembrandt envers le regard scientifique, cartésien, puisque le Dr. Tulp et ses collègues, les yeux rivés sur le « schéma de l'homme » proposé par « l'atlas d'anatomie », ne voient pas le corps même étendu sous leurs yeux, et dissèquent pour ainsi dire une main tirée directement du livre, comme le suggère Sebald : une main droite à la place d'une main gauche. La violence de ce regard qui réduit l'homme à un schéma est caractéristique – tel est le propos plus ou moins explicite de Sebald dans l'esprit de la *Dialektik der Aufklärung* – de « la science nouvelle » qui, en avançant « sans peur sur le chemin de la connaissance », sacrifie en même temps au « rituel archaïque de démembrement d'un homme[91] ». Rembrandt, lui, ne détournerait pas le regard du pendu et de la violence qu'il a subie : il s'identifie, selon Sebald, à Aris Kindt, le « *Prosektursubjekt* » pendu quelques heures plus tôt : « C'est avec lui, avec la victime, et non avec la guilde des chirurgiens qui lui a passé commande du tableau, que le peintre s'identifie. Lui seul n'a pas le froid regard cartésien [...][92] ». Et il en va de même pour Thomas Browne, dont Sebald suppose qu'il était aussi parmi les spectateurs du théâtre anatomique d'Amsterdam. La question de savoir depuis « quel point de vue [*aus welcher Perspektive*] » il a assisté à la leçon d'anatomie et « ce qu'il a vu exactement », débouche ici sur une citation de Browne sur la « vapeur blanche » qui « s'exhale de la cavité d'un cadavre fraîchement ouvert au même titre, toujours selon

89 *Ibid.*, p. 25.

90 AS, p. 30 [RS, p. 29].

91 AS, p. 23-24 [RS, p. 22-23] ; « C'est ainsi que les regards des collègues du Dr Tulp ne sont pas fixés sur ce corps en tant que tel ; ils ne font que le frôler car il s'agit surtout de ne pas perdre de vue l'atlas anatomique ouvert où l'effroyable corps matériel se trouve réduit à un diagramme, à un schéma d'homme. » AS, p. 24 [RS, p. 23].

92 AS, p. 28 [RS, p. 27].

Browne, qu'elle nous embrume le cerveau de notre vivant, en particulier lorsque nous dormons ou rêvons. » Et une dernière association inclut enfin le narrateur lui-même qui, sous l'effet de puissants antalgiques, a « l'impression [...] de voyager en ballon, glissant en état d'apesanteur [*schwerelos*] à travers les montagnes de nuages qui me cernaient de toute part[93]. » Cette substance légère, matérielle et immatérielle, de brume et de nuage, fait communiquer d'une manière pas du tout « cartésienne » l'âme et le corps, le sujet et l'objet, les hauteurs du ciel et les profondeurs d'un cadavre en décomposition – c'est, pour ainsi dire, un médium de l'empathie et de la ressemblance.

L'élévation décrite ensuite à propos du vol de Browne « sur les ailes de la langue [*Höhenflug der Sprache*] », qui se lit comme une description du propre style de Sebald – « il use de métaphores et d'analogies qui se déploient à l'infini [*weit ausufernd*] et bâtit des phrases labyrinthiques, se déroulant parfois sur une et même deux pages entières, foisonnantes, semblables à des processions ou à des cortèges funèbres[94] » –, cette lévitation par les « seuls moyens » de la langue, cette lévitation par l'écriture, produit un effet paradoxal de distance et de proximité :

> La vue devient plus claire à mesure que l'éloignement augmente. Les plus petits détails vous apparaissent avec une étonnante précision. C'est comme si on avait l'œil à la fois collé à une longue vue retournée et à un microscope. Et cependant, dit Browne, chaque connaissance est environnée d'une obscurité impénétrable[95].

La distance semble rapprocher l'objet du regard. La « longue vue retournée » crée une distance, éloigne l'objet et le rapproche en même temps, comme un microscope. Autrement dit, la bonne distance n'est pas une sorte d'état moyen ou neutre des pensées et des sentiments dont on pourrait déterminer linéairement ou proportionnellement une juste mesure, mais un état d'intensité émotionnelle et de clarté intellectuelle qui se conditionnent réciproquement – une dialectique du proche et du lointain, de l'empathie et de la distance. Elle rappelle la description, par Johann Peter Hebel, de la comète aperçue en 1811, et dans laquelle Sebald voit

93 AS, p. 28-29 [RS, p. 27-28].
94 AS, p. 31 [RS, p. 30]. Traduction modifiée.
95 AS, p. 31 [RS, p. 30].

un « autoportrait de l'auteur » : lorsqu'elle s'éloigne, la comète devient « pâle et maussade, comme si son cœur en était affecté[96] ».

Cette dialectique est à réactiver sans cesse, sans quoi le regard se fige et se trouve capté, soit dans le trop proche, soit dans le trop lointain. Lorsque plus loin dans les *Anneaux de Saturne*, le narrateur se trouve une nouvelle fois devant le tableau de Rembrandt à La Haye, il ne parvient

> absolument pas, dans l'état qui était le mien après cette nuit blanche, à rassembler mes pensées [*irgendeinen Gedanken zu fassen*] à la vue du sujet de dissection allongé sous les regards des représentants de la guilde des chirurgiens. Sans trop savoir pourquoi, je me sentis même agressé par cette scène [*von der Darstellung derart angegriffen*] au point qu'il me fallut près d'une heure, par la suite, pour me calmer un tant soit peu devant *La Vue de Haarlem* de Jacob Van Ruysdael[97].

Dans ce tableau-là, le point de vue est de toute évidence une construction artificielle : « l'impression de perspective aérienne [*Vogelperspektive*] est si accusée » que le narrateur en déduit que cette vue n'a pas pu être peinte depuis les dunes, « comme il est généralement admis » :

> En réalité, ce n'est pas sur une dune que Van Ruysdael a planté son chevalet mais bel et bien sur un sommet artificiel, sur une hauteur imaginaire, située sensiblement au-dessus du reste du monde. Ainsi seulement il a pu voir toutes choses à la fois[98].

Cette « vision synoptique et synthétique » (*synoptischer Blick*[99]), que Sebald préconise par ailleurs dans *De la destruction*, a beau être qualifiée de *Vogelperspektive*, littéralement « perspective de l'oiseau », elle est clairement reconnue, pour ne pas dire dénoncée, comme une fiction humaine très ambivalente. Car si cette élévation du point de vue permet au narrateur de calmer l'angoisse qui l'étreignait dans l'identification paralysante à la victime (l'objet de la dissection), et remet en mouvement sa pensée, cette perspective purement virtuelle – *comme* de l'extérieur,

---

96 SC, p. 21 [LL, p. 20].
97 AS, p. 103-104 [RS, p. 102].
98 AS, p. 104 [RS, p. 103].
99 DD, p. 36 : « Aussi les récits des différents témoins oculaires ne présentent-ils qu'un intérêt limité et devraient-ils être complétés par ce que nous livre une vision synoptique et synthétique [*was sich erschließt unter einem synoptischen, künstlichen Blick*] » [LK, p. 35].

comme s'étendant sous l'œil du créateur[100], n'est pas si éloignée de la « conception d'ensemble, cartésienne [*cartesischen Gesamtplan*], de la Bibliothèque nationale » évoquée dans *Austerlitz*[101]. L'atlas anatomique est aussi, pour le Dr. Tulp et ses collègues, un moyen de tenir à distance la présence angoissante du cadavre étendu sous leurs yeux. La vue panoramique, un dispositif destiné à occulter autant qu'à montrer ce qu'on a sous les yeux ? Dans les *Anneaux de Saturne*, la description du « mémorial dit historique [*sogenannte historische Gedenkstätte*] érigé sur le champ de bataille de Waterloo[102] » dénonce explicitement la perspective panoramique comme une fiction *falsificatrice*. Sebald y décrit ce panorama dont la plateforme centrale offre

> une vue circulaire sur les combats en cours – les batailles étant, comme l'on sait, le sujet de prédilection des peintres de panorama. On se trouve pour ainsi dire au centre imaginaire des événements. [...] C'est donc cela, se dit-on en marchant lentement en rond, l'art de la représentation de l'histoire [*Kunst der Repräsentation der Geschichte*]. Il repose sur une perspective faussée [*Fälschung der Perspektive*]. Nous, les survivants, nous voyons les choses de haut, toutes en même temps, et cependant, nous ne savons pas comment c'était. [...] Nous tenons-nous ici sur une montagne de morts ? Est-ce là notre poste d'observation ? Est-ce de pareille place que l'on a le point de vue historique [*historischen Überblick*] tant vanté[103] ?

Comme le regard « cartésien » de l'anatomiste qui oublie l'humain dans sa fixation sur le diagramme, et comme celui de l'historien devant son panorama, le regard de l'aviateur bascule facilement de la *vue d'ensemble* à l'*omission* (le verbe allemand *übersehen* désignant en un seul mot ces deux modalités contradictoires du voir). Dans son « petit avion à hélice » entre Amsterdam et Norwich, le paysage ne lui apparaît plus que comme un « motif géométrique » sans présence humaine :

> Cependant, l'on ne voyait nulle part âme qui vive [*auch nur einen einzigen Menschen*]. [...] toujours on dirait qu'il n'y a pas du tout d'hommes [*als gäbe es gar keine Menschen*], qu'il n'y a que ce qu'ils ont créé et dans quoi ils se cachent. [...] les hommes eux-mêmes, on ne les voit pas. [...] Lorsque nous nous observons de là-haut, il est terrifiant de constater combien peu de choses

100 AS, p. 30 [RS, p. 29].
101 A', p. 331 [A, p. 394].
102 AS, p. 149 [RS, p. 150].
103 AS, p. 151 [RS, p. 150-152].

> nous savons sur nous-mêmes, sur notre raison d'être et notre fin, pensai-je tandis que nous laissions la côte derrière nous et volions par-dessus la mer d'un vert gélatineux[104].

L'identification avec le pendu sur la table de dissection et l'envol loin de la misère de l'existence terrestre, la perspective du dedans et celle du dehors, le fardeau des souffrances du monde (Atlas[105]) et la légèreté des sandales ailées (Persée) sont les pôles entre lesquels les narrateurs sebaldiens accomplissent leurs trajectoires imaginaires, conscients de la position délicate qui est la leur entre la précarité de la *plate-forme panoramique* et la virtualité de la *perspective surplombante.* L'hypothèse de la légèreté comme « revers positif du pessimisme historique » (Ben Hutchinson), comme celle de l'aspiration à une « transcendance » (Philipp Schönthaler) paraissent bien abstraites. Calvino lui-même semble les avoir anticipées et fermement rejetées : certes, « [c]haque fois que le règne de l'humain me semble condamné à la pesanteur, je me dis qu'à l'instar de Persée je devrais m'envoler dans un autre espace », mais « [i]l ne s'agit nullement de fuite dans le rêve ou l'irrationnel. [...] Les images de légèreté que je cherche ne doivent pas, au contact de la réalité présente et future, se laisser dissoudre comme des rêves[106]... » Autrement dit : « C'est toujours le refus de la vision directe qui fait la force de Persée, et non un refus de reconnaître la réalité du monde de monstres parmi lesquels il lui faut vivre ; cette réalité, il la porte en lui et l'assume comme un fardeau personnel[107]. »

Quelle idée doit-on alors se faire d'une légèreté qui soit capable en même temps de porter le fardeau de la réalité, le fardeau de l'histoire comme « histoire des souffrances du monde [*Geschichte als Leidensgeschichte der Welt*][108] » ? C'est la question que se pose Sebald à travers l'évocation de trois icônes ailées de l'histoire culturelle. Il y a, dans les *Anneaux de Saturne*, « l'ange de la mélancolie tel que Dürer l'a représenté, immobile, parmi les instruments de la destruction[109] », et l'ange de l'histoire que Benjamin a vu dans l'*Angelus novus* de Paul Klee. Dans son essai *De la*

104 AS, p. 113-114 [RS, p. 112-114].
105 *Cf.* Georges Didi-Huberman, *Atlas ou le gai savoir inquiet*, *op. cit.*
106 Italo Calvino, « Légèreté », art. cité, p. 25-26.
107 *Ibid.*, p. 22.
108 Walter Benjamin, GS I, 1, p. 343.
109 AS, p. 20 [RS, p. 18-19].

destruction, Sebald cite en effet le passage de la IXe thèse *Sur le concept d'histoire* à propos du regard d'Alexander Kluge sur sa ville natale : « Kluge, au sens propre aussi bien qu'au sens métaphorique, regarde du haut de son poste d'observation la destruction qui s'étend au-dessous de lui. » Ce regard, dit Sebald, serait aussi « celui, figé d'effroi [*entsetzensstarr*], de l'ange de l'histoire, dont Walter Benjamin a dit que, les yeux écarquillés, il ne voit "qu'une seule et unique catastrophe, qui sans cesse amoncelle ruines sur ruines et les précipite à ses pieds. [...][110]" ».

Cette paralysie d'effroi – *Entsetzensstarre* – de l'ange de l'histoire, aussi immobile – *bewegungslos* – que l'« ange » de la Mélancolie de Dürer, serait à dépasser, comme la *pétrification du monde* selon Calvino : c'est ce qui se lit entre les lignes et comme à l'ombre de la mélancolie sebaldienne de l'histoire et de son pessimisme radical. Et c'est ce que semble nous dire cette autre figure ailée d'une « catastrophe silencieuse [*einer lautlosen Katastrophe*] qui / simplement [*ohne Aufhebens*] se produit devant le spectateur[111] » : Icare. Celui-ci apparaît dans le long « poème élémentaire » *D'après nature*, et il est visiblement un proche parent de la Mélancolie de Dürer comme de l'Angelus Novus de Klee et de Benjamin. Mais il déploie ses ailes et il vole, *malgré tout* :

> Déjà le pays brûle, et partout
> brûlent des forêts, [...]
> La rive ombragée d'un lac
> Émerge, la surface de l'eau,
> les rubans des falaises et,
> sur le plus haut sommet, le plumage
> multicolore du dragon, Icare,
> naviguant au milieu des flux
> de lumière. [...]
> Qu'il baisse alors les yeux,
> c'est la chute
> dans le lac :
> est-ce que, comme dans le tableau
> de Brueghel, le beau navire,
> le paysan qui laboure, toute
> la nature se détourneront en quelque manière
> du malheur du fils[112] ?

110 DD, p. 75 [LK, p. 80].
111 AN, p. 72 [NN, p. 77].
112 AN, p. 82-83 [NN, p. 89-91].

Contrairement à la chute de l'aviateur Gerald Fitzpatrick, contrairement aussi à celles, aussi mortelles que régulières, des oiseaux de la forêt artificielle de la Bibliothèque nationale contre les vitres de la salle de lecture, évoquées dans *Austerlitz*[113], la chute d'Icare est ici différée, retardée, laissée en suspens – donnant lieu à une véritable *image dialectique* : l'indifférence du monde à l'égard de la chute d'Icare, telle qu'elle est représentée dans le tableau de Brueghel, est certes évoquée, mais l'image lumineuse d'Icare, rescapé de la catastrophe et porté par ses ailes, se maintient encore quelques instants dans les airs. Virtuellement au moins, Icare, comme le Persée de Calvino aux sandales ailées, se dérobe à la pétrification du monde, qui peut aussi pétrifier le regard que l'on porte sur lui. Dans les notes du projet corse de Sebald, on retrouve le « rêve de fuite » d'un Icare moderne, image élégiaque d'une chute malgré tout *résistible* :

> Souvent [...] dans mes rêves de fuite, m'apparaît l'image de la belle Amelia Earhart, qui le 3 juillet 1937, au sommet de sa gloire d'aviatrice, s'est abîmée [...] en plein milieu du Pacifique ; pourtant je ne la vois pas dans sa chute, je la vois faire voile vers l'espace[114].

Mais cette suspension momentanée d'un malheur advenu et daté, irrémédiable et irréversible *parce qu'il a eu lieu*, a pour effet de rendre plus déchirante encore l'image de cette chute résistible : en exprimant le désir que l'histoire ait pris un autre chemin (que bien sûr elle aurait pu tout aussi bien prendre, sauf à croire à la fatalité), elle en intensifie le *pathos*. On ne saurait parler ici de *transcendance*, mais plutôt d'une lutte toute terrestre contre la gravité, où l'on n'est porté que par l'artifice d'ailes « bricolées » (pour reprendre un terme cher à Sebald) avec des moyens très humains et très précaires, et où l'on risque à chaque instant la chute mortelle, quand d'ailleurs on parvient à s'élever : on se souvient qu'à propos du style de Thomas Browne, Sebald notait qu'il « ne parvenait pas toujours à décoller du sol » et qu'il volait « dangereusement, sur les ailes de la langue[115] ».

---

113 « Plusieurs fois il est également arrivé, dit Austerlitz, que des oiseaux égarés dans la forêt de la Bibliothèque aient foncé sur les arbres se reflétant dans les vitres et soient tombés raides morts après un choc sourd. Assis à ma place dans la salle de lecture, j'ai souvent réfléchi au lien qui existe entre de tels accidents imprévisibles, comme la chute mortelle d'une créature qui s'est écartée de sa voie naturelle [...] et la conception d'ensemble, cartésienne, de la Bibliothèque nationale » A', p. 330-331 [A, p. 394].

114 *Wandernde Schatten*, *op. cit.*, p. 170.

115 AS, p. 31 [RS, p. 30].

L'art de la légèreté n'est pas oubli, mais expression même de la pesanteur, comme le note Jürgen Ritte à propos de la danse, à laquelle le personnage d'Austerlitz est lié par son nom puisqu'il est rappelé au lecteur qu'Austerlitz est le nom de naissance de Fred Astaire. La danse est de tous les arts, écrit Jürgen Ritte, celui qui « nous parle le plus clairement du fardeau de la pesanteur et de la gravité de la vie, en cherchant sous nos yeux à s'en débarrasser[116] ». Jürgen Ritte évoque les adieux du petit Jacques Austerlitz à la gare de Prague, lorsque sa mère lui achète un album de Charlot – référence à *W ou le souvenir d'enfance* où Georges Perec raconte les adieux à sa mère dans une gare parisienne en 1942 :

> De ma mère, le seul souvenir qui me reste est celui du jour où elle m'accompagna à la gare de Lyon d'où, avec un convoi de la Croix-Rouge, je partis pour Villard-de-Lans : [...] Ma mère m'achète un Charlot intitulé *Charlot parachutiste* : sur la couverture illustrée, les suspentes du parachute ne sont rien d'autre que les bretelles du pantalon du Charlot[117].

Dans *Austerlitz*, il n'est pas précisé qu'il s'agisse d'un Charlot *parachutiste* – mais l'intention d'introduire dans cette scène de *pathos* un contre-motif de légèreté, la virtualité d'un mouvement inverse, est confirmé par une observation d'ordre génétique que l'on peut faire en comparant le manuscrit d'*Austerlitz*, conservé aux Archives littéraires de Marbach, à la version imprimée. Dans le manuscrit en effet, il était question à cet endroit du « dernier sourire d'Agáta », la mère d'Austerlitz, qu'il ne reverra plus. Craignant sans doute que ce stéréotype de l'adieu ne fasse basculer le pathos de cette scène dans le kitsch mélodramatique, Sebald l'a remplacé, dans la version définitive, par l'évocation d'un « album de Charlot acheté au dernier moment », moins propre a priori à faire glisser la scène dans le mélodrame[118]. Or cet album de Charlot

116 Jürgen Ritte, *Endspiele*, *op. cit.*, p. 172.

117 *W. ou le souvenir d'enfance*, p. 41, cité par Jürgen Ritte, p. 231 (en note). Raphaëlle Guidée a montré comment cet épisode, répété trois fois dans le cours de *W ou le souvenir d'enfance*, produisait un « épuisement du souvenir par sa répétition », qui « loin de développer le souvenir, l'appauvrit progressivement. » « L'éternel retour de la catastrophe. Répétition et destruction dans les œuvres de Georges Perec et W. G. Sebald », *La littérature dépliée : reprise, répétition, réécriture*, éd. Jean-Paul Engélibert et Yen-Maï Tran-Gervat, Rennes, Presses Universitaires de Rennes, 2008, p. 37-47, p. 38-39.

118 A', p. 208 [A, p. 249]. Le passage se situe à la page 341 du manuscrit d'*Austerlitz*. Alors que dans le livre imprimé on lit : « *Věra erinnerte sich auch an das zwölfjährige Mädchen*

redouble en même temps l'intensité émotionnelle de la scène en réactualisant celle du récit de Perec. Le recours à cette « valeur expressive prédéterminée », à cette formule déjà porteuse d'une charge émotionnelle dans un autre contexte et réactivée dans le but à la fois de conjurer et d'intensifier le pathos de la scène, ne saurait être mieux saisie que par le concept de formule de pathos : il s'agit bien de maîtriser le pathos en lui donnant forme, mais pas à proprement parler pour *compenser*, *équilibrer* ou *neutraliser* – « dédramatiser » – le pathos intrinsèque de la scène, mais pour en décupler l'intensité.

Quant au contre-motif proprement dit qu'introduit cet album de Charlot, il n'est pas lui non plus destiné à *neutraliser* quoi que ce soit : la gravité chez Sebald n'est pas *allégée* par les images de légèreté, mais suscite au contraire le désir d'échapper à la pesanteur et à la pétrification, le désir de s'élever dans les airs (oiseaux et aviateurs, vol d'Icare, parachute de Charlot) : le désir de se *soulever*. Il ne s'agit pas de trouver « du positif dans le négatif » (un improbable « revers positif du pessimisme historique »), ce qui reviendrait à une forme d'acceptation, par adhésion ou indifférence, mais de reconnaître la puissance de soulèvement que recèle aussi l'accablement. C'est ce que met en évidence Georges Didi-Huberman à partir de la figure même d'Atlas, celui qui porte la voûte céleste, le monde sur ses épaules – Atlas, cette « image dialectique par excellence du rapport entre puissance et souffrance, force irrésistible et danger d'effondrement[119]. » Cette dialectique, Didi-Huberman l'a prolongée dans son exposition *Soulèvements* :

> Les gestes relèvent d'une anthropologie dynamique des formes corporelles, et ainsi les « formules de *pathos* » seraient une façon, visuelle et temporelle à la fois, d'interroger l'inconscient à l'œuvre dans la danse infinie de nos mouvements expressifs. [...] Or, l'une des polarités les plus importantes de ces « formants culturels » réside sans doute dans la dialectique, psychique et corporelle, de l'accablement et du soulèvement[120].

---

mit dem Bandoneon, dem sie mich anvertraut hatten, an ein im letzten Augenblick gekauftes Chaplinheftchen, an das Flattern », les termes du manuscrit étaient : « *Stela entsann sich auch an das zwölfjährige Mädchen mit dem Bandoneon, dem sie mich anvertraut hatten, an das letzte Lächeln Agátas, an das Flattern* »...

119 Georges Didi-Huberman, *Atlas ou le gai savoir inquiet*, Paris, Minuit, 2011, p. 99.

120 *Id.*, *Soulèvements*. Avec des essais de Nicole Brenez, Judith Butler, Marie-José Mondzain, Antonio Negri, Jacques Rancière, Paris, Gallimard / Jeu de Paume, 2016, p. 302.

Cette polarité ou dialectique de la formule de pathos produit très exactement le contraire d'une neutralisation, elle intensifie l'expressivité, à travers ce principe que Warburg appelle *l'inversion énergétique* :

> Warburg avait d'emblée compris que les gestes sont doués d'une remarquable capacité d'inversion ou de renversement [...] [la planche 42 de l'atlas *Mnémosyne*] ne traitait pas seulement de l'iconographie de la lamentation : elle portait dans son titre même – et dans son montage – l'idée, bien plus profonde et dialectique, d'une « inversion énergétique du *pathos* de la douleur » (*Leidenspathos in energetischer Inversion*), celle-là même qu'Eisenstein avait magistralement mise en scène dans son Cuirassé Potemkine à travers l'« inversion énergétique » de l'*accablement* devant le cadavre du matelot Vakoulintchouk en *soulèvement* de tout un peuple[121].

Il reste qu'entre l'accablement et le soulèvement, le deuil et le désir, les choses peuvent fonctionner dans les deux sens : c'est ce qui se passe à la lecture de Sebald, comme en a témoigné Gwenaëlle Aubry. Dans une première lecture d'*Austerlitz*, publiée en 2011, elle perçoit dans son œuvre

> le mouvement par lequel l'écriture transforme la sidération en désir, [...] affronte le regard du page blanc pour à la fin, parce qu'elle le nomme, parce qu'elle le dit, se soustraire à sa fascination. Cet étrange mouvement qui, s'en détournant, restitue un peu, si peu, de son dû au page blanc : l'attestation qu'il a été vivant, l'affirmation que vivant, on l'est encore, même dans la compagnie des spectres, aussi longtemps qu'on peut, par l'écriture, les convoquer[122].

Transformer la sidération en désir, par l'écriture : une autre formulation de ce que Sebald admirait chez Thomas Browne, la lévitation de la prose, malgré la pesanteur de ce qu'elle porte[123]. Mais quelques années plus tard, en 2017, la même lecture mène à une conclusion opposée : un retournement qui fait écho, à l'échelle d'une seule et même lectrice, à la réception très contradictoire que suscite Sebald. Terme à terme, en effet, Gwenaëlle Aubry inverse le propos tenu précédemment : à la relecture, il lui semble désormais que c'est la sidération qui l'emporte sur le désir et les puissances de vie. Cette sidération a quelque chose à voir avec le rapport aux morts : à la première lecture, Aubry avait été convaincue par la « volonté acharnée de saisir les fantômes comme fantômes » sans

121 *Ibid.*, p. 305.
122 Gwenaëlle Aubry, « Le page blanc », *Face à Sebald*, *op. cit.*, p. 305-320, ici p. 319-320.
123 AS, p. 31 [RS, p. 30].

céder à la tentation de les faire « revenir comme présences » ; elle voyait dans la prose de Sebald une poétique de la hantise, « l'unique forme de mémoire légitime » après la Shoah :

> La hantise, donc, contre la réminiscence : pas plus que le passé comme présent, les morts ne peuvent revenir comme présences. Quand ils reviennent c'est, très précisément, comme des revenants : ombres inconsolables, traces, cendres, longue traîne des « douleurs passées », et que rien ni personne ne pourra réparer[124].

À la deuxième lecture toutefois, cette « rigueur » qui consistait à ne pas parler « à la place des morts », à ne pas s'approprier la perspective « ni du témoin intégral, ni même du survivant », ni du *testis*, ni du *superstes*[125], mais d'élaborer ce dispositif narratif complexe de témoins tiers et seconds qui font signe « vers la parole à jamais perdue, à jamais inaudible, du témoin intégral », cette rigueur lui apparaît avoir une limite, dans ce sens que « si Sebald ne parle pas à la place des morts, il parle *depuis* la place du mort[126] », à l'image du conteur Hebel qui, selon la description qu'en fait Sebald dans *Séjours à la campagne*, se tient « toujours à l'écart, comme les fantômes, dont plusieurs hantent ses histoires, et dont on sait qu'ils ont coutume d'observer la vie à partir d'un point excentrique, muets, ébahis, résignés[127]. » C'est, selon Aubry, le « pôle neutralisé », « fêlure, faille, négatif » qui l'emporte chez Sebald, tandis que manquerait le « jeu », la « tension entre sidération et vitesse, pulsion de mort et relance vitale, nécrose et élan – ainsi que les variations rythmiques, tonales que ce jeu introduit[128]. » Par rapport à « ceux dont l'œuvre est, dans les deux sens du terme, une affaire de *survie*, à la fois confrontation directe avec les puissances de mort, avec tout ce qui

124 Gwenaëlle Aubry, « La place du mort », *W. G. Sebald. Littérature et éthique documentaire*, *op. cit.*, p. 79-84, p. 80.

125 *Cf.* Giorgio Agamben, *Ce qui reste d'Auschwitz : l'archive et le témoin*, trad. P. Alféri, Paris, Rivages, 2003, p. 163. C'est Primo Levi qui, dans *Les Naufragés et les rescapés* (trad. A. Maugé, Paris, Gallimard, 1989, p. 83), fait remarquer que seuls peuvent témoigner ceux qui ont survécu et donc ne sont pas des « témoins intégraux » – car « personne n'est jamais revenu pour raconter sa propre mort ». *Cf.* Aubry, « La place du mort », art. cité, p. 80.

126 *Ibid.*, p. 80, 81.

127 SC, p. 20, cité dans *ibid.*, p. 82. « *immer ein Stückchen abseits, wie die Gespenster, von denen mehrere umgehen in seinen Geschichten, und die es bekanntlich gewohnt sind, das Leben von ihrer exzentrischen Position aus zu betrachten in stummer Verwunderung und Resignation.* » LL, p. 19.

128 Gwenaëlle Aubry, « La place du mort », art. cité, p. 82.

menace et sape jusqu'à l'épuisement, et acte de "grand vivant[129]" », ce serait, chez Sebald, la sidération qui l'emporterait sur la puissance de vie, la fixité qui l'emporterait sur le mouvement.

> La réponse au « comment revenir ici après avoir été là-bas » [Beckett, *L'Innommable*][130], c'est finalement la prose (mais une prose qui, intégrant la poésie, intègre aussi ces instants qui la menacent et auxquels elle se suspend) : c'est le *prorsus* de la prose, son mouvement « en avant[131] ».

Or c'est ce mouvement que Gwenaëlle Aubry voit s'arrêter ou refluer dans la prose de Sebald, « dans la phrase comme dans la narration », qui lui apparaît comme une

> progression statique : on avance en biais, en spirale, on creuse en crabe – mais ce faisant on s'enfonce plus qu'on n'avance. Le flux de la prose s'inverse, coule à rebours, il ne va plus en avant, il est (dit Austerlitz) un courant qui aspire « vers les temps révolus ». Pas de présent, mais pas d'avenir non plus : pas de révolution, pas de réparation, pas de *tikkun*[132].

Citant les paroles de Věra dans *Austerlitz* – « il n'y avait guère que par les livres du siècle dernier et du précédent qu'elle avait cru pouvoir se faire une vague idée de ce que pouvait signifier être en vie », Aubry écrit : « la littérature du XXe siècle, elle, ne peut que nous rappeler, même pas que l'on va mourir (*memento mori*) mais que morts, on l'est déjà[133]. » La question – rhétorique – est alors la suivante : « est-ce ainsi, en passant de leur côté, que l'on est fidèle aux morts[134] ? »

Notons que lorsqu'Aubry parle de neutralisation – de « pôle neutralisé » –, elle ne parle pas, comme c'est le plus souvent le cas, de la neutralisation du pathos ou de ses excès, mais de la neutralisation du

---

129 *Ibid.*

130 Sebald aura trouvé la même question chez Bassani : « Les poètes, s'ils le sont vraiment, reviennent toujours du royaume des morts. Ils sont allés là-bas pour devenir des poètes, pour se détacher du monde, mais ils ne seraient pas des poètes s'ils n'essayaient pas de revenir de là-bas parmi nous… » Passage annoté par Sebald dans son exemplaire, conservé à Marbach, de *Erinnerungen des Herzens*, *op. cit.*, p. 161.

131 Gwenaëlle Aubry, « La place du mort », art. cité, p. 81.

132 *Ibid.*, p. 81-82.

133 Gwenaëlle Aubry, « La place du mort », art. cité, p. 83. Citation d'*Austerlitz*, p. 244.

134 *Ibid.*, p. 83. À cette écriture depuis la place du mort, elle oppose la « protestation éclatante » de Georges Perec dans « Robert Antelme ou la vérité de la littérature », *L. G. Une aventure des années soixante*, Paris, Seuil, 1992, p. 87-114.

désir, de la puissance de vie, de tout ce qui, précisément, pourrait aller dans un sens autre que le deuil et la sidération, et qui se manifeste dans la neutralisation des « variations rythmiques, tonales que ce jeu [entre les pôles opposés] introduit ». Oliver Rohe formule une critique très similaire, qui fait suite elle aussi à un « désamour croissant » pour l'œuvre de Sebald qui se déclare dès 2011, quelques années après un premier texte très élogieux, déjà cité plus haut : « Inventer la trace », de 2004. Dans ses « Fragments » de 2011, donc, Oliver Rohe décrit l'œuvre de Sebald comme « captive de cette vision tragique » :

> la posture par défaut de Sebald, comme on le dit d'une configuration en informatique, est la plupart du temps une posture de stupeur douce et de prostration plus que de révolte enragée, de cynisme déguisé ou de ressentiment – ce même ressentiment qu'il comprend et défend dans les essais de Jean Améry[135].

Cette « posture par défaut », formule irrévérencieuse pour qualifier ce que Sebald appelle son « attitude de deuil [*Trauerhaltung*] », serait une sorte de mélancolie *a priori* :

> Sebald ne change jamais de regard sur le monde, les hommes, les choses. C'est un regard profond et érudit, plein de compassion, mais c'est un regard quasi uniforme et déjà constitué, qui se perpétue de livre en livre sans ruptures notables, sans grandes modulations, quel que soit l'objet ou le sujet sur lequel il s'attarde et médite. Un regard endeuillé qui sur des centaines de pages n'est jamais transformé par ce qu'il observe, qui ne varie jamais en fonction de ce qu'il décrit et qui n'est donc jamais *hors de lui-même*. Un regard pour ainsi dire promené de haut puis plaqué sur les choses, et non pas issu, comme poussant et croissant à partir de ces choses, s'effaçant derrière elles[136].

Un regard qui affecte et détermine en particulier le ton, le registre de sa prose, qui en adopte l'uniformité :

> Il en va de même pour le ton qui se dégage de l'œuvre, tout autant uniforme, c'est-à-dire toujours grave ou solennel, qui progresse lentement sur une seule note, un seul registre et qui semble d'emblée exclure, en tout cas ne jamais s'autoriser le recours à l'humour, ou à l'ironie, ou à la dérision – enfin à un ingrédient de cet ordre, qui introduirait une ambivalence, provoquerait un léger déraillement, même une cassure, un ingrédient qui apporterait du jeu, une complexité nouvelle à un ensemble peut-être excessivement homogène. Ces

135 Oliver Rohe, « Fragments », *Face à Sebald*, *op. cit.*, p. 321-331, p. 328-329.
136 *Ibid.*, p. 330.

> deux uniformités du regard et du ton ne sont pas des défauts secondaires ou négligeables, parce qu'ils soulignent en définitive les limites de cette conception jamais mise en doute et jamais contestée au sein de l'œuvre de l'Histoire comme destruction et de l'individu comme orphelin ; une conception close [...][137].

Peut-être cette homogénéité du registre grave, qui tend à limiter au maximum les « variations rythmiques et tonales » (Gwenaëlle Aubry) et maintient un ton uniforme « sans grandes modulations » (Oliver Rohe) est-elle précisément ce qui produit cette impression de « pureté classique du style » (Lucie Campos) de la prose de Sebald : non pas exactement « l'équilibre de l'écriture » « entre compassion et indifférence », non pas la neutralité affective (idéal d'impassibilité), mais la permanence d'un ton endeuillé sans écart. C'est moins vrai pour *Vertiges*[138], mais c'est sans doute vrai pour *Austerlitz* – et le travail de Sebald dans ce sens est confirmé encore, de manière assez spectaculaire, par l'examen du manuscrit conservé au *Deutsches Literaturarchiv* de Marbach.

UNE ÉCRITURE EN GRISAILLE. À PROPOS DU MANUSCRIT D'*AUSTERLITZ*

Lorsqu'on compare le manuscrit d'*Austerlitz* avec le livre imprimé, on s'aperçoit, sans grande suprise par rapport à ses déclarations sur l'évitement du pathos et de la sentimentalité, que Sebald a travaillé à en supprimer les signes apparents : les larmes, par exemple. De la mélodie jouée par les saltimbanques du cirque Bastiani, le manuscrit dit que « dès la première mesure, elle m'a profondément bouleversé, et m'a presque fait venir les larmes aux yeux[139] » : cette dernière partie de la phrase sera supprimée dans la version imprimée[140]. De même, dans la scène d'adieu à la gare de Prague, il n'est plus précisé pourquoi l'image de cet instant est flou dans la mémoire d'Austerlitz :

> Je n'ai plus en moi qu'une image indistincte, pour ainsi dire voilée [*ein undeutliches, gewissermaßen verwischtes Bild*], de nos adieux dans la gare Wilson, dit Věra[141].

137 *Ibid.*

138 *Cf.* Emmanuel Bouju, « *Mind the gap !* Humour et exil de la mélancolie », *W. G. Sebald*, éd. Lucie Campos et Raphaëlle Guidée, *Europe* nº 1009, 2013, p. 117-130.

139 « *von dem ersten Takt an zutiefst bewegte, ja beinah die Tränen mir in die Augen trieb* ». Manuscrit d'*Austerlitz*, p. 262 (ancienne numérotation barrée : p. 226)

140 *Cf.* A', p. 323 [A, p. 385].

141 A', p. 207 [A, p. 249]. Traduction modifiée.

Dans le manuscrit, il était précisé que c'était un voile de larmes :

> De nos adieux dans la gare Wilson, je n'ai plus qu'un souvenir indistinct, pour ainsi dire voilé *par des larmes* [*eine undeutliche, gewissermaßen von Tränen verwischte Erinnerung*][142].

Il y a aussi – c'est l'une des modifications les plus nettes vers le moins-spectaculaire – la destruction des manuscrits d'Austerlitz, qui à l'origine était l'œuvre des flammes :

> Un soir, dit Austerlitz, j'ai emporté dans le jardin tous mes papiers, liasses & feuilles volantes [...], tout ce qui était couvert de mon écriture, j'ai versé de (l'huile et de) l'alcool dessus & j'ai mis le feu. Jusqu'à minuit, je suis resté auprès du feu & quand il menaçait de s'éteindre, je piquais avec un bâton dans les strates serrées des feuilles carbonisées pour raviver les flammes bleutées & j'ai vu les cendres s'élever dans l'air, noires et soyeuses pour les unes & les autres blanches comme de la neige & et elles s'éloignaient du cercle instable de la lumière[143].

Cette scène spectaculaire se réduit, dans la version imprimée, à quelques lignes laconiques dans lesquelles les flammes du bûcher sont remplacées par quelques pelletées de terre sur un tas de compost :

> je suis sorti de la maison, je les ai jetés [mes papiers] au fond du jardin sur le tas de compost et j'ai enfoui le tout, en alternance, sous une couche de terre et de feuilles décomposées [*mit verrottetem Laub und ein paar Schaufeln Erde bedeckt*][144].

La scène est a priori moins spectaculaire, moins violente, plus douce – et elle évoque moins les autodafés de livres (*Bücherverbrennungen*) mis en scène par les nazis, comme celui de Wurtzbourg évoqué dans les *Émigrants*[145]. En même temps, les *pelletées de terre* (*Schaufeln Erde*) évoquent

---

142 Manuscrit d'*Austerlitz*, p. 341.

143 « *Eines Abends, sagte Austerlitz, habe ich meine sämtlichen gebündelten & losen Papiere* [...] *alles, was bedeckt war mit meiner Schrift, in den Garten hinausgetragen, mit (Lampenöl und) Spiritus übergossen & verbrannt. Bis Mitternacht bin ich bei dem Feuer gestanden & habe, wenn es niederzugehen drohte, mit einem Stecken in den dicht übereinandergelagerten Schichten der verkohlten Blätter gestochert, damit die bläulichen Flammen wieder aufflackern konnten, & habe zugeschaut, wie Aschenflocken sich in die Luft erhoben, schwarzseidig manche & manche schneeweiß, & davontrieben aus dem unsteten Lichtkreis hinaus.* » Manuscrit d'*Austerlitz*, p. 224.

144 A', 151 [A, p. 180].

145 LÉ, p. 217-218 [DA, p. 274-275].

davantage un rituel de sépulture, de sorte qu'il est difficile de dire que le *pathos* de la scène soit réellement atténué.

Mais ce qui surprend surtout lorsqu'on compare le manuscrit avec la version imprimée, plus que l'évitement du pathos qui est conforme à la poétique déclarée de Sebald, c'est le fait qu'il évite aussi tout ce qui pourrait aller à l'encontre de la seule tonalité élégiaque. À ce stade ultime du travail de l'écrivain avant la publication, on le voit en effet éliminer presque systématiquement tout ce qui, dans le manuscrit, suggérait la possibilité d'une énergie de vie, tout ce qui révélait – timidement – au personnage la voie d'un désir possible. L'impossibilité pour Austerlitz de s'engager dans une relation amoureuse avec Marie de Verneuil fait partie de la conception même du personnage et de son histoire ; mais cette impossibilité est encore accentuée par rapport au manuscrit. Plus exactement, c'est la possibilité même de tout désir, tel qu'il se manifeste encore çà et là dans le manuscrit, qui est littéralement barrée dans la version finale du texte, pour ne laisser subsister que le deuil de la mère et tout ramener à cette première perte.

Sebald a décidé par exemple de gommer l'ambivalence d'une émotion qui étreint soudain Austerlitz dans une salle de lecture de la Bibliothèque nationale : ce qui dans le manuscrit était un « un sentiment soudain, hésitant entre la tristesse et la joie [*zwischen Trauer- & Glücksgefühlen schwankende Anwandlung*][146] » devient ainsi, dans la version imprimée, « mon étrange accès de tristesse [*meine seltsame Traueranwandlung*][147] ». La possibilité du « sentiment de joie » a disparu (et c'est d'autant plus important que cet « accès » a été observé par Marie de Verneuil qui l'invite à prendre un café), l'amplitude émotionnelle s'est resserrée, seul subsiste le sentiment de deuil.

Ce procédé se lit aussi dans le traitement d'un personnage secondaire mais néanmoins lumineux, celui d'Adela, la mère de Gerald Fitzpatrick, le jeune ami de l'adolescent Austerlitz. Dans le manuscrit, celle qui s'appelle encore Frances est plus jeune – « à peine plus de vingt-cinq ans [*kaum mehr als Mitte zwanzig*][148] » et donc plus proche d'Austerlitz que dans la version imprimée, où elle « ne devait guère avoir plus de trente ans [*kaum mehr als dreißig Jahre*][149] ». Les visites à Andromeda

146 Manuscrit d'*Austerlitz*, page non numérotée.
147 A', p. 309 [A, p. 368].
148 Manuscrit d'*Austerlitz*, p. 156.
149 A', p. 96-97 [A, p. 114].

Lodge en compagnie de Gerald suscitent en Austerlitz un sentiment de bonheur tellement intense qu'il s'exprime dans un geste plus classiquement associé à l'intensité d'un malheur :

> Quand enfin, depuis la rive sud [...], nous passions en roulant au pas, avec sur la gauche la baie de Barmouth qui s'étendait jusqu'à l'horizon lumineux, ma joie souvent était telle que je ne savais plus [*nicht*, barré au crayon et remplacé par *kaum*, presque plus] où porter mon regard [barré au crayon : & *verbarg das Gesicht in den Händen*, & *je cachais mon visage dans mes mains*][150].

Cette authentique formule de pathos de la douleur morale[151], inversée ici pour désigner une joie presque insupportable d'intensité, a finalement été supprimée, comme tout ce qui suggérerait une attirance amoureuse entre Austerlitz et celle qui finalement s'appellera Adela – en écho à Agáta, la mère d'Austerlitz ? – et que Sebald, en augmentant son âge, déplacera vis-à-vis du jeune Jacques Austerlitz vers une position plus maternelle, et donc aussi, en l'occurrence, vers le deuil plutôt que vers le désir. Austerlitz verra Adela une dernière fois à l'occasion des doubles funérailles des oncles Alphonso et Evelyn – une scène qui est à divers égards « sur le seuil » :

> Le creux de son bras droit enserrait un gros bouquet de chrysanthèmes rouille et quand nous eûmes traversé la cour en silence, parvenue au seuil de la porte, elle écarta de sa main libre la mèche qui me tombait sur le front, *comme si elle savait que ce geste avait le don de s'inscrire dans le souvenir* [*so als wisse sie, in dieser einen Geste, daß sie die Gabe besaß, erinnert zu werden*]. Oui, je vois encore Adela, dit Austerlitz ; elle est restée la même à mes yeux, aussi belle qu'elle était alors[152].

150 Manuscrit d'*Austerlitz*, p. 161 (ancienne numérotation barrée, p. 135) (correspond dans la version imprimée au passage dans A', p. 98-99 [A, p. 117]).

151 Pour figurer la douleur extrême d'Agamemnon face à la mort de sa fille, le peintre Timanthe de Kythnos avait imaginé, dans son *Sacrifice d'Iphigénie*, un procédé loué aussi bien par Quintilien que par Pline l'Ancien, qui écrit : « après avoir représenté toute l'assistance affligée – particulièrement son oncle –, et épuisé tous les modes d'expression de la douleur, il voila le visage du père lui-même, dont il était incapable de rendre convenablement les traits ». Pline l'Ancien, *Histoire naturelle*, éd. et trad. J.-M. Croisille, Paris, Les Belles Lettres, 1985, p. 73 (XXXV, XXXVI). Sebald lui-même reprend ce geste dans son sens premier d'affliction extrême dans *Les Émigrants*, lorsque Max Aurach raconte son départ de Munich et la séparation d'avec ses parents, et le contrôle de la valise à la douane : « Ce que j'ai pu imaginer en voyant ma valise ouverte, je ne le sais plus, mais il me semble, en y repensant, que je n'aurais jamais dû la défaire, dit Ferber en se couvrant le visage des mains [*und legte dabei seine Hände vor sein Gesicht*]. » LÉ, p. 222-223 [DA, p. 281].

152 A', p. 135 [A, p. 161].

Dans cette scène, dont le récit est suivi de diverses réminiscences heureuses, le geste tendre d'Adela, à demi maternel et à demi amoureux, est perçu par Austerlitz dans une temporalité de futur antérieur, qui en oblitère le présent pour en anticiper le souvenir endeuillé ; la beauté d'Adela, inchangée dans son souvenir, est en même temps, par là même, comme soustraite elle aussi à la temporalité de la vie.

Le rapport entre deuil et désir, et la manière dont Sebald le réajuste dans son travail sur le manuscrit, est visible également dans le passage sur les archives de Prague. Il s'agit de cinq feuilles non paginées, intercalées entre la page 291 et 292 du manuscrit, et écrites au crayon sans interligne (contrairement à l'habitude de Sebald), dans une écriture plus mouvementée et rapide que le reste, notamment la troisième feuille, dans laquelle Austerlitz, dans le bureau de Mme Ambrosová, explique pour la première fois de sa vie qu'il pense avoir quitté Prague à l'âge de quatre ans, passage qui semble avoir été écrit très rapidement, avec beaucoup d'abréviations, et parfois des ratures, ou sans relecture, comme on le voit à la répétition involontaire du mot *dermaßen* par exemple : « je fus pris d'une telle d'une telle [*sic*] panique que… [*geriet ich dermaßen in dermaßen in* [*sic*] *Panik, daß ich*][153] »… À la vue du manuscrit, on ne peut s'empêcher de remarquer la ressemblance entre l'aspect de l'écriture, les nombreuses ratures et modifications, les abréviations extrêmes d'une part, et d'autre part le bégaiement et la difficulté de trouver les mots dont il est question dans le texte, associé au malaise provoqué par la chaleur et le bruit de la circulation[154]. La version finale sera beaucoup moins agitée.

153 [voir A, p. 212-213, *dermaßen* étant remplacé par *derart*].

154 Après avoir commencé par écrire « […] *sentis tout à coup la chaleur qui émanait de l'énorme radiateur* », Sebald barre en effet tout ce début de paragraphe, saute deux lignes et reprend par les mots « commençai à bégayer & ne parvins presque plus à pron.[oncer] un mot. Je n'entendais plus que le bruit qui montait de la Kar.[melitská], le roulement l[ourd] du tram, l'incessant hurlement des sir[ènes] de p[olice] et de sec[ours] au loin, je sentis […] [*zu stottern anfing* & *kaum noch ein Wort herausbr.*[achte] *Ich hörte nur noch den Lärm, der von der Kar.*[melitská] *heraufdrang, das schw*[ere] *Rollen der Straßenb*[ahn], *das unabläss*[ige] *Heulen der P*[olizei]'*sir*[enen] & *M*[artins]'*h*[örner] *irgendwo in der Ferne, spürte* […] » Puis il barre tout ce deuxième début de paragraphe, saute encore une ligne et reprend de nouveau par les mots « commençai à bégayer & ne parvins presque plus à prononcer un m[ot]. Je sentis tout à coup la chaleur [*zu stottern anfing* & *kaum noch ein W*[ort] *herausbrachte. Ich spürte auf einmal die Hitze*] », puis c'est à peu près la suite connue de la version imprimée p. 212. À la page 295 du manuscrit, on trouve une autre variante du passage : « je commençai à bégayer & ne pus bientôt plus prononcer un seul mot. J'avais des scintillements devant

Mais les modifications les plus significatives portent sur la réduction de l'écart manifeste entre, pourrait-on dire, *eros* et *thanatos*. Dans le manuscrit, Austerlitz, en montant les escaliers qui, dans le bâtiment des archives, le mènent au bureau de Mme Ambrosová, a des pensées explicitement suicidaires :

> Alors que nous marchions ensemble le long de la galerie, je sentis l'appel du vide à côté de moi & je me demandai involontairement combien de personnes avaient bien pu se jeter par-dessus cette balustrade au fil du temps[155].

Trop explicite, sans doute – le *Todesmotiv* se fera plus discret dans la version finale, qui dit :

> Nous atteignîmes le bureau de Mme Ambrosová en longeant l'une des galeries faisant le tour du patio. J'osai à peine me pencher à la balustrade pour regarder au fond de la cour, où étaient garées deux ou trois automobiles qui d'en haut paraissaient singulièrement rallongées, du moins plus longues qu'elles n'étaient quand on les voyait dans la rue[156].

Ces voitures longues comme des corbillards peuvent éventuellement passer inaperçues, bien que l'étrangeté de leur forme soit expressément soulignée.

Mais Sebald n'a pas seulement rendu plus discret le motif mortuaire, il a surtout fait disparaître – ou presque – l'attrait érotique de l'employée des archives, et changé son nom : Jasmila Asmanova disparaîtra dans la version définitive au profit de Teresa Ambrosová, dont le prénom fait penser à Terezín/Theresienstadt où a été déportée la mère d'Austerlitz, de même que le prénom de Marie prend tout son sens à Marienbad où Austerlitz se rend avec elle (Sebald avait d'ailleurs hésité sur son nom et son identité, il avait envisagé le prénom Amalia qui aurait également

---

les yeux, je n'entendais plus que le bruit qui montait de la rue [barré : à travers la fenêtre ouverte] [*daß ich anfing zu stottern & bald überhaupt nichts mehr herausbrachte. Es flimmerte mir vor den Augen, ich hörte nur noch den Lärm, der von der Straße herauf* [barré : *durch das offene Fenster*] *drang*] ». Sebald aura abandonné la séquence des scintillements devant les yeux, qui aurait peut-être donné au malaise d'Austerlitz un caractère trop stéréotypé et trop clinique.

155 « *Als wir miteinander die Galerie entlanggingen, spürte ich den Sog der Leere zu meiner Seite & fragte mich unwillkürlich, wie viele sich über dieses Geländer schon hinabgestürzt haben mochten im Laufe der Zeit.* » Manuscrit d'*Austerlitz*, p. 293 (ancienne numérotation barrée : p. 259/283)

156 A', p. 176 [A, p. 211].

fait écho à Marienbad et sa Amalienhöhe) : les femmes, dans *Austerlitz*, portent le deuil dans leur nom même, elles sont définies par le deuil. Peut-être Sebald n'a-t-il pas voulu alors mêler cette dimension-là avec une perception tout autre qui transparaît dans le manuscrit :

> [...] un bureau chargé de montagnes de fascicules. Je vis alors qu'elle avait les yeux d'un bleu sombre, presque couleur de violettes & que plusieurs bagues d'argent brillaient aux doigts de ses mains qui frappaient par leur beauté[157].

Dans la version finale, l'apparence physique de l'employée n'est évoquée qu'après qu'Austerlitz a donné ses explications et subi un accès de panique : avant, seule sa courtoisie – qualité assez *neutre* – sera mentionnée : « avec la plus exquise courtoisie [*mit ausnehmender Höflichkeit*][158] ». La couleur de ses yeux ne sera mentionnée ensuite qu'en relation avec un geste de sollicitude maternelle, « lorsque Tereza Ambrosová, qui, inquiète, n'avait cessé de me regarder de ses yeux pervenche, étrangement blottis au fond de leurs orbites, me tendit un verre d'eau[159] ».

La proximité entre la dimension du deuil et celle du désir, leur intrication et leur réversibilité, la manière dont elles s'appellent l'une l'autre et s'intensifient mutuellement, dont Sebald semble chercher à dissimuler l'évidence, se retrouve encore dans un passage où celle qui sera finalement Marie de Verneuil s'appelait Cecilia (puis Alma) Mantini, originaire de Ferrare, la ville de Giorgio Bassani. Dans ce passage du manuscrit, il est question à la fois de passion et de désir, et des morts et de la vie « de l'autre côté » :

> Alma, qui à cette époque passait déjà sa deuxième année à Londres & avait commencé à travailler à son étude sur le développement architectural de Bath, Baden-Baden, Vichy & Fiesole [point d'interrogation au-dessus et dans la marge], parla de la manière la plus passionnée [*in der passioniertesten Weise*], au cours de l'une de nos excursions dominicales [...] de la *deserta bellezza*[160] de Marienbad & je l'écoutais avec une passion non moins grande [*mit nicht*

157 « [...] *mit Bergen von Faszikeln überladenen Schreibtisch. Ich sah nun, was für blaudunkle, beinahe veilchenfarbene Augen sie hatte, & daß mehrere Silberringe glänzten an den Fingern ihrer auffallend schönen Hände.* » Manuscrit d'*Austerlitz*, p. 294 (ancienne numérotation barrée : p. 260/284). Sebald barre séparément les mots *auffallend* et *schönen*.

158 A', p. 177 [A, p. 212].

159 A', p. 178 [A, p. 213].

160 Sebald avait souligné dans son exemplaire de *Erinnerungen des Herzens*, p. 143, les mots « deserta bellezza di Ferrara », qui sont une citation du poème « Le città del silenzio » de Gabriele D'Annunzio. À propos du Corso Ercole I d'Este, adresse des Finzi-Contini,

> *geringerer Leidenschaft*]. J'avais tout juste commencé à apprendre l'italien pour avoir une raison de regarder sans cesse ses lèvres, & Alma [...] m'avait lu deux fois, très lentement & avec une belle intonation, le premier chapitre des Finzi-Contini, un roman de Ferrare, sa ville natale. Dans ce chapitre, il est question d'une excursion familiale à Cerveteri, dans une nécropole étrusque [...], & je me souviens, dit Austerlitz, qu'Alma, qui aimait particulièrement la manière d'écrire de Bassani, fit remarquer que les vrais prosateurs étaient ceux qui vivaient déjà de l'autre côté & ne reviennent du nôtre que le temps de raconter [*bloß zum Erzählen*]. Quoi qu'il en soit, c'est peu après ce beau week-end au cours duquel nous avons été très proches, qu'Alma nous procura les billets d'avion pour Prague & me dit sans détours que nous allions ensemble à Marienbad tel et tel jour en août[161].

La manière dont se mêlent ici la contemplation passionnée des lèvres d'Alma et le plaisir à écouter sa voix lire avec une « belle » intonation le chapitre du roman de Bassani, d'une part, et d'autre part l'évocation des tombes étrusques produisent un effet d'intensification réciproque que Sebald n'a manifestement pas voulu laisser se déployer tel quel. En effet, ces vestiges antiques, dans *Le jardin des Finzi-Contini*, ne sont pas simplement le décor neutre d'une banale excursion en famille. Dans ce roman qui montre la montée du fascisme et de l'antisémitisme, qui surgit d'abord de manière insidieuse, presque improbable dans la vie de tous les jours avant de révéler toute sa violence d'exclusion, puis

---

Eberhardt Schmidt écrit en effet qu'il éveille « cette impression de "deserta bellezza di Ferrara" qu'avait déjà perçue D'Annunzio et dont il chantait la "melanconia divina" ».

161 « *Alma, die zu jener Zeit das zweite Jahr schon in London war* & *begonnen hatte mit der Ausarbeitung ihrer Studie über die baugeschichtliche Entwicklung von Bath, Baden-Baden, Vichy* & *Fiesole, sprach auf einem unserer Sonntagsausflüge* [...] *in der passioniertesten Weise von der deserta bellezza Marienbads,* & *ich hörte ihr mit nicht geringerer Leidenschaft zu. Ich hatte gerade mit dem Italienischlernen angefangen, um einen Grund zu haben, ihr immer auf die Lippen zu schauen,* & *Alma hatte mir am Samstagabend vor unserer Exkursion* [...] *zweimal sehr langsam* & *mit schöner Betonung das erste Kapitel der Finzi-Contini vorgelesen, eines Romans aus ihrer Heimatstadt Ferrara. In diesem Kapitel ist die Rede von einem Familienausflug nach Cerveteri, in eine der von einem guten Sinn für das Häuslich* (sic) *geprägten Nekropolen der Etrusker,* & *ich weiß noch, sagte Austerlitz, daß Alma, die die Schreibweise Bassanis besonders liebte, die Bemerkung machte, die wahren Prosaisten seien diejenigen, die schon auf der anderen Seite lebten* & *bloß zum Erzählen noch eine Weile zurückkehren zu uns. Jedenfalls war es kurz nach diesem schönen Wochenende, an dem wir uns sehr nahe gekommen sind, daß Alma die Flugkarten nach Prag besorgte* & *mir ohne Umschweife die Eröffnung machte, daß wir miteinander nach Marienbad fahren würden am soundsovielten August. Ich war bis dahin noch nie in einem Flugzeug geflogen,* & *es ist mir bis heute in völliger Klarheit gegenwärtig, wie unbegreiflich mir die unter uns dahingleitende Erde erschien* & *wie ich mich verwunderte über die Ausdehnung der dunklen böhmischen Wälder. Auf dem Flughafen* [...] » Manuscrit d'*Austerlitz*, p. 393-395 (ancienne numérotation barrée : p. 359/383). Tout ce passage est barré dans le manuscrit.

de persécution, puis de déportation et de mort, les tombes étrusques rappellent au narrateur, qui le rappelle au lecteur, que ceux dont il est question dans le livre qu'il vient d'ouvrir ne sont plus, parce que la plupart d'entre eux ont été assassinés dans les camps nazis. Le rapport entre l'intensité de ce deuil et la beauté lumineuse du souvenir de Cerveteri comme de Ferrare, et notamment le souvenir ému de Micòl Finzi-Contini – trouve un écho dans la rencontre entre le narrateur sebaldien et cette Ferraraise qui lui lit Bassani à haute voix. Mais peut-être Sebald a-t-il craint le risque d'une sentimentalisation du deuil par le motif amoureux, ayant très présent à l'esprit le contre-modèle d'Andersch et d'autres, qui se seraient débarrassés du sujet en le noyant dans des histoires sentimentales.

Un dernier aspect remarquable à la lecture du manuscrit d'*Austerlitz* est le travail de Sebald sur ce qu'il appelle le « réseau de douleur [*Netzwerk des Schmerzes*] », ou atlas du pathos, par lequel il tisse, plus ou moins discrètement, dans la langue et donc dans la forme littéraire, les liens entre diverses « traces de douleur ». Un exemple est particulièrement frappant à cet égard, tant y est évident l'enjeu et la problématique d'une œuvre de grisaille, où la présence diffuse d'un passé qui ne passe pas risque à chaque instant, aussi, de basculer dans une évocation de la catastrophe qui se dissout dans une dimension *atmosphérique*.

Dans un passage non paginé du manuscrit où il arpente le cimetière du Montparnasse et s'intéresse particulièrement à la famille d'Amélie Cerf/Hirsch, Austerlitz se demande :

> Repose-t-elle d'ailleurs dans cette tombe, ou s'est-elle à la fin, comme ses malheureux parents, *évaporée dans l'air raréfié* [*aufgelöst in dünne Luft*] ?

Or cette même expression, « *aufgelöst in dünne Luft* », est reprise telle quelle, dans le manuscrit, dans le passage sur la Bibliothèque nationale, où elle s'applique à la « disparition » des lecteurs de l'ancienne Bibliothèque nationale de la rue de Richelieu, après le transfert d'une grande partie des fonds sur le site « François-Mitterrand » :

> et ses lecteurs, qui naguère étaient installés [...], en tacite complicité avec ceux qui les avaient précédés, aux pupitres distingués par leur numéro sur une petite plaque d'émail, semblent s'être *évaporés dans l'air raréfié* [*scheinen sich aufgelöst zu haben in dünne Luft.*]

Il semblerait que Sebald ait finalement craint la disproportion de l'analogie créée par cette formule entre ceux qui, dans les camps d'extermination, sont « partis par la cheminée », et les lecteurs de Richelieu qui n'ont pas adopté la nouvelle Bibliothèque nationale. Dans la version finale d'*Austerlitz*, Sebald a retiré dans les deux passages l'adjectif identique (*dünn*) de la formule initiale « *aufgelöst in dünne Luft* » pour le remplacer par deux adjectifs divergents : à propos d'Amélie Cerf, Austerlitz se demande désormais :

> Y repose-t-elle d'ailleurs [dans le mausolée de famille], ou bien s'est-elle évaporée dans la grisaille de l'air [*aufgelöst in graue Luft*] comme Hugo et Lucie[162] ?

tandis que les lecteurs de l'ancienne Bibliothèque nationale

> semblent s'être évaporés dans la fraîcheur de l'air [*scheinen sich aufgelöst zu haben in die kühle Luft*][163].

Quelle conclusion tirer de de ces ultimes ajustements avant la publication ? D'un côté, le retrait de cette épithète commune rend beaucoup moins manifeste le parallélisme entre ces deux passages, puisqu'elle constituait l'élément non lexicalisé de la formule, qui réactivait la métaphore oubliée dans l'expression « *in Luft aufgelöst* » et la rendait perceptible au lecteur. D'un autre côté, cette expression habituellement banale et inoffensive cesse, de toutes façons, de passer inaperçue dès lors que, comme à propos des membres de la famille Cerf « morts en déportation », le contexte réactive à lui seul et immédiatement son sens littéral. Le lecteur attentif n'a peut-être pas besoin que cette expression soit marquée en plus par un adjectif identique pour la reconnaître lorsque, quelques pages plus loin, elle reviendra à propos des lecteurs de la Bibliothèque nationale, certes cette fois dans le sens figuré qui est le plus courant. Quoi qu'il en soit, il est évident que Sebald a réfléchi à cet effet d'écho, et que s'il a choisi de le rendre moins apparent et plus discret, il a aussi choisi de le maintenir. Le rapport qui s'établit ainsi entre les deux passages, suggérant de fait une certaine parenté entre les habitués de la rue de Richelieu privés de leur salle de lecture habituelle

162 A', p. 307 [A, p. 366].
163 A', p. 325 [A, p. 388].

et les victimes de la Shoah, peut laisser perplexe. En même temps, ce raccourci ne rend pas compte de la complexité d'une constellation qui comporte bien d'autres relais, notamment la figure de Walter Benjamin (qui n'est pas évoqué explicitement mais qui fait partie de ces habitués de l'ancienne Bibliothèque nationale) et celle de Paul Celan[164], ou encore les pages consacrées à la nouvelle Bibliothèque nationale qui s'élèverait sur le site (en réalité : à proximité[165]) des anciennes « Galeries d'Austerlitz » où étaient entreposés les biens des Juifs parisiens déportés, et où les officiers allemands venaient faire leur marché avant de se faire envoyer en Allemagne les objets de leur choix.

Il faut noter encore que l'expression « dünne Luft » finalement rejetée par Sebald semble correspondre pour lui à une sorte de *leitmotiv* souterrain : on la retrouve encore dans l'essai sur Jan Peter Tripp, à propos du loir que celui-ci a peint pendant sept jours après l'avoir trouvé mort devant sa porte :

> Mussé dans le néant, sans rien sous lui ni derrière lui, le petit animal aux oreilles dressées de chauve-souris flotte à présent dans un air raréfié [*durch die dünne Luft*][166].

Cet *air raréfié* apparaît de ce point de vue comme une sorte de *milieu métaphysique* : il révèlerait, pour reprendre une autre expression de l'essai sur Tripp, la « doublure métaphysique de la réalité [*metaphysisches Unterfutter der Realität*][167] ». Cela confirme-t-il la critique formulée notamment par Anne Fuchs d'une universelle « métaphysique du malheur (*Metaphysik des Unglücks*)[168] » qui absorbe et dissout toute conscience historique ? Et l'intensité du pathos ne va-t-elle pas de pair avec une certaine *déréalisation* de la réalité évoquée, comme si ces « particules de souvenir », ces *Erinnerungspartikel* selon l'expression de Klaus R. Scherpe[169], finissaient

164 Ruth Vogel-Klein a montré que Sebald reprend la dernière adresse de Paul Celan – 6, avenue Émile Zola – pour l'attribuer, légèrement modifiée, à Amélie Cerf – « au numéro 6 de la rue Émile Zola », précisant que cette adresse se trouve « à quelques pas du pont Mirabeau », d'où Celan s'est jeté dans la Seine en avril 1970. « Dans l'atelier de W. G. Sebald », art. cité, p. 152.

165 Là aussi, *cf.* Ruth Vogel-Klein, « Dans l'atelier de W. G. Sebald », art. cité, p. 154-155.

166 SC, p. 174 [LL, p. 181].

167 *Ibid.*

168 Anne Fuchs, *« Die Schmerzensspuren der Geschichte ». Zur Poetik der Erinnerung in W. G. Sebalds Prosa*, Köln/Weimar/Wien, Böhlau, 2004, p. 19.

169 Klaus R. Scherpe, « Auszeit des Erzählens – W. G. Sebalds Poetik der Beschreibung », *Schreiben ex patria / Expatriate Writing*, éd. Gerhard Fischer, Amsterdam / New York, Rodopi, 2009, p. 297-315, p. 313.

par prendre l'aspect d'hallucinations, qui ont elles aussi la particularité de se dissoudre dans l'air inconsistant – « *Trugbilder, die sich aufgelöst haben in leere Luft*[170] » ? On reviendra sur cette question[171], qui relève plus généralement des ambivalences et paradoxes de l'intensification expressive.

AMBIVALENCES ET PARADOXES DE L'INTENSITÉ EXPRESSIVE

Sebald, on l'a vu, se méfie de tout ce qui risquerait de s'apparenter à une « sentimentalisation » : son *économie* du pathos, entendue à la fois comme *gestion* et comme *évitement*, est marquée par la « peur du faux » et des dérives possibles de l'identification affective, incarnées par toute une série de puissants contre-modèles. Contre le « mélodramatique » et le « sentimental », Sebald souligne l'exemplarité du « ton documentaire », dont il est pourtant très éloigné dans son propre style. Cherchant à conjurer le pathos, il réduit les écarts des états affectifs qu'il évoque et maintient ainsi l'homogénéité d'un registre grave qui explique que lui soit si souvent prêté le style impassible, neutre, non-pathétique qu'il revendique. Mais il n'en est pas moins conscient de la parenté possible entre l'impassibilité et l'indifférence :

> Oui, ce serait en somme mon ambition [« de produire en tant que narrateur cette forme de neutralité »]. Cette tentative de décrire les choses de la manière la plus neutre possible, sans donner l'impression qu'on ne se sent pas concerné. On ne peut pas, bien sûr, raconter les choses en étant complètement indifférent. Mais je pense que la plus grande neutralité possible est la seule attitude possible vis-à-vis de ces choses-là[172].

---

170 À la fin d'une longue énumération de fragments de réminiscences de son enfance berlinoise, Michael Hamburger, ou du moins son personnage dans les *Anneaux de Saturne*, se pose cette question : « n'étaient-ce que des phantasmes, des fictions totalement inconsistantes ? [*sind das nicht nur Phantasmen gewesen, Trugbilder, die sich aufgelöst haben in leere Luft ?*] » AS, p. 211 [RS, p. 211].

171 *Cf.* le chapitre « Poussières. Pathos diffus et matières de la survivance ».

172 G, p. 162.

ANTI-PATHOS OU APATHIE ?

Si Sebald croit devoir préciser que le narrateur ne doit pas être insensible et que le récit ne doit pas témoigner d'une indifférence totale, c'est qu'il s'inquiète malgré tout de la proximité potentielle entre le détachement censé communiquer l'affect par antiphrase et une véritable impassibilité d'indifférence[173]. Lorsqu'Andrea Köhler lui demande comment il concilie l'histoire assassine (*Mordgeschichte*) du XXe siècle avec l'élégance stylistique du XIXe, il répond :

> Ma réponse, qui me semble à moi-même très incertaine, est celle-ci que le style détaché [*der detachierte Erzählstil*] contribue peut-être à placer les choses dans une perspective distanciée de telle manière qu'en tant que lecteur, on ait l'impression que le narrateur ne reste pas indemne [*sich nicht schadlos hält*] face aux choses qu'il décrit[174].

Sebald a bien conscience en effet que le style ou l'*habitus* anti-pathétique peut se communiquer lui aussi, informer les affects et contribuer à fonder une sorte de style émotionnel (c'est-à-dire, en l'occurrence, non-émotionnel). Dans ce cas, le refus du pathos, pris à la lettre, reviendrait à une exigence de froideur et de refus d'empathie qui serait à l'opposé de sa propre visée éthique.

Dans le contexte de la littérature sur la Shoah en particulier, l'exigence anti-pathétique, dès lors qu'elle se fige en convention, peut finir par revêtir une fonction semblable à cet autre *topos* familier, celui de l'indicible ou de l'irreprésentable, dans lequel une notion de convenance vient sournoisement se superposer au souci légitime de l'expression adéquate, réduisant l'enjeu « éthique-esthétique » à une question de goût. Le souci de la « décence », comme forme dégradée de l'éthique, peut en effet produire des effets pervers, qui ont souvent été décrits en ce qui concerne le *topos* de l'irreprésentable : s'il est évident que nulle représentation ne saurait épuiser la totalité de ce qu'a été la réalité des camps (essentiellement, là encore, à cause de la différence irréductible entre *représentation* et *réalité*),

173 Dans un entretien avec Andrea Köhler intitulé « Katastrophe mit Zuschauer » (en référence au livre de Blumenberg, *Naufrage avec spectateur*, auquel il fait référence), Sebald cite comme anti-modèle absolu Ernst Jünger qui, dans ses journaux de guerre, raconte que « quelque part dans Paris, debout sur un toit, il contemple au loin le bombardement et décrit l'effet esthétique de la pluie de bombes », sans oublier de préciser qu'il tient « un verre de champagne avec des fraises » à la main. *Ibid.*, p. 157-159.

174 *Ibid.*, p. 159.

et que toute tentative est vouée à rester fragmentaire et partielle, on sait aussi que ce *topos* est devenu – ou a toujours été[175] – bien commode pour s'épargner la prise en compte de ce qui *malgré tout* se dit et se montre : figée en dogme, la notion d'irreprésentable finit par rendre aveugle à ce qu'on a sous les yeux, comme l'a montré Georges Didi-Huberman dans *Images malgré tout*[176].

Comme le *topos* de l'indicible et de l'irreprésentable, celui de l'*anti-pathétique* a un double visage. D'un côté, comme le dit Sebald, « tirer des ruines d'un monde anéanti des effets esthétiques ou pseudo-esthétiques est une démarche faisant perdre à la littérature toute légitimité[177] ». Ou, comme l'écrit Kertész, « Auschwitz a mis la littérature en suspens[178]. » Catherine Coquio écrit à ce propos :

> La « mise en suspens » est un fait de conscience et une exigence critique, que recouvrent quotidiennement les rites mémoriels et la « culture de l'Holocauste ». [...] Le suspens n'a eu lieu dans aucun passé : il est le présent par quoi l'événement s'inscrit dans la littérature à l'état de question[179].

Lorsque la conscience et l'exigence critique s'assoupissent dans les rites mémoriels, les impératifs tels que le non-pathétique peuvent se retourner contre eux-mêmes dès lors qu'ils se figent en conventions, voire en convenances, et qu'ils deviennent des postures. N'expriment-ils pas parfois un réflexe de défiance et de rejet *a priori*, où l'exigence de « décence », par exemple, dissimule avant tout le souci de préserver son confort moral et de se dispenser d'éprouver ce qui est trop éprouvant ?

Le terme de *distance* témoigne de glissements semblables : généralement valorisée parce que réputée être la condition même de toute pensée critique (là où le manque de distance est censé l'empêcher), la distance peut aussi

175 Birgit Erdle montre que le *topos* de l'indicible et de l'irreprésentable a d'abord servi de « geste rhétorique » destiné à masquer le refus d'entendre les témoignages des survivants. Elle parle également de « formule de pathos de l'irreprésentable [*Pathosformel des Undarstellbaren*] », en employant toutefois ici le terme dans le sens désormais courant de « cliché pathétique », et non dans le sens spécifiquement warburgien auquel nous nous intéressons ici. « Die Verführung der Parallelen. Zu Übertragungsverhältnissen zwischen Ereignis, Ort und Zitat », *Trauma. Zwischen Psychoanalyse und kulturellem Deutungsmuster*, *op. cit.*, p. 27-50, p. 33-34.

176 Georges Didi-Huberman, *Images malgré tout*, Paris, Minuit, 2004.

177 DD, p. 61 [LK, p. 64].

178 Imre Kertész, *L'Holocauste comme culture*, *op. cit.*, p. 261.

179 *Cf.* Catherine Coquio, *La littérature en suspens. Écritures de la Shoah : le témoignage et les œuvres*, Paris, L'Arachnéen, 2015, p. 12.

subrepticement se muer en alibi de confort dans le rapport à un matériau historique douloureux. L'erreur est sans doute de penser la distance en termes d'atténuation, en présupposant que l'intensité de l'émotion et la faculté de penser seraient inversement proportionnels – en somme, que l'émotion empêche de penser. Sous prétexte de distance critique, on serait surtout attentif à ne pas être affecté, à ne pas être contaminé par le pathos, bref à demeurer impassible – sans émotion et finalement sans pensée. Or la distance ne signifie pas l'établissement d'une zone de confort moral, d'une sphère à part, qui offrirait au sujet un point de vue sans l'exposer à être lui-même affecté, mais un espace de pensée pour lequel Warburg a forgé le concept de « *Denkraum der Besonnenheit* », inlassablement reconquis sur le pathos et impensable sans lui[180]. « La distance n'est pas une zone protégée, mais un champ de tension[181] », écrit Adorno dans *Minima Moralia*, que Sebald avait dans sa bibliothèque.

Préserver, sous prétexte de « distance », une « zone protégée » et nier le « champ de tension » est certainement un motif psychologique très courant – il n'est pas inoffensif pour autant. Il arrive parfois que, lorsque cette zone protégée est vraiment menacée, elle soit défendue avec acharnement et prenne des formes offensives dans lesquelles le mot « pathos » sert à neutraliser l'adversaire, en disqualifiant celui qu'on ne veut pas entendre. Sigrid Weigel a donné de ce procédé un exemple étonnant. Dans une « digression sur le précepte d'ironie [*Ironiegebot*] dans l'Allemagne d'après-guerre » de son livre sur Ingeborg Bachmann, elle cite ce verdict de H. W. Richter sur Paul Celan :

180 Le savant moderne, dit Warburg, doit tenter de « conquérir l'espace de la réflexion sereine [*Denkraum der Besonnenheit*] entre lui-même et l'objet [...]. Car il faut sans cesse reconquérir Athènes depuis Alexandrie. » Aby Warburg, « Heidnisch-antike Weissagung in Wort und Bild zu Luthers Zeiten », *Werke in einem Band*, éd. Martin Treml, Sigrid Weigel et Perdita Ladwig, Berlin, Suhrkamp, 2010, p. 424-491, p. 485. Ou encore : « L'acquisition du sens de la distance entre le sujet et l'objet : tâche de ce qu'on appelle la culture et critère du progrès de l'espèce humaine. / Ce serait le véritable objet de l'histoire culturelle que de décrire le degré de sérénité qui a été atteint dans la réflexion [*den jeweiligen Stand der Besonnenheit zu beschreiben*]. » Note 328 du 28.VIII.96, *Fragmente zur Ausdruckskunde*, éd. Ulrich Pfisterer et Hans Christian Hönes, Berlin/Boston, De Gruyter, 2015 (Aby Warburg, *Gesammelte Schriften, Studienausgabe*, vol. IV). Sur le « Pathos der Distanz » de Nietzsche, *cf.* Ulrich Port, *Pathosformeln. Die Tragödie und die Geschichte exaltierter Affekte (1755-1888)*, München, Fink, 2005, p. 17-18 et p. 354-366.

181 *Minima Moralia. Réflexions sur la vie mutilée* [1944-1947], trad. É. Kaufholz et J.-R. Ladmiral, Paris, Payot, 1991, p. 122. Cité dans Georges Didi-Huberman, *Aperçues*, Paris, Minuit, 2018, p. 128.

> Un homme qui ne *sait pas rire*. [...] Sa voix est trop haute pour moi, *trop pathétique* [*zu pathetisch*]. Elle ne me plaît pas. *Le pathos, cela fait belle lurette que nous avons appris à nous en passer* [*Wir haben uns das Pathos längst abgewöhnt.*][182]

Sigrid Weigel montre que cet « interdit de pathos [*Pathosverbot*] » est le versant littéraire d'une politique de « traitement du passé [*Vergangenheitsbewältigung*] » qui a surtout pour but de neutraliser la question de l'implication de ce « nous » dans l'histoire la plus récente, et qui refuse d'entendre une voix comme celle de Celan en en critiquant le style. Un procédé semblable se retrouve sous la plume de Peter Rühmkorf qui, au terme de son panorama de la poésie allemande d'après-guerre, édicte ainsi la norme stylistique de cette génération des jeunesses hitlériennes et de ces *Flakhelfer* qui, adolescents, étaient employés à la fin de la guerre dans la défense anti-aérienne : « Le chant de lamentation [*Klagegesang*] cède la place au grotesque, le pathos bascule dans l'ironie [*Umschlagen von Pathos in Ironie*][183]. » Dans la critique littéraire qui rejette Celan, ce précepte d'ironie, dit Sigrid Weigel, se combine à l'accusation de *Wirklichkeitsferne*, d'« éloignement de la réalité » – comble de la mauvaise foi de la part de qui, comme H. E. Holthusen, s'applique à prendre pour des métaphores « surréalistes » les références directes à Auschwitz, comme les « moulins de la mort [*Mühlen des Todes*][184] ». Les amis et collègues à qui Celan demande leur soutien face à ce type de « réception » aux motifs parfois ouvertement antisémites laissent entendre plus d'une fois que sa réaction est exagérée, voire qu'il a à ce sujet une perception pathologique – alors que, comme l'écrit Sigrid Weigel, c'est bien plutôt cette pathologisation qui est un symptôme d'une sorte d'« "antisémitisme *à cause* d'Auschwitz", dans le but d'assurer sa propre sérénité quant à l'histoire récente[185] ».

Le mécanisme qui consiste, de la part de cette génération des *Flakhelfer*, à revendiquer « l'hégémonie sur la culture et la symbolique de l'Allemagne d'après-guerre » et à en exclure de fait les survivants

182 Hans A. Neunzig (éd.), *Hans Werner Richter und die Gruppe 47*, München, Nymphenburger, 1979, p. 111-112. Cité dans Sigrid Weigel, *Ingeborg Bachmann. Hinterlassenschaften unter Wahrung des Briefgeheimnisses*, Wien, Paul Zsolnay, 1999, p. 438. Soulignements SW.

183 Peter Rühmkorf, « Das lyrische Weltbild der Nachkriegsdeutschen », *Bestandsaufnahme. Eine deutsche Bilanz*, éd. Hans Werner Richter, München, Kurt Desch, 1962, p. 474, cité dans Sigrid Weigel, *Ingeborg Bachmann*, *op. cit.*, p. 442. Soulignements SW.

184 Sigrid Weigel, *Ingeborg Bachmann*, *op. cit.*, p. 442, 443.

185 *Ibid.*, p. 444.

de la Shoah, s'observe également dans le domaine de l'historiographie : Sigrid Weigel cite l'exemple de Martin Broszat qui, « en construisant sa qualité de témoin "innocent" de par sa classe d'âge, en déduit la prétention à l'hégémonie quant à l'histoire des suites de la guerre, du nazisme et de la Shoah[186] », tandis que les témoignages et les écrits des survivants sont écartés sous prétexte qu'il s'agirait de formes mythifiées de la mémoire[187]. Nicolas Berg fait remarquer quant à lui que Broszat considère la perspective des historiens allemands non juifs comme « objective », tandis que les travaux des historiens juifs – Berg cite le cas de Joseph Wulf – sont relégués, exclus du discours sur l'historiographie du nazisme, sous prétexte qu'ils relèveraient de la mémoire, de la subjectivité, du deuil ou du ressentiment[188] (tandis que l'appartenance passée aux jeunesses hitlériennes n'entamerait en rien l'objectivité). À ce biais pathétique qu'il prête non seulement aux témoignages proprement dits, mais aussi aux travaux strictement historiographiques des historiens juifs, Martin Broszat prétend opposer un « pathos de la sobriété [*Pathos der Nüchternheit*][189] », c'est-à-dire un pathos de l'anti-pathos.

Ce contexte très particulier de *pathologisation du « pathos »* – le terme de *pathos* étant ici à mettre entre guillemets, puisque dans ce contexte il est plutôt employé comme un terme polémique, un bouclier, une arme – devait être évoqué, même très brièvement, parce qu'il marque un certain type de discours ambiant qui complique encore l'usage et les enjeux du « pathos » et du « non-pathos » chez Sebald lui-même comme dans sa réception. On a vu en effet combien Sebald craignait le pathos et recherchait un style *non-pathétique.* Mais dans la constellation que nous venons d'évoquer, où le dogme anti-pathétique masque à peine une surdité délibérée à une plainte que l'on refuse d'entendre, Sebald prend le parti de cette plainte (*Klagegesang*, disait Rühmkorf) qu'une norme prétendument stylistique réprouve et neutralise. Il revendique « l'attitude de deuil [*Trauerhaltung*] » et « l'élégie en prose », et s'élève

186 *Ibid.*, p. 442.

187 Martin Broszat / Saul Friedländer, « Um die "Historisierung des Nationalsozialismus". Ein Briefwechsel », *Vierteljahreshefte für Zeitgeschichte*, H. 36/1988, p. 339-372, cité dans Weigel, *Ingeborg Bachmann*, *op. cit.*, p. 442.

188 Nicolas Berg, « Die Lebenslüge vom Pathos der Nüchternheit », *Süddeutsche Zeitung*, 17. 7. 2002. *Cf.* Klaus-Dietmar Henke, Claudio Natoli (éd.), *Mit dem Pathos der Nüchternheit : Martin Broszat, das Institut für Zeitgeschichte und die Erforschung der NS-Zeit*, Frankfurt a. M., Campus, 1991. Merci à Aurélia Kalisky d'avoir attiré mon attention sur ce texte.

189 *Ibid.*

contre ce faux « pathos de la sobriété » dont le vrai nom serait plutôt « l'*apathie* politique », héritière de l'étonnante « *insensibilisation* [ou auto-anesthésie, *Selbstanästhesierung*] dont est capable une collectivité[190] », pour reprendre deux catégories centrales que Sebald a rencontrées dans le livre de Margarete et Alexander Mitscherlich, *Le deuil impossible*.

C'est la lutte contre cette apathie qui aurait constitué selon Sebald l'entrée en littérature des auteurs ouest-allemands des années 1960, c'est-à-dire notamment des écrivains de sa génération (Handke est né en 1942, Sebald en 1944) :

> Combattre consciemment cette apathie politique [*diese politische Apathie*] [...] deviendra au cours des années 1960 la tâche principale des écrivains d'Allemagne de l'Ouest. Ils vivront ainsi leur véritable *éducation sentimentale* comme écrivains indépendants, des années d'apprentissage qui plus tard trouveront leur expression politique programmatique dans l'engagement de nombreux auteurs pendant la campagne électorale de 1969[191].

Il n'est pas anodin que Sebald appelle « éducation sentimentale » la prise de conscience de la nécessité de lutter, par l'écriture, contre l'apathie politique. L'éducation sentimentale consiste précisément à s'émanciper du sentimentalisme de leurs aînés, incarné dans la littérature d'après-guerre, cette « littérature des ruines [*Trümmerliteratur*] » qui, selon Sebald,

> se préoccupait principalement des « problèmes personnels » et des sentiments privés des protagonistes [*mit « persönlichen Anliegen » und den privaten Gefühlen der Protagonisten beschäftigt*], n'offre qu'une valeur informative relativement restreinte sur la réalité objective [*objektive Wirklichkeit*] de l'époque, et en particulier sur la dévastation des villes et les modèles de comportement psychiques et sociaux qui en découlent[192].

Dans la littérature des années 1950, Sebald estime en effet qu'une « sensiblerie égocentrique [*egozentrische Larmoyanz*] » sert de « succédané du travail sur ce que nous avons infligé à autrui[193] ».

Ce qu'il appelle « éducation sentimentale » ne décrit donc pas le déploiement de « sentiments privés », mais la prise de conscience de la manière dont la « réalité objective » affecte les modèles de comportement

---

190 DD, p. 23 [LK, p. 20].
191 CS', p. 105 [CS, p. 108].
192 CS', p. 70 [CS, p. 70-71].
193 CS', p. 101 [CS, p. 103].

psychiques et sociaux, en l'occurrence cette apathie, également qualifiée d'« étonnante raideur affective [*auffallende Gefühlsstarre*][194] » face à la réalité des crimes nazis qui ont « laissé dans la vie intérieure de la nouvelle société des traces négatives [*negative Profilierungen im Innenleben der neuen Gesellschaft*][195] ». Sebald parle encore des « déformations profondes et durables de la vie émotionnelle [*Deformationen im Gefühlsleben*] de ceux qui se sont laissé intégrer sans problème dans le système[196] ». Au moment de sa mort, Sebald avait le projet de travailler sur « l'*éducation sentimentale* du sujet fasciste[197] », dans l'esprit de l'approche psychanalytique des Mitscherlich, dont les dossiers médicaux présentés dans *Le deuil impossible* « laissent au moins entrevoir qu'il existe un rapport entre la catastrophe s'accomplissant sous le fascisme hitlérien et la gestion des sentiments intimes [*Regulierung intimer Gefühle*] dans la famille allemande[198]. » Par ailleurs, cette « éducation sentimentale » ne désigne pas seulement pour Sebald un objet d'étude et d'analyse historique, mais aussi un projet politique : lorsque Sebald note, dans *De la destruction*, que les « traces de douleurs » des bombardements aériens ont été effacées du « patrimoine affectif » collectif, il dit en même temps son intention de les y réinscrire.

Lorsqu'il fustige le sentimentalisme, ce sont bien les « faux sentiments » – *falsche Gefühle* – qui sont en cause, ceux qui masquent l'insensibilité, l'apathie. Mais cette apathie, proche de ce que Patrice Loraux appelle « l'anesthésie, c'est-à-dire un certain type de suspension du sentir », ou encore « l'ablation de la part ultrasensible », « la disjonction d'un sentir et d'un ressentir », ou enfin la « suspension de la circulation entre sentir et ressentir, suspension de représentation donc[199] », cette apathie peut aussi se loger dans le style non-pathétique, dans cette impassibilité et

194 CS', p. 99 [CS, p. 101].

195 *Ibid.*

196 CS', p. 111 [CS, p. 114].

197 Sebald indique dans un entretien accordé au *Spiegel* en mars 2001 qu'il est en train de mener des recherches sur les biographies de « deux, trois femmes de [sa] génération » destinées à éclairer « *die "éducation sentimentale" des faschistischen Subjekts* » G, p. 207. « Par exemple, je crois que nous ne savons toujours pas comment était au fond l'"*éducation sentimentale*" [en français dans le texte] de nos parents sous le régime nazi. J'aimerais bien savoir comment se passait le "processus de formation" [*Bildungsprozeß*] – si on peut dire – d'un petit bourgeois allemand qui a fait carrière dans le fascisme. Quelles émotions se sont développées ? En particulier entre 1933 et 1942 ? » G, p. 206-207.

198 DD, p. 91 [LK, p. 97].

199 Patrice Loraux, « Les disparus », *L'art et la mémoire des camps. Représenter exterminer*, éd. Jean-Luc Nancy, *Le genre humain*, déc. 2001, p. 41-57, p. 47.

cette neutralité qui se prétend garante d'une distance d'objectivité et de réflexion.

Toute la difficulté se situe dans ces croisements et ces retournements vertigineux dont la distinction entre « vrais » et « faux » sentiments ne suffit guère à trancher le nœud. Car si Sebald, encore une fois, prend le parti de la plainte et de l'élégie, il ne cesse de revendiquer en même temps l'impassibilité et la neutralité. C'est qu'il n'est pas seulement le contemporain d'une situation historique (et littéraire) particulière, celle de l'Allemagne d'après 1945, mais aussi l'héritier de l'impassibilité flaubertienne et, à ce titre, tributaire de cette tradition littéraire de la modernité qui « se présente comme anti-pathétique ou anti-sentimentale » et qui a fini par imposer « le réflexe critique qui assimile le sentimental au trivial en étendant progressivement le concept du sentimental jusqu'à ce que la simple représentation du sentiment attendu au moment attendu et au lieu attendu soit considérée comme potentiellement sentimentale voire triviale[200] », comme l'écrit Martin von Koppenfels dans son étude sur la « politique de l'affect dans le roman moderne », inaugurée par Flaubert notamment dans *L'éducation sentimentale*, dont Sebald reprend si souvent le titre. Mais avant de regarder de plus près la filiation flaubertienne de son économie du pathos, attardons-nous un instant sur la lecture qu'il fait de Jean Améry, et qui met en évidence les contradictions internes d'un discours anti-pathétique qui se révèle en partie être une *idée reçue*.

PAR-DELÀ LE PATHOS ET L'IMPASSIBILITÉ. AVEC AMÉRY

À ce résistant juif autrichien torturé par la Gestapo dans les caves de Breendonk en Belgique, faits évoqués dans *Austerlitz*, Sebald prête cette « attitude d'impassibilité [*Haltung der* impassibilité][201] » qu'il prend pour mesure de son propre style[202]. Il souligne le fait que

> [m]ême lorsqu'il relate la torture qu'on lui a fait subir, Améry adopte un ton qui fait ressortir plutôt la monumentale absurdité [*den monumentalen Irrsinn*] de la procédure à laquelle on le soumet que le pathos de la souffrance [*das Pathos des Leidens*][203].

200 Martin von Koppenfels, *Immune Erzähler*, *op. cit.*, p. 17.

201 CS', p. 149 [CS, p. 156].

202 Sur Sebald et Améry, *cf.* notamment Irene Heidelberger-Leonard, « Jean Amérys Werk – Urtext zu W. G. Sebalds *Austerlitz ?* », *W. G. Sebald. Mémoire. Transferts. Images*, *op. cit.*, p. 117-128.

203 CS', p. 148 [CS, p. 155]. Traduction modifiée.

Un peu plus loin, il qualifie son style de « lapidaire », dépourvu de « la moindre tentative de pathétiser son cas [*ohne die geringsten Anstalten zur Pathetisierung seines Falles*][204] ».

Il y a quelque chose d'incongru à valoriser à ce point le caractère non-pathétique du récit de torture d'Améry, jusqu'à lui prêter une « stratégie permanente d'*understatement* qui interdit aussi bien la pitié que l'auto-apitoiement [*sowohl Mitleid als auch Selbstmitleid*][205] ». Face à l'extrême violence de la scène de torture que restitue Jean Améry dans son récit certes sobre, mais aussi parfaitement précis et explicite, qu'entend-on au juste par *impassibilité*, *understatement*, non-insistance sur le *pathos de la souffrance*, refus de *pathétiser* ? Ces catégories ne révèlent-elles pas leur inconsistance face à un texte qui transmet avec une telle intensité au lecteur un *pathos* qui tient à l'événement lui-même, restitué avec simplicité et lucidité, « la monumentale absurdité » en étant par ailleurs un élément constitutif ? N'y a-t-il pas quelque difficulté à imaginer que l'auteur, en faisant le récit de cette expérience-limite, ait le souci d'une quelconque stratégie stylistique destinée à empêcher la « pitié » ? À quels aprioris Sebald croit-il ici devoir répondre, à quelles normes esthétiques ou éthiques croit-il devoir déclarer conforme un texte comme celui-là ?

Dans sa préface à un recueil de textes écrits pour amnesty international[206], Jean Améry a lui-même dit à quel point certains textes disqualifient par avance les catégories à partir desquelles on a l'habitude de les juger : ainsi en est-il d'un récit

> qui, dans sa terrible simplicité et son immédiateté mûrement réfléchie [*durchdachten Unvermitteltheit*], renvoie à une réalité atroce et fait rougir de honte toute philosophie du langage ou théorie de la communication littéraire. Ici, la parole même est événement, non pas en tant que parole, mais parce qu'elle fait surgir l'événement. L'indescriptible – ici, il est accompli, mais cela n'a rien à voir avec le « talent » ou « l'art », seulement avec l'indomptable détermination à dire ce qui s'est passé [*mit der wilden Entschlossenheit, zu sagen, was geschah*]. L'auteur a disparu de manière exemplaire : seul le sanglant événement demeure, nous requiert, de sorte que même les voix fatiguées retrouvent soudain leur force ancienne et s'associent à une plainte [*Klage*] dont chaque

204 CS', p. 150 [CS, p. 157]. Traduction modifiée.

205 CS', p. 148 [CS, p. 155].

206 Urs M. Fiechtner, Claus Magiera (éd.), *an-klagen. Schriften für amnesty international*, Tübingen, Neuer Verlag, 1977.

> mot est une accusation [An*klage*]. Le pathos, souffrance et passion, s'impose de lui-même et réduit à néant l'usage qui a dévoyé le sens de ce mot [*Pathos, Leiden und Leidenschaft, gebiert sich selbst und vernichtet den Sprachgebrauch, der dieses Wort verdorben hat*][207].

Il est remarquable que ce soit précisément le mot *pathos* qui revienne ici, à propos de ces textes à vocation explicitement documentaire, nés de l'« indomptable détermination à dire ce qui s'est passé », loin de la vanité qui caractérise si souvent, selon Améry, aussi bien les projets littéraires que l'agitation politique[208]. Améry perçoit et dénonce la vanité (qui peut parfois confiner au cynisme) d'un certain discours sur le pathos qui n'a de sens que par rapport à un usage « dévoyé » du mot. Dès lors, loin de chercher à concilier à tout prix la force bouleversante du récit avec la vulgate esthétique « non-pathétique » que l'on attend habituellement d'un texte « documentaire », il revendique pour ce type de textes une dimension de *plainte* (au double sens de *Klage* et de *Anklage*) et de *pathos*, un pathos qui aurait la force de réduire à néant cet usage dévoyé et l'alternative biaisée qui s'ensuit. Le récit que commente Améry n'est donc ni pathétique, ni anti-pathétique : son pathos est au-delà de cette distinction. Et il en va de même, pourrait-on dire, pour le récit de torture d'Améry, face auquel la distinction entre pathétique et anti-pathétique apparaît également hors de propos, non pertinente : le pathos qui s'y exprime ne saurait être ni ajouté ni ôté, ni même « souligné » ni « atténué ».

Le pathos tel que l'entend Améry dans sa préface relèverait plutôt de la définition grecque, tragique, antique : c'est le pathos de l'événement lui-même, l'intensité de la douleur et de la souffrance de celui à qui cela arrive, et de l'expression de cette douleur, que l'auteur produit par empathie, sans (se) poser d'autres vaines et mesquines questions théoriques :

> Qu'ont fait les auteurs ? Ils se sont effacés eux-mêmes, se sont immergés dans l'homme qui souffre [*sich einverwandelt in den leidenden Menschen*]. Ils se sont fait cri – et ne se posent pas la question de savoir si d'un point de vue dramatique leur cri est à la hauteur de l'esthétique contemporaine ni s'il convient aux oreilles sensibles de ceux qui décident du succès, que ce soit

---

207 Jean Améry, « Über das unbeschreibliche Schreiben » [1977], *Werke*, éd. Irene Heidelberger-Leonard, vol. 7, *Aufsätze zur Politik und Zeitgeschichte*, éd. Stephan Steiner, Stuttgart, Klett-Cotta, 2005, p. 103-106, p. 105-106.

208 *Ibid.*, p. 103.

> selon des critères conventionnels ou selon des critères qu'ils se sont finement élaborés pour eux-mêmes [*die sie sich gewitzt erarbeiteten*][209].

Parmi ces critères « finement élaborés » qui servent, en fin de compte, à protéger les « oreilles sensibles », il y a avant tout le dédain du pathos comme une idée reçue dans laquelle l'enjeu premier, le refus d'un pathos dévoyé et réduit à une pure rhétorique, a été oublié et ne subsiste que sous la forme d'une simple convention, d'une norme, d'un goût littéraire. Et ce goût littéraire est d'autant plus pernicieux – pourrait-on dire en prolongeant le propos d'Améry – qu'il se fait passer pour une préoccupation éthique (et même éventuellement qu'il se croit tel) : le renoncement à la « littérature » finit par n'être plus, paradoxalement, qu'une posture littéraire comme une autre. Une posture qui, en creux, trahirait par ailleurs une vision très étriquée de la « littérature » comme d'une sorte d'additif ornemental dont on pourrait tout aussi bien, en écrivant, se passer.

« Dire ce qui s'est passé », « se faire cri » sans se demander si le résultat est bien conforme aux prescriptions esthétiques du moment – est-ce à dire que certains sujets interdisent toute réflexion sur la forme littéraire, la rendent vaine et mesquine, voire indécente ? Certainement pas. L'événement brut lui-même ne peut se communiquer autrement qu'à travers une certaine forme – son immédiateté est une *immédiateté pensée* : *durchdachte[] Unvermitteltheit.* Il faut un travail de la forme, non pas pour « en rajouter » ou parer l'événement des attributs du pathos (ou de l'anti-pathos), mais tout simplement pour leur donner une « réalité dans la langue » (*aus dem schieren Dokument sprachliche Realität zu machen*[210]), là où il n'y avait qu'une réalité muette et compacte. « Dire ce qui a eu lieu » n'est pas le fait d'un renoncement (à « la littérature »), le choix de s'en tenir aux événements « donnés » (car ils ne sont pas donnés, du moins pas en tant que récit, pas dans la langue), à défaut de plus : c'est au contraire un acte qui exige une « indomptable détermination », et qui *produit* le pathos comme on dit qu'on produit son passeport ou des pièces à conviction : non pas qu'on le fabrique soi-même de toutes pièces, mais qu'on le présente, le montre, le donne à voir. Ce n'est donc pas un pathos ajouté, c'est le pathos de l'événement et de

209 *Ibid.*
210 *Ibid.*

celui qui l'a vécu qu'il s'agit de produire : « Le pathos, souffrance et passion, s'impose de lui-même et réduit à néant l'usage qui a dévoyé le sens de ce mot. » Il va de soi que cette destruction de l'usage qui a dévoyé le mot n'est pas acquise une fois pour toutes, mais qu'elle est une lutte permanente au sein même du travail de la forme, de même que la plainte-élégie (*Klage*) se fait plainte-accusation (*Anklage*) à chaque mot, *mit jedem Wort*.

Améry, dont Sebald prend pour modèle l'*impassibilité* et le refus de *pathétiser son cas*, n'a donc pour sa part aucune réticence à revendiquer, à propos de textes documentaires, le terme de *pathos*, réfutant du même coup l'usage habituel qui est fait de ce mot et avec lui la nécessité de s'en démarquer. Il fait preuve d'ailleurs de la même liberté sur la question de l'empathie, immédiatement liée à celle du pathos. En effet, tandis que Sebald ne cesse de problématiser le risque d'usurpation, la nécessité de marquer la distance par le « filtre du récit » ou le procédé « périscopique », Améry parle sans détour de « *sich einverwandel[n] in den leidenden Menschen* ».

Il est remarquable que Sebald, qui ne commente pas le propos d'Améry sur le pathos (peut-être n'a-t-il pas lu ou pu lire ce passage), cite cependant plusieurs passages d'Améry qui, définissant l'enjeu de son écriture, renvoient eux aussi, quoique indirectement, à la question du pathos : il s'agit des passages où *l'em-pathie* évoquée plus haut se révèle elle-même au service d'une lutte contre *l'a-pathie* ou l'indifférence :

> Vous ne voulez pas écouter ? Eh bien, écoutez ! Vous ne voulez pas savoir où votre indifférence peut vous conduire vous-même en même temps que moi, aujourd'hui encore ? Je vais vous le dire[211].

Et Sebald note, en adhérant implicitement à la position d'Améry, que son œuvre se conçoit comme une tentative de *sensibilisation*, en tous points opposée à *l'immunisation* :

> Ce n'est donc pas d'un apaisement du conflit qu'il s'agit, mais de son ouverture. L'aiguillon du ressentiment dont Améry nous parle dans sa polémique exige la reconnaissance du *droit* au ressentiment, ce qui n'est rien de moins que de fixer pour programme la sensibilisation de la conscience [*Sensibilisierung des Bewußtseinszustandes*] d'un « peuple [...] que le temps a déjà réhabilité[212] ».

211 Améry, cité par Sebald, CS', p. 153 [CS, p. 159-160].
212 CS', p. 154 [CS, p. 161].

Mais comment articuler *sensibilisation/ressentiment* et *impassibilité* ? Est-ce suffisant de dire que l'objectivité, l'impassibilité, voire l'ironie marquent en creux la douleur indicible ? Sebald écrit :

> Améry se sert de l'ironie là où normalement sa voix devrait se briser. Il sait qu'il opère aux limites de ce que la parole peut encore communiquer [*an den Grenzen des sprachlichen Mitteilungsvermögens*]. Il écrit : « Celui qui voudrait faire comprendre à autrui ce que fut sa souffrance physique [*seinen Körperschmerz mit-teilen*] en serait réduit à la lui infliger et à se changer lui-même en tortionnaire[213]. »

En même temps, comment *sensibiliser* le lecteur sans le *blesser*, ou sans qu'il soit *affecté* ? La remarque d'Améry doit peut-être se lire de manière beaucoup plus littérale que ne le fait Sebald : communiquer et « partager » (*mit-teilen*) véritablement la douleur physique de la torture subie dans les caves de la Gestapo supposerait, dit Améry, de l'infliger à son tour – non pas, me semble-t-il, dans le style de la description, mais *littéralement*, physiquement. Là sont les véritables « limites de ce que la parole peut encore communiquer », limites intrinsèques et indépendantes de toute question de style : dans la différence irréductible entre la torture subie réellement et la torture imaginée à partir d'un texte qui la décrit, quel que soit son ton et quelle que soit la sensibilité du lecteur. Dans le chapitre « La torture » de *Par-delà le crime et le châtiment*, cité par Sebald, Améry ne dit pas autre chose : au moment de son arrestation par la Gestapo en juillet 1943, il savait assez précisément, pour avoir lu de nombreux documents et témoignages d'anciens détenus, ce qui l'attendait – et pourtant :

> Mais est-il bien vrai que l'on sache vraiment ? On ne sait qu'à moitié. « Rien n'arrive ni comme on l'espère, ni comme on le craint », affirme Proust dans l'un de ses livres. Non pas parce que, comme on dit, la réalité dépasse la fiction (ce n'est pas une question de quantité), mais parce que c'est la réalité et non plus l'événement imaginé [*nicht darum, weil etwa, wie man so sagt, das Geschehnis « die Vorstellungskraft übersteige » (es ist keine quantitative Frage), sondern weil es Wirklichkeit ist und nicht Imagination.*][214]

---

213 CS', p. 149-150 [CS, p. 156].

214 Jean Améry, *Par-delà le crime et le châtiment. Essai pour surmonter l'insurmontable*, trad. Françoise Wuilmart, Arles, Actes Sud, 1995, p. 66-67 [*Jenseits von Schuld und Sühne. Bewältigungsversuche eines Überwältigten*, *Werke*, éd. Irene Heidelberger-Leonard, vol. 2, éd. Gerhard Scheit, Stuttgart, Klett-Cotta, 2002, p. 61].

C'est pourquoi le témoignage n'a pas à être forcément ironique ou impassible, neutre ou détaché sous peine de blesser le lecteur à la manière dont le tortionnaire blesserait sa victime. Car si en effet le lecteur est « blessé », affecté, bouleversé, il l'est sur un plan malgré tout très différent, qu'il serait absurde de nier sous prétexte de rendre justice à la puissance de la parole. Car la puissance de la parole est aussi, précisément, d'être autre chose que la réalité. Blesser le lecteur, ce n'est évidemment pas se faire bourreau, au contraire. Comme le dit Kertész :

> Écrire un roman, un roman sur Auschwitz, qui ne blesse pas le lecteur, ce serait honteux. Je veux blesser le lecteur ; toute ma technique tend vers cela[215].

Ce n'est certes pas incompatible avec le fait que Kertész haïsse, selon ses propres termes, « la peinture des horreurs [...] Ce qui m'intéresse, c'est la distance[216] ». Kertész est bien un héritier de l'impassibilité flaubertienne, mais précisément parce qu'il a été « bouleversé par *L'éducation sentimentale*[217] » ; l'impassibilité qu'il recherche est une *impassibilité bouleversante*. Son « refus des effets de pathos » (Lucie Campos) est un refus des *faux* effets de pathos : qu'est-ce en effet qu'une « technique » destinée à « blesser le lecteur », si ce n'est un effet de pathos au sens antique du terme – quand bien même le pathos prendrait ici la forme moderne de l'impassibilité et de la distance ?

Sebald semble comme gêné par ces apparentes contradictions logiques et ces effets de retournement qui, aux yeux d'Améry ou de Kertész, apparaissent comme des évidences – le discours souvent un peu dogmatique qu'il tient dans ses essais critiques en témoigne. On s'étonne par exemple de lire dans l'essai sur Améry, juste après la citation sur l'impossibilité de communiquer sa douleur physique sans l'infliger soi-même, la remarque suivante : « C'est pourquoi il ne lui reste comme possibilité que la réflexion abstraite [*abstrakte Reflexion*] sur "l'homme devenant totalement chair sous la torture",

---

215 « Écrire un roman, un roman sur Auschwitz, qui ne blesse pas le lecteur, ce serait une honte. Je veux blesser le lecteur [*Ich will den Leser verletzen*], toute ma technique tend à cela. » Imre Kertész, entretien avec Martin Doerry et Volker Hage, *Der Spiegel* nº 18/1996, p. 225-229, p. 225.

216 Entretien de 2005 dans *Le Monde*, cité par Lucie Campos, *Fictions de l'après*, *op. cit.*, p. 345.

217 Entretien de 1996 avec Hendrik Röder, cité par Lucie Campos, *Fictions de l'après*, *op. cit.*, p. 346.

sur "le paroxysme de notre corporalité ainsi exacerbée[218]". » Comme si Améry contournait par cette « réflexion abstraite » la description de la torture et de la douleur physique – alors même que Sebald vient de citer *in extenso* le passage où Améry entre dans le détail concret et précis du dispositif de torture, des sensations du corps, du bruit de craquement que produit l'épaule au moment où cède l'articulation, etc. Un passage que Sebald introduit, on s'en souvient, en soulignant la « stratégie d'*understatement* », le ton qui « interdit aussi bien la pitié que l'auto-apitoiement », et qu'il conclut en notant la « singulière objectivité [*eigenartige[] Sachlichkeit*] », l'« attitude d'*impassibilité* », et même « l'ironie » (cette dernière, certes, à propos de la remarque finale d'Améry sur l'étymologie du mot torture[219]). On ne peut s'empêcher de noter le décalage entre le passage cité et le commentaire ; car s'il est vrai que le récit d'Améry est sobre et clair, et dépourvu de toute rhétorique pathétique (mais pourquoi en serait-il autrement ?), Sebald insiste tellement sur ce point qu'on finit par avoir l'impression qu'il ne sait que faire, sur le plan théorique, du récit de torture lui-même, qui est absolument direct, concret, littéral et explicite, et non indirect, abstrait, ironique et implicite. Comme si le principe théorique et critique interdisant ce que Kertész appelle « la peinture des horreurs » et que Sebald, à propos de Döblin, appelle la « thérapie des électrochocs [*Schocktherapie*][220] », s'était figé en une sorte d'*a priori* qui introduit un biais dans la perception des textes. On note par exemple, dans les entretiens accordés autour de la parution d'*Austerlitz* en 2001, la récurrence du terme *oblique*, probablement empruntée au livre de Philippe Lejeune, *La Mémoire et l'Oblique*, consacré à *W ou le souvenir d'enfance* de Georges Perec. L'écriture oblique semble avoir été un modèle pour Sebald[221], qu'il doit aussi aux *Leçons américaines* d'Italo Calvino et notamment à sa réflexion sur Persée et la Méduse : « Pour trancher la tête de la Méduse sans s'exposer à devenir pierre », écrit Calvino, le regard de Persée « se pose sur ce qu'une vision indirecte est seule en mesure de lui révéler, c'est-à-dire sur une image capturée dans un miroir. En ce mythe, je suis aussitôt tenté de voir une allégorie

218 CS', p. 150 [CS, p. 156].
219 CS', 149 [CS, p. 155-156].
220 Cité dans Lucie Campos, *Fictions de l'après*, *op. cit.*, p. 357.
221 C'est l'hypothèse de Ruth Vogel-Klein, « Dans l'atelier de W. G. Sebald », art. cité, p. 147-156, p. 148.

du rapport entre le poète et le monde, une leçon de méthode pour qui se mêle d'écrire[222]. »

Ainsi, pour Sebald, « écrire sur cette atroce histoire allemande du XXe siècle n'est posssible qu'en gardant une certaine distance, de façon oblique, et de manière tangentielle » ; « [l]a seule façon d'écrire sur la persécution [des Juifs] et sur ses conséquences, c'est d'approcher le sujet de façon oblique » ; les images des camps, dit-il encore, ont « tendance à anesthésier notre sens moral », et il faut pour cette raison leur préférer une représentation « oblique, indirecte[223] ». Mais à force de prêter une valeur de loi universelle ou de prescription absolue à une poétique de l'oblique qui, dans le cas de Perec, répond aussi à la problématique particulière du souvenir d'enfance qui échappe au sujet qui l'a vécu, un texte comme celui d'Améry, que Sebald cite pourtant avec admiration, se retrouve en même temps dans une sorte d'angle mort d'un regard critique lui-même devenu oblique. Le problème de l'anesthésie et de la sensibilisation ne saurait se résoudre par le choix a priori d'un mode de parole particulier : car s'il est vrai que la « peinture des horreurs » peut anesthésier quand l'impassibilité et l'oblique peuvent être bouleversants, « l'immédiateté pensée » et le « pathos » tel que le revendique Améry peuvent également briser une forme d'impassibilité qui susciterait la « part pétrifiée ou impassible » du lecteur[224]. C'est bien cette impassibilité-là qu'Améry comme Kertész cherchent à atteindre, à blesser – de même que Sebald, qui approuve les paroles d'Améry sur le ressentiment,

222 Italo Calvino, « Légèreté », art. cité, p. 21.

223 Cité par Ruth Vogel-Klein, « Dans l'atelier de W. G. Sebald », art. cité, p. 147. *Cf.* Michal Silverblatt à propos d'Austerlitz : « comme nous passons du zoo à la gare, de la gare à la forteresse, de la forteresse à la prison pour terminer par l'hôpital psychiatrique, cela se prolonge, me semble-t-il, avec un référent jamais nommé, toujours invisible, le camp de concentration ». AdM, p. 83. Sebald à ce propos : « les principales scènes d'horreur ne sont jamais abordées directement. Je pense qu'il suffit de les rappeler aux lecteurs – nous avons tous vu des images – mais ces images ont un effet pernicieux, elles nous empêchent de penser de façon posée, réfléchie. Elles ont aussi tendance à anesthésier notre sens moral. Donc, à mon avis, ce n'est que de façon oblique, indirecte, par allusions plutôt que frontalement, que l'on peut aborder de telles questions. » *Ibid.*, p. 84. André Aciman dit dans un essai de 1998 (avant *Austerlitz*) : « Sebald ne mentionne jamais l'Holocauste. Pourtant, le lecteur ne pense à rien d'autre. » *Ibid.*, p. 11.

224 Patrice Loraux, « Les disparus », art. cité, p. 47. C'est pourquoi Calvino précise bien que « [c]'est toujours le refus de la vision directe qui fait la force de Persée, et non un refus de reconnaître la réalité du monde de monstres parmi lesquels il lui faut vivre ; cette réalité, il la porte en lui et l'assume comme un fardeau personnel. » (« Légèreté », art. cité, p. 22).

l'actualisation du conflit, la rupture de l'indifférence, et qui trouve lui-même des formes pour les produire.

Toute la difficulté est de saisir le rapport entre cette sensibilisation que vise Sebald à la suite d'Améry et cette impassibilité dont il se revendique en référence à Flaubert. Il est temps pour cela de s'arrêter un instant sur celui auquel Sebald renvoie à travers les termes d'*éducation sentimentale*, d'*impassibilité*, de *peur du faux*, et qu'il évoque par ailleurs directement dans ses entretiens, dans les *Anneaux de Saturne* et dans *Campo Santo*. Ces références ne sont pas des emprunts ponctuels : elles renvoient à une interrogation constante sur les mécanismes complexes et contradictoires de la sensibilisation et de la désensibilisation, de l'empathie et de l'a-pathie, et de la manière dont les formes littéraires travaillent ces états affectifs paradoxaux.

IMMUNISATION OU SENSIBILISATION. AVEC FLAUBERT

L'économie du pathos chez Sebald est un champ de tension : la neutralité et l'impassibilité du narrateur d'un côté, l'attitude de deuil et le ton élégiaque de l'autre. La « grande empathie » du narrateur ne va pas sans un « éclat de glace dans le cœur » (Calvino) ; le « saint patron » de l'auteur, Sand Sebolt, est convoqué comme celui qui « fait éclater un feu avec des glaçons », suscitant une interrogation sur le rapport entre la « désertification » affective et la capacité à suggérer que « le pauvre cœur est encore incandescent ». Et l'économie affective révèle la dimension *politique* de l'affect lorsqu'elle porte sur l'éducation sentimentale, par exemple, du « sujet fasciste », et sur les « traces de douleurs » évacuées d'un « patrimoine affectif » commun. L'arrière-plan historique et politique de l'œuvre de Sebald est bien ce qu'il identifie, à la suite des Mitscherlich, comme « l'*apathie* politique » liée à « l'insensibilisation » ou auto-anesthésie [*Selbstanästhesierung*] collective d'après-guerre[225].

Éducation sentimentale, impassibilité, peur du faux : la référence à Flaubert est omniprésente dans cette économie sebaldienne du pathos qui se déploie entre l'empathie et le refus d'empathie qui a pour nom « impassibilité ». Muriel Pic en a bien décrit le premier versant : « Flaubert, écrivain de l'empathie », « Flaubert, maître en matière d'empathie »,

225 DD, p. 23 [LK, p. 19].

Flaubert, « l'écrivain incontestable de l'*Einfühlung*[226] » – Benjamin lui-même citant dans son *Livre des Passages* ces phrases de Flaubert : « J'ai été batelier sur le Nil, [...] puis rhéteur grec dans Suburre, où j'étais dévoré de punaises. Je suis mort pendant la croisade, pour avoir trop mangé de raisin sur la plage de Syrie. J'ai été pirate et moine, saltimbanque et cocher, peut-être empereur d'Orient, aussi[227]... » Muriel Pic voit dans ce « processus de l'identification affective » une « expérience hétérodoxe mais *vécue* de l'Histoire[228] », celle-là même qu'elle prête aussi à Sebald : « Il s'agit de *revivre* les tourments subis dans le passé en s'impliquant dans cette expérience. *Souffrir au lieu d'autrui*. Et Sebald va plus loin : cela conduit à accepter une forme de torture à l'endroit de soi, à être son propre bourreau[229]. »

Mais le discours sur l'*Einfühlung* est en réalité beaucoup moins affirmatif chez Sebald – de même que chez Benjamin. Le passage de Flaubert – « J'ai été batelier sur le Nil » – apparaît dans le *Livre des Passages* comme une illustration de l'ivresse de l'*Einfühlung* chez le flâneur, flâneur dont on ne peut pas dire qu'il constitue le modèle de cet historien matérialiste qui lit à rebours l'histoire écrite dans l'identification aux vainqueurs[230]. Et le motif du « revivre » n'est-il pas précisément ce que Benjamin réprouve, qu'il attribue à l'historien de l'historisme comme l'est Fustel de Coulanges, qui donne des conseils à l'historien

226 Muriel Pic, « W. G. Sebald et *La Légende de saint Julien l'Hospitalier* : empathie, traces et présages », *Empathie et esthétique*, éd. Alexandre Gefen et Bernard Vouilloux, Paris, Hermann, 2013, p. 247-266, p. 253, 255 et 253.

227 *Paris, capitale du XIXe siècle*, *op. cit.*, cité par Muriel Pic p. 262-263.

228 Muriel Pic, « W. G. Sebald et *La Légende de saint Julien l'Hospitalier* », art. cité, p. 263. C'est moi qui souligne.

229 *Ibid.*, p. 256. C'est moi qui souligne.

230 Juste avant la citation de Flaubert, Benjamin écrit : « De manière générale, l'identification affective [*Einfühlung*] à la marchandise est une identification affective à la valeur d'échange elle-même. Le flâneur est le virtuose de cette identification affective [*Grundsätzlich ist die Einfühlung in die Ware Einfühlung in den Tauschwert selbst. Der Flaneur ist der Virtuose dieser Einfühlung.* » [M 17 a, 3]. GS V, 1, p. 562. Au début de cette section M [*Der Flaneur*], Benjamin parle d'« ivresse de l'anamnèse » dans des termes qui peuvent indéniablement faire penser à Sebald, mais là encore, ils ne décrivent en rien le modèle que préconise Benjamin : « Cette ivresse de l'anamnèse dans laquelle le flâneur parcourt la ville ne se nourrit pas seulement de ce qu'il a sous les yeux, mais s'appropriera souvent ce dont il a seulement connaissance, et même des informations mortes, comme s'il en avait lui-même fait l'expérience et qu'il les avait lui-même vécues [*Jener anamnestische Rausch, in dem der Flaneur durch die Stadt zieht, saugt seine Nahrung nicht nur aus dem, was ihm da sinnlich vor Augen kommt, sondern wird oft des bloßen Wissens, ja toter Daten, wie eines Erfahrenen und Gelebten sich bemächtigen*] ». GS V, 1, p. 525.

pour « revivre une époque [*eine Epoche nacherleben*] » ? Dans cette thèse VII de *Sur le concept d'histoire*, Benjamin attribue par ailleurs le « procédé de l'identification affective » (« *Verfahren der Einfühlung* ») à l'*acedia*, à la mélancolie, qui n'est pas sans lien avec l'identification aux vainqueurs[231]. Quant à Sebald, s'il revendique certes en plusieurs endroits le procédé de l'empathie[232], il ne cesse en même temps de souligner les limites et les dangers d'une identification affective potentiellement usurpatrice, qui assimilerait à l'excès la réalité d'une souffrance vécue et la com-passion ou co-souffrance (*Mit-leiden*) de qui « revivrait » cette expérience par l'imagination[233]. On se souvient du passage des *Émigrants* où le narrateur s'interdit de se projeter par l'imagination dans la personne de son instituteur Paul Bereyter à l'instant où, couché sur les rails, il attend le passage du train[234]. Lorsque dans *Austerlitz*, le narrateur visite Breendonk, le lieu où Améry a été torturé par la Gestapo, le travail d'imagination et

231 « Aux historiens désireux de pénétrer au cœur même d'une époque révolue Fustel de Coulanges recommanda un jour de faire semblant de ne rien savoir de tout ce qui se serait passé après elle. C'est là très exactement la méthode qui se trouve à l'opposé du matérialisme historique. Elle équivaut à une identification affective (*Einfühlung*) avec une époque donnée. » *Sur le concept d'histoire*, thèse VII, *Écrits français*, *op. cit.*, p. 436 [*cf.* GS I, 2, p. 696]. Et cette *Einfühlung*-là n'a rien de positif aux yeux de Benjamin : « Elle a comme origine la paresse d'un cœur renonçant à capter l'image authentique du passé – image fugitive et passant comme un éclair. Cette paresse du cœur a longuement retenu les théologiens du Moyen Âge qui, la traitant sous le nom d'*acedia* comme un des sept péchés capitaux, y reconnurent le fin fond de la tristesse mortelle. Flaubert semble bien l'avoir éprouvée, lui qui devait écrire : "*Peu de gens devineront combien il a fallu être triste pour ressusciter Carthage*". Cette tristesse nous cédera, peut-être, son secret à la lumière de la question suivante : Qui est-ce, en fin de compte, à qui devront s'identifier les maîtres de l'historisme. La réponse sera, inéluctablement : le vainqueur. » *Ibid.*, p. 436-437.

232 AdM, p. 44-45 ; CS', p. 103.

233 Muriel Pic écrit que « W. G. Sebald s'identifie aux destins qu'il narre. Comme chez Walter Benjamin, l'empathie n'est pas identification aux vainqueurs mais aux victimes » (p. 247), et que « [l]'empathie aux victimes, véritable politique de la mélancolie, fonde un humanisme que n'éclaire pas la raison mais l'émotion. » (p. 253) Pourtant, lorsqu'il critique l'historien traditionnel qui s'identifie aux vainqueurs, Benjamin ne recommande pas de « s'identifier aux victimes », mais de poursuivre le combat des « vaincus » – car « l'émotion » opposée à la « raison », le « souffrir au lieu d'autrui » et la « torture à l'endroit de soi » n'est pas l'objectif de la « tradition des opprimés » (« *Tradition der Unterdrückten* », thèse VIII, GS I, 2, p. 697) : l'historien selon Benjamin doit « allumer dans le passé l'étincelle de l'espérance » (thèse VI, GS I, 2, p. 695), et la conscience d'hériter de « générations de vaincus » est une conscience de lutte.

234 Ces « tentatives de faire revivre le passé [*Versuche der Vergegenwärtigung*] » semblent aux yeux du narrateur des « débordements de sentiment qui me paraissent blâmables [*Ausuferungen des Gefühls, wie sie mir unzulässig erscheinen*] ». LÉ, p. 42 [DA, p. 45].

d'empathie qui lui fait décrire avec précision le travail forcé des détenus est en même temps traversé par la conscience de ses limites :

> Il était pour moi impensable [*undenkbar*] que des prisonniers qui, à de très rares exceptions près, n'avaient jamais fait de travail de force avant leur arrestation et leur internement, aient pu pousser ces engins sur un sol argileux desséché par le soleil et couvert d'ornières dures comme le roc, ou dans le bourbier qui se formait dès les premières pluies, impensable qu'ils aient pu s'arc-bouter jusqu'à ce que leur cœur soit au bord d'exploser ou bien encore, quand ils n'avançaient pas, être frappés sur la tête à coups de manche de pelle par l'un ou l'autre des surveillants[235]

– une sorte de prétérition qui dit à la fois l'impossibilité et la nécessité d'imaginer.

Chez Flaubert, la question de l'empathie est également sous tension. Dans son étude sur la « politique de l'affect du roman moderne » dans la filiation flaubertienne[236], Martin von Koppenfels montre ainsi comment se constitue, chez Flaubert, le fantasme du « narrateur immunisé », emprunté à la figure du médecin, anatomiste ou chirurgien au regard clinique, qui pratique une « dissection cruelle[237] » sans se contaminer lui-même, sinon à des fins de vaccination : « Flaubert revendique la capacité – que n'a pas son héroïne Emma Bovary – d'employer le sentiment non comme une drogue, mais comme un sérum[238]. » Là où Muriel Pic qualifie Flaubert d'« écrivain incontestable de l'*Einfühlung*[239] », Koppenfels voit en lui un « prophète de la défense affective [*Prophet der Affektabwehr*][240] » : l'immunité serait en effet la figure centrale de sa « politique affective ».

---

235 A', p. 31 [A, p. 33].

236 Martin von Koppenfels, *Immune Erzähler*, *op. cit.* Par la « politique de l'affect », Koppenfels entend « les trois termes que sont l'analyse de l'affect, la représentation de l'affect et l'art d'influencer affectivement le lecteur ». « Ce qui donne à cette configuration sa dimension politique, c'est qu'elle travaille les *topoï* affectifs qui contribuent largement aussi à déterminer les états émotionnels de l'espace public [*die Gefühlslagen des öffentlichen Raumes*]. » *Ibid.*, p. 17.

237 Sainte Beuve, cité dans *Ibid.*, p. 185.

238 *Ibid.*, p. 188.

239 Muriel Pic, « W. G. Sebald et *La Légende de saint Julien l'Hospitalier* », art. cité, p. 253.

240 Prophète de la défense affective qui toutefois – et c'est sans doute, ajoute-t-il, ce qui explique « l'effet contagieux de ses œuvres » – donne à voir en même temps « l'envers de ce refus : l'immunité comme maladie [*die Kehrseite dieser Abwehr : Immunität als Krankheit*]. » *Immune Erzähler*, *op. cit.*, p. 223.

L'« affectabilité psychique », la sensibilité à la contamination psychique (*psychische Ansteckbarkeit*), qui constituait le « modèle de communication affective » dans le roman du XVIIIe siècle (avec son « curé de campagne plein de sensibilité » dans un des rôles principaux), ferait place chez lui au regard clinique du médecin, « précis, méthodique, impersonnel et dépourvu d'empathie [*Uneinfühlsamkeit*] » – et sachant éviter de se contaminer lui-même[241]. Flaubert emploie à ce propos une image qui préfigure celle que Benjamin emploie à propos de l'*Einfühlung* caractéristique de l'historisme : le bordel comme haut lieu de la contamination[242]. Flaubert écrit donc :

> On donne dans les bordels des capotes anglaises pour ne point attraper la vérole au contact des vagins pestiférés. Ayons toujours à l'intérieur une vaste capote anglaise, afin de ménager la santé de notre âme, parmi les immondices où elle se plonge. – On jouit moins, c'est vrai, et quelquefois la précaution se déchire[243] ? …

La correspondance avec Louise Colet recèle par ailleurs une « armée de métaphores issues en partie du fonds des fantasmes masculins traditionnels de l'édification de forteresses [*Festungsbau, Panzerung, Abhärtung und Feiung*][244] ».

Ce dont le narrateur entend se préserver, c'est dans un premier temps le sentimentalisme, les clichés émotionnels, ce que Koppenfels appelle les *sentiments reçus* par analogie avec les *idées reçues*, elles aussi si contagieuses[245] : la « peur du faux » citée dans les *Anneaux de Saturne* révèle ici la dimension affective qu'elle a aussi chez Sebald, qui ne cesse de pourfendre l'hypocrisie – *Verlogenheit* – sentimentale. Il s'agit

241 *Ibid.*, p. 186.

242 Dans la XVIe thèse sur le concept d'histoire (qui ne figure pas dans la version des *Écrits français*), Benjamin parle de la « putain "Il était une fois" dans le bordel de l'historisme [*Hure "Es war einmal" im Bordell des Historismus*] » (GS I, 2, 702). Il n'y est pas explicitement question d'*Einfühlung*, mais comme « le procédé de l'*Einfühlung* » est attribué quelques pages plus tôt à l'historisme (GS I, 2, p. 696), on peut en déduire que l'*Einfühlung* est aux yeux de Benjamin une sorte de bordel affectif. Dans *L'origine du drame baroque allemand*, Benjamin avait déjà décrit l'*Einfühlung* comme un procédé consistant à s'approprier « les témoignages d'univers spirituels lointains » pour les intégrer à sa propre « imagination narcissique [*selbstbefangenes Phantasieren*] », procédé dans lequel il voit une « suggestibilité pathologique fatale [*verhängnisvolle[] pathologische[] Suggestibilität*] » (GS I, 1, 234].

243 Cité dans Martin von Koppenfels, *Immune Erzähler*, *op. cit.*, p. 218.

244 *Ibid.*, p. 188.

245 *Ibid.*, p. 354.

de se prémunir de ces stéréotypes affectifs qui, aux yeux de Flaubert, ne cherchent qu'à dissimuler la vacuité émotionnelle de ceux qui s'y adonnent. Mais cette « atrophie sentimentale », cette « inertie du cœur » dont il est question dans l'*Éducation sentimentale*[246] guette aussi celui qui, à trop vouloir s'immuniser contre les *faux* sentiments, a fini par s'immuniser contre les sentiments tout court. Ainsi à la fin, « la peur des sentiments cède la place à la souffrance de ne pas en avoir[247] » – un douloureux « sentiment d'absence de sentiment » (*Gefühl der Gefühllosigkeit*[248]) que Koppenfels appelle la « némésis de l'immunité » (*Nemesis der Immunität*[249]), l'excès d'une immunité devenue elle-même destructrice, « la maladie qui consiste à ne plus tomber malade[250] ». Dans la figure de l'immunité et de sa némésis, le destin affectif des personnages croise en effet la position du narrateur : « la stylistique du refus d'empathie ("impassibilité") rencontre, pour la première fois sans doute, la représentation d'une perte objective de sentiment [*objektiver Gefühlsverlust*] ("atrophie sentimentale", "inertie du cœur") – ce qui aura des conséquences considérables sur l'histoire de la représentation littéraire des affects[251]. » De l'impassibilité du narrateur flaubertien émane une redoutable et paradoxale efficacité affective[252], puisque le lecteur écope seul de toute cette tristesse orpheline, de ce deuil errant (*herrenlose Trauer*[253]) que personne ne prend en charge à sa place. Cela produit chez ses lecteurs une fascination ambiguë, y compris chez ses successeurs (en particulier Proust, Céline, Duras et Kertész) qui s'inscrivent dans la filiation de la politique affective de Flaubert et la prolongent là même où ils se rebellent contre elle[254].

En quoi Sebald relève-t-il lui aussi de cette filiation ? S'il est évident que son style, son ton, bien que se réclamant de l'impassibilité, ne relèvent pas de l'*habitus* flaubertien du regard clinique, la métaphorique

246 Flaubert, *L'Éducation sentimentale*, *Œuvres* II, éd. A. Thibaudet et R. Dumesnil, Paris, Gallimard, 1952 (coll. Bibliothèque de la Pléiade), p. 404, 449.
247 Martin von Koppenfels, *Immune Erzähler*, *op. cit.*, p. 189.
248 *Ibid.*, p. 11.
249 *Ibid.*, p. 189, 221-224.
250 *Ibid.*, p. 223.
251 *Ibid.*, p. 11.
252 Flaubert décrit lui-même cet effet d'inversion : « ce coup d'œil médical de la vie, cette vue du vrai enfin, qui est le seul moyen d'arriver à de grands effets d'émotion… » *Ibid.*, p. 185.
253 *Ibid.*, p. 190.
254 *Ibid.*, p. 224.

médicale n'est pas pour autant absente de son œuvre, notamment les figures de l'immunité et de la contagion, qui s'avèrent pertinentes pour l'analyse de son économie affective.

C'est dans *Austerlitz* que le motif est le plus explicite, puisque c'est en termes d'immunité qu'y est décrit le mécanisme par lequel Austerlitz refoule son passé douloureux au prix d'une dépense d'énergie psychique considérable, jusqu'à l'effondrement de ce système de défense :

> Pour moi le monde se terminait à la fin du XIXe siècle. Je ne m'aventurais pas au-delà, même si dans l'objet de mes études – l'histoire de l'architecture et de la modernité au siècle de la bourgeoisie – tous les signes convergeaient vers une catastrophe dont les linéaments déjà se dessinaient. Je ne lisais pas de journaux, de crainte, je le sais aujourd'hui, de tomber sur des révélations inopportunes, je n'allumais la radio qu'à certaines heures, j'affinais au fil du temps mes réactions de défense et me créais une sorte de système de confinement et d'immunisation [*eine Art von Quarantäne- und Immunsystem*] qui me protégeait contre tout ce qui, de près ou de loin, se rattachait aux antécédents historiques [*Vorgeschichte*] d'une personnalité, la mienne, cantonnée dans un espace de plus en plus restreint. [...] Cette censure que j'exerçais sur ma pensée, le rejet constant de tout souvenir qui pointait à ma conscience, [...] provoquèrent inéluctablement la perte presque complète de ma capacité de m'exprimer [*Lähmung meines Sprachvermögens*] [...][255].

Rétrospectivement, le lecteur reconnaît alors le sens symptomatique des recherches d'Austerlitz sur l'architecture de la défense militaire, et ses remarques lucides sur la vanité des efforts de fortification, remparts et autres forteresses (on note la proximité avec une des métaphores-clés de l'immunité affective chez Flaubert), puisque « les places les plus fortes étaient par nature celles qui attiraient aussi les armées ennemies les plus fortes[256] », et qu'il arrivait régulièrement « qu'en prenant ces mesures de défense dictées, dit Austerlitz, par un souci d'exhaustivité paranoïaque, on prêtât irrémédiablement le flanc à l'ennemi[257] ».

Ici, l'immunité ne décrit donc pas la position fantasmée du narrateur, mais le fonctionnement psychique d'un personnage traumatisé – fonctionnement provisoire parce qu'insoutenable sur la durée et voué à s'effondrer. Le peintre des *Émigrants* en est un autre exemple, qui parle des « mesures que je pris, consciemment comme inconsciemment,

255 A', p. 168-169 [A, p. 201-202].
256 A', p. 24 [A, p. 23].
257 A', p. 24 [A, p. 23-24].

pour m'immuniser [*um mich zu immunisieren*] contre la souffrance [*Leid*] vécue par mes parents et la mienne propre », le « malheur de ma jeunesse » ayant toutefois « pu resurgir plus tard, produire des fleurs malignes[258] ». Sebald se situe donc d'emblée sur le plan de « l'immunité comme maladie », et davantage encore lorsqu'il évoque le « patrimoine affectif » de l'Allemagne après 1945. Là où les « défenses immunitaires » d'Austerlitz ou de Max Aurach, quoique destinées à faiblir et à s'effondrer, ont la « légitimité » d'avoir permis un temps leur *survie* psychique en même temps qu'elles les ont empêché de *vivre*, c'est à un tout autre type d'« atrophie du cœur » que pense Sebald chez ceux dont l'excès d'immunité affective a rendu possible la catastrophe. Cette impassibilité-là constitue l'arrière-plan de toute la politique affective de Sebald, même s'il n'en est question explicitement que dans les entretiens et les essais, lorsqu'il est question d'« apathie politique », de « désensibilisation d'une collectivité », d'« anesthésie du sens moral ». C'est l'impassibilité décrite par Hannah Arendt dans *Eichmann à Jerusalem* : l'homme dans la cabine de verre est l'image même de l'immunité affective. Koppenfels évoque également ce livre à la fin de son étude : le style du récit d'Arendt cherche à faire surgir en négatif, dit-il, l'image de tous les affects que « l'aphasie affective » d'Eichmann a effacés – et il ajoute : « Là où cette image en creux réussit, *Eichmann à Jerusalem* apparaît comme un épilogue (*Nachtrag*), élaboré pour les besoins du XXᵉ siècle, de *l'Éducation sentimentale*[259] ».

Patrice Loraux a décrit l'inversion paradoxale qui caractérise le « sentir impassible d'Eichmann », voire « l'apathie d'un peuple[260] » :

> il y a un extrême-sensible-impassible dans ces anesthésies qui rend possible l'atrocité [...] l'endurcissement [...] il s'agit de *sentir puissamment qu'on ne sent pas*. C'est ça, le renversement de la force. Sentir que plus on accomplit moins on sent. Tel est l'étrange dédoublement de celui qui opère en faisant totalement corps[261].

C'est « la part pétrifiée du sentir qui, excluant toute passibilité[262], est d'emblée versée, en opération, au service de l'agir, mais comme

258 LÉ, p. 226 [DA, p. 285-286].
259 Martin von Koppenfels, *Immune Erzähler*, *op. cit.*, p. 356.
260 Patrice Loraux, « Les disparus », art. cité, p. 55.
261 *Ibid.*, p. 50.
262 Loraux remarque ici en note que « Le français n'a retenu que le terme d'"impassibilité" ».

rouage[263]. » Et c'est cette *passibilité* qu'il s'agit de re-susciter – c'est là, selon Patrice Loraux, le sens même de la représentation :

> quel est le type de document, de scénario, de dispositif, qui peut réactiver et procéder à une levée d'anesthésie ? [...] quelle représentation, disons plastique, pour supporter, sans anesthésie, la mise en présence stricte de l'inhumain ? Je voudrais insister sur le fait que *la représentation, ce n'est pas seulement la question de la figuration, de l'infigurable, de l'impuissance de l'image, de la défaillance des témoignages*, parfois de la dimension blasphématoire ou, en tout cas, voyeuriste à montrer ou à remontrer ; *la représentation, c'est aussi être un sujet qui revient à lui, capable de recouvrer l'affectivité*, c'est-à-dire une affectabilité qui ne soit pas submergée par la douleur ou par l'hébétude[264].

Ce sens-là du mot « représentation » évoque, au-delà de ce qui en allemand se traduirait par *Darstellung*, le sens du mot *Vorstellung* – *sich (etwas) vorstellen, se* représenter quelque chose, se l'imaginer, se le rendre présent à l'esprit – or la *présence d'esprit* est indissociablement liée, dans son usage premier, à la *présence de cœur*[265]. La représentation qui permettrait de recouvrer la « part passible », comme l'appelle Patrice Loraux[266], ne céderait ni aux « facilités de la réparation symbolique[267] » qu'offre la « rhétorique pathétique » – au contraire, dit-il, il faudrait « être sans éloquence, pour ne pas réparer trop vite le traumatique, en le transformant en sublime[268] » – ni aux « facilités relatives d'un certain pathos qui se précipite sur l'extrême, s'y paralyse[269] ». D'où la nécessité, selon lui, d'un « effort pour restreindre le pathos (je n'aurai pas la naïveté de dire vraiment sans pathos)[270] », la nécessité d'« apprendre à se placer et placer son affectivité au regard du disparaître strict[271] » – une formulation très proche de celle de Sebald lorsqu'il se demande comment « faire face émotionnellement à toutes ces choses terribles et quelle attitude adopter à leur égard. L'attitude que je m'efforce d'adopter – et c'est quelque chose qu'il faut apprendre – est une attitude de deuil[272]. »

263 *Ibid.*, p. 48.
264 *Ibid.*, p. 46. C'est moi qui souligne.
265 *Dictionnaire historique de la langue française*, *op. cit.*, p. 1744.
266 Patrice Loraux, « Les disparus », art. cité, p. 49.
267 *Ibid.*, p. 41.
268 *Ibid.*, p. 42.
269 *Ibid.*, p. 45.
270 *Ibid.*, p. 41.
271 *Ibid.*, p. 45.
272 G, p. 115.

Il s'agit d'échapper au pathos comme à l'impassible, dont Patrice Loraux met d'ailleurs en évidence la réversibilité, lorsque « certaines mises en scène quasi théâtrales génèrent la part impassible [...][273] ». Le terme de *passibilité* souligne la faculté d'être affecté (une *puissance* d'affect, entendue à la fois comme *force* et comme *potentialité*) tout en évitant le terme de *pathos*, que l'on perçoit pourtant comme par transparence étymologique, et qui serait, au sens premier, également approprié, puisqu'il articule justement l'événement malheureux et la réaction psychique qu'il suscite. La passibilité, l'affectabilité, la capacité à recouvrer l'affectivité, se rapproche de ce que Sebald, dans son texte sur Améry, appelle la « *sensibilisation de la conscience* [*Sensibilisierung des Bewußtseinszustandes*][274] ». En allemand, où ce terme est peu usité, on en perçoit davantage la connotation médicale : la *sensibilisation* y est à l'opposé de *l'immunisation.*

Le narrateur selon Sebald est plutôt une figure de la sensibilisation que de l'immunisation : ainsi dans son essai sur Günter Grass, Sebald présente comme le rôle social même de l'écrivain son affectabilité, sa propension à développer des symptômes qui correspondent au refoulé d'une société immunisée ou désensibilisée – et il ne fait pas de doute que cette affectabilité est entendue ici comme une force, une qualité, le signe de la sensibilité éthique de l'écrivain :

> dans le système de la division sociale du travail c'est de l'écrivain chargé de la quadrature de la morale que s'empare la conscience collective [*den das kollektive Gewissen überkommt*], et c'est lui qui proclame, comme Dürer sur son autoportrait (cité dans le texte de Grass), l'index droit désignant le foyer de sa maladie, entouré d'un cercle dans le dessin à la plume : « Là où est la tache jaune avec le doigt dessus c'est là que j'ai mal[275] ».

À cette occasion, Sebald soulève – mais pour l'écarter aussitôt – une question souvent posée devant ses propres textes :

> En choisissant pour emblème de sa propre philosophie du deuil l'exhibition par Dürer de sa douleur, Grass transcende la question qui en dernier ressort ne peut pas non plus être tranchée sur le plan clinique : la mélancolie est-elle un état endogène ou exogène [*ob die Melancholie ein konstitutioneller oder reaktiver Zustand sei*][276] ?

273 Patrice Loraux, « Les disparus », art. cité, p. 49.
274 CS', p. 154 [CS, p. 161].
275 CS', p. 114 [CS, p. 118].
276 *Ibid.*

Chez Flaubert, la métaphore de la dissection serait la figure par excellence de l'impassibilité et de l'immunité. Le passage des *Anneaux de Saturne* sur *La leçon d'anatomie du Dr. Tulp* de Rembrandt, déjà évoqué, se prête particulièrement à une comparaison avec ce fantasme flaubertien de l'écrivain chirurgien et de l'écriture au scalpel, qui lui faisait dire : « J'ai envie de disséquer[277] ». À première vue, Sebald se situe à l'opposé de ce modèle : la dissection du corps est à ses yeux, non pas un modèle de précision incorruptible du regard, mais la projection d'un schéma rationnel sur un corps ainsi « rendu invisible [*Unsichtbarmachung*][278] ». Face à cette scène d'anatomie, qui révèle par ailleurs, sous le couvert de la science moderne – et les deux sont liés selon la logique de la *dialectique de la raison* – la violence du « rituel archaïque de démembrement d'un homme[279] », Sebald semble plutôt adopter – à travers Rembrandt – le regard du peintre :

> C'est avec lui, avec la victime, et non avec la guilde des chirurgiens qui lui a passé commande du tableau, que le peintre s'identifie. Lui seul n'a pas le froid regard cartésien [*den starren cartesischen Blick*], lui seul perçoit le corps éteint, verdâtre, voit l'ombre dans la bouche entrouverte et sur l'œil du mort[280].

Le regard attribué au peintre est un regard d'identification affective, dont la précision – car c'est bien aussi de précision et de justesse qu'il s'agit ici – ne vient pas du « froid du scalpel », mais d'une perception accrue, d'une plus grande sensibilité notamment à ce qui évoque le corps comme *sujet*, la bouche et les yeux. Face à la « fixité » (*Starre*) du « regard cartésien », le regard supposé du peintre témoigne d'un mouvement intérieur, d'une émotion. Mais si la sympathie de Sebald pour ce regard empathique paraît évidente, il n'est pas certain pour autant

277 Gustave Flaubert, *Correspondance*, tome III, éd. Jean Bruneau, Paris, Gallimard, 1973-1998 (coll. Bibliothèque de la Pléiade), p. 59. Cité par Martin von Koppenfels, *Immune Erzähler*, *op. cit.*, p. 185-186.

278 AS, p. 24 [RS, p. 23].

279 *Ibid.*

280 AS, p. 28 [RS, p. 27]. Muriel Pic a commenté cette image et son emploi chez Sebald dans *W. G. Sebald – L'image-papillon*, *op. cit.*, p. 104-109 et dans « Leçons d'anatomie. Pour une histoire naturelle des images chez Walter Benjamin », *Images Re-vues* [en ligne], hors-série 2/2010. http://journals.openedition.org/imagesrevues/409 (consulté le 12/11/2020). Rappelant que le tableau de Rembrandt figure sur la planche 75 de *l'Atlas Mnémosyne* de Warburg, elle montre que « le regard anatomiste, dont use métaphoriquement W. Benjamin pour pointer la spécificité du regard moderne est inscrit dans la filiation d'un regard archaïque, le regard devin [...] ». *Ibid.*, p. 20.

qu'il constitue pour lui un modèle ultime. Dans le deuxième passage où est évoqué le tableau[281], le narrateur – sans doute précisément parce qu'il s'identifie au corps étendu offert au scalpel – est tellement *affecté*, littéralement *attaqué* (*derart angegriffen*) par cette vision qu'il est incapable de la moindre pensée[282]. Flaubert écrivait : « le cœur que j'étudiais, c'était le mien. Que de fois j'ai senti à mes meilleurs moments le froid du scalpel qui m'entrait dans la chair[283] ! » Contrairement à Flaubert donc, qui dit sa jouissance malgré tout d'une auto-dissection décrite comme une puissance suprême, comme le comble de la faculté de voir et de penser, Sebald met en scène un sujet qui, face à la scène de la dissection, *subit* une identification avec l'objet qui mène à sa pure et simple extinction en tant que sujet – le sujet ne *revenant à lui*, pour reprendre l'expression de Patrice Loraux, qu'en se déplaçant, en se plaçant face à une autre scène (Ruysdael).

L'identification avec le corps disséqué relève donc peut-être, aux yeux de Sebald, de cette forme d'impasse que Patrice Loraux appelle le « pathos qui se précipite sur l'extrême, s'y paralyse[284] », et auquel il oppose, dans la suite du (premier, long) passage sur la *Leçon d'anatomie* de Rembrandt, les chemins plus obliques du déplacement et de l'association libre, de la médiation par des motifs tiers et plus diffus, comme celui de la « brume blanche » qui, émanant des profondeurs du corps du pendu sur la table de dissection, se mêlerait, dans les notes de Thomas Browne citées par Sebald, à la fois au brouillard anglais et au vague de notre esprit quand nous dormons et rêvons – et qui communique enfin avec les sensations corporelles et les visions semi-hallucinatoires du narrateur qui vient lui-même de passer sous le scalpel[285]. L'analogie entre la leçon d'anatomie du Dr. Tulp et cette opération est à peine voilée par l'espace intermédiaire de ces brumes. Et pourtant, ce médium subtil et diffus est caractéristique d'une modalité particulière de l'empathie qui se déploie à travers l'ensemble de l'œuvre, et qui se soustrait à la fois à l'extrême pathos et à l'impassibilité. C'est une modalité que l'on pourrait décrire – pour rester dans le registre médical – en termes de *contagion*.

281 AS, p. 103 [RS, p. 102].

282 *Ibid.*

283 Gustave Flaubert, *Correspondance*, tome II, éd. Jean Bruneau, Paris, Gallimard (coll. Bibliothèque de la Pléiade), 1973-1998, p. 214. Cité par Koppenfels, *Immune Erzähler*, *op. cit.*, p. 185.

284 Patrice Loraux, « Les disparus », art. cité, p. 45.

285 AS, p. 29-30 [RS, p. 27-28].

On l'a déjà rencontrée à propos du peintre Max Aurach lorsque, dans les *Émigrants*, il se trouve face au retable d'Issenheim de Grünewald. La scène est très proche en réalité de celle des *Anneaux de Saturne* : dans les deux cas, le narrateur est intensément affecté par la violence archaïque qu'il a sous les yeux – dans les deux cas, par l'intermédiaire d'un tableau. Et si dans les deux cas la souffrance représentée se communique à lui, elle n'en est pas moins décentrée, déplacée, dé-figurée au sens propre : elle y est quelque chose de monstrueux qui n'a pas de visage, pas de forme distincte, mais dont le mouvement envahit le tableau et dont la pulsation se transmet à celui qui le regarde.

> La monstruosité de la souffrance [*Die Ungeheuerlichkeit des Leidens*] qui, émanant des personnages représentés, recouvre la nature entière pour ensuite refluer des paysages éteints et pénétrer les figurations humaines de la mort [*zurückzufluten in die menschlichen Todesfiguren*], cette monstruosité se mettait à présent en mouvement, montant et descendant en moi [*diese Ungeheuerlichkeit bewegte sich nun auf und nieder in mir*] exactement comme les oscillations des marées[286].

Cette souffrance erratique, diffuse et intense à la fois, impalpable et tenace, impersonnelle et contagieuse, s'exprime dans l'œuvre de Sebald dans des motifs à son image. Ce sont des motifs d'apparence neutre, mais subtilement expressifs, des motifs à la fois abstraits (ou, pourrait-on dire, non-figuratifs) et concrets dans leur irrécusable matérialité : le sable, la poussière, la cendre, la neige, apparaissent chez Sebald comme des *matières du pathos* et de sa diffusion.

En ce sens, elles s'inscrivent dans la problématique de la contagion et de l'immunité affective que Flaubert a développée notamment dans sa correspondance, à laquelle les *Anneaux de Saturne* font référence : « Flaubert qu'elle [Janine Dakyns] prisait par-dessus tout et dont elle me citait, dans les circonstances les plus diverses, extraits d'une correspondance comprenant des milliers de pages, des passages qui ne manquaient jamais de me plonger dans l'étonnement[287]. » C'est aussi dans ce passage des *Anneaux de Saturne* qu'est évoquée la « peur du faux » de

---

286 LÉ, p. 202 [DA, p. 253]. Le passage est introduit par une image explicite de la contamination, puisque dans les couleurs la vision du monde (*Weltsicht*) de Grünewald se communique, écrit Sebald, « comme une maladie » : « *in den Farben wie eine Krankheit sich ausbreitende Weltsicht* » [DA, p. 253].

287 AS, p. 17-18 [RS, p. 16].

Flaubert, assimilée à la peur d'une contamination presque irrésistible par la bêtise – cette bêtise dont relèvent les clichés affectifs comme les clichés de langage, les idées reçues comme les sentiments reçus, « l'abêtissement en perpétuel progrès qu'il n'avait eu de cesse d'observer autour de lui et qui était en passe, croyait-il, de s'attaquer à sa propre tête. C'était, aurait-il déclaré un jour, comme si l'on s'enfonçait dans le sable [*als versinke man im Sand*][288]. » Le désir d'immunité de Flaubert serait à la mesure de la résistance qu'il oppose cette contamination, qui s'exprimerait dans l'image du sable :

> Et sans doute cela expliquait-il, comme le pensait Janine, l'irruption si hautement significative du sable dans tous les ouvrages de Flaubert. Le sable y régnait en maître. Les rêves de Flaubert, disait Janine, étaient traversés sans cesse par de formidables nuages de poussière qui se soulevaient au-dessus des plaines desséchées du continent africain, se déplaçaient vers le nord, à travers la Méditerranée et la péninsule ibérique, et retombaient à un moment ou à un autre, comme une pluie de cendres, sur le jardin des Tuileries ou sur un faubourg de Rouen, ou encore sur une petite ville de Normandie, et se frayaient passage à travers les plus minces interstices. Dans un grain de sable pris dans l'ourlet d'un costume d'hiver d'Emma Bovary, dit Janine, Flaubert a vu le Sahara tout entier, et la moindre poussière pesait autant à ses yeux que la chaîne de l'Atlas [*In einem Sandkorn im Saum eines Winterkleides der Emma Bovary, sagte Janine, hat Flaubert die ganze Sahara gesehen, und jedes Stäubchen wog für ihn soviel wie das Atlasgebirge*][289].

POUSSIÈRES. PATHOS DIFFUS ET MATIÈRES DE LA SURVIVANCE

La rêverie cauchemardesque et paranoïaque du sable conquérant et envahissant, redoutable et destructeur, est en même temps le symptôme d'une extraordinaire puissance de vision, qui rendrait Flaubert capable de reconnaître – et, d'une certaine manière, de *soutenir*[290] – dans la plus infime poussière toute la pesanteur du monde. Que Sebald, à propos de Flaubert, ait mis en balance un grain de poussière avec l'Atlas lui-même, nous renseigne sur une forme particulière de ce que Warburg appelait le « trésor de souffrances de l'humanité [*Leidschatz der Menschheit*] » – sa forme atomisée, comme survivante, variante diffuse de ce geste d'Atlas

---

288 AS, p. 18 [RS, p. 17].

289 AS, p. 18-19 [RS, p. 17].

290 « [L]e geste fondamental de *soutenir* doit s'entendre à la fois dans le sens du poids supporté et du combat mené (comme lorsqu'on parle de "soutenir une lutte") », écrit Georges Didi-Huberman dans *Atlas ou le gai savoir inquiet*, *op. cit.*, p. 101.

qui est en même temps la formule de son *pathos* : « la "formule de *pathos*", dans la figure d'Atlas, concerne sans doute l'immobilisation – mais aussi la répétition indéfinie, l'éternisation inconsciente – d'un conflit, sa forme survivante à chaque instant vouée au risque de l'effondrement[291]. » Au-delà de la figure mythologique d'Atlas, c'est aussi la forme épistémique à laquelle il a donné son nom qui est en jeu, « une forme de savoir destinée à recueillir en images la dispersion – mais aussi la secrète cohérence – de notre monde tout entier[292] » ; une forme de savoir à laquelle les œuvres de Sebald ne sont pas étrangères[293].

En parlant des traces de douleur – *Schmerzensspuren* – dont les lignes ténues traversent l'histoire, Austerlitz évoque le fait que, « étudiant l'architecture des gares, [...] il ne pouvait s'empêcher de penser, bien que cela n'ait rien à voir avec le sujet, au tourment des adieux [*Qual des Abschiednehmens*] et à la peur de l'inconnu[294]. » À ce passage fait écho, beaucoup plus tard, la scène de « reconnaissance » dans la Liverpool Street Sation – la gare d'arrivée d'Austerlitz enfant –, où il se demande

> si la peine et les souffrances [*das Leid und die Schmerzen*] qui s'y étaient accumulées au fil des siècles avaient jamais cessé d'être, si aujourd'hui encore, quand je croyais parfois sentir passer sur mon front un souffle froid, il ne nous arrivait point de les traverser en allant et venant dans la salle des pas perdus ou en montant et descendant les volées d'escaliers[295].

La survivance de la peine et des douleurs, la survivance du *pathos*, donc, est perceptible comme un milieu, comme une matière diffuse qui s'infiltre dans les « plus petits interstices » des édifices, des architectures, des constructions auxquelles Austerlitz consacre sa vie de chercheur.

Les métaphores architecturales et les remarques d'Austerlitz sur les « airs de famille » (*Familienähnlichkeiten*) ont souvent été reprises pour décrire la structure de l'œuvre de Sebald et sa tentative de mettre au jour un « immense réseau de douleur [*riesiges Netzwerk des Schmerzes*][296] » ; les notions de montage et d'atlas warburgien ont souvent été convoquées.

291 *Ibid.*, p. 101.
292 *Ibid.*, p. 98.
293 *Cf.* Mandana Covindassamy, *W. G. Sebald. Cartographie d'une écriture en déplacement*, Paris, Presses de l'Université Paris-Sorbonne, 2014.
294 A', p. 21-22 [A, p. 21].
295 A', p. 157 [A, p. 187].
296 G, p. 233.

Ce qui en revanche me semble être passé largement inaperçu, ce sont ces particules de matière qui, diffuses et insistantes, matérialisent la survivance et, précisément parce qu'elles semblent n'avoir « rien à voir avec le sujet », qu'elles se dérobent à toute signification obvie et ne cessent de se volatiliser, déploient malgré tout une présence entêtante, comme de la douleur en suspension[297].

La cendre et le sable, la poussière et la neige – qui produisent chacune des associations diverses, mais dont la parenté est, pour ainsi dire, morphologique – apparaissent chez Sebald comme porteuses de la survivance fantomatique de la souffrance accumulée pendant des siècles : *leitmotive* légers et obstinés, ténus et informes, mais qui produisent à leur manière une singulière expressivité. Dans l'essai qui lui est consacré, Sebald cite ces phrases de Robert Walser : « Où cendre il y a, il n'y a, à vrai dire, rien du tout [*Wo Asche ist, da ist eigentlich überhaupt nichts*]. Mets ton pieds sur de la cendre et c'est à peine si tu remarqueras que tu as marché sur quelque chose[298]. » Et il y voit un des passages les plus forts, émotionnellement, de toute la littérature allemande du XXe siècle :

> L'intense émotion de ces lignes [*Das Hochemotionale an dieser Passage*], qui n'a pas d'équivalent dans toute la littérature allemande du XXe siècle, pas même chez Kafka, vient de ce que presque incidemment, par ce petit développement sur la cendre, la plume, le crayon et l'allumette, l'écrivain parle en réalité de son propre martyre, car les quatre choses dont il est question ne sont pas évoquées arbitrairement, elles sont les instruments de torture [*Peinigungsinstrumente*] de l'auteur ou, plus exactement, elles sont ce dont il a besoin pour organiser sa propre crémation [*Selbstverbrennung*] et ce qui reste quand le feu s'est consumé[299].

Walser, figure de *pathos* dont Sebald souligne qu'il « continue d'écrire jour après jour, jusqu'à la limite de la souffrance [*bis an die Schmerzgrenze*], et fréquemment, je pense, un peu au-delà[300] », dont il retrace le « chemin de souffrance [*Leidensweg*][301] », la *Trauerlaufbahn* (un mot qu'il croyait

297 Les pages qui suivent reprennent une réflexion présentée sous le titre « Asche, Sand, Staub und Schnee. Über einige Leidmotive bei W. G. Sebald » au colloque *Leidmotive* organisé par Georges Didi-Huberman au *Historisches Kolleg* à Munich les 30 et 31 janvier 2015.

298 Cité dans SC, p. 142 [LL, p. 149-150].

299 SC, p. 142 [LL, p. 150].

300 SC, p. 125 [LL, p. 132].

301 SC, p. 151 [LL, p. 159]. Traduction modifiée (la traduction dit « l'épreuve qu'il traverse »).

avoir inventé avant de le trouver chez l'auteur suisse[302]), Walser, donc, est précisément pour Sebald le modèle de « la transformation de la pesanteur en une entité presque impondérable. Son idéal était de vaincre la gravitation [*die Verwandlung von etwas sehr Schwerem in etwas beinahe Gewichtsloses* [...] *Sein Ideal war die Überwindung der Gravitation*][303] » ; un auteur capable de dire « quelque chose d'extrême avec la plus extrême discrétion [*ein Äußerstes mit der äußersten Diskretion*][304] », comme le dit Benjamin à propos de Baudelaire. Une apesanteur qui donc serait l'expression même de la gravité.

Dans les notes, conservées aux archives de Marbach, que Sebald a prises sur Calvino et son essai sur la légèreté, Sebald a noté l'idée de *pulvérisation de la réalité (Zerstäubung der Realität, polverizzazione della realtà*, ou encore *dissoluzione della compatezza del mondo*). Calvino décrit en effet une littérature qui « tend à faire du langage un élément dépourvu de poids, flottant sur les choses comme un nuage, ou mieux comme une subtile pulvérulence [*polviscolo sottile*], ou mieux encore comme un champ d'impulsions magnétiques[305] », et dont il retrouve les traces dans le *De rerum natura* de Lucrèce :

> qu'on songe aux grains de poussière tourbillonnant sur un rayon de soleil, dans la pénombre d'une chambre (II, 114-124), [...] le sable altéré (II, 374-376) ; aux toiles d'araignée qui nous enveloppent à notre insu, lorsque nous nous promenons (III, 381-390)[306].

Des images qui traversent également la prose de Sebald et constituent cet état particulier que Calvino distingue de la mélancolie :

> Ce n'est donc pas là une mélancolie compacte et opaque, mais un voile d'infimes particules d'humeurs et de sensations, une pulvérulence d'atomes, comme tout ce qui constitue la substance ultime de la diversité des choses[307].

302 SC, p. 132 [LL, p. 139]. Le terme apparaît aussi dans LÉ, p. 96 [DA, p. 115]. Dans les deux cas, il est traduit par « triste carrière ».

303 SC, p. 134 [LL, p. 141].

304 GS I, 2, p. 641 (*Über einige Motive bei Baudelaire*).

305 Calvino, « Légèreté », art. cité, p. 37. « Leggerezza », *Lezioni americane. Sei proposte per il prossimo millennio*, Milano, Mondadori, 1993, p. 19.

306 *Ibid.*, p. 28.

307 *Ibid.*, p. 45. « *Non è una melanconia compatta e opaca, dunque, ma un velo di particelle minutissime d'umori e sensazioni, un polviscolo d'atomi come tutto ciò che costituisce l'ultima sostanza della molteplicità delle cose.* » *Lezioni americane*, *op. cit.*, p. 25-26.

Mais tandis que cette atomisation et cette dissolution de la compacité du monde est rapportée ici à la connaissance du monde et de sa structure[308], la « pulvérisation de la réalité » chez Sebald désigne plutôt son anéantissement progressif, sa destruction, comme dans ce passage des *Anneaux de Saturne* consacré à Swinburne :

> L'autodissolution progressive de la vie [*die allmähliche Selbstauflösung des Lebens*] constitue le sujet d'un long poème intitulé *By the North Sea. Like ashes the low cliffs crumble and the banks drop down into the dust*[309].

Au cours de ses promenades dans l'est de l'Angleterre, le narrateur se trouve soudain pris dans une tempête de sable (on repense au sable du Sahara dans un faubourg de Rouen) qui soulève « sur son passage d'hallucinants tourbillons de poussière[310] ». Enfin, il est question des « voiles de poudre qui restèrent encore longtemps en suspens dans l'air, de la poudre aussi fine que du pollen [*aus dem blütenstaubfeinen Puder*], ce qui subsiste au bout du compte de la terre qui se moud elle-même lentement [*von der sich selber langsam zermahlenden Erde*][311]. »

La « vision onirique faite de poudre grise [*das pulvergraue* [...] *Traumbild*] » dont il est question ailleurs[312] concerne ici la dissolution du monde dans le néant. Une « *Selbstauflösung des Lebens* » que Sebald voit à l'œuvre chez Walser comme un principe poétique, celui de l'autodissolution de la lecture et de l'écriture. Il décrit en effet Walser comme un auteur

> dont la prose a la propriété de se dissoudre à la lecture [*sich aufzulösen beim Lesen*] si bien que, quelques heures après, on ne se rappelle déjà presque plus les personnages, les événements et les choses dont il était question [...] Tout ce qui est écrit dans ces livres incomparables a tendance, comme l'aurait peut-être dit leur auteur, à se volatiliser [*eine Neigung, sich zu verdünnisieren*]. À l'endroit qui vous paraissait encore essentiel il y a un instant, on ne trouve soudain plus rien [*gar nichts mehr*][313].

308 Calvino qualifie *De rerum natura* de « *prima grande opera di poesia in cui la conoscenza del mondo diventa dissoluzione della compattezza del mondo* ». *Lezioni americane*, *op. cit.*, p. 13.
309 AS, p. 192 [RS, p. 193].
310 AS, p. 272 [RS, p. 272].
311 AS, p. 273 [RS, p. 273].
312 A', p. 230 [A, p. 277].
313 SC, p. 126-127 [LL, p. 133].

Les figures fictionnelles de Sebald, en particulier les figures d'artistes, semblent également relever de cette loi de l'autodissolution – ainsi le peintre Max Aurach dans *Les Émigrants* :

> La poussière, dit-il, lui était beaucoup plus familière que la lumière, que l'air, que l'eau. Rien ne lui paraissait plus insupportable qu'une maison où on fait la poussière, et nulle part il ne se trouvait plus à l'aise que là où les choses ont le droit de rester où elles sont, sans qu'on les dérange, adoucies par la scorie noire et veloutée qui se dépose quand la matière, par touches imperceptibles, se décompose pour retourner au néant [*unter dem grausamtenen Sinter, der entsteht, wenn die Materie, Hauch um Hauch, sich auflöst in nichts*][314].

Toute l'ambivalence de cette *pulvérisation* des choses est là : le motif de la *Zerstäubung der Wirklichkeit*, dès lors qu'elle se formule en termes de *dissolution / retour au néant*, n'est-elle pas une forme de dématérialisation et donc une déréalisation qui à son tour, volontairement ou involontairement, revient à une dé-historisation et finalement à une dépolitisation de ce qu'elle évoque ? Les *leitmotive* de la dissolution de la matière, de la décomposition, du retour à la poussière ne sont-ils pas finalement une manière – certes paradoxale – d'alléger le poids de cette « *Leidensgeschichte der Welt* » ou de ce « *Leidschatz der Menschheit* » que l'Atlas ou l'atlas sebaldien porte sur ses épaules ? La prose de Sebald n'a-t-elle pas dès lors quelque chose des aquarelles de l'oncle Alphonso, ce personnage d'*Austerlitz* qui, pour peindre,

> portait toujours des lunettes dont les verres avaient été remplacés par une solamire qui mettait un voile de soie grise [*ein graues Seidengewebe*] devant le paysage, pâlissait les teintes du monde et le libérait de sa pesanteur [*das Gewicht der Welt einem vor den Augen zerging*][315] ?

Face à l'histoire « progressant aveuglément d'un malheur à l'autre [*blindlings von einem Unglück zum nächsten taumelnde Geschichte*][316] », à « notre histoire presque exclusivement constituée de calamités [*beinahe nur aus Kalamitäten bestehende Geschichte*][317] », la « douce transe [*leise Trance*] » de cette « lamentation inconsolable et consolatrice [*trostlos-tröstende Klage*][318] »

314 LÉ, p. 191-192 [DA, p. 238].
315 A', p. 108 [A, p. 128].
316 AS, p. 303 [RS, p. 305].
317 AS, p. 346 [RS, p. 350].
318 Irving Wohlfarth, « Anachronie », art. cité, p. 212.

ne noie-t-elle pas la singularité des destins évoqués dans ce que Anja K. Maier appelle un *lamento universel*? « La tentative de témoigner de la souffrance d'autrui », écrit-elle, « bascule ici dans l'appropriation des destinées décrites, happées par un *lamento* universel face à la “trajectoire descendante” d'une histoire naturelle que le narrateur voit à l'œuvre partout sans exception[319]. » Anne Fuchs a qualifié de « métaphysique a-historique du malheur[320] » cette « attitude de deuil » *a priori*, cette « configuration par défaut » pour reprendre l'expression d'Oliver Rohe, presque indépendante des objets qu'elle évoque, et qui se dissout dans une atmosphère, une *Stimmung* qui préexisterait autant qu'elle survivrait à ses causes[321]. Cela rejoint la disposition de la mélancolie, dont la particularité est notamment de perdre de vue son objet même, et qui, face au théâtre de l'histoire entendue comme destruction, fait désirer « de voir la neige recouvrir tout [*dass alles zuschneien möge*][322] », et que les volcans en éruption « couvrent tout le paysage alentour de leur poussière noire [*alles ringsherum überziehen möchten mit schwarzem Staub*][323] ». Oliver Rohe voit dans « cette obsession de la poussière [...] qui recouvre d'une même patine mélancolique toute la surface de son œuvre romanesque » une puissance « écrasante, sinon asphyxiante[324] » qui finirait presque par rejoindre cette « mélancolie opaque et compacte » à laquelle Calvino, et Sebald après lui, voulaient précisément opposer la « pulvérulence d'atomes », la « dissolution de la compacité du monde ».

Pourtant, si les motifs de la poussière et de la cendre suggèrent indéniablement la dissolution, la destruction et la disparition de toute

---

319 Anja K. Maier, « Schmerzästhetik und Zeugenschaft bei W. G. Sebald und Anne Duden », art. cité, p. 128.

320 Selon Anne Fuchs, « la prose de Sebald joue toujours avec une interprétation métaphysique et donc finalement a-historique de l'histoire. L'histoire, chez Sebald, menace toujours de basculer dans une métaphysique du malheur. » « *Die Schmerzensspuren der Geschichte* », *op. cit.*, p. 19.

321 Burkhard Meyer-Sickendiek a étudié le passage de « l'éthique du sentiment [*Gefühlsethik*] » du XVIIIe siècle à la théorie de la *Stimmung* telle qu'elle est développée au XIXe, et s'interroge sur le changement de paradigme qui se produit au niveau d'un texte littéraire « s'il ne met plus en scène par exemple la tristesse [*Trauer*] comme un affect provoqué par une cause extérieure, mais par une *Stimmung* qui au contraire lui préexiste. » Burkhard Meyer-Sickendiek, *Affektpoetik. Eine Kulturgeschichte literarischer Emotionen*, Würzburg, Königshausen & Neumann, 2005, p. 30.

322 A', p. 48 [A, p. 54].

323 Cité par Irving Wohlfarth, « Anachronie », art. cité, p. 211.

324 Oliver Rohe, « Fragments », art. cité, p. 323, 331.

chose, cette pulvérisation s'y double aussi d'une matérialité littéralement obsessive des traces de cette disparition. Comme le dit le narrateur des *Émigrants* :

> De fait, en voyant Ferber travailler des semaines durant à l'une de ses études de portrait, il m'arrivait souvent de penser que ce qui primait chez lui, c'était l'accumulation de la poussière. Son crayonnage violent, opiniâtre [...] mais aussi sa technique, liée à ce crayonnage, d'effacer continuellement ce qu'il avait fait à l'aide d'un chiffon de laine saturé de charbon, ce crayonnage qui ne venait à s'interrompre qu'aux heures de la nuit n'était en réalité rien d'autre qu'une production de poussière[325].

Le lien implicite entre la poussière des portraits d'Aurach/Ferber et les cendres de ceux qui, comme ses parents, ont été tués dans les camps d'extermination, est presque explicité lorsqu'il est dit qu'« on croyait avoir devant les yeux un portrait issu d'une longue lignée d'ancêtres aux visages gris, surgis de leurs cendres pour continuer à hanter sans fin le support malmené[326]. » L'effacement perpétuel de l'œuvre revient finalement à la production d'une œuvre de poussière et de cendre ; la destruction produit ses propres traces ; le refoulement produit le retour du refoulé. La poussière, de ce point de vue, est une matière dialectique, comme le montre Georges Didi-Huberman à propos des œuvres de Claudio Parmiggiani :

> La poussière réfute le néant. Elle est là, tenace et aérienne, impossible à supprimer complètement, envahissante jusqu'à l'angoisse, jusqu'à l'étouffement. Elle forme l'écume indestructible de la destruction. Comme si le temps, en pulvérisant (en décomposant) toute chose *per via di levare*, pulvérisait (disposait en soufflant) sur toute chose, *per via di porre*, son pigment favori[327].

La poussière, « pigment du temps[328] » : la pesanteur du monde n'y est pas abolie, tout au contraire. L'apesanteur, la douceur, le silence de ces *Leidmotive*[329] sebaldiens apparaissent comme leur effet pathétique le plus efficace : ce sont des formules de pathos qui se déploient dans le

---

325 LÉ, p. 192 [DA, p. 238-239].

326 LÉ, p. 193 [DA, p. 239-240].

327 Georges Didi-Huberman, *Génie du non-lieu. Air, poussière, empreinte, hantise*, Paris, Minuit, 2002, p. 55.

328 *Ibid.*, p. 84.

329 Ce néologisme qui associe le *leitmotiv* et la souffrance (*Leid*) est de Georges Didi-Huberman, qui en a fait le titre de son colloque au *Historisches Kolleg* de Munich les 30 et 31 janvier 2015.

temps, non pas dans le temps linéaire et ordonné, mais dans le temps fantomatique de la survivance. Que « le ton profondément mélancolique » de Sebald, comme l'écrit Andrea Köhler, « nous entraîne en nous berçant doucement et impitoyablement dans le malheur [*ein tief melancholischer Tonfall, der uns sanft und unerbittlich ins Unglück wiegt*][330] », est dû au fait que « le narrateur pose sa main sur notre bras pour "lever ce voile de l'au-delà tout en maintenant l'entendement en éveil" [*"bei wachem Verstand den Vorhang zum Jenseits zu lüften"*], comme l'a écrit Sebald dans son essai sur Johann Peter Hebel[331]. » Dans les *Émigrants*, le récit de Luisa Lanzberg, la mère d'Aurach, « fait l'effet d'un de ces méchants contes de fées allemands dans lesquels, une fois pris par le charme de l'envoûtement, on est contraint de poursuivre le travail engagé, en l'espèce celui du souvenir, jusqu'à ce que le cœur se brise [*bis einem das Herz bricht*][332]. »

Cela relève-t-il de ce que Wohlfarth appelle si sévèrement, par comparaison avec Benjamin, un « deuil sans politique » ? Certainement pas au sens d'une neutralité apolitique ou d'une psychologisation qui serait réduction à la seule dimension privée et individuelle. Peut-être faut-il parler plutôt ici d'un deuil ou d'une plainte *antipolitique* au sens où Nicole Loraux emploie ce terme dans *La voix endeuillée* :

> je dirai qu'est antipolitique tout comportement qui détourne, refuse ou met en danger, consciemment ou non, les réquisits et les interdits constitutifs de l'idéologie de la cité, laquelle fonde et nourrit l'idéologie civique. Par « idéologie de la cité », j'entends essentiellement l'idée que la cité doit être – et donc par définition est – *une et en paix* avec elle-même[333].

Cette idéologie se caractérise par « l'oubli du conflit ou, plus précisément, du caractère par définition conflictuel du politique », allant de pair avec une « mémoire politique de la cité qui ressemble à une pratique conséquente de l'oubli[334] ». L'*antipolitique* selon Nicole Loraux s'oppose donc moins au politique qu'à l'idéologique, et n'est, en tout

---

330 Andrea Köhler, « Verabredungen in der Vergangenheit. Das Archivierungswerk des Schriftstellers W. G. Sebald », art. cité, p. 348.

331 *Ibid. Cf.* SC, p. 24 [LL, p. 23].

332 LÉ, p. 228 [DA, p. 289]. Traduction modifiée.

333 Nicole Loraux, *La voix endeuillée. Essai sur la tragédie grecque*, Paris, Gallimard, 1999, p. 45-46.

334 *Ibid.*, p. 46.

cas, aucunement *apolitique*, sauf à rabattre précisément le politique sur le discours constitué d'une idéologie.

Cette plainte antipolitique, c'est, selon Nicole Loraux, l'expression d'un deuil que la cité considère comme illégitime, excessif et surtout débordant tout cadre temporel, et dont la tragédie grecque laisse entendre la « plainte nue, deuil mué en pure émission vocale[335] » : *aiaî*. Cette interjection, « plainte qui vaut pour toutes les plaintes, matérialisée en une émission vocale générique, condensant en elle tout le registre expressif de la douleur », bref ce « condensé de plainte » est

> loin – très au-delà ou très en deçà, mais je ne dirai pas très en dessous – de la perception limpide que requiert le discours politique, où le sens prime le son. Car l'intérêt pour *aiaî* ouvre à un monde [...] que la tragédie emprunte à cela même qui, dans les législations civiques sur le deuil, est interdit d'espace civique et doit se renfermer dans l'intérieur bien clos des maisons : la lamentation à peine articulée, celle que le chant XXIV de l'*Iliade* attribue aux femmes par opposition au chant élaboré qu'est le thrène de l'aède[336].

L'interjection « aiaî », cette « modulation qui est comme l'indice d'un en deçà de la langue, d'une autre langue de la lamentation[337] » est pour Nicole Loraux un « indicateur du tragique » notamment parce qu'elle « se déplace, changeant de locuteur au fur et à mesure que le tragique atteint d'autres personnages[338] ».

Les motifs informes mais sensibles de la poussière, du sable, de la cendre et de la neige apparaissent chez Sebald comme des équivalents visuels de cette « lamentation à peine articulée » qui se déplace de motif en motif et condense l'intensité élégiaque sans constituer de discours proprement dit, à la manière de « l'aria sans paroles [*silencieuse* ou encore *atone*, *blanche* : *tonlose Arie*][339] » du film muet qui fait pleurer Kafka à Vérone, dans *Vertiges*. Sebald, qui décrit les images du film comme des figures de la poussière – « la danse des lumières scintillantes [de poussière] se métamorphosant en images [*Verwandlung der in dem Lichtkegel flimmernden Staubteilchen in Bilder*][340] » – cite ici une expression de Kafka

335 *Ibid.*, p. 58-59.
336 *Ibid.*, p. 63.
337 *Ibid.*, p. 60.
338 *Ibid.*, p. 62.
339 V, p. 138 [SG, p. 174].
340 V, p. 136 [SG, p. 172].

sur « cette errance [...] de la voix dans la mélodie [*Herumirren* [...] *der Stimme in der Melodie*][341] ». Cette association n'est pas fortuite : comme la voix dans la mélodie, les *leitmotive* diffus de la poussière et de la cendre errent entre les lignes de la prose de Sebald et contribuent, à l'instar des photographies-grisailles non légendées, à disséminer la plainte autant qu'à en augmenter l'intensité expressive, par le jeu de la contamination réciproque. Mais ce qui dans ces *leitmotive*, surtout, est erratique comme la voix non articulée dans la mélodie, c'est leur signification : leur qualité infra-symbolique, leur efficacité *en deçà de la langue*, leur capacité à susciter des associations changeantes et non conventionalisées, non fixées, et donc à exprimer quelque chose de ce que Koppenfels, à propos de Flaubert, appelait la *tristesse orpheline – herrenlose Trauer.*

Le *leitmotiv* de la neige appartient lui aussi à cette configuration[342] : il semble porteur d'une intensité émotionnelle particulière sans que sa signification soit clairement identifiable. C'est bien plutôt une intensité sensible, une présence matérielle, qui s'impose telle quelle, comme on le lit dans un entretien de 1996 :

> Je crois que si vous parlez avec des peintres, ils vous diront en général que le blanc est la couleur la plus difficile. [...] Le blanc pur, ça n'existe pas bien sûr, c'est une abstraction, de sorte qu'il faut toujours le mélanger avec un grain de poussière d'une autre réalité pour le faire exister. [...] Pour moi personnellement, cette couleur a bien sûr une valeur particulière dans la mesure où elle est associée au phénomène de la neige et de la chute de la neige et de cette immobilisation du monde [*Stillegung der Welt*] qui tous les ans, vers le mois de novembre – en tout cas dans le village où j'ai grandi – se produisait avec l'arrivée de la neige. [...] Le blanc a donc pour moi la fonction du transcendant. Et j'essaie de l'employer avec parcimonie pour ne pas l'épuiser, cette couleur qui n'existe pas[343].

La neige, matérialisation du blanc, serait une expérience du transcendant ? bien sûr, il ne faut pas entendre par là une quelconque révélation divine comme celle qu'évoque Sebald dans *D'après nature*, où la neige tombée un 5 août sur le mont Esquilin à Rome était lue comme un

341 V, p. 138 [SG, p. 174].
342 Les remarques qui suivent ont fait l'objet d'une brève présentation au Palais de Tokyo à Paris dans le cadre de la « Nuit blanche » du 6 octobre 2012, lors d'un événement intitulé *White spirit* et organisé conjointement par le Centre allemand d'histoire de l'art et la Nuit blanche.
343 G, p. 143-144.

signe évident, indiquant le lieu où devait être construit un sanctuaire. La neige chez Sebald, loin de consacrer le lieu, le rend illisible : elle ne dévoile rien, elle recouvre tout, suscitant l'angoisse de l'enfant qui, dans *Austerlitz*, demande invariablement à sa nourrice, face aux paysages enneigés de son livre illustré :

> Mais quand tout sera blanc, comment les écureuils feront-ils pour savoir où ils ont caché leurs provisions ? [...] Oui, comment les écureuils le savent-ils, et que savons-nous au juste, et comment faisons-nous pour nous souvenir, et que de choses ne déterrons-nous pas en définitive[344] ?

La neige rend illisible la topographie des choses enfouies, brouille les repères de ce que nous croyions maîtriser comme notre territoire, trouble les certitudes de notre savoir et de notre mémoire, et nous fait presque perdre la raison :

> Les maisons et les fermes somnolaient, les pâturages, les routes et les sentiers reposaient intacts sous leur couverture blanche et mate. Une chape de ciel gris lourde et basse pesait sur la contrée comme dans l'attente d'une grosse chute de neige. Quand, la tête renversée, on fixait suffisamment ce vide impénétrable à en devenir fou [*bis zum Wahnsinnigwerden undurchdringliche Leere*], on croyait déjà voir tourbillonner les premiers flocons[345].

La neige produit une sorte d'arrêt sur image, mais l'image en même temps se dérobe : le ciel de neige efface la limite entre le mouvement et l'immobilité, le vide et le plein, ce que l'on voit et ce que l'on croit voir. C'est une sorte de substance, de milieu visuel qui trouble la perception et produit une surexposition à la fois visuelle et existentielle, comme lorsque Sebald évoque la mort du peintre Grünewald :

> C'est ainsi, quand le nerf optique
> se déchire, que dans l'atmosphère immobile
> tout devient blanc, comme la neige
> sur les Alpes[346].

Les visions de neige sur lesquelles s'achèvent chacun des volets du triptyque poétique *D'après nature*, et qui sont toutes aussi des visions

---

344 A', p. 243 [A, p. 291].
345 V, p. 215 [SG, p. 275]. Traduction légèrement modifiée.
346 AN, p. 32 [NN, p. 33].

d'altitude, ne relèvent pas pour autant de cet idéalisme du blanc que dans ses essais critiques Sebald décèle chez les auteurs du XIXe siècle – Stifter par exemple, dont il décrit « la tentative [...] d'accomplir, par des couleurs très claires qui tirent vers le monochrome lumineux, pour ne pas dire vers le blanc absolu, une dématérialisation du monde [*Dematerialisierung der Welt*][347]. » Ce n'est pas cet au-delà du monde sensible, cette éternité désincarnée que vise Sebald. Si la neige est chez lui liée à la mort, elle l'est plus exactement *aux* morts, et à la présence insistante (physique, matérielle) de leurs corps. Sebald raconte que dans le village de son enfance,

> vous ne pouviez pas enterrer les morts en hiver parce que le sol était gelé et qu'il était impossible de creuser une tombe. Alors, vous les laissiez dans l'appentis un mois ou deux, le temps que le dégel arrive[348].

L'univers blanc de la neige et de la glace est donc très concrètement lié aux morts, dont on retrouve parfois les corps, en montagne, longtemps après leur disparition. C'est un *leitmotiv* chez Sebald :

> Voilà donc comment ils reviennent, les morts. Parfois, après plus de sept décennies, ils sortent de la glace et gisent au bord de la moraine, un petit tas d'os polis, une paire de chaussures cloutées[349].

Plutôt qu'une dématérialisation du monde, la neige chez Sebald serait une sorte de matérialisation des processus psychiques – de la mémoire, du deuil et de l'oubli, du savoir et du non-savoir, de la perception et de son trouble. La neige n'est pas pour autant un symbole, car le sens y est littéralement laissé en blanc : c'est un « vide impénétrable à en devenir fou ». Plus que d'un contenu particulier, la neige est comme le symptôme d'une intensité émotionnelle extrême. Symptôme paradoxal, puisqu'il intensifie et « refroidit » en même temps l'expression de l'émotion, la neige chez Sebald n'est pas un signe, ou alors c'est un signe blanc, qui ne signifie rien, dont le sens est indécidable et ouvert – « inarticulé »

---

347 DM, p. 33 [BU, p. 24]. Traduction modifiée.

348 AdM, p. 41.

349 LÉ, p. 34-35 [DA, p. 36-37]. C'est dans la neige qu'est retrouvé le corps de l'explorateur Steller dans *D'après nature* (NN, p. 68), celui du chasseur Schlag dans *Vertiges* (SG, p. 281-283) et celui de l'écrivain Robert Walser dans *Séjours à la campagne* (LL, p. 137). Et c'est, donc, dans l'univers blanc d'un glacier que réapparaît, plus de 70 ans après sa disparition, le corps d'un guide de haute montagne, Johannes Naegeli, dans *Les Émigrants*.

comme la voix de la plainte irréconciliable dans la tragédie grecque. Le tourbillon des premiers flocons dans un ciel de neige fonctionne lui aussi comme une *formule de pathos* warburgienne : une forme contradictoire, dialectique, qui, dans ce cas précis, tire son efficacité expressive d'être tout à la fois affolante et diffuse, éblouissante et douce, intense et silencieuse, spectaculaire et presque imperceptible pourtant. On ne peut s'empêcher de penser ici à la manière dont Benjamin superpose la neige et la lecture, aussi bien dans *Enfance berlinoise* que dans *Sens unique* :

> On était totalement livré pendant une semaine à la vie du texte qui vous enveloppait de façon douce et secrète, dense et incessante, comme des flocons de neige [*wie Schneeflocken einen umfing*]. On y entrait avec une confiance infinie. Silence du livre, silence qui séduisait sans fin. Le contenu du livre n'était pas bien important. [...] Il [l'enfant] doit encore déchiffrer les aventures du héros dans le tourbillon des lettres, comme une image et un message dans l'agitation des flocons [*wie Figur und Botschaft im Treiben der Flocken*]. Il respire le vent des événements et tous les personnages lui soufflent au visage. L'enfant est plus étroitement mêlé aux personnages que l'adulte. Il est indiciblement ému par l'aventure et par les paroles échangées et, lorsqu'il se relève, il est tout entier recouvert par la neige de ses lectures [*Es ist unsäglich betroffen von dem Geschehen und den gewechselten Worten und wenn es aufsteht, ist es über und über beschneit vom Gelesenen*][350].

L'effet de silence et de douceur de cette « neige de lecture » de l'enfance est inséparable de son effet de contagion affective, qui fait que l'enfant mêle son souffle à l'atmosphère du récit et qu'il est « indiciblement affecté » par ce qui s'y passe, qui le *touche* dans un sens quasi-littéral.

L'intensité de cette sensation rappelle une distinction établie par Gilles Deleuze à propos de Francis Bacon :

> Bacon distingue la violence du spectacle, qui ne l'intéresse pas, et la violence de la sensation comme objet de la peinture. Il dit : « J'ai commencé par peindre l'horreur, les corridas ou les crucifixions, mais c'était encore beaucoup trop dramatique. Ce qui compte, c'est peindre le cri. » L'horreur est encore trop figurative, et en passant de l'horreur au cri, on obtient un gain formidable dans la sobriété, toute la facilité de la figuration tombe. Les beaux Bacon sont des personnages qui dorment, ou un homme vu de dos en train de se raser[351].

---

350 Walter Benjamin, *Sens unique* précédé de *Enfance Berlinoise*, trad. Jean Lacoste, Paris, 10/18, 1978, p. 145-146 [GS IV, 1, p. 113].

351 Gilles Deleuze, « La peinture enflamme l'écriture », *Deux régimes de fous. Textes et entretiens 1975-1995*, éd. David Lapoujade, Paris, Minuit, 2003, p. 167-172, p. 171.

Le cri, ce n'est donc pas forcément la représentation d'un homme qui crie, mais le cri immanent à un motif aussi peu « dramatique » qu'un homme qui dort[352] – une intensité de pathos, donc, entièrement détachée de son motif figuratif. C'est dans ce sens que Deleuze évoque, en 1981, une nouvelle direction dans la peinture de Bacon d'où toute « figure » serait bannie, et dont tout le pathos serait contenu dans la seule « violence de la sensation » : « il n'y a encore que trois tableaux : un jet d'eau, un jet d'herbe et un jet de sable[353]. » Peut-être est-ce là une forme possible de cette *passibilité* que Patrice Loraux – qui lui aussi cite Bacon en exemple[354] – voulait opposer à l'impassibilité : non pas un pathos figuratif convenu, ni une froide abstraction, mais une *dédramatisation* qui en même temps rende sensible la violence de la sensation, ou, comme le formulait Koppenfels, la « tristesse orpheline », erratique, délocalisée, impersonnelle, se déplaçant d'un objet et d'un sujet à l'autre et affectant – ou contaminant – le spectateur, ou le lecteur, sans presque qu'il sache pourquoi.

Le point de départ de ces réflexions sur les modalités de la circulation de l'affect chez Sebald, notamment à travers ces motifs indistincts qui se dérobent à toute signification et toute forme préétablie et produisent la suggestion d'un *milieu* affectif à la fois diffus et intense, était, on s'en souvient, la référence à Flaubert et sa politique affective paradoxale, fondée sur le pathos de l'impassibilité et une forme d'inversion, chez le

352 On peut aussi penser ici au livre de Georges Perec, *Un homme qui dort*, Paris, Denoël, 1967, dont le narrateur à la première personne – ou plutôt à la deuxième personne – est « bouleversé par le détachement », comme le dit Perec dans un entretien télévisé de 1967 repris dans le DVD Georges Perec, Robert Bober, *Récits d'Ellis Island, Les lieux d'une fugue*, Paris, INA, 2008. « Tu ne serais jamais atteint » (p. 28), « Tu n'es qu'une ombre trouble, un dur noyau d'indifférence, un regard neutre fuyant les regards » (p. 29), « Être sans désir, sans dépit, sans révolte [...] ta vie végétale, ta vie annulée » (p. 52), « tu te déprends de tout, tu te détaches de tout » (p. 76), « ta froideur devient fabuleuse » (p. 85), « Non pas insensible, mais neutre » (p. 95)... On peut supposer que Sebald connaissait ce texte de Perec ; le passage où Austerlitz retourne et déplace des photographies comme dans une réussite pourrait en effet reprendre une scène similaire d'*Un homme qui dort* : « Il y a d'abord des images, familières ou obsédantes ; des cartes étalées que tu prends et reprends sans cesse, sans jamais parvenir à les ordonner comme tu le voudrais, avec cette impression désagréable d'avoir besoin d'achever, de réussir cette mise en ordre, comme si d'elle dépendait le dévoilement d'une vérité essentielle » (p. 31).

353 Gilles Deleuze, « La peinture enflamme l'écriture », art. cité, p. 171.

354 Loraux cite notamment une toile intitulée *Chimpanzé* : « Pour moi ce n'est pas un chimpanzé, c'est de la passibilité à l'état pur. [...] Il lève quelque chose de l'anesthésie, c'est-à-dire qu'il s'offre comme une espèce de surface esthétique, ou de corps esthétique passible, qui peut faire revenir le ressentir. » « Les disparus », art. cité, p. 56.

lecteur, de l'immunité affective du narrateur. Si Sebald procède différemment, on observe également dans son œuvre des effets d'intensité expressive fondés sur des procédés de neutralisation apparente. De ce que nous appelons, dans toute cette partie de notre étude, les paradoxes de l'intensité expressive, il nous reste un dernier exemple : ce sont les paradoxes expressifs de la formule stéréotypée. Là encore, il semble que Sebald prolonge la réflexion de l'auteur du *Dictionnaire des idées reçues*. Car « la crainte de Flaubert ne concerne pas seulement la contamination affective », écrit Koppenfels : elle concerne aussi

> son équivalent verbal, le cliché. L'*idée reçue* elle aussi est un microbe qui menace le corps du style. La perméabilité des limites du moi ne s'exprime pas seulement dans l'incapacité d'avoir des sentiments propres mais aussi dans l'incapacité de parler avec ses propres mots. Au carrousel de la contamination affective correspond la circulation perpétuelle du cliché. Comme pour le travail de Flaubert sur l'affect, on peut montrer que son travail sur les clichés est fondé sur une technique d'immunisation par auto-infection[355].

PARADOXES EXPRESSIFS DE LA *FORMULE*

On a vu à plusieurs reprises que le genre documentaire était valorisé par Sebald en ceci qu'il paraît garantir ce que Victor Klemperer appelle « l'absence totale de formules creuses [*völlige Phrasenlosigkeit*] », « l'énoncé non-falsifié [*unverfälschte Aussage*][356] » – soustraits à cette « littérarisation » toujours soupçonnée de noyer le propos dans les effets rhétoriques et les formules convenues. La question est pourtant de savoir où situer, de ce point de vue, la « littérarisation » et la « littérature ». Celle-ci peut certes être pourvoyeuse de formules creuses, elle peut être employée à se détourner du réel qu'elle prétend décrire, elle peut livrer des images et des formules qui dissimulent le réel derrière un écran de clichés. Mais en principe, ce n'est justement pas cela qu'elle s'attache à faire : certains des exemples de « littérarisation » cités par Klemperer, on s'en souvient, en témoignent malgré lui. Car la littérature est aussi le mieux à même de défaire les formules convenues, de neutraliser les stéréotypes, de sorte qu'un texte écrit avec une sensibilité et une attention « littéraires » peut être – ou paraître – plus « authentique » qu'un texte « purement » documentaire. Inversement, un témoignage « authentique » peut paraître

355 Martin von Koppenfels, *Immune Erzähler*, *op. cit.*, p. 221.
356 Victor Klemperer, « Inferno und Nazihölle », art. cité, p. 250, 252.

faux s'il est – ou paraît – fait de formules convenues et d'expressions éculées : dans ce cas, ce n'est pas en réalité qu'il est *trop* littéraire, mais qu'il ne l'est *pas assez*. C'est ce que conclut implicitement Sebald dans *De la destruction*, où il juge très sévèrement les récits des témoins des bombardements alliés sur les villes allemandes.

On sait que la thèse générale de Sebald dans ce livre est que la littérature allemande d'après-guerre n'a, dans l'ensemble, pas rendu compte de la destruction totale des villes dans les bombardements, et qu'il y a eu une sorte de blanc, de déni de réalité lié au déni des crimes nazis qui en étaient la cause directe. Ce déni, Sebald ne le voit pas seulement dans l'évitement du sujet, mais dans la manière de le traiter, et jusque dans la formulation des témoignages livrés par les témoins ordinaires, dont il met en cause, de manière très radicale, l'authenticité. Ce n'est pas leur statut même de témoins ni la réalité de ce qu'ils ont vécu qu'il met en doute ; c'est la *qualité* des récits eux-mêmes, dans leur *forme* ou leur *formulation*, qui les rend inauthentiques à ses yeux :

> si ces relations de témoins oculaires paraissent mensongères, c'est aussi à cause de leurs nombreuses formules stéréotypées. La réalité de la destruction totale, qui échappe à la compréhension tant elle paraît hors norme, s'estompe derrière des tournures toutes faites comme « la proie des flammes », « la nuit fatidique », « le feu embrasait le ciel », « les puissances infernales s'étaient déchaînées », « c'était une vision d'enfer », « le terrible destin réservé aux villes allemandes », etc. Leur fonction est de masquer et de neutraliser des souvenirs vécus qui dépassent le concevable. L'expression « en ce jour terrible où notre belle ville a été rayée de la carte », que le psychologue américain cité par Kluge, enquêtant sur la catastrophe, entend aussi bien à Francfort et Fürth, à Wuppertal et Wurtzbourg qu'à Halberstadt, n'est en vérité rien d'autre qu'une manière de conjurer le souvenir[357].

Et Sebald va encore plus loin puisqu'à ses yeux ce n'est pas seulement la formule stéréotypée, mais le langage de tous les jours, dont le cliché n'est qu'une cristallisation particulière, qui fait obstacle à l'expression d'un vécu authentique :

> Même ce que Victor Klemperer consigne dans son journal sur la fin de Dresde reste dans les limites fixées par la convention du langage. [...] L'emploi d'une langue intacte, qui apparemment continue de fonctionner normalement dans la plupart des récits de témoins oculaires, suscite des doutes quant à l'authenticité de l'expérience dont ils gardent trace. Scellée en l'espace de quelques heures,

357 DD, p. 35 [LK, p. 34-35].

> l'agonie par le feu de toute une ville avec ses bâtiments et ses arbres, ses habitants, ses animaux domestiques, ses installations et ses biens matériels, devait nécessairement provoquer, chez ceux qui avaient réussi à survivre, une saturation et une paralysie de leur aptitude à penser et à s'émouvoir. Aussi les récits des témoins oculaires ne présentent-ils qu'un intérêt limité et devraient-ils être complétés par ce que nous livre une vision synoptique et synthétique[358].

Le faux, c'est donc ici la formule stéréotypée, la tournure toute faite qui, aux yeux de Sebald, tait ce qu'elle prétend exprimer, fait écran, sert le déni et non la description de la réalité vécue dont il estime qu'elle a été censurée dans la conscience collective allemande de l'après-guerre, non par « décence », mais par déni. Ce n'est pas l'authenticité des faits relatés, de la *réalité* factuelle qui est mise en cause, mais « l'authenticité de l'*expérience* » de cette réalité : une réalité d'une telle violence qu'elle aurait produit chez ceux qui l'ont vécu un trauma dont le recours à des « formules stéréotypées » seraient le symptôme, selon Sebald, de ce qu'une expérience n'a pas été faite[359]. La manière particulièrement impitoyable dont Sebald disqualifie ces témoignages tient sans doute à son analyse générale sur le fait que la République fédérale aurait

> eu recours à un mécanisme de refoulement parfaitement au point qui lui permet [...] d'éliminer complètement de son patrimoine affectif [*Gefühlshaushalt*], voire d'inscrire au tableau de ses faits glorieux, tout ce qu'elle a réussi à surmonter sans faire preuve de la moindre faiblesse de caractère[360].

Il y a pourtant quelque chose dans ce verdict qui appelle la contradiction. D'abord, n'est-il pas paradoxal d'exiger du témoin – tout en identifiant son recours au stéréotype comme un symptôme traumatique, et donc en lui reconnaissant indirectement une certaine authenticité

---

358 DD, p. 35-36 [LK, p. 34-35]. Fridolin Schley voit dans cette disqualification par Sebald de la parole des témoins une manière de légitimer à leurs dépens son propre projet d'écriture : *Kataloge der Wahrheit*, *op. cit.*, p. 323-333. La thèse de Schley est que Sebald, en tant que critique, a créé lui-même la demande pour laquelle il apporte ensuite, en tant qu'écrivain, l'offre correspondante (p. 12). S'il paraît clair en effet qu'il y a un lien entre ses jugements parfois particulièrement impitoyables et sa propre problématique de légitimité et d'auto-légitimation, on ne peut guère suivre Schley lorsqu'il fait de Sebald le champion cynique d'une pure stratégie de positionnement.

359 Peut-être Sebald a-t-il ici à l'esprit la réflexion de Benjamin sur les survivants de la Grande Guerre : « Ne s'est-on pas aperçu à l'armistice que les gens revenaient muets du front ? non pas enrichis mais appauvris en expérience communicable. » *Écrits français*, *op. cit.*, p. 265 [GS II, 2, p. 439].

360 DD, p. 23 [LK, p. 20].

émotionnelle – qu'il renonce à « l'emploi d'une langue intacte » qui « apparemment continue de fonctionner normalement » ? N'est-ce pas une idée très « littéraire » que d'exiger ici une correspondance entre « forme » et « fond » ? Et ne faut-il pas tout le travail d'un écrivain pour parvenir à une langue qui soit capable, dans sa forme même, de traduire la secousse d'un événement qui paralyse dans un premier temps toute « aptitude à penser et à s'émouvoir » ?

Le décalage entre l'« emploi d'une langue intacte » et un événement incommensurable n'est-il pas précisément – du moins dans un premier temps – la marque même de son incommensurabilité ? Le témoin qui, après avoir survécu à « l'agonie par le feu de toute une ville », parle comme il parlait avant cet événement, ne fait-il pas penser à ces personnages de dessins animés qui, courant à toute allure, ne voient pas qu'ils se précipitent vers une falaise à pic, et poursuivent quelques instants leur course dans le vide comme si de rien n'était, alors que déjà le sol s'est dérobé sous leurs pieds, avant de tomber tout à coup lorsqu'ils en prennent conscience ? C'est l'image qu'emploie Peter Handke pour figurer ce qu'il appelle le « *horror vacui* dans la conscience. La représentation [*Vorstellung*] vient de se former et remarque soudain qu'il n'y a plus rien à représenter. Alors elle tombe comme un personnage de dessin animé qui s'aperçoit qu'il ne marche depuis le début que sur de l'air[361]. » L'abîme n'en est-il pas d'autant plus perceptible ? Peut-on en conclure tout simplement que les récits des témoins oculaires ne présentent qu'un « intérêt limité » ? Enfin, le fait que Sebald aille jusqu'à inclure dans son schéma d'interprétation le journal de Victor Klemperer, que l'on ne saurait pourtant guère soupçonner de favoriser le déni de l'événement, montre les limites du court-circuit qui est opéré ici entre l'analyse de type psychanalytique (avec le modèle du trauma et du refoulement) et celle qui prête en même temps à ces mécanismes psychiques une dimension idéologique (celle « d'inscrire [la destruction des villes] au tableau de ses faits glorieux »). Dans le cas de Klemperer au moins, la continuation d'une langue intacte ne saurait susciter de « doutes quant à l'authenticité de l'expérience dont ils [les récits] gardent la trace ».

Par ailleurs, cette condamnation de la discontinuité entre une langue intacte et la rupture qu'elle décrit a de quoi surprendre de la part d'un auteur qui, comme Sebald, fait lui-même explicitement de ce décalage un procédé central de son écriture, où « le timbre du XIXe siècle est encore

361 Peter Handke, *Le malheur indifférent*, trad. Anne Gaudu, Paris, Gallimard, 1979, p. 122.

une fois évoqué et associé à la description des catastrophes [...], de la rupture de civilisation[362] ». Daniel Weidner fait remarquer par ailleurs que l'effet de décalage, par rapport à son objet, de cette écriture « riche et complexe, souvent qualifiée de parodie de la prose du XIXe siècle et même de kitsch », est encore redoublé par le fait que l'allemand de Sebald ne soit pas seulement « la mélodie du XIXe siècle », mais la langue des bourreaux – « non pas la langue de leurs ordres, mais celle qu'ils pouvaient célébrer après et à côté de leurs actes[363] ». Weidner fait remarquer que le narrateur d'*Austerlitz* et des *Émigrants* recueille les témoignages de ses interlocuteurs en français et en anglais – et les transcrit en allemand. Cette différence, chez Sebald, est dissimulée, neutralisée (« *blind gemacht* ») (en même temps, puisqu'il s'agit de fiction, c'est tout de même Sebald qui introduit et nomme cette transcription, même discrètement). Weidner se demande s'il y a là une intention de créer des « moments d'étrangeté [*Befremden*] et de désarroi [*Bestürzung*] au cœur du plaisir du style qui survient au cours de la lecture » ou si son style (*Sprache*) est une « tentative de "contourner l'hypothèque que le national-socialisme a fait peser sur la langue de la littérature allemande d'après-guerre" (Korff 1998, 197)[364] ».

Quoi qu'il en soit, l'authenticité de l'expérience se mesure aussi, pour Sebald, à une qualité de la langue, liée à la précision de la pensée et de l'émotion qui s'y manifeste – là où le recours au stéréotype signifierait l'incapacité « à penser et à s'émouvoir » et, en dernier ressort, l'inauthenticité de l'expérience. À rebours de l'« étonnante insensibilisation [*Selbstanästhesierung*] dont est capable une collectivité[365] », tout le projet de Sebald est donc de mettre au jour les « traces de douleur » qui traversent l'histoire en leur donnant forme. La survivance de la mémoire et la justesse de la réflexion sont donc pour lui tributaires d'une *forme*, et c'est bien aussi la *forme* qui, inséparable de son objet, doit être authentique, là où on pourrait penser spontanément que l'authenticité se situe en-deçà de toute question de forme, et que celle-ci lui serait extérieure, secondaire, inessentielle. De la mémoire de la Shoah, Sebald écrit :

---

362 G, p. 159.

363 Daniel Weidner, « Holocaust », *W. G. Sebald Handbuch*, *op. cit.*, p. 232-239, p. 237.

364 *Ibid. Cf.* Sigrid Korff, « Die Treue zum Detail. W. G. Sebalds *Die Ausgewanderten* », *In der Sprache der Täter. Neue Lektüren deutschsprachiger Gegenwarts- und Nachkriegsliteratur*, éd. Stephan Braese, Opladen, 1998, p. 167-197.

365 DD, p. 23 [LK, p. 20].

> Ce qui importe, c'est que la mémoire trouve une forme authentique [*daß Erinnerung eine authentische Form findet*] dans laquelle elle puisse subsister. Tout de même, depuis 1965, on a cherché de manière à peu près continue à trouver des formes de réflexion [*Formen des Nachdenkens*][366].

À son personnage Austerlitz, Sebald fait dire :

> à présent il m'était devenu si difficile d'écrire que souvent une seule phrase me retenait une journée entière et à peine cette phrase conçue au prix du plus grand des efforts était-elle couchée sur le papier qu'elle révélait la fâcheuse inauthenticité de mes agencements [*Unwahrheit meiner Konstruktionen*] et l'inadéquation de tous les mots que j'avais employés. [...] aussitôt que je prenais mon crayon les infinies possibilités de cette langue à laquelle jadis j'avais pu m'abandonner en toute confiance se ratatinaient comme peau de chagrin pour ne plus être qu'un ramassis de poncifs éculés. Nulle tournure dans la phrase qui ne se révélât une pitoyable béquille, nul mot qui ne sonnât creux ou ne parût fallacieux. [...] L'articulation de la langue, l'agencement syntaxique de ses différents éléments, la ponctuation, les conjonctions et jusqu'aux noms désignant les choses les plus simples, tout était enveloppé d'un brouillard impénétrable[367].

La proximité de ces réflexions, y compris dans le détail des images et des tournures, avec la célèbre *Lettre de Lord Chandos* de Hofmannsthal a souvent été relevée. Irving Wohlfarth s'interroge avec agacement sur le sens de ce « tressage poétique » (*Ineinanderdichten*) de « deux grands complexes, le livre des passages de Benjamin et la crise du langage de Chandos[368] » : il n'y voit qu'un étalage d'érudition et de clins d'œils complices au lecteur cultivé. Peut-être est-ce utile ici de passer par une autre référence : il est frappant en effet de constater, aussi, la proximité entre ces pensées prêtées à Austerlitz et celles prêtées à Flaubert dans le passage sur la « peur du faux » dans *Les Anneaux de Saturne* :

> Dans ces moments-là, disait Janine, non seulement il lui semblait totalement exclu de se remettre à écrire mais il était convaincu, en outre, que tout ce qu'il avait écrit jusque-là ne constituait qu'une succession de fautes et de mystifications [*Verlogenheiten*] aux conséquences incalculables[369].

---

366 G, p. 206.
367 A', p. 148 [A, p. 176-177].
368 Irving Wohlfarth, « Anachronie », art. cité, p. 226.
369 AS, p. 18 [RS, p. 16-17].

Chez Flaubert, la peur du faux semble à première vue fondée sur une toute autre problématique que celle d'Austerlitz et du refoulement qui lui fait vivre comme une vie fausse dans un monde faux :

> Janine affirmait que les scrupules de Flaubert étaient alimentés par l'abêtissement en perpétuel progrès qu'il n'avait eu de cesse d'observer autour de lui et qui était en passe, croyait-il, de s'attaquer à sa propre tête. C'était, aurait-il déclaré un jour, comme si l'on s'enfonçait dans le sable[370].

Or cette bêtise ambiante dont il est si difficile de se préserver, c'est la puissance des formules, clichés, stéréotypes qui tiennent lieu de pensée et de parole et dont Flaubert entreprend d'exposer les symptômes dans son *Dictionnaire des idées reçues* afin que chacun puisse en mesurer sur lui-même les atteintes :

> [i]l faudrait que, dans tout le cours du livre, il n'y eût pas un mot de mon cru, et qu'une fois qu'on l'aurait lu on n'osât plus parler, de peur de dire naturellement une des phrases qui s'y trouvent[371].

En effet, la difficulté de produire une parole « authentique » devient presque insurmontable dans un espace de langage saturé de formules toutes faites : une figure de contamination évoquée plus haut. Sebald a une conscience très aiguë de cette problématique : le rapport aux formules empruntées est une question qui traverse toute son œuvre. Ce n'est pas seulement un enjeu de poétique, mais aussi un enjeu politique, car il détermine – et là est sans doute la réponse à l'interrogation de Wohlfarth – l'écriture même de l'histoire.

En effet, c'est précisément sur ce caractère incontournable des formules, idées reçues et éléments de langage que porte la leçon désabusée du professeur d'histoire d'Austerlitz, Hilary, spécialiste des batailles napoléoniennes :

> Au bout du compte, il ne restait d'autre recours que de résumer ce dont on ne savait rien par la phrase ridicule « La bataille était indécise » ou quelque expression du même genre [...] [N]ous ne faisons qu'utiliser des éléments de décor [*mit Versatzstücken*] que d'autres avant nous ont déjà plus d'une fois disposés ici et là sur la scène. Nous essayons de rendre la réalité mais plus nous

---

370 AS, p. 18 [RS, p. 17].

371 À Louise Colet, 16 décembre 1852, cité dans Gustave Flaubert, *Le Dictionnaire des idées reçues*, *op. cit.*, p. 23.

> nous y efforçons, plus s'impose à nous ce qui de tous temps a meublé le théâtre de l'histoire : le tambour tombé, le fantassin en embrochant un autre, l'œil du cheval qui se ternit, l'empereur invulnérable entouré de ses généraux, au milieu de la mêlée des combattants. Faire de l'histoire, telle était la thèse de Hilary, ce n'était que s'intéresser à des images préétablies, ancrées à l'intérieur de nos têtes [*Beschäftigung mit immer schon vorgefertigten, in das Innere unserer Köpfe gravierten Bildern*], sur lesquelles nous gardons le regard fixé tandis que la vérité se trouve ailleurs, quelque part à l'écart, en un lieu que personne n'a encore découvert[372].

Et pourtant, il y a une valeur heuristique à déplacer et redéplacer les « éléments de décor » et à travailler avec ces « images préétablies, ancrées à l'intérieur de nos têtes » : les procédés littéraires de Sebald, son usage des « documents » et images diverses et ses citations d'autres textes, peuvent se lire comme une manière de faire jouer cette dialectique entre les images préétablies et le regard qui cherche l'écart (celui du peintre Aurach : *ins Abseits*), les formules préexistantes et la parole propre, l'impersonnel et le personnel, que l'on ne saurait opposer aussi simplement. À cet égard, Sebald pourrait encore faire sienne cette réflexion de Flaubert : « [l]a bêtise n'est pas d'un côté et l'Esprit de l'autre. C'est comme le Vice et la Vertu. Malin qui les distingue[373]. »

Car il y a bien aussi des formes ou des formules pré-élaborées qui permettent au contraire au sujet de reconnaître sa propre expérience et de la faire sienne. Le recours à un élément expressif « préfabriqué » est alors non pas vecteur de refoulement et de neutralisation, mais vecteur d'actualisation, de remémoration, de prise de conscience. En somme, c'est le recours à du pré-formulé – que l'on placerait spontanément du côté du faux (comme le fait Sebald lui-même à plusieurs reprises) – qui paradoxalement « authentifierait » notre expérience en nous permettant de nous l'approprier. On verra que c'est là l'effet que produit le plus souvent, chez Sebald, la citation. De ce point de vue, les citations apparaissent comme de véritables *formules de pathos* : non pas dans le sens où ce terme est parfois employé depuis que son emploi s'est accru de manière exponentielle dans le langage courant, en tout cas en allemand, c'est-à-dire dans le sens d'une formule creuse, « rhétorique » – mais dans le sens proprement warburgien d'une « valeur expressive prédéterminée » (*vorgeprägter Ausdruckswert*) qui, reprise et déplacée, permet

---

372 A', p. 89 [A, p. 105].

373 À Louis Bouilhet, 1er août 1855, cité dans Gustave Flaubert, *Le dictionnaire des idées reçues*, *op. cit.*, p. 23.

à la fois d'intensifier le pathos et de le contenir. C'est très souvent dans ces éléments empruntés, dans ce qui est ou qui se présente comme une citation, notamment en *langue étrangère*, que se cristallise chez Sebald cette intensité élégiaque – par exemple lorsque dans *Austerlitz*,

> Marie, que bientôt je perdis irrémédiablement par ma faute, avançait en disant pour elle-même à mi-voix des paroles dont je n'ai à présent retenu que des bribes, évoquant de pauvres amants *qui se promenaient dans les allées désertes du parc* [en français dans le texte][374].

Il n'est certes pas toujours aisé de distinguer les « valeurs expressives prédéterminées » des formules stéréotypées, car les deux catégories ne se superposent pas exactement. Si les formules stéréotypées ont tendance à noyer l'*émotionnel* dans le *sentimental*[375], l'intensité expressive des formules en tant que telles est due au fait que, comme l'écrit Peter Handke, « on est plus enclin à s'identifier à des formulations qu'à de simples faits relatés[376] ». La « forme authentique de mémoire » que vise Sebald passe donc elle aussi par la recherche de formulations, de formules, qui cristallisent le pathos et donc suscitent l'empathie, à rebours de l'insensibilisation qu'il voit partout à l'œuvre. C'est la justesse de ces formulations qui permettent – ou non – d'apprendre, ou de réapprendre, à voir ce qu'on a sous les yeux. Ce qui est en jeu, c'est la question du rapport au langage qui permet de dire ou de taire, de restituer ou de faire oublier l'expérience dont il garde la trace – les « formules de pathos » que Sebald élabore pour cela sont destinées à raviver cette expérience en la dérobant aux formules conventionnelles qui menacent à chaque instant de la neutraliser.

---

374 A', p. 257 [A, p. 309]. Raphaëlle Guidée a montré que cette formule est une réminiscence du « Colloque sentimental » de Verlaine, dernier poème des *Fêtes galantes*. « Freud, Resnais et Verlaine s'en vont à Marienbad : l'inquiétante étrangeté du passé dans *Austerlitz* », *W. G. Sebald. Récit, histoire et biographie*, *op. cit.*, p. 105-120, p. 116.

375 Sebald note ainsi que « dans la plupart des œuvres littéraires des années 1950, qui assez souvent sont agrémentées d'une histoire d'amour fondée sur la "rencontre" entre un brave Allemand et une jeune fille polonaise ou juive, le "travail" sur le passé chargé est moins émotionnel que sentimental, ce qui permet aussi d'éviter – comme Mitscherlich le note dans le récit de cas joint à son essai – d'en révéler davantage sur les victimes du système fasciste. » CS', p. 103 [CS, p. 105-106]. Certes, entre l'émotionnel et le sentimental, la limite est précaire, et le manuscrit d'*Austerlitz* montre le souci constant que Sebald a eu de cette limite, modifiant tout ce qui, à ses yeux, risquait d'aller dans le mauvais sens. Tous ses lecteurs ne s'accordent d'ailleurs pas sur le fait qu'il ait toujours réussi à éviter cet écueil.

376 Peter Handke, *Le Malheur indifférent*, *op. cit.*, p. 33.

IMAGE ET PATHOS

Questions d'intensité

Bien avant le temps
la douleur entre déjà dans les tableaux[1]

« Les images sont belles, on ne peut se passer des images, mais c'est aussi un supplice » [« *Bilder sind schön, Bilder sind nicht zu entbehren, aber eine Qual sind sie auch.* » Kafka] Ce qui est si émouvant dans les images photographiques, c'est qu'elles ont parfois comme un souffle singulier qui semble venir vers nous de l'au-delà [*das eigenartig jenseitige, das uns manchmal anweht aus ihnen*]. Kafka savait fixer de telles images, comme on peut le lire dans bien des remarques de son journal, dans des instantanés que prenait son regard aussi empathique que glacé [*Momentaufnahmen, die er mit seinem ebenso einfühlsamen wie eiskalten Auge machte*][2].

DES IMAGES ET DES MOTS

Remarques introductives

Les images chez Sebald ont fait l'objet de très nombreuses études. L'omniprésence des images est en effet l'une des caractéristiques formelles les plus évidentes de son œuvre : reproductions en noir et blanc de photographies, dessins, tableaux illustres ou anonymes, esquisses, cartes postales, plans, billets d'entrées, notes manuscrites insérées sans légendes dans le texte. S'ajoutent à cela les nombreuses images qui ne sont pas matériellement montrées, mais que le texte évoque ou décrit – des tableaux imaginés ou remémorés, tantôt anonymes comme celui d'un naufrage imminent dans une pizzeria de Vérone, tantôt relevant du grand répertoire de l'histoire de l'art (Giotto et Pisanello dans *Vertiges*,

1 AN, p. 10 [NN, p. 8]. « *Lang vor der Zeit / geht der Schmerz bereits ein in die Bilder* ».
2 CS', p. 191-192 [CS, p. 198].

Grünewald dans les *Émigrants*, Valckenborch dans *Austerlitz*). La réflexion théorique de Sebald sur la peinture, la photographie et le cinéma traverse toute son œuvre aussi bien critique que fictionnelle et poétique, contribuant encore à faire de la question des images un classique de la recherche sebaldienne.

On ne prolongera pas ici l'interrogation sur la nature exacte du rapport entre image et texte, la fonction des images dans le texte, le fonctionnement de l'« iconotexte » sebaldien comme exemple singulier de ces *dispositifs* de signification que cherchent généralement à formaliser les études sur l'*intermédialité*, attentives aux différents procédés d'intégration de l'image – positionnement à l'intérieur du texte, cadrage, mise en page, correspondances et décalages thématiques par rapport au texte, effets d'anticipation ou de reprise, etc. On ne prolongera pas non plus le questionnement sur les images comme matériau documentaire, le traitement par Sebald de ses sources ou « documents » iconographiques, les effets d'authentification et de brouillage, de montage et de réseau, et la contribution de ces éléments matériels ou de ces « traces » à la lecture de l'histoire, la poétique de la mémoire, l'écriture du trauma, qui ont l'intérêt de ne pas perdre de vue l'impulsion fondamentale et première de Sebald qu'est la « tentative de restitution[3] » des « traces que laissent les douleurs passées[4] », mais qui ont tendance parfois à survaloriser ces éléments matériels cités ou produits dans le texte, ou du moins à exagérer leur différence fondamentale de nature par rapport au texte, comme si elles étaient davantage porteuses du réel, ou de manière plus immédiate.

Des photographies insérées dans les textes de Sebald, Gwenaëlle Aubry écrit ainsi : « Dans les romans de Sebald, la place du mort est celle que *perforent* les photos : ces *trouées du réel dans le texte* qui [...] opèrent comme des entrées des Enfers[5]. » Il y a là un motif fréquent dans les études littéraires lorsqu'elles portent sur les images : une sorte de fascination – certes parfois partagée par les auteurs eux-mêmes, y compris par Sebald – du changement de médium et donc de l'effet de déchirure du tissu textuel, facilement assimilé dès lors à une rupture de la représentation elle-même, et du même coup à une irruption de la

3 CS', p. 231-238 [CS, p. 240-248].
4 A', p. 21 [A, p. 20].
5 Gwenaëlle Aubry, « La place du mort », art. cité, p. 81. C'est moi qui souligne.

présence immédiate – que ce soit au titre de *document* ou en tant qu'*Autre du langage*[6]. C'est presque un *topos* des études sur l'intermédialité que de situer l'image, en tant qu'*Autre du langage*, là où celui-ci atteint ses limites – au-delà du dicible, de la logique discursive, de la construction rhétorique. Il y a là, me semble-t-il, une sorte de fantasme, celui de faire « un trou dans l'écran du texte[7] », comme l'écrit Arnaud Rykner, de trouver « l'instant [...] où le *logos* s'affole, où le langage crève, laissant voir, au-delà de lui, la matière hors langage, hors logique, hors histoire, du Réel[8] », « la marque d'une traversée possible au-delà de l'univers factice du langage[9] » ; il s'agit de « crever l'écran du texte », de « crever l'écran des mots », de « quitter l'espace quadrillé de la rhétorique pour ouvrir dans la langue une fenêtre sur ce qui lui échappe[10] ». Il est pourtant très discutable que le texte littéraire soit un écran, un univers factice, un espace quadrillé, qu'il faudrait absolument trouer, crever, traverser, afin d'accéder au Réel.

Car s'il y a indéniablement quelque chose de séduisant dans cette lecture, on en voit bien aussi les limites : les photos ne sont pas le réel, les images en général ne le sont pas davantage, elles seraient plutôt – ni plus ni moins que les textes eux-mêmes – des « écrans », si toutefois on admet qu'un écran ne fait pas que cacher, mais qu'il sait aussi donner à voir quelque chose du réel que le réel lui-même ne permet pas toujours de voir. De même que le texte ne saurait être réduit à un « espace quadrillé », l'image ne saurait être réduite à sa perforation et à l'irruption de ce réel dans lequel elle s'abolirait : ce serait à la fois absolutiser, ou fétichiser, l'image et ne pas la regarder en tant que telle. Si en effet le jeu entre dissimulation et révélation, écran et déchirure, système représentatif et rupture de ce système, est intéressant pour décrire l'efficacité des effets de présence et d'intensité, l'erreur est à mon sens d'affecter les pôles de cette dialectique au langage et au texte d'un côté, et de l'autre à l'image, comme si la vérité dernière du texte était dans l'image, ou l'inverse.

6 *Cf.* notamment pour la littérature allemande : Helmut Pfotenhauer, Wolfgang Riedel et Sabine Schneider (éd.), *Poetik der Evidenz. Die Herausforderung der Bilder in der Literatur um 1900*, Würzburg, Königshausen & Neumann, 2005 ; Sabine Schneider, *Verheißung der Bilder. Das andere Medium in der Literatur um 1900*, Tübingen, Niemeyer, 2006.

7 Arnaud Rykner, *Pans. Liberté de l'œuvre et résistance du texte*, Paris, José Corti, 2004, p. 21.

8 *Ibid.*, p. 115.

9 *Ibid.*, p. 206.

10 *Ibid.*, quatrième de couverture et p. 34.

Cette théorisation des images comme « trouées du réel dans le texte », issue sans doute d'une volonté de rendre justice à ce *dehors* que l'analyse structurale, en considérant le texte comme un système clos, avait négligé, doit peut-être aussi sa conjoncture à la théorisation du trauma, dont elle est contemporaine et qu'elle recoupe en partie, ainsi lorsque les « trouées du réel » sont assimilées à la « place du mort » et aux « entrées des Enfers ». C'est que l'image, comme le fait remarquer Lucie Campos, est

> interprétée comme symptôme du retour du refoulé et de sa saisie immédiate et non-réflexive par le sujet. C'est pourquoi il y a une relation forte entre la théorie du trauma et l'analyse de la culture visuelle, fondée sur l'analogie entre la saisie partielle d'un événement par une image à l'arrêt, ou par une image photographique, et le fonctionnement du trauma, qui bloque la transformation du souvenir dans la mémoire[11].

Et en effet, l'idée que le trauma refoulé fasse retour sous forme d'image, ou que l'image soit le médium « privilégié » du retour du refoulé, et comme l'élément naturel du trauma, est présent aussi chez Sebald. À propos de Jean Améry, il parle de cet « oubli diffus » lié à une « hypermnésie » cristallisée dans les images :

> un oubli diffus [qui] va de pair avec un afflux récurrent d'images [*einem rekurrenten Aufwallen von Bildern*] que la mémoire est incapable d'évacuer et qui, dans un passé par ailleurs vidé de son contenu, continuent d'être les instances agissantes d'une hypermnésie confinant à la pathologie[12].

Des images qui sont des « points névralgiques », des cristallisations de la douleur, des « points fixes » du trauma : « Les seuls repères fixes sont les scènes traumatiques qui reviennent sous forme d'images et de souvenirs d'une acuité atroce [*mit qualvoller Gedächtnis- und Bildschärfe*][13]. » L'analogie entre image et trauma se cristallise autour de deux aspects : d'une part, l'idée d'immobilité, de fixité, de blocage et de paralysie – l'arrêt sur image, auquel on reviendra –, et d'autre part la dimension de mutisme, d'absence de paroles, de hors-langage (*sprachlos*).

11 Lucie Campos, *Fictions de l'après*, *op. cit.*, p. 63.
12 CS', p. 147 [CS, p. 153].
13 CS', p. 147 [CS, p. 154]. « Il semble que chaque fragment de souvenir soit pour lui un point névralgique [*jegliches Bruchstück seiner Erinnerung ein neuralgischer Punkt*] ». CS', p. 146 [CS, p. 152].

Si cette manière de voir les choses a une certaine valeur d'évidence, on ne peut s'empêcher de penser qu'elle recèle aussi une part d'impensé, une part d'idée reçue, qui s'appuie certes sur une évidence sensible (l'image ne bouge ni ne parle), mais pour en tirer des conclusions (l'image est *arrêt*, et elle est *muette*) qui ne font sens que par rapport à la norme du langage et de son seul point de vue : face à un tableau, par exemple, éprouve-t-on réellement la paralysie d'un mouvement arrêté et le défaut de parole ? Et puis, en établissant cette opposition stricte entre image et langage sous le signe du trauma, on suppose implicitement que, l'image étant du côté de la paralysie de l'expression, le langage serait nécessairement du côté de la résolution : comme si l'opacité de l'image était soluble dans le médium supposé transparent du langage, et sa paralysie soluble dans la linéarité tranquille de la progression textuelle.

On voit bien les limites d'un tel schéma : elles sont, là encore, dans la distribution des rôles entre *image* et *langage*. Les choses, dans l'œuvre de Sebald – et ailleurs aussi bien sûr – sont infiniment plus complexes. Si l'arrêt sur image, le retour du refoulé sous forme d'image, l'image comme point de cristallisation de la douleur, sont en effet essentielles pour comprendre ce qui se joue dans les images sebaldiennes, on ne saurait les voir à l'œuvre que dans les images au sens littéral, matériel, par exemple dans les photographies[14]. Dans son commentaire sur Améry, lorsque Sebald parle « d'images et de souvenirs d'une acuité atroce », c'est bien d'images intérieures, mentales, d'images de mémoire ou de rêve, qu'il parle, et rien ne dit que celles-ci se traduisent plus immédiatement dans les formes et les couleurs que dans les mots, ni que les images les suscitent plus efficacement que les mots. Le portrait du petit garçon qui figure en couverture d'*Austerlitz*, par exemple, ne provoque aucun effet de reconnaissance dans le personnage devenu adulte : ce n'est pas

---

14 Iris Denneler rappelle l'importance de la « *vision intérieure* [*inneres Sehen*] » chez Sebald, comme dans les *Anneaux de Saturne* : « Ce n'est qu'en fermant les yeux que je vis [...] » RS, p. 153. Denneler y voit une survivance du motif romantique tel qu'on le trouve dans les célèbres phrases de Caspar David Friedrich : « Ferme l'œil de ton corps pour voir d'abord ton tableau avec l'œil de l'esprit. Puis mets au jour ce que tu as vu dans l'obscurité afin que cela agisse en retour sur d'autres, de l'extérieur vers l'intérieur. [*Schließe dein leibliches Auge, damit du mit dem geistigen Auge zuerst siehest dein Bild. Dann fördere zutage, was du im Dunkeln gesehen, daß es zurückwirke auf andere von außen nach innen.*] » Cité dans Iris Denneler, « Dichtkunst – Bildkunst. Zu einem Aspekt der ästhetischen Verfahrensweise W. G. Sebalds am Beispiel der *Ausgewanderten*, der *Ringe des Saturn* und *Austerlitz* », *Literatur für Leser* 27 (2004/4), p. 227-246, p. 229.

la photographie elle-même qui lui permet de re-*voir* la scène oubliée ou refoulée, mais les *mots* griffonnés par le grand-père au dos de l'image :

> Jacquot Austerlitz, *páže růžové královny*, peut-on lire au dos, écrit de la main de ton grand-père [c'est Věra, l'ancienne nourrice d'Austerlitz, qui parle], qui était en visite à ce moment-là. La photo [*das Bild*] était posée devant moi, dit Austerlitz, mais je n'osais pas y toucher. Constamment tournoyèrent dans ma tête les mots *páže růžové královny*, *páže růžové královny*, jusqu'à ce que de très loin, leur sens vienne à ma rencontre [*bis mir aus der Ferne ihre Bedeutung entgegenkam*] et que j'aperçoive le tableau vivant [*das lebende Tableau*] de la reine des Roses et le petit garçon portant la traîne à ses côtés[15].

Ce que voit Austerlitz ou plutôt ce qu'il revoit (*wieder sah*), ce n'est donc pas l'image posée devant lui – et offerte au lecteur –, mais le tableau vivant ressurgi des profondeurs du temps à l'appel des mots, ou plutôt d'une formule – *páže růžové královny, páže růžové královny* – qui, à l'issue d'une répétition involontaire et obsessionnelle, finit enfin par délivrer son sens. Sebald insiste en revanche sur l'extériorité persistante de cette photographie dans laquelle Austerlitz ne parvient pas, même après le retour de l'image intérieure, à se projeter, malgré un effort intense de ce que Roland Barthes, dans *La chambre claire*, appelle le *studium*, et à quoi Sebald semble faire explicitement référence ici : « J'ai depuis étudié [*studiert*] maintes fois cette photographie, [...] j'ai examiné chaque détail [*jede Einzelheit*] sous le verre grossissant[16] ».

De même lorsque Austerlitz, devant la vitrine de l'Antikos Bazar de Terezín, croise, pour ainsi dire, le regard de l'écureuil empaillé – réplique presque littérale du perroquet de Félicité dans *Un cœur simple* de Flaubert[17] – qui le « fixait impitoyablement de son œil en bouton de verre[18] ». Ce n'est pas cet objet visible qui fait surgir le souvenir, mais bien le mot, le nom de l'animal en tchèque, la langue maternelle enfouie d'Austerlitz : « maintenant me remontait à la mémoire le nom tchèque – *veverka* – comme celui d'un ami ayant depuis longtemps sombré dans l'oubli[19] ». Dans l'écureuil de Sebald s'accomplit « la

15 A', p. 218-219 [A, p. 263].

16 A', p. 220 [A, p. 263-264].

17 Rebekka Schnell, *Natures mortes. Zur Arbeit des Bildes bei Proust, Musil, W. G. Sebald und Claude Simon*, Paderborn, Fink, 2016, p. 209. Le chapitre sur Sebald est intitulé « W. G. Sebald : Stillleben als ‚tote Metapher' », p. 181-212.

18 A', p. 233 [A, p. 280].

19 *Ibid.*

transformation de la matérialité inerte en parole vivante [*die Verwandlung der toten Materialität ins lebendige Wort*] » – « le signifiant vivant [*der lebendige Signifikant*], *veverka*[20] », même si cette résurrection est éphémère. Toute l'œuvre de Sebald montre que *voir* a lieu aussi à travers les mots, que les mots peuvent produire ces effets de présence ou d'épiphanie de mémoire involontaire, bien au-delà du seul fonctionnement sémiotique et dénotatif auquel on a tendance à les réduire par contraste dès lors qu'interviennent des images. De même, en effet, que les mots peuvent donner à voir, les images matérielles peuvent rendre invisible, dissimuler au regard ce qu'elles prétendent montrer (c'est la leçon de Sebald face à l'Anatomie du Dr. Tulp de Rembrandt) – exactement comme les mots, qui peuvent aussi taire ce qu'ils prétendent nommer.

Et puis, pour reprendre un *topos* central d'un certain discours sur les images que l'on retrouve également sous la plume de Sebald, l'idée selon laquelle les images auraient le pouvoir « d'arrêter le temps[21] » et qu'elles seraient par conséquent le médium privilégié de la « rédemption des choses » dans une forme d'intemporalité, est largement contredit par la nature et l'usage des images insérées dans le texte sebaldien. Leur médiocre qualité matérielle, aussi délibérée que leur refus de revendiquer une quelconque valeur esthétique pour elles-mêmes, n'invitent pas le lecteur à s'abîmer dans leur contemplation. Elles le renvoient à lui-même, aux autres images et au texte bien plus qu'elles ne l'envoûtent, elles font écho aux effets de hantise que suscite le texte et se mêlent dans l'esprit du lecteur aux images qu'il évoque sans les montrer. Loin de constituer des « trouées du réel dans le texte », ces images se dérobent précisément à cet effet-là : elles ne déchirent pas le texte, mais prolongent sur un autre mode l'exploration de ses effets. Leur efficacité est plutôt d'être à la fois suggestives et déceptives : elles attisent et relancent indéfiniment, plutôt qu'elles ne satisfont, le *désir de voir*.

Ce n'est d'ailleurs pas la saisie d'un réel, offert et fixé dans une intemporalité rédemptrice, que Sebald souligne à propos des photographies, mais au contraire leur caractère fantomatique, dérobé, absent : dans le commentaire sur Kafka placée en exergue du présent chapitre, Sebald parle bien d'un « souffle singulier qui semble venir vers nous de l'au-delà[22] » :

20 Rebekka Schnell, *Natures mortes*, *op. cit.*, p. 210-211.
21 AdM, p. 44.
22 CS', p. 192 [CS, p. 198].

et c'est cela, dit-il, qui nous touche tellement (« *so rührt* »). Une puissance d'affect qui n'est pas réservée aux seules images photographiques : Kafka, dit Sebald, note lui aussi « de telles images [*solche Bilder*] » dans son journal. Et pour produire ces « instantanés [*Momentaufnahmen*] », il faut un regard à la fois de *pathos* et d'*impassibilité* : l'œil de Kafka, dit Sebald, est « aussi empathique [*einfühlsam*] que glacé [*eiskalt*][23] ». C'est à cette dimension-là des images, à leur intensité émotionnelle et à leur puissance d'affect, que sera consacré ce dernier chapitre, à travers leurs effets de temporalité d'abord, puis à travers leurs formules de pathos.

TEMPS DE L'IMAGE, TEMPS DE L'AFFECT

LE *MAINTENANT* DU PATHOS. SEBALD ET LE *LAOCOON*

Le spectre de Lessing continue, semble-t-il, de hanter notre perception respective des images et des mots : on associe souvent – notamment dans les études sur l'intermédialité soucieuses de produire des différenciations claires et nettes – la littérature à un art du temps et les arts visuels à un art de l'espace. Dans son *Laocoon* en effet, Lessing avait attribué exclusivement à la langue la représentation de phénomènes temporels (c'est-à-dire, dit-il, d'actions) au motif que les signes de la langue eux aussi se déploient dans le temps (selon le principe de la succession), tandis que les arts visuels, avec leurs signes fondés sur le principe de la coexistence spatiale, seraient limités à la représentation d'un seul instant auquel ils conféreraient une durée illimitée (ce qui bien souvent, dans les exemples développés par Lessing, est un défaut, parce que l'instant y serait figé artificiellement, surtout lorsqu'il s'agit d'un instant transitoire). Lorsqu'on fait référence à cette théorisation de l'autonomie respective de la littérature et des arts plastiques, on oublie souvent qu'elle s'est élaborée à partir d'une question précise : pourquoi Laocoon, dans le groupe sculpté qui porte son nom, ne crie pas comme il crie chez Virgile, alors que, mordu et étreint avec ses fils par un serpent auquel il est clair qu'ils succomberont tous, il doit en cet instant ressentir la

23 *Ibid.*

plus grande douleur physique et morale. La question que pose Lessing est donc, au départ, celle de l'expression adéquate de la douleur : la question de la forme à donner au *pathos*[24]. Et c'est toute une économie

24 Georges Didi-Huberman rappelle que le jeune Warburg, dès 1889, projette une « Esquisse d'une critique du *Laocoon* à la lumière de l'art florentin du Quattrocento » : aux yeux de Warburg, « Lessing avait en quelque sorte refermé la porte – celle du problème esthétique de l'expression pathétique – aussitôt après l'avoir ouverte : d'un côté, il avait bien reconnu l'importance du *momentum*, donc du *movimentum*, dans la puissance expressive de l'art en général ; d'un autre côté, il avait exclu les arts visuels d'une telle puissance ». *L'image survivante*, *op. cit.*, p. 205. Retraçant la généalogie de la question du pathos par-delà Winckelmann et Lessing, auxquels Warburg s'attaque, Georges Didi-Huberman écrit : « Non seulement le Laocoon fut débattu par de nombreux auteurs – Johann Gottfried Herder, Karl Philipp Moritz et, bien sûr, Goethe lui-même –, mais encore la question du pathos tragique devint un paradigme crucial pour toute la philosophie romantique allemande. En 1792, Friedrich Schiller raillait le classicisme des tragédiens français pour leur "décence" compassée, si différente de l'audace "vraie, ouverte, sans honte" des grands tragiques grecs. Retourner aux Grecs, c'était en appeler à une esthétique, voire à une éthique véritables de l'être tragique, de l'être *affecté*, c'est-à-dire de l'être *pathétique* » (p. 206). Il me semble toutefois que Schiller pourrait lui aussi être lu en continuité avec Winckelmann et son crédo classiciste de l'équilibre entre souffrance et grandeur de l'âme : « il doit y avoir du pathos pour que l'être de raison puisse manifester son indépendance et se présenter comme *agissant* » (*ibid.*). Ou, à la page suivante : « La première loi de l'art tragique est la présentation de la nature souffrante. La seconde est la présentation de la résistance morale à la souffrance » (cité in *ibid.*, p. 207). De même, lorsque Goethe écrit dans son essai sur Laocoon que « l'expression pathétique la plus haute se situe dans la transition d'un état à un autre [*der höchste pathetische Ausdruck… schwebt auf dem Übergange eines Zustandes in den andern*] » et que « [l]orsqu'une telle transition conserve en plus la trace claire et distincte de l'état antérieur, elle constitue l'objet le plus merveilleux pour les arts plastiques ; c'est le cas du *Laocoon* où l'effort agissant et la souffrance sont unis en un moment unique » (cité p. 208), il n'est peut-être pas si éloigné que cela de Lessing (ou Lessing de lui), même si les terminologies paraissent opposées : car lorsque Goethe fait l'éloge de « l'expression pathétique la plus haute » et de la « transition » (termes désignant chez Lessing ce qu'il faut éviter à tout prix), c'est finalement quelque chose d'assez semblable à « l'instant fécond » de Lessing qu'il décrit (ainsi la transition qui « conserve en plus la trace claire et distincte de l'état antérieur »). Par ailleurs, Lessing raille lui aussi très vivement la décence compassée de « Monsieur Winkelmann [*sic*] [*Herr Winkelmann*] » (Lessing, *Laokoon oder über die Grenzen der Malerei und Poesie*, *Lessings Werke*, éd. Kurt Wölfel, vol. III (= Schriften II), Frankfurt a. M., Insel, 1967, p. 7-171, p. 10 (c'est l'édition que possédait W. G. Sebald) : « Le cri est l'expression naturelle de la douleur physique. Il n'est pas rare que les guerriers blessés d'Homère tombent en poussant un cri. […] Je sais bien que nous autres Modernes, représentants d'une culture plus délicate et raffinée, nous contrôlons mieux notre bouche et nos yeux. Maintien et convenances nous interdisent de tels cris ou de telles larmes. […] Mais nos ancêtres étaient des barbares. Endurer sans desserrer les dents toutes sortes de douleurs, fixer d'un œil impavide la mort qui s'approche, rendre l'âme en riant après les morsures des vipères, ne verser aucune larme, pas plus sur ses propres péchés que sur la mort de l'ami le plus cher : autant de traits caractéristiques de la bravoure des anciens héros du Nord […] Le Grec

du pathos que Lessing déploie lorsqu'il cherche à déterminer, pour les arts visuels limités à la représentation d'un instant et d'un point de vue unique, celui qui sera susceptible de transmettre la plus grande intensité pathétique. En déplaçant le curseur, à titre expérimental, le long du développement temporel de l'affect, afin de saisir les variations qui s'ensuivent en termes d'intensité du pathos, il en vient à nuancer, sinon à contredire, l'idée même qu'une image ne saurait montrer qu'un seul instant : car ce serait compter sans l'imagination que toute image suscite ou doit susciter. Dans une image, dit en substance Lessing, il n'y a pas seulement ce que l'on voit, mais ce que l'on croit voir ; il n'y a pas seulement l'instant littéralement représenté, mais aussi un peu de ce temps qui le précède et qui le suit. L'image, en engageant l'imagination, cristallise et densifie le temps, et c'est ainsi qu'elle produit l'intensité d'un pathos :

> Si [...] l'artiste ne peut rien utiliser et saisir d'autre qu'un seul instant, et le peintre même un seul et unique point de vue de cet instant unique [...], alors il est certain que cet instant unique et le point de vue unique de cet instant ne peuvent être choisis avec assez de soin. Mais seul ce qui laisse l'imagination libre de se déployer aura mérité d'être choisi. *Plus nous voyons, plus nous devons pouvoir imaginer. Plus nous imaginons, plus nous devons croire voir* [*Je mehr wir sehen, desto mehr müssen wir hinzu denken können. Je mehr wir darzu denken, desto mehr müssen wir zu sehen glauben*]. Dans toute la succession d'un sentiment [*eines Affekts*], le point culminant, le point extrême de ce dernier est celui qui présente le moins d'avantages dans ce domaine. Rien ne dépasse cet acmé et montrer à l'œil du spectateur ce qu'il y a de plus extrême, cela signifie brider l'imagination et la contraindre, – comme elle ne peut aller au-delà de l'impression sensible –, à se satisfaire d'images plus faibles, en deçà de cette

était différent ! Il avait des sentiments et connaissait la peur ; il exprimait sa douleur et son chagrin ; il n'éprouvait pas de honte à être faible comme les hommes peuvent l'être, tant qu'une de ces faiblesses ne l'empêchait pas de préserver son honneur et de remplir son devoir. Ce qui, chez les barbares, naissait de la sauvagerie et de l'endurcissement était, chez lui, le fruit de principes. » Gotthold Ephraim Lessing, *Laocoon ou Des frontières respectives de la peinture et de la poésie*, trad. et commenté par Frédéric Teinturier, Paris, Klincksieck, 2011, p. 10-11 [*Laokoon, op. cit.*, p. 11-12]. Ce qui toutefois est frappant dans la postérité du texte de Lessing, c'est que deux lignes de réception semblent s'être développées de manière indépendante : le paradigme du pathos tragique évoqué par Georges Didi-Huberman apparaît généralement déconnecté de la discussion sémiologique que le *Laocoon* évoque majoritairement aujourd'hui (autonomie de l'art et des arts entre eux, etc.) et que désigne son sous-titre : *über die Grenzen der Malerei und Poesie*). La « limite du langage » et la douleur sont en revanche articulés dans Peter Weiss, « Laokoon oder Über die Grenzen der Sprache », *Rapporte*, Frankfurt a. M., Suhrkamp, 1968, p. 170-187.

> impression sensible, car au-delà, elle craint d'atteindre l'expression pleine et entière, qui sont ses limites. Ainsi, si Laocoon est représenté en train de pousser des gémissements, l'imagination peut l'entendre crier ; mais s'il crie déjà, elle ne peut ni surpasser cette représentation, ni l'atténuer, car elle le verrait alors dans un état moins pénible et par conséquent moins intéressant. Soit elle le voit seulement en train de gémir, soit elle le voit déjà mort[25].

Montrer le degré suprême de l'affect, confronter l'œil à l'extrême, placer le spectateur devant un « paroxysme de douleur » (pour reprendre l'expression de Sebald), ce serait se priver de lui en communiquer l'intensité, de la confier à son imagination et à sa pitié [*Mitleid*]. Si la représentation visuelle du pathos extrême est à proscrire, c'est parce qu'elle détournerait à coup sûr le spectateur de l'objet :

> Si l'art confère à l'instant unique représenté par l'artiste une durée inaltérable, alors cet instant ne doit rien exprimer qui ne puisse être interprété autrement que comme un instant transitoire [*was sich nicht anders als transitorisch denken läßt*]. Toutes les choses dont nous estimons qu'il est de leur nature même de pouvoir subitement apparaître ou subitement disparaître, toutes les choses dont nous savons qu'elles ne sont ce qu'elles sont que le temps d'un court instant, toutes ces choses – peu importe qu'elles soient agréables ou terribles – prennent un air si antinaturel après avoir été ainsi indéfiniment prolongées par l'art, qu'à chaque fois qu'on les revoit l'impression qu'elles produisent faiblit et elles finissent par nous dégoûter ou nous faire peur[26].

L'économie du pathos recommande donc de choisir – ou plutôt de produire – ce que Lessing appelle un *instant fécond* (comprenant virtuellement davantage de temps que ce qui est « objectivement » dévolu à tel instant seul) ; un *instant fécond* que l'on pourrait appeler aussi, en pensant à l'exemple de la Médée de Timomaque, une *image dialectique* :

> Parmi les peintres antiques, Timomaque semble avoir été celui qui a le plus volontiers choisi des sujets exprimant les passions les plus extrêmes [*Vorwürfe des äußersten Affekts*]. Son *Ajax furieux*, sa *Médée tuant ses enfants*, étaient des tableaux célèbres. Mais des descriptions que nous avons de ces œuvres, il ressort qu'il a parfaitement compris qu'il fallait représenter ce stade d'émotion dans lequel le spectateur ne perçoit pas tant l'extrême mais l'imagine plutôt

---

25 Gotthold Ephraim Lessing, *Laocoon*, *op. cit.*, p. 25-26 [*Laokoon*, *op. cit.*, p. 21-22]. C'est moi qui souligne (traduction modifiée pour ces deux phrases soulignées). Le volume fait partie de la bibliothèque de travail de Sebald conservée aux archives de Marbach ; il y a inscrit son nom, mais on n'y trouve aucune trace de lecture.

26 *Ibid.*, p. 26 [*Laokoon*, p. 22]. Traduction modifiée.

> [*jenen Punkt, in welchem der Betrachter das Äußerste nicht sowohl erblickt, als hinzudenkt*], et qu'il devait également mettre en scène une action ou des gestes qui ne soient pas pour nous trop indissociablement liés à la notion de transitoire, de telle sorte que nous n'éprouvions aucun déplaisir à les voir dans la durée que leur confère la reproduction par l'art. Sa Médée, il ne l'a pas représentée au moment même où elle assassine effectivement ses enfants, mais un court instant avant, alors que l'amour maternel lutte encore avec la jalousie. Nous prévoyons l'issue de ce combat. Nous tremblons d'avance de voir bientôt apparaître la Médée cruelle et infanticide, et notre imagination [*unsere Einbildungskraft*] dépasse de beaucoup tout ce que le peintre aurait pu nous montrer de cet instant terrible s'il l'avait représenté[27].

L'appel à cette imagination, qui suscite l'empathie du spectateur au point qu'il en vient à « souhaiter que la scène véritable en soit restée là elle aussi », que la « lutte entre les deux passions, l'amour maternel et la jalousie, n'ait jamais pris fin » ou ait vu l'amour maternel l'emporter, est autrement plus puissant que la représentation de l'extrême :

> cette sagesse dont a fait preuve Timomaque lui a valu de fréquentes et grandes louanges, et d'être élevé bien au-dessus d'un autre peintre aujourd'hui inconnu, qui avait été assez irraisonné pour montrer Médée au point extrême de sa folie meurtrière et ainsi conférer à ce stade très fugace de la plus grande furie une durée qui nous scandalise. Le poète qui lui en fait le reproche dit ainsi très justement en s'adressant directement à cette Médée : « Es-tu donc constamment assoiffée du sang de tes enfants ? Y a-t-il toujours un nouveau Jason, toujours une nouvelle Créuse pour que tu sois ainsi sans cesse en furie ? – Va au diable, même en peinture !] [*Zum Henker mit dir auch im Gemälde !*] – » ajoute-t-il plein de dépit[28].

Sebald avait-il en tête ces décalages presque comiques de la perception lorsque, dans *Vertiges*, il évoque le Saint Georges sculpté d'un village de Bavière qui « *indéfiniment* [*ohne Unterlaß*] [...] transperçait de sa lance la gueule de l'oiseau aux allures de griffon terrassé à ses pieds[29] », et qu'il accompagne cette remarque du montage de trois photographies identiques du Saint Georges en question, comme une illustration littérale et grotesque du problème soulevé par Lessing ? En tout cas, il est évident que Sebald devait avoir à l'esprit ce classique de la théorie des média qu'est le *Laocoon*, lui qui, toujours dans *Vertiges*, décrit avec une

27 *Ibid.*, p. 26-27 [*Laokoon*, p. 22-23].
28 *Ibid.*, p. 27 [*Laokoon*, p. 23]. Traduction modifiée.
29 V, p. 215-216 [SG, p. 275]. C'est moi qui souligne.

ironie jubilatoire plusieurs tableaux dans lesquels le choix de l'instant fécond a mal tourné, de sorte que l'intensification du pathos vire au grotesque. Ainsi en est-il dans ce passage où le narrateur s'installe dans une pizzeria de Vérone, grotte ornée de filets de pêche :

> Le revêtement du sol et les murs étaient traités dans un bleu outremer épouvantable, m'interdisant l'espoir de revoir un jour la terre ferme. L'illusion d'être entouré de tous côtés par les eaux était encore renforcée par la présence d'une marine [...]. Elle représentait, comme c'est généralement le cas pour les marines, un bateau, un voilier en équilibre sur la crête turquoise d'une vague frangée d'écume neigeuse, sur le point de plonger dans l'abîme béant devant sa proue. C'était l'instant crucial précédant la catastrophe imminente [*der Augenblick unmittelbar vor der Katastrophe*]. La nausée me gagnait. Je dus repousser l'assiette avec la bonne moitié de pizza qui restait et me cramponner des deux mains au bord de la table comme on s'accroche au bastingage quand monte en vous le mal de mer[30].

L'instant choisi dans le tableau qui orne le mur du *Café Alpenrose* dans un village de Bavière est, lui aussi, malheureux à tous points de vue :

> Au mur, au-dessus de la desserte, il y avait le tableau représentant le suicide d'un couple d'amants. C'était une nuit d'hiver, et la lune n'apparaissait entre deux gros nuages que pour ce dernier instant. Les deux personnages étaient au bout d'un petit embarcadère en bois, sur le point de franchir le pas [*machten gerade den entscheidenden Schritt : étaient précisément en train de faire le pas décisif* !]. Le pied de la jeune fille et celui de l'homme s'avançaient simultanément vers le vide et l'on éprouvait un soulagement à les sentir tous deux saisis déjà par la pesanteur. Tout ce que je me rappelle, c'est que la jeune fille avait enveloppé sa tête nue d'une gaze vert clair qui flottait librement, tandis que le manteau noir de l'homme se tendait sous le vent. Sous le tableau il y avait le gâteau prévu pour la semaine à venir [...][31].

Quelques pages plus loin, Sebald évoque enfin un tableau qui représente

> un sanglier débouchant en un bond fantastique de l'obscurité d'un fourré pour venir troubler un déjeuner de chasseurs dans une clairière. La scène, qui outre le sanglier et les chasseurs en tenues vertes représentait très fidèlement, avec une profusion de détails [*mit großer Detailtreue*], les assiettes et les mets éparpillés dans les airs, était intitulée *Dans la forêt ardennoise* [...][32]

30 V, p. 74 [SG, p. 92-93].
31 V, p. 194 [SG, p. 248].
32 V, 198 [SG, p. 252].

Là encore, la problématique de Lessing est poussée jusqu'à l'absurde : le bond du sanglier qui fait voler en éclats le casse-croûte des chasseurs, instant transitoire s'il en est, est transposé dans la durée avec une application telle que la représentation de cette scène agitée évoque plutôt, mais involontairement, un montage onirique surréaliste.

Le plaisir de la satire dont témoignent ces passages – et qui a tendance à se perdre dans les livres suivants de Sebald – est confirmé par une anecdote que raconte Markus R. Weber : en 1993, Sebald lui envoie une carte postale, « La sixième version de Böcklin » de Michael Sowa. Il s'agit d'une parodie de « L'île des morts », dans laquelle la figure drapée de blanc qui mène la barque vers l'île n'est pas debout dans une pose hiératique, comme dans les cinq versions effectivement peintes par Böcklin, mais en train de perdre l'équilibre : dans un instant, elle va tomber à l'eau[33]. Ici, tout le plaisir est de faire trébucher le pathos compassé de cette icône du symbolisme allemand (ou suisse) et de sa rhétorique funèbre très à l'opposé des cris et des gesticulations des pleureuses corses de *Campo Santo*.

Cette galerie de ratés et d'accidents du pathos, advenus par maladresse ou provoqués par dérision, souligne en creux, en même temps que l'extrême précarité de ces instants critiques dont l'intensité expressive peut si facilement s'évaporer ou virer au ridicule, le souci qu'a Sebald de leur rendre justice. Le versant satirique dont nous avons vu quelques exemples n'est que l'envers de l'idée très centrale, évoquée dès *D'après nature*, d'une « catastrophe silencieuse [*einer lautlosen Katastrophe*] qui / simplement [*ohne Aufhebens*] se produit devant le spectateur[34] » et dans laquelle Sebald semble donner la définition même de l'image telle qu'il l'envisage. L'exemple le plus connu en est certainement l'évocation, dans *Austerlitz*, du tableau de Lucas Van Valckenborch (fin du XVIe siècle), qui représente la foule des habitants d'Anvers s'égayant sur l'Escaut gelé, mais dont il retient surtout ceci :

> Au premier plan, vers le bord droit du tableau, une dame est tombée. Elle porte une robe jaune canari et le galant homme qui se penche vers elle avec sollicitude des culottes rouges, très voyantes dans la lumière blafarde. Quand maintenant je regarde au loin et pense à cette peinture et à ses personnages

33 Markus R. Weber, « Die fantastische befragt die pedantische Genauigkeit », art. cité, p. 65.

34 AN, p. 72 [NN, p. 77].

> minuscules, il me semble que l'instant fixé par Lucas Van Valckenborch n'est pas révolu, que la dame en jaune canari vient tout juste de tomber ou de s'évanouir, que la coiffe de velours noir vient de glisser sur sa tempe, et c'est comme si ce petit malheur assurément ignoré de la plupart se répétait sans cesse, comme s'il n'allait jamais finir et que rien ni personne n'était en mesure d'y remédier[35].

Comme dans les tableaux ratés évoqués par Lessing et par Sebald, c'est bien aussi, très explicitement, un instant éphémère, un instant transitoire – *Augenblick* – qui est représenté, et qui donne l'impression de ne pas passer (*niemals vergangen*), d'advenir sans cesse dans le présent même du spectateur (*gerade jetzt erst, eben erst*)... C'est une figure d'actualité toujours renouvelée que l'on retrouve avec Austerlitz devant la vitrine de l'Antikos Bazar de Terezín, où il aperçoit, parmi une multitude d'objets hétéroclites, une composition en porcelaine montrant un héros à cheval à l'instant même où il sauve une femme d'un danger imminent – ce qui fait de cette composition le modèle même de tous les autres objets, qui tous figuraient un *instant de rédemption* qui *ne cessait de se produire précisément maintenant*[36] :

> Intemporels comme l'instant immortalisé de ce sauvetage se produisant encore ici en permanence [*dieser verewigte, immer gerade jetzt sich ereignende Augenblick* : *cet instant immortalisé qui ne cessait de se produire précisément maintenant*], intemporels ils l'étaient tous, ces ustensiles, ces bibelots et souvenirs échoués dans le bazar de Terezín [...][37].

On reviendra sur l'ambivalence de ces instants critiques, qui apparaissent tantôt du côté de la « rédemption » et tantôt du côté de la répétition sans fin de l'irréparable – quand ils ne condensent pas en eux les deux versants, à la manière d'une authentique image dialectique, comme c'est le cas pour ces « figures d'anges pétrifiés au moment même, me semblait-il, de décoller de la terre [*gerade im Augenblick des Abhebens von*

35 A', p. 21 [A, p. 20].

36 Est-ce à dire que la critique mélancolique de l'histoire bascule ici dans une « esthétisation de la catastrophe par la stylisation des restes », dans un modèle régressif de « rédemption mythique » ? C'est ce qu'affirme Anja Lemke dans « Figurationen der Melancholie », art. cité, p. 239-267, p. 266. Cette hypothèse, justifiée sans doute à propos du seul passage sur la vitrine de Terezín, est toutefois largement démentie par de nombreux autres passages où une telle « rédemption mythique » est pour le moins mise en question.

37 A', 234 [A, p. 281].

der Erde][38] », où la possible rédemption tourne court à l'instant même où elle semble sur le point de s'accomplir. Pour l'heure, c'est cette concentration sur l'instant même qui nous occupe, qui fait de l'image – tout à fait à l'encontre de Lessing – le théâtre de l'événement en train de se produire « précisément maintenant [*gerade jetzt*] » sous nos yeux. Un événement qui, si l'on pense au tableau de Valckenborch, relève du *pathos* au sens strict : un malheur, si infime soit-il ici, qui advient et affecte le personnage de telle sorte que le spectateur lui aussi en est affecté. Dans la « catastrophe silencieuse » de ce tableau que Sebald évoque presque comme une grisaille – blanc de l'Escaut gelé, noir et brun « couleur terre » des vêtements des Anversois –, ce sont en effet les couleurs qui *crient* le malheur advenu à la « dame » tombée : le « jaune canari » de sa robe, le pantalon rouge « très voyant » du cavalier qui lui porte secours.

Encore faut-il préciser que ce n'est pas devant le tableau lui-même qu'Austerlitz croit voir s'accomplir indéfiniment cette scène dans toute son intensité pathétique, mais en *pensant* au tableau depuis une terrasse qui donne sur l'Escaut. Il n'a donc pas l'image sous les yeux, et le lecteur non plus, puisque le tableau n'est pas reproduit dans le texte : seule la description qu'en fait Austerlitz est rapportée ici. Quelques lignes avant ce passage, le narrateur évoque d'ailleurs la manière dont, « en transmettant oralement ses savoirs [*die erzählerische Vermittlung seiner Sachkenntnisse*], [Austerlitz] développait pas à pas une sorte de métaphysique de l'histoire et redonnait vie à la matière du souvenir [*eine Art Metaphysik der Geschichte* […], *in der das Erinnerte noch einmal lebendig wurde*][39]. » Est-ce à dire que Sebald jouerait le récit contre l'image, en suggérant que celui-là seul, en se déployant dans le temps, serait à même de redonner vie au passé ? Certainement pas : l'intensité – la vie – de l'image tient à l'actualisation, à la réactivation, dans le présent, d'une mémoire enfouie : c'est cet événement qui la produit. Quel que soit le médium dans lequel elle est donnée à voir ou à imaginer, l'image naît de ce rapport entre le Maintenant et l'Autrefois – un rapport dont Benjamin écrit précisément qu'il est « non pas déroulement, mais image, soudaine et imprévisible [*nicht Verlauf, sondern Bild [,] sprunghaft*][40] ».

38 A', p. 271 [A, p. 324]. Traduction modifiée.
39 A', p. 20 [A, p. 18-19].
40 Walter Benjamin, GS V, I, p. 577.

Et c'est bien sous forme d'image que le passé revient d'abord chez Sebald, et que ce qui en lui était demeuré vivant fait irruption dans le présent. Ainsi en va-t-il lorsque Věra, la nourrice d'Austerlitz retrouvée à Prague, évoque ses souvenirs : les images de l'enfance d'Austerlitz se superposent alors à ceux de son enfance à elle, et en prennent la forme – la forme d'images de diorama.

> Depuis que je ne peux plus guère quitter la maison [...], dit Věra, les images qui alors nous réjouissaient tant me reviennent avec une acuité croissante, presque sous forme de fantasmagories [*in zunehmender Deutlichkeit, quasi als Phantasien*]. J'ai souvent l'impression de regarder, comme je le faisais enfant à Reichenberg, dans un diorama, et de voir dans la boîte emplie d'un étrange fluide, figés dans leurs gestes, des personnages qui paradoxalement ne paraissent devoir leur vie [*Lebensechtheit*] qu'à l'extrême réduction de leur taille. Jamais dans les années ultérieures je n'ai rien vu de plus magique qu'au diorama de Reichenberg : le désert jaune de Syrie, les cimes des Alpes de Zillertal émergeant dans leur blancheur éclatante des sombres forêts de sapins ou encore cette scène immortalisée [*verewigten Augenblick*] du jeune Goethe qui, à Weimar, vêtu d'une courte redingote couleur puce flottant au vent, grimpe dans la diligence de la poste sur laquelle sont déjà arrimées les malles de voyage. Et voici que ces réminiscences de ma propre enfance [dans le manuscrit, Sebald avait d'abord parlé d'*images diminutives* (p. 315) : *mit diesen diminutiven Bild* (*sic*)] rejoignent le souvenir des excursions qu'à partir de la Šporkova nous faisions dans le « Petit Côté[41] ».

LE RÉALISME : UNE QUESTION D'INTENSITÉ

Remarquons le terme de *Lebensechtheit* : le *Duden* le définit, de manière neutre, comme « correspondant à la réalité, réaliste [*der Wirklichkeit entsprechend, realistisch*] ». Mais la *Lebensechtheit*, qui littéralement évoque *l'authenticité (echt) de la vie même*, suggère un autre genre de réalisme que ses divers synonymes évoquant la *proximité* et la *fidélité* à la réalité – *realitätsnah, wirklichkeitsgetreu...* Car les images qu'évoque Věra ne sont pas à proprement parler « fidèles à la réalité », elles n'en offrent pas une copie conforme, elles n'en respectent pas l'échelle : leur *Lebensechtheit* est due au contraire à *l'extrême réduction* de l'image – une réduction à laquelle faisait écho, dans le manuscrit de Marbach, le terme *d'images*

41 A', p. 190 [A, p. 227-228]. On s'étonne que J. J. Long ne voie dans cette superposition qu'un signe de défaillance de la mémoire de Věra, qui relativiserait l'autorité de son témoignage quant à l'authenticité de la photographie d'Agáta. J. J. Long, *W. G. Sebald. Image, archive, modernity*, Edinburgh, Edinburgh University Press, 2007, p. 161.

diminutives, qui sans doute ne concerne pas le seul format de l'image, mais la réduction à un instant unique qui contient tous les autres. Cette discontinuité entre la réalité et l'image qui en restitue la vie – avec une efficacité que Sebald souligne en la qualifiant d'*incompréhensible* – est radicalisée par le fait que les images relevant de l'expérience vécue se mêlent à des images de diorama pourtant radicalement étrangères à cette expérience, sinon qu'elles ont été *vues* par Věra enfant. *Lebensechtheit* et *Zauberhaftigkeit (magie)* se confondent et les souvenirs vécus se superposent à ces images venues de très loin dans l'espace (le désert syrien) ou dans le temps (Goethe à Weimar). Et c'est précisément parce que les images du passé reviennent sous un autre *mode* qu'elles apparaissent « avec une acuité croissante, presque sous forme de fantasmagories ».

La netteté, la magie, la luminosité de ces images (jaune du désert syrien, blancheur lumineuse des Alpes) sont autant de figures de l'*intensification expressive* telle que l'a décrite Warburg, qui l'attribuait notamment à l'introduction d'un élément étranger – d'un anachronisme, par exemple, comme la draperie *all'antica* de la servante dans une représentation par ailleurs « réaliste » comme la *Naissance de St. Jean Baptiste* de Ghirlandaio)[42] ; de même dans la langue, le changement de radical rend plus expressive l'intensification d'un adjectif lorsque celui-ci passe à sa forme comparative ou superlative. Les images du diorama de Reichenberg introduisent elles aussi un déplacement, une étrangéisation des souvenirs vécus. La *Lebensechtheit* est à ce prix : elle suppose une rupture, un intervalle, un déplacement, entre la représentation et la réalité, et non ce « rapport confortable entre les signes et ce qu'ils désignent » que préconisait Lessing, assimilant ainsi l'image à la simple imitation, à la copie, au *Abbild*.

On se souvient que c'est précisément cette idée de continuité très mécanique[43] que Warburg avait remise en cause en montrant comment les images, avec leurs signes « immobiles », n'en étaient pas moins – peut-être

42 Georges Didi-Huberman, *L'image survivante*, *op. cit.*, p. 252.

43 « s'il est vrai que la peinture emploie pour ses imitations des moyens ou des signes différents de la poésie, à savoir des formes et des couleurs étendues dans l'espace, tandis que celle-ci se sert de sons articulés qui se succèdent dans le temps ; s'il est incontestable que les signes doivent avoir une relation naturelle et simple avec l'objet signifié [*wenn unstreitig die Zeichen ein bequemes Verhältnis zum Bezeichneten haben müssen*], alors des signes juxtaposés ne peuvent exprimer que des objets juxtaposés ou composés d'éléments juxtaposés, de même que des signes successifs ne peuvent traduire que des objets, ou leurs éléments successifs. » *Laocoon*, *op. cit.*, p. 120 [*Laokoon*, *op. cit.*, p. 89].

même d'autant plus – capables d'exprimer le mouvement, extérieur et intérieur. *Lebensechtheit* : le terme choisi par Sebald invite bien à penser le *réalisme* en termes d'*intensité*, d'intensification expressive, et non de simple reproduction du réel. L'usage qu'il fait des documents photographiques relève de la même logique, bien au-delà de la fonction qu'il leur attribue généralement dans ses entretiens, celle d'« accréditer la véracité du récit – nous sommes tous plus enclins à croire les images que les mots[44] », d'« attester de l'existence de quelque chose », de « conférer une sorte de légitimité à l'histoire qu'il [le narrateur] raconte. Je pense que cela a toujours été une préoccupation dans la fiction réaliste et cet ouvrage [*Les Émigrants*] est une forme de fiction réaliste[45]. » On se souvient enfin de ces phrases étonnantes : « l'écrit n'est pas un vrai document. La photographie, c'est le vrai document par excellence [*das wahre Dokument par excellence*]. Les gens se laissent convaincre par une photographie[46]. » On sait ce que ces phrases doivent aux réflexions que Roland Barthes a développées dans *La chambre claire*, un livre que Sebald a lu en traduction anglaise. Dans son exemplaire, conservé à Marbach, de *Camera lucida*, il a notamment annoté dans la marge le passage suivant : « Le noème du langage est peut-être cette impuissance, ou, pour parler positivement : le langage est, par nature, fictionnel », tandis que la photographie « n'invente pas ; elle est l'authentification même[47] ».

Mais précisément, Barthes va beaucoup plus loin. Sebald lit et souligne encore : « ce que je vois, ce n'est pas un souvenir, une imagination, une reconstitution [...], mais le réel à l'état passé : à la fois le passé et le réel[48]. » *Le réel, mais passé – la vie, mais morte* : c'est le glissement qu'observe Barthes, et avec lui Sebald, et qui finit par infléchir l'idée à se faire du « réalisme » comme du « document ». Barthes écrit, et Sebald annote :

> en attestant que l'objet a été réel, elle [la « confusion perverse entre deux concepts : le Réel et le Vivant »] induit subrepticement à croire qu'il est vivant,

44 AdM, p. 43.

45 *Ibid.*

46 G, p. 168.

47 Roland Barthes, *La chambre claire. Note sur la photographie*, Paris, Cahiers du cinéma / Gallimard / Le Seuil, 1980, p. 134-135. L'édition anglaise qui porte les traces de lecture de Sebald s'intitule *Camera lucida*, trad. Richard Howard, London, Fontana Paperbooks, coll. Flamingo Edition, 1984, p. 85-87. Dans les passages qui suivent, je reporte dans le texte original de Barthes les soulignements que Sebald a faits dans la traduction anglaise.

48 *Ibid.*, p. 130. *Camera Lucida*, p. 84.

> à cause de ce leurre qui nous fait attribuer au Réel une valeur absolument supérieure, comme éternelle ; mais en déportant ce réel vers le passé (« *ça-a-été* »), elle suggère qu'il est déjà mort[49].

D'où la mélancolie que suscite l'image d'acteurs de cinéma que l'on sait morts, et que Barthes attribue au médium photographique lui-même :

> je ne puis jamais voir ou revoir dans un film des acteurs dont je sais qu'ils sont morts, sans une sorte de mélancolie : la mélancolie même de la Photographie. (J'éprouve ce même sentiment en écoutant la voix des chanteurs disparus.)[50]

Lorsque Barthes parle, à propos de la photographie, de *résurrection* –

> la photographie a quelque chose à voir avec la résurrection : ne peut-on dire d'elle ce que disaient les Byzantins de l'image du Christ dont le Suaire de Turin est imprégné, à savoir qu'elle n'était pas faite de main d'homme, *acheïropoïètos*[51] ? –

ce n'est pas pour dire que la photographie produit une résurrection, mais plutôt, semblerait-il, pour suggérer une différence essentielle, perçue par Sebald qui, ayant annoté ce passage, a écrit dans la marge le mot « *Gesp. bilder* », *Gespensterbilder*, images-fantômes[52]. En effet, Barthes écrit bien que « [l]a Photographie ne remémore pas le passé (rien de proustien dans une photo)[53]. »

La présence obsédante des photographies dans l'œuvre de Sebald, associée au *leitmotiv* du fantomatique, a parfois conduit, dans la critique, à une lecture pour ainsi dire *affirmative*, comme si ces photographies étaient le dernier mot, la vérité ultime de l'œuvre. Pourtant, s'il n'y a rien de proustien dans une photographie, il y a beaucoup d'aspects proustiens dans l'œuvre de Sebald, qui n'emploie pas le mot (proustien) de *résurrection* mais, dans un sens très proche, celui de *restitution*. Il définit ainsi l'écriture littéraire comme la seule forme d'écriture qui constitue, au-delà de « l'enregistrement des faits », une « tentative de restitution [*Versuch der Restitution*][54] ». Dans *La chambre claire*, il a annoté

49 *Ibid.*, p. 123-124. *Camera Lucida*, p. 79.
50 *Ibid.*, p. 124. *Camera Lucida*, p. 79.
51 *Ibid.*, p. 129. *Camera Lucida*, p. 82.
52 *Ibid.*, p. 129. *Camera Lucida*, p. 82.
53 *Ibid.*, p. 129. *Camera Lucida*, p. 82.
54 CS', p. 238 [CS, p. 248].

des passages très critiques de Barthes vis-à-vis de la photographie, comme celui-ci :

> Tous ces jeunes photographes qui s'agitent dans le monde, se vouant à la capture de l'actualité, ne savent pas qu'ils sont des agents de la Mort. C'est la façon dont notre temps assume la Mort : sous l'alibi dénégateur de l'éperdument vivant, dont le Photographe est en quelque sorte le professionnel[55].

Et plus loin : « Car la Mort, dans une société, il faut bien qu'elle soit quelque part ; si elle n'est plus (ou est moins) dans le religieux, elle doit être ailleurs : peut-être dans cette image qui produit la Mort en voulant conserver la vie[56]. » Ces réflexions se retrouvent dans plusieurs textes critiques de Sebald, où elles aboutissent à une valorisation des « images peintes et écrites » aux dépens de la photographie :

> la différence essentielle entre la méthode littéraire et la technique de la photographie, technique à la fois avide d'expérience et réfractaire à celle-ci [*der ebenso erfahrungsgierigen wie erfahrungsscheuen Technik des Photographierens*], est que la description [*das Beschreiben*] favorise la remémoration [*das Eingedenken*] tandis que la photographie favorise l'oubli. Les photographies sont les mémentos d'un monde en train de disparaître et en voie de destruction, les images peintes et écrites ont une vie tournée vers l'avenir et s'entendent comme les documents d'une conscience [*Dokumente eines Bewußtseins*] qui tient à la persistance de la vie[57].

Notons le déplacement qui se lit dans cet usage singulier du concept de *document* : le document que préconise Sebald n'est justement pas le « ça-a-été » photographique, pourtant considéré généralement comme document par excellence en vertu de l'immédiateté brute, indiciaire, de son rapport au réel. Or Sebald s'intéresse moins ici au rapport de l'image au réel qu'à celui de l'image au sujet qui la produit et qui la regarde : ce qu'il interroge, c'est *l'expérience* du réel dont l'image témoigne et qu'elle communique – ou pas. Ce qu'il s'agit de documenter, c'est donc une *conscience* : et les « *documents d'une conscience* », ce sont bien les images peintes et écrites.

Le commentaire que fait Sebald des « images peintes » de Jan Peter Tripp, qui frappent d'abord par leur apparence de « fidélité au réel

55 Roland Barthes, *La chambre claire*, *op. cit.*, p. 143-144. *Camera lucida*, p. 92.
56 *Ibid.*, p. 144. *Camera lucida*, p. 92.
57 DM, p. 237-238 [BU, p. 178]. Traduction modifiée.

[*Wirklichkeitstreue*] » et d'« hyperréalisme photographique [*Foto- und Hyperrealismus*][58] », va dans le même sens. Elles posent la « question du réalisme [*Realismusfrage*][59] », à laquelle Sebald répond ainsi :

> la qualité intrinsèque d'un tableau de Tripp [...] ne réside sans doute pas dans la similitude, qui fait immanquablement l'admiration du spectateur, avec la réalité [*Identität mit der Wirklichkeit*] (ou son tirage photographique), mais dans la différence et la divergence [*Abweichung und Differenz*], beaucoup moins évidentes. [...] Ce qui est légitime pour la photographie ne l'est [...] pas pour l'art. Il a besoin d'ambiguïté, de polyvalence, de résonance, il a besoin d'éclairer, d'obscurcir, bref, de transcender le postulat du réel. [...] Aussi les tableaux de Jan Peter Tripp ont-ils tous un caractère analytique, et non synthétique. Le matériau photographique dont ils partent est soigneusement modifié. La relation mécanique entre la netteté de l'objet visé et le flou de l'arrière-plan est abolie, le peintre ajoute ici, et là retranche. Il déplace un élément, le met en relief, le réduit ou le gauchit d'un rien. Il change les colorations et parfois lui échappe une de ces heureuses bévues [*jene glücklichen Fehler*] d'où imperceptiblement finit par résulter un système de représentation aux antipodes de la réalité. Sans ce genre d'interventions, de décalages et de variations, la plus parfaite des réalisations serait dénuée de sentiment et d'idée. [*Ohne dergleichen Eingriffe, Abweichungen und Differenzen wäre in der perfektesten Vergegenwärtigung keine Gefühls- und keine Gedankenlinie*][60].

Le réalisme dont se réclame Sebald consiste donc bien, à ses yeux, à communiquer une qualité d'expérience et de conscience, d'émotion et de pensée (« *Gefühls- und Gedankenlinie* ») qui seule peut susciter une *Vergegenwärtigung* à proprement parler : une certaine présence d'esprit (*Geistesgegenwart*). On a vu dans le premier chapitre que les « documents » avaient moins pour fonction de *satisfaire* l'exigence d'authenticité que de la maintenir vive, et que Sebald ne visait pas tant l'authenticité documentaire que cette « authenticité esthétique[61] » qui se définirait plutôt en termes d'*intensité*. Le réalisme, ce serait alors, non pas la simple *Wirklichkeitstreue*, mais la faculté de faire *réaliser* ce qui est décrit, d'en prendre pleinement conscience, au sens où on dit (le plus souvent dans des phrases négatives) : je ne réalise pas encore, je n'arrive pas à réaliser… Or c'est précisément dans ce sens-là que Roland Barthes, dans son *Journal de deuil* commencé le lendemain de

58 SC, p. 166, 169 [LL, p. 174, 177].
59 SC, p. 166 [LL, p. 174].
60 SC, p. 169-172 [LL, p. 178-179]. Traduction légèrement modifiée.
61 G, p. 203.

la mort de sa mère et rédigé en partie en même temps que *La Chambre claire*[62], note le 30 novembre 1977 :

> À chaque « moment » de chagrin, je crois que c'est celui-là même où pour la première fois je *réalise* mon deuil. / Cela veut dire : totalité d'intensité[63].

EN PROIE À LA PRÉSENCE D'ESPRIT. AVEC BARTHES

Réaliser son deuil veut dire en prendre pleinement conscience, en faire l'expérience dans toute son intensité, en être intensément affecté ; le mot même est une importation littéraire :

> D'abord chez les traducteurs d'anglais (1858, chez Baudelaire traduisant Poe), le verbe a pris la valeur de l'anglais *to realize* « se rendre compte avec précision, exactitude ». Cette acception, répandue à la fin du XIXe siècle [...] malgré de sévères condamnations (Souday, Léautaud), s'est répandue largement, y compris dans la langue littéraire (Proust l'écrit en italiques, Montherlant entre guillemets[64]).

Réaliser son deuil, c'est, comme l'écrit encore Roland Barthes, être « en proie à la *présence d'esprit*[65] », qu'au XVIIe siècle on appelait aussi la *présence de cœur*[66]. Plus précisément, Barthes se dit « un sujet *dévasté* en proie à la *présence d'esprit* » : n'est-ce pas la formule même du *pathos* dans le sens grec de ce qui *arrive* au sujet et dont il est la proie dévastée, en un mot ce dont il *pâtit*, et qu'en allemand on traduirait par *Widerfahrnis* ? Mais comment peut-on *pâtir* de la présence d'esprit, que l'on associerait plutôt, spontanément, à une certaine maîtrise, à la pleine possession de ses moyens ? La présence d'esprit n'est-elle pas justement ce qui permet d'*agir*, ne prouve-t-elle pas justement que l'on n'est pas totalement livré à un événement que l'on subirait passivement, et que l'on garde une certaine autonomie d'action ? C'est que la présence d'esprit n'advient

62 *La Chambre claire* a été écrite entre avril et juin 1979. *Cf.* l'introduction de Nathalie Léger dans Roland Barthes, *Journal de deuil*, *op. cit.*, p. 7.

63 Roland Barthes, *Journal de deuil*, *op. cit.*, p. 85.

64 *Dictionnaire historique de la langue française*, *op. cit.*, p. 1868.

65 *Ibid.*, p. 40. C'est Barthes qui souligne.

66 « C'est au XVIIe siècle que *présence* entre dans l'expression *présence d'esprit* (1656) qui calque l'expression latine *praesentia animi*. En relation avec certains emplois de l'adjectif *présent*, il désigne le fait d'être présent par l'esprit, la disponibilité, l'attention (1690, Furetière, qui précise *présence de cœur*, par opposition à *présence corporelle*). » *Dictionnaire historique de la langue française*, *op. cit.*, p. 1744.

précisément qu'à un sujet exposé à une situation propre à la lui faire perdre : la présence d'esprit suppose, en réalité, le pathos, dont elle est finalement l'un des effets.

Mais la phrase de Barthes formule un autre paradoxe : qu'à « chaque "moment" de chagrin », il lui semble réaliser son deuil « pour la première fois ». Cela signifie que la conscience, ou l'expérience, de la perte, n'est jamais acquise une fois pour toutes, alors même que le sujet sait très bien ce qu'il en est de la réalité objective – ici, la mort de sa mère. Barthes désigne ainsi le fait de *réaliser* une réalité – c'est-à-dire, en somme, de l'intégrer à son « patrimoine affectif » (*Gefühlshaushalt*, selon le mot de Sebald) – comme un *événement* toujours renouvelé, subordonné à une temporalité qu'il ne maîtrise pas, et jamais définitif ni total : c'est, écrit Barthes, une « totalité *d'intensité* », mais pas une restitution totale du réel, ou une restitution du réel dans sa totalité. Cet anachronisme constitutif de la vie psychique, qui veut que l'expérience d'une réalité ne soit pas totale, unique, irréversible, mais toujours partielle, multiple, réversible dans une certaine mesure, qu'elle advienne comme par vagues de conscience, est essentiel pour comprendre, aussi, ce qui se joue dans la *représentation*. Elias Canetti qui, dans son autobiographie, évoque ses fréquentes visites au Musée Städel de Francfort, décrit ainsi l'effet qu'a eu sur lui un tableau de Rembrandt, « L'Aveuglement de Samson » :

> Au contact de ce tableau devant lequel je me suis si souvent arrêté, j'ai appris ce qu'était la haine. J'avais ressenti la haine très tôt, trop tôt, à cinq ans, lorsque je voulais tuer ma compagne de jeu avec une hache. Cela ne suffit pourtant pas à procurer la connaissance de la chose ressentie [*das Wissen um das Empfundene*] ; pour connaître cette chose, il faut d'abord qu'elle apparaisse devant vos yeux, subie par d'autres. Ce que l'on connaît pour l'avoir vécu auparavant ne devient réel qu'à ce moment-là. Sans qu'on puisse le nommer, cela repose dans l'être, puis c'est soudain présent comme image et ce qui arrive à d'autres se crée soudain en vous-même en tant que souvenir : alors, c'est réel [*dann steht es plötzlich da als Bild, und was anderen geschieht, erschafft sich in einem selbst als Erinnerung : jetzt ist es wirklich*][67].

On repense à la remarque de Patrice Loraux, déjà citée dans le premier chapitre : « la représentation, c'est aussi être un sujet qui revient à

67 Elias Canetti, *Le flambeau dans l'oreille. Histoire d'une vie 1921-1931*, trad. Michel-François Demet, Paris, Albin Michel, p. 131 [*Die Fackel im Ohr, Lebensgeschichte 1921-1931* [1980], Frankfurt a. M., Fischer, 1982, p. 114].

lui[68] » – un sujet qui *réalise* pour la première fois, selon la formulation de Barthes, ou encore, selon l'expression de Sebald, le *document d'une conscience.*

Que faut-il entendre exactement, dès lors, par le *réalisme*, et même, plus précisément, par l'*effet de réel* et le *ça-a-été*, procédés cités et mis en œuvre explicitement à plusieurs reprises par Sebald ? Il semble qu'il y ait eu sur ce point chez Barthes un glissement qui touche de près la question du réalisme chez Sebald. Dans le célèbre article de 1968, l'effet de réel est cet artifice par lequel la « carence même du signifié », c'est-à-dire l'apparente insignifiance de détails inutiles pour l'économie du récit, en vient à signifier « la catégorie du "réel" », de sorte que l'effet de réel ainsi obtenu devient « le signifiant même du réalisme », comme l'a défini Roland Barthes[69]. C'est dans ce sens que Sebald reprend le terme à propos des *Émigrants*, où il assure que les « événements majeurs » sont « véridiques » tandis que certains détails sont inventés : « C'est au niveau du détail, du détail mineur la plupart du temps, que l'imagination intervient pour créer *l'effet de réel*[70]. »

L'effet de réel, que Sebald, dans son essai sur Jan Peter Tripp, assimile au *trompe-l'œil*[71], c'est donc absolument le contraire du *ça-a-été*, cette « émanation du référent » dans laquelle Barthes voit, dans *La chambre claire*, le *noème* de la photographie. Pourtant, dans *La Préparation du Roman*, *effet de réel* et *ça-a-été* semblent se rapprocher lorsque Barthes écrit à propos du haïku : « Le haïku n'est pas fictionnel, il n'invente pas, il dispose en lui, par une chimie spécifique de la forme brève, la certitude que *ça a eu lieu*[72] ». La parenté entre le *ça a eu lieu* du haïku et le *ça-a-été* de la photographie[73] est indéniable – et corroborée par l'insistance sur

68 Patrice Loraux, « Les disparus », art. cité, p. 46.

69 Roland Barthes, « L'effet de réel » [1968], *Littérature et réalité, op. cit.*, p. 89. S'interrogeant sur les « détails inutiles », chez Flaubert par exemple, et sur « la signification de cette insignifiance » (p. 83), Barthes observe en effet que « au moment même où ces détails sont réputés dénoter directement le réel, ils ne font rien d'autre, sans le dire, que le signifier [...] c'est la catégorie du "réel" (et non ses contenus contingents) qui est alors signifiée ; autrement dit, la carence même du signifié au profit du seul référent devient le signifiant même du réalisme : il se produit un *effet de réel* [...] » (p. 89).

70 AdM, p. 75.

71 SC, p. 168 [LL, p. 177].

72 Roland Barthes, *La Préparation du Roman I et II : cours et séminaires au Collège de France (1978-1979 et 1979-1980)*, éd. Nathalie Léger, Paris, Seuil/Imec, « Traces écrites », 2003, p. 89.

73 « ma proposition est que le haïku s'approche au plus près du noème de la photographie c'est-à-dire du noème "Ça-a-été" ». *La Préparation du Roman. Cours au Collège de France*

le caractère non-fictionnel, non inventé de ce *ça a eu lieu.* Et pourtant, le *ça a eu lieu* ne saurait être considérée comme une « émanation du référent » – il est un effet du discours, un effet du signifiant, puisqu'il résulte d'une « chimie spécifique de la forme brève ». Surtout, à y regarder de plus près, Barthes ne parle pas de *ça a eu lieu* dans l'absolu, mais de « *certitude* que *ça a eu lieu* » : une conviction intime donc, qui n'implique pas nécessairement qu'il en soit *réellement* ainsi.

Qu'est-ce alors que cette « certitude que *ça a eu lieu* » sinon l'effet même de l'effet de réel, lorsqu'il réussit ? La définition que Barthes donne à l'effet de réel dans *La Préparation du Roman*, bien après son article de 1968, donc, achève d'ailleurs de confirmer sa proximité avec la « certitude que *ça a eu lieu* » :

> J'entends par « effet de réel », lorsque dans un texte, tout d'un coup, on a la sensation que le langage s'évanouit au profit d'une certitude de réalité, comme si à certains moments le langage se retournait, s'enfouissait et disparaissait en tant que langage, laissant à nu ce qu'il dit[74].

Ainsi définie, la certitude de réalité que produit l'effet de réel apparaît toujours comme un effet du langage, quand bien même cet effet serait celui de son propre évanouissement. Mais par rapport à « L'effet de réel » de 1968, l'idée que le langage ne saurait produire cette certitude de réalité qu'à mettre en scène sa propre disparition est nouvelle. C'est sans doute aussi que l'article de 1968 portait uniquement sur des textes – Flaubert et Michelet – tandis que *La Préparation du Roman*, cours du Collège de France dont la préparation est contemporaine de la publication de *La chambre claire* (et donc contemporaine du deuil de sa mère), s'intéresse aussi à la photographie et donc à l'image. Dans *La Préparation du Roman*, le concept d'*effet de réel* est finalement appliqué à la photographie elle-même, dans un sens très proche du *ça-a-été*, de sorte qu'on ne comprend plus très bien pourquoi, dans ces conditions, Barthes parle encore d'*effet* de réel[75].

1978-1979 et 1979-1980. Texte annoté par Nathalie Léger. Transcription des enregistrements par Nathalie Lacroix. Avant-propos de Bernard Comment, Paris, Seuil, 2015, p. 162. Pour les références suivantes, je précise chaque fois s'il s'agit de l'édition de 2003 ou de 2015.

74 Roland Barthes, *La Préparation du roman*, *op. cit.* (2015), p. 155.

75 Merci à Peter Geimer pour l'échange à ce propos, en novembre 2017, à la suite de sa *Mosse Lecture* à la Humboldt Universität de Berlin.

Il y a a priori deux lectures possibles de cette assimilation surprenante : la première serait que l'effet de réel désignerait désormais l'effet *du* réel, c'est-à-dire une « émanation du référent », formule qui désignait auparavant le *ça-a-été* de la photographie. Dans ce cas, cela annulerait toute la réflexion antérieure de Barthes sur l'effet de réel comme pur « signifiant du réalisme ». La deuxième lecture possible irait dans le sens inverse : le *ça-a-été* de la photographie, bien qu'attestant *objectivement* de la réalité de ce qu'il montre, serait comparable, du point de vue subjectif de la « certitude de réalité », à l'effet de réel. Autrement dit : la « certitude de réalité » ou « certitude que *ça a eu lieu* » dont parle Barthes à propos du haïku est du même ordre que celle que produit une photographie, nonobstant la différence entre le premier cas, où il s'agit d'un effet du langage, et le deuxième cas, où il s'agit d'une véritable « émanation du référent ». Dit encore autrement : la *certitude* de réalité ne dépend pas nécessairement du statut réel ou non-réel, car l'effet de réel peut la produire par artifice tandis que le réel même peut échouer à la produire. Le seul fait que « ça a eu lieu » ne suffit pas à susciter cet événement subjectif qui fait que le sujet *réalise* que ça a eu lieu – c'est le propos même du *Journal de deuil.*

Et c'est à coup sûr une des questions centrales chez Sebald, où le souci du *réalisme* (*ça-a-été*, *effet de réel...*) est indissociable du geste de deuil, de la *Klage* comme *Totenklage*, et donc du *pathos*. Et c'est bien l'image qui, chez Sebald, cristallise ces questions – non pas seulement (et peut-être même pas prioritairement) l'image au sens propre, l'image matérielle, la photographie ou le « document iconographique » inséré dans le texte, mais l'image entendue comme ce qui *fait image, arrêt sur image* : interruption, immobilisation, surgissement d'un passé dans un présent. L'image, donc, comme *événement* qui s'impose au sujet – de l'extérieur ou non – et lui met sous les yeux quelque chose qu'alors, soudain, il *réalise* – ou pas : là encore, c'est une question d'économie du pathos.

Car il ne suffit pas d'avoir quelque chose sous les yeux pour le *voir* au sens fort du terme, c'est-à-dire se le représenter, l'imaginer, le *réaliser* : ce *leitmotiv* sous-tend toute la réflexion de Sebald sur l'image, qui suppose toujours un motif d'*intensité* ou d'intensification, et plus exactement d'intensité de *pathos*. De ce point de vue aussi, la *Chambre claire*, où c'est bien un « sujet dévasté, en proie à la présence d'esprit » qui réfléchit à la photographie, est une référence centrale. Sebald semble reprendre sous une forme narrative la distinction que fait Barthes entre *studium* et *punctum*. Le *studium*, d'abord. Chez Sebald, la perplexité de personnages livrés à un vain *studium* d'images diverses est mise en scène comme une dialectique négative : plus ils étudient les images, plus ils cherchent à épuiser le moindre détail de leur surface visible, plus l'objet se dérobe à leur regard. Ce que la grisaille souvent floue des reproductions de Sebald donne à voir sur un mode immédiatement sensible est donc également explicité dans le texte[76]. Et qu'en est-il du *punctum*, qui chez Barthes fait tout à coup sortir le spectateur de son « affect moyen », de la neutralité affective de son *studium*, pour être soudain intensément *affecté* (intensément « point ») par la photographie[77] ? Dans son exemplaire de *La chambre claire*, Sebald a annoté dans la marge le passage où Barthes parle du détail qui « emporte toute ma lecture ; c'est une mutation vive de mon intérêt, une fulguration » (Sebald entoure le mot *fulguration*, identique dans la traduction anglaise)[78]. Plus loin, il marque de trois traits dans la marge le passage suivant : « sous l'effet d'une expérience nouvelle, celle de l'intensité, j'avais induit de la vérité de l'image, la réalité de son origine » (Sebald entoure le mot *intensité/intensity*)[79]. Il semble toutefois que cette figure de *fulguration* et d'*intensité* qu'est le *punctum* ne soit perceptible que par défaut, comme un effet attendu et qui ne se produit pas. Ainsi de la scène d'Austerlitz regardant la photographie de lui-même enfant, et qui, loin de susciter cette commotion émotionnelle à laquelle il s'attend, le laisse comme dans une douloureuse indifférence :

> Ce soir-là [...], je n'ai pas eu la réaction que l'on aurait attendue, je n'ai pas été ému ni bouleversé, dit Austerlitz, mais muet et stupide, incapable de la moindre pensée [*nicht [...] bewegt oder erschüttert gewesen, sondern nur sprach- und begriffslos und zu keiner Denkbewegung imstande*][80].

C'est finalement, on l'a vu, les mots griffonnés par son grand-père au dos de la photographie, *páže růžové královny*, qui produisent l'équivalent du *punctum* et réactivent une forme de mémoire affective.

76 Cette dialectique négative est encore aggravée par les moyens techniques censés la résoudre : la loupe (DA, p. 276 ; A, p. 264) et le ralenti (A, p. 349). *Cf.* Barthes : « j'ai envie d'agrandir ce visage pour mieux le voir, mieux le comprendre, connaître sa "vérité" (et parfois, naïf, je confie cette tâche à un laboratoire). Je crois qu'en agrandissant le détail "en cascade" [...], je vais enfin arriver à l'être de ma mère. » *La chambre claire*, *op. cit.*, p. 155.

77 *Ibid.*, p. 48-49.

78 *Ibid.*, p. 80. *Camera lucida*, p. 49.

79 *Ibid.*, p. 121. *Camera lucida*, p. 77.

80 A', p. 220 [A, p. 264].

Une formulation alternative de ces phénomènes est donnée par le concept d'*aura* selon Benjamin, qui écrit : « Faire l'expérience de l'aura d'un phénomène, c'est lui conférer le pouvoir de lever les yeux [*Die Aura einer Erscheinung erfahren, heißt, sie mit dem Vermögen belehnen, den Blick aufzuschlagen*][81] ». Cette expérience d'intensité est une référence essentielle pour Sebald, qui la cite indirectement à de nombreuses reprises en en donnant une transposition littérale, en insérant dans le texte les photographies de divers regards – ou paires d'yeux[82]. Mais comme le *punctum*, l'*aura* est le plus souvent vécue sur un mode négatif : celui qui se sent regardé de la sorte s'avère tout aussi incapable de soutenir ce « regard interrogateur [*forschenden Blick*][83] » que de s'y soustraire. C'est moins le phénomène regardé qui *s'anime* que le sujet du regard qui en est *mortifié* – comme dans l'exemple d'Austerlitz face à l'écureuil de l'Antikos Bazar, « qui me fixait impitoyablement de son œil en bouton de verre[84] ». Souvent chez Sebald, ce qui nous regarde est précisément ce qu'il nous est difficile de voir – un œil obscurci comme celui du chien d'un tableau de Jan Peter Tripp sur lequel Sebald clôt son essai :

> Son œil gauche (le domestiqué) nous fixe avec attention ; le droit (le sauvage) reçoit un soupçon de lumière en moins, semble à l'écart, étranger [*abseitig und fremd*]. Et pourtant nous nous sentons percés à jour par cet œil, précisément [*gerade von diesem überschatteten Auge durchschaut*][85].

Dans le passage sur l'anatomie de Rembrandt dans les *Anneaux de Saturne*, Sebald note que seul le peintre « voit l'ombre dans la bouche entrouverte et sur l'œil du mort[86]. » Lui seul est capable de voir la sombre violence qui s'exerce sur ce corps sous prétexte de *lumière*, lui seul voit le *pathos* refoulé dans cette mise en scène à la gloire de la science dont on lui a passé commande.

Mais nous, le voyons-nous ? Précisément, dans ce passage, le discours théorique de Sebald qui consiste, dans l'esprit de l'école de Francfort et de la *Dialektik der Aufklärung*, à faire la critique avertie de « l'art de la dissection, à l'époque en plein essor, [qui] consistait au bout du

81 Walter Benjamin, GS I, 2, p. 646-647.
82 SG, p. 15 ; A, p. 7 ; NED.
83 A', p. 220 [A, p. 264].
84 A', p. 233 [A, p. 280].
85 SC, p. 181 [LL, p. 188].
86 AS, p. 28 [RS, p. 27].

compte à rendre invisible [*Unsichtbarmachung*] le corps coupable[87] », ce discours théorique *domine* tellement ce passage qu'il peut à son tour rendre invisible ce qui se joue en nous face à l'image que nous avons sous les yeux :

> Lorsque nous nous tenons aujourd'hui, au Mauritshuis, devant ce tableau anatomique de Rembrandt […], nous nous trouvons exactement à la place de ceux qui suivirent le processus de dissection, à l'époque, au Waaggebouw, et nous croyons voir ce qu'ils ont vu : allongé au premier plan, le cadavre verdâtre d'Aris Kindt, la nuque brisée, le torse effroyablement bombé sous l'effet de la rigidité cadavérique. Et cependant, on peut se demander si quelqu'un a réellement vu ce cadavre[88] …

Nous croyons voir ce qu'ils ont vu, mais précisément ils n'ont rien vu, et le tableau lui-même ne prolonge-t-il pas l'*invisibilisation* de ce qu'il nous met sous les yeux ? La « singulière exclusion du corps pourtant exposé aux yeux de tous [*seltsame[] Ausgrenzung des doch offen zur Schau gestellten Körpers*][89] » n'est-elle pas intrinsèquement le fait du tableau ?

La question du réalisme devient vertigineuse lorsque Sebald écrit « que le réalisme [*Wirklichkeitsnähe*] tant vanté de ce tableau de Rembrandt se révèle n'être qu'une apparence[90]. » Non pas parce que la main intervertie et disproportionnée d'Aris Kindt est « totalement inversée du point de vue strictement anatomique [*anatomisch gänzlich verkehrt*] » et manque de réalisme : serait-elle correcte que l'on ne verrait pas mieux le corps étendu sous nos yeux. Au contraire, c'est le « défaut de construction » ou plutôt sa rupture délibérée (*Durchbrechung*) qui seule nous donne un instant l'intuition que quelque chose nous échappe et ne cesse de nous échapper. Le passage sur le tableau de Rembrandt se prolonge dans l'évocation de Thomas Browne, témoin problable de la séance d'anatomie du Dr. Tulp, mais dont on ne saurait dire ce qu'il a vu : « Quant à savoir […] ce qu'il a vu exactement […], on en est réduit aux conjectures. Peut-être a-t-il vu cette même vapeur blanche » qui mêle le brouillard d'Angleterre et de Hollande à la brume qui « s'exhale de la cavité d'un cadavre fraîchement ouvert » et qui « nous embrume le cerveau de notre

87 AS, p. 24 [RS, p. 23].

88 *Ibid.*

89 AS, p. 25 [RS, p. 26]. Traduction modifiée (le « singulier isolement dans lequel nous apparaît le cadavre pourtant entouré de monde » me semble déplacer le propos).

90 *Ibid.* Traduction modifiée.

vivant, en particulier lorsque nous dormons ou rêvons[91] ». *Voir*, ce serait littéralement voir une *condensation* de ce qui est *devant* et *dedans*, sous nos yeux et en nous. Cette image de condensation est reprise un peu plus loin, où elle concerne le narrateur lui-même qui, dans son lit d'hôpital, *revient à lui* après une *anesthésie* générale :

> Je commençai à sentir mon corps, mon pied engourdi, le point douloureux dans mon dos, [...] et lorsque la première lueur matinale éclaira les hauteurs, je vis un ruban de condensation s'étirer en oblique, comme de son propre mouvement, à travers le morceau de ciel délimité par l'encadrement de ma fenêtre[92].

Ce qui est ainsi *vu* est volatil et mouvant, mais *fait image* : pas seulement parce que formellement, ce *Kondensstreifen* est explicitement *encadré* à la manière d'un tableau, mais parce que, pour reprendre encore une fois le propos de Patrice Loraux, « la représentation, c'est aussi être un sujet qui revient à lui, capable de recouvrer l'affectivité, c'est-à-dire une affectabilité qui ne soit pas submergée par la douleur ou par l'hébétude[93]. » Et qui ne soit pas non plus annulée, rendue impassible, car ce dont il s'agit, c'est bien, dit Loraux, de la « réactiver et [de] procéder à une levée d'anesthésie ». C'est cette levée d'anesthésie que Sebald met ici en scène littéralement, et qui donne à voir à son narrateur le condensé d'un pathos qui demeure habituellement invisible : « l'invisibilité et l'insaisissabilité de ce qui nous anime [*was uns bewegt*] constituaient les termes d'une énigme finalement insondable[94]. »

Le refoulement de la douleur – du pathos – face à sa représentation même, dont la réception du *Laocoon*, lorsqu'elle dissimule la question du pathos derrière des considérations sur la sémiotique comparée des arts, est un exemple extrême, s'avère être le problème fondamental de toute représentation : « l'immédiat, on le voit, est en même temps l'incommunicable [*das Unmittelbare, so zeigt sich, ist zugleich das Unmitteilbare*][95] ». « L'aptitude des hommes à oublier ce qu'ils ne veulent pas savoir, à détourner le regard de ce qu'ils ont devant eux [*hinwegzusehen über das, was vor ihren*

91 AS, p. 28 [RS, p. 27-28].

92 AS, p. 30 [RS, p. 29].

93 Patrice Loraux, « Les disparus », art. cité, p. 46.

94 AS, p. 30 [RS, p. 29].

95 Iris Denneler, « "Das Andenken ist ja im Grunde nichts anderes als ein Zitat" – Zu Formel und Gedächtnis am Beispiel von W. G. Sebalds *Die Ausgewanderten* », *Die Formel und das Unverwechselbare*, *op. cit.*, p. 160-176, p. 162.

Augen liegt][96] » – et dont la « scène originelle », pour Sebald, est sans doute la traversée sans commentaire de Munich en ruines avec son père en 1949[97] – est la question autour de laquelle tourne toute la réflexion de Sebald sur l'image : comment mettre sous les yeux, par les mots ou l'image, sans que la représentation rende elle-même invisible ce qu'elle prétend montrer, et sans que son pathos ne tourne à l'anesthésie. Inka Mülder-Bach décrit ainsi ce processus :

> le texte met sous les yeux l'acte même de mettre sous les yeux [*führt der Text das Vor-Augen-Stellen selbst vor Augen*] et, ce faisant, attire l'attention sur divers modes du voir – suivre du regard, voir de loin, ne pas voir, détourner le regard intérieur et extérieur –, sur divers constituants de l'image – format, surface, couleur –, et sur différents média – tableau, scène théâtrale, atlas anatomique, diagramme, photographie[98].

Et c'est au creux de ces multiples manières de ne pas voir ce qu'on a sous les yeux, que peut se produire cet événement :

> à un moment ou à un autre – et cet instant n'est pas maîtrisable par quelque méthode que ce soit – fait irruption, dans ce *studium*, cet instant [*Augen-Blick*] que le texte cherche à susciter sans pour autant pouvoir le forcer. Tout à coup, nous réalisons quelque chose – nous voyons qu'il y a quelque chose que nous ne voyons pas. Et ce quelque chose n'est pas un tendon mal localisé, n'est pas un détail qui nous assaille à la manière d'un *punctum*. Ce qui nous point est bien plutôt ce que nous avons sous les yeux en totalité [*was uns als Ganzes vor Augen liegt*][99].

Ce que le texte cherche à produire, selon Inka Mülder-Bach, c'est cet

> instant d'évidence [*Augen-Blick der Evidenz*] où l'apparence se brise et où le lecteur devient le témoin oculaire du médium auquel sa propre perception restait soumise : le témoin oculaire de son propre regard médiatisé dont la dépouille mortelle s'étend devant lui sous la forme d'une photographie plate, sans couleur et sans relief[100].

Mais ce que Inka Mülder-Bach veut démontrer, c'est que la prose même de Sebald participe de ce « monde d'apparences produit par les représentations [*mediale Scheinwelt*] », puisqu'à la manière même des anatomistes qu'il

96 DD, p. 50 [LK, p. 51].
97 G, p. 177.
98 Inka Mülder-Bach, « Der große Zug des Details », art. cité, p. 295.
99 *Ibid.*, p. 298.
100 *Ibid.*, p. 299.

dénonce, il est « d'un côté un *chirurgos*, un artisan qui extrait des images et des citations du corpus de la tradition culturelle, et d'un autre côté un *rhetor* qui reproduit, remonte, illumine et colore ces extraits par les moyens de son discours[101]. » Voilà qui la mène pourtant à une conclusion ambiguë : d'un côté, le texte ne cesserait de souligner lui-même sa propre médialité, la « médialité du voir, du savoir et du souvenir » dans le but de créer cet « instant où se brise l'évidence de l'apparence ». De l'autre, la texture même de la prose sebaldienne, que Mülder-Bach appelle son *ornatus* ou *sound*, et qui ne cesse de suggérer « les valeurs vivantes de l'authenticité, du deuil et de l'intériorité », serait en réalité « une patine artisanale, un éclat produit mécaniquement [*eine gewerbliche Patina, ein mechanisch produzierter Glanz*][102] ».

Cette dernière volte ne me paraît pas découler nécessairement de ce qui précède : pourquoi la reprise, le découpage et le montage de formes préexistantes serait-il inauthentique, mécanique, ne suggérant des « valeurs vivantes » que pour mieux en compenser l'absence dans ce qui est soudain qualifié de pur produit d'artisanat d'art littéraire, qui se distinguerait d'une *œuvre* authentique par son absence de vie propre ? Qu'est-ce qui permet de dire que c'est ce rituel violent de la dissection et de l'invisibilisation du corps qui est pour Sebald le « paradigme de la représentation [*Paradigma der Medien*] » dont sa prose participe, et non le « culte des morts qui maintient symboliquement le défunt parmi les vivants en l'incarnant dans une image[103] » ? Mülder-Bach fait en effet du principe formel du découpage/montage une *mortification* et en déduit que l'œuvre elle-même est comme *morte* – que l'œuvre est l'attestation même de la mort du « corpus de la tradition culturelle » dont l'auteur se ferait, en somme, l'anatomiste :

> en reproduisant le corpus de la tradition culturelle, [le texte] produit une apparence morte [*toten Schein*], mécanique, autrement dit : il en produit lé

101 *Ibid.*, p. 300. Mülder-Bach fait remarquer que le « détail » relève lui-même littéralement de la dissection ; lorsque le narrateur à la première personne analyse le tableau (et donc le détail de la main disséquée), il décrirait donc en même temps son propre procédé (p. 296). De ce même procédé relèverait aussi le montage des innombrables références de Sebald, du passage de Foucault sur Velázquez au début de *Les mots et les choses* à l'étude de Klibansky, Panofsky et Saxl *Saturn and Melancholy*, des tableaux d'anatomie de Peter Weiss à la description par Barthes de la « mélancolie de la photographie », et de l'*Anatomy of Melancholy* de Robert Burton (1621) à l'analogie benjaminienne entre photographie et chirurgie dans la *Petite histoire de la photographie* (p. 297-298).

102 *Ibid.*, p. 300-301.

103 *Ibid.*, p. 299-300. Mülder-Bach renvoie ici à Hans Belting, *Bild-Anthropologie. Entwürfe für eine Bildwissenschaft*, München, Fink, 2001, en particulier p. 29 *sq.* et p. 144 *sq.*

> certificat de décès [*Totenschein*] dont il nous invite à prendre connaissance en tant que témoins oculaires[104].

Voilà qui – malgré cette construction très brillante et malgré la virtuosité de ses mises en abyme – ne me semble pas aller de soi. N'est-ce pas là un *jugement* qui renvoie, en dernier ressort, à un présupposé qui mériterait lui aussi d'être interrogé, celui de l'*originalité* et de la *vie* (*organique*) de ce que devrait être une œuvre *authentique* ? Et n'est-ce pas, au terme d'une démonstration qui d'abord éblouit par une rigueur et une finesse à laquelle rien ne semble échapper, un jugement qui, finalement, relève d'une décision subjective sur la foi à accorder, ou non, à la démarche de Sebald ?

Ce lien entre *mortification* d'un côté et *métier* ou *savoir-faire technique, artisanal* (*Handwerk, Kunstgewerbe*) est un *leitmotiv* dans la critique notamment allemande, où le caractère « construit », « fabriqué », « artificiel » d'une œuvre apparaît souvent comme un motif de soupçon[105]. Dans son article très féroce intitulé « Guimauve mélancolique [*Schwarze Zuckerwatte*] », Thomas Wirtz écrivait que « les morts de Sebald [...] le sont déjà de leur vivant », que « [la mort] fige la personne en une *préparation* [*Präparat*] », que « l'attention de Sebald est dirigée vers les morts, et même le *je* qui s'assimile à eux s'en trouve mortifié de son vivant – il se nourrit des morts et se fait l'un des leurs » – pour aboutir à cette conclusion à laquelle, à mon sens, rien ne prépare réellement : « La mélancolie elle-même n'est qu'une technique [*Auch die Melancholie [...] ist lediglich ein Handwerk*][106]. » Le verdict fatal – ce n'est pas une œuvre d'art, mais un habile produit artisanal, une pure technique, sans vie et sans authenticité – paraît bien abrupt : c'est un « dernier mot » qui refuse de poursuivre la réflexion. Pourtant, lorsque Wirtz parle de la « technique de grisaille qui pétrifie le monde [*Grisailletechnik, mit der die Welt im Steingrau erstarrt*][107] », on pourrait – avec Warburg – dialectiser cette « technique », que Wirtz situe de manière univoque

104 *Ibid.*, p. 303.

105 Wohlfarth applique à *Austerlitz* le verdict que Benjamin avait prononcé à propos de la *Montagne magique* de Thomas Mann : « La *Montagne magique* me captive par la seule habileté de sa fabrication [*Der Zauberberg fesselt mich durch schlechtweg souveräne Mache*] ». Cité dans « Anachronie », art. cité, p. 232.

106 Thomas Wirtz, « Schwarze Zuckerwatte », art. cité, p. 530, 531, 532 et 534.

107 *Ibid.*, p. 532.

sur le versant de la pétrification, sans voir qu'elle est aussi un médium de la survivance : une formule de pathos[108].

NATURES MORTES, FOSSILES ET FANTÔMES DE L'AFFECT

C'est que Thomas Wirtz n'emploie le terme de *grisaille* qu'au figuré et dans un sens très général, forcément aveugle au travail de l'image – toujours plus complexe – qu'il implique. Or c'est précisément sur ce travail de l'image que porte l'étude de Rebekka Schnell, *Natures mortes. Zur Arbeit des Bildes bei Proust, Musil, W. G. Sebald und Claude Simon*. S'inspirant précisément du concept warburgien de survivance et de la manière dont Georges Didi-Huberman l'a développé dans *L'image survivante*, elle étudie la figure de la *nature morte* en littérature comme le lieu d'une dialectique entre vie et mort, mortification et (re)vivification :

> La *nature morte* témoigne de la présence de la mort au cœur de la vie, mais inversement aussi de la trace du vivant dans ce qui est mort. Avec Warburg, on pourrait aussi comprendre les *natures mortes* comme des images et des strates refoulées de la conscience individuelle ou collective qui recèlent des « résidus vitaux » [« *lebensfähige Reste* »][109].

Et elle ajoute, marquant le rapport direct entre nature morte et formules de pathos :

> La nature morte partage un autre aspect central avec les formules de pathos : l'inversion des hiérarchies habituelles au profit de ce qui est petit, caché, anachronique[110].

---

108 « La grisaille, dans les notes de Warburg, apparaît dans des figures toujours nouvelles comme un moyen de mettre à distance, d'ouvrir l'espace de la pensée qui permettait, en plusieurs étapes, le traitement des affects conservés dans les formules de pathos antiques. » Charlotte Schoell-Glass, « Warburg über Grisaille. Ein Splitter über einen Splitter », *Aby Warburg. Akten des internationalen Symposions Hamburg 1990*, éd. Horst Bredekamp, Michael Diers et Charlotte Schoell-Glass, Weinheim, VCH, Acta humaniora, 1991, 199-212, p. 207-208. Warburg parle aussi de la « création de l'homme de la grisaille comme un acte de *sophrosyne* artistique [*Erschaffung des Grisaille-Menschen als Akt künstlerischer Sophrosyne*] » et écrit : « La sculpture en trompe-l'œil antique (grisaille) [...] tient à distance métaphorique le défilé des ombres des revenants préformés/préfigurés [*Die scheinplastische Antike (Grisaille) [...] hält den Schattenzug der vorgeprägten/präfigurierten Revenants in metaphorischer Distanz*] » *Ibid.*, p. 207.

109 Rebekka Schnell, *Natures mortes*, *op. cit.*, p. 27-28.

110 *Ibid.*, p. 28.

La nature morte, selon Rebekka Schnell, est une figure de *latence*, qui déjoue les divisions trop radicales entre vie et mort, présent et passé :

> Le passé, dans ce modèle historique, n'est passé qu'en apparence, ses résidus continuent d'agir de manière latente dans les images et certaines constellations les rappellent à la vie[111].

Pourtant, ce modèle ne s'applique pas, à ses yeux, à Sebald qui, des quatre auteurs qu'elle étudie, lui apparaît finalement davantage du côté de la mortification que du côté de la survivance, parce qu'il *mortifierait* ce qu'il se propose de *sauver* :

> La littérature a pour mission de retenir ce qui, autrement, serait oublié « chaque fois qu'une vie s'éteint », dès lors que « plus personne n'entend, ne consigne ni ne raconte les histoires attachées à tous ces lieux et ces objets innombrables qui n'ont pas, eux, la capacité de se souvenir » [A', 33 ; A, 38-39]. Ce sont précisément ces histoires jamais racontées que Sebald sauve de la disparition en les insérant, « à la manière de la *nature morte* », dans un réseau d'associations et d'affinités qui leur donne un sens. Toutefois, cette mise en réseau n'est pas accomplie sous le signe de la réanimation allégorique, mais sous le signe d'une conservation et d'une mortification d'antiquaire : Sebald ne confère plus de signification nouvelle à la *nature morte*, mais la fige en « métaphore morte[112] ».

Pour souligner la différence d'avec la poétique de Proust, Rebekka Schnell se penche particulièrement sur les *Anneaux de Saturne*, où l'ancienne station balnéaire de Lowestoft est évoquée comme « une réminiscence fantomatique de Balbec [*geisterhaftes Nachbild Balbecs*][113] » où, à la place du « monstre marin » que se voit servir le narrateur de la *Recherche*, c'est un poisson « sans nul doute enfoui depuis des années dans le congélateur » et « somme toute uniquement constitué de son enveloppe dure [*aus nichts als seiner harten Umwandung*][114] », qui atterrit dans l'assiette du visiteur – un *fossile*, donc[115]. Et c'est le paysage lui-même qui semble fossilisé : comme chez Proust, la vue sur la mer depuis la fenêtre de l'hôtel *fait tableau*, mais dans le sens, écrit Schnell, d'une pétrification absolue : une *nature morte* qui, « métafigure intertextuelle

111 *Ibid.*, p. 27.
112 *Ibid.*, p. 199-200.
113 *Ibid.*, p. 201.
114 AS, p. 59 [RS, p. 58].
115 Rebekka Schnell, *Natures mortes*, *op. cit.*, p. 202.

[*intertextuelle Metafigur*] », « entre dans le texte de Sebald sous la forme d'une citation anachronique sans toutefois être animée d'une signification nouvelle. Dépourvue de toute substance vivante comme le poisson fossile de l'hôtel *Victoria*, la nature morte se maintient en tant que forme creuse, en tant que "métaphore morte[116]". » Ces fossiles qui migrent d'un texte à l'autre relèvent bien en partie du paradigme warburgien du *Leitfossil* et de la formule de pathos, mais Rebekka Schnell les déclare morts pour de bon et non vecteurs d'une survivance susceptible de réactivation.

Cela ne va pas, me semble-t-il, sans un certain parti pris, qui se lit aussi dans la manière de couper les passages cités à l'appui de cette démonstration. Certes, la *nature morte* semble devoir être prise dans le sens le plus littéral dans un passage comme celui-ci :

> La grève, dehors, s'étirait entre chien et loup, et rien ne bougeait, ni dans l'air ni sur terre ni sur l'eau. Les vagues déferlantes elles-mêmes, blanches comme neige, me paraissaient immobiles [*standen still*][117].

Mais il faut aussi lire la suite :

> Le lendemain matin, lorsque je quittai le *Victoria Hotel* [...], Lowestoft, sous un ciel sans nuages, était revenu à la vie [*wieder zum Leben erwacht*][118].

Et il en va de même pour un autre passage cité par Schnell :

> pas un souffle ne traversait l'air, les arbres se dressaient comme peints [*wie gemalt standen die Bäume*] et pas un seul oiseau ne volait par-dessus le velours brun de l'eau[119].

Là encore, la suite, qu'elle ne cite pas, remet les choses en mouvement :

> C'était comme si le monde avait été placé sous cloche jusqu'au moment où d'énormes nuages ballonnés se levèrent à l'ouest et déployèrent lentement une ombre grise sur la terre[120].

Mais ce qui me semble surtout devoir être interrogé dans l'analyse par ailleurs remarquable de Rebekka Schnell, c'est le modèle de pensée

116 *Ibid.*, p. 202.
117 AS, p. 59 [RS, p. 59], cité p. 202.
118 AS, p. 60 [RS, p. 59].
119 AS, p. 78-79 [RS, p. 77], cité dans Rebekka Schnell p. 202.
120 AS, p. 79 [RS, p. 77].

sous-jacent qui oppose radicalement un *avant* de la *plénitude du sens* et un *après* de la *signification éteinte* :

> Devenus fossiles, les choses n'ont plus que l'apparence du vivant. […] Leur « attrait » magique ne procède pas d'une *plénitude du sens [keiner lebendigen Sinnfülle]*, mais de la lueur rémanente d'une *signification éteinte [erloschenen Bedeutung]* inscrite dans les choses en tant que manque[121].

La figure rhétorique que Schnell voit ici à l'œuvre est la « catachrèse ou *abusio*, l'épuisement de la signification dans la répétition[122] ». Elle écrit : « Sur le plan physique et rhétorique, la répétition travaille donc toujours à l'épuisement, à la fin de toute signification et de toute vie – et n'en finit pourtant jamais[123]. » Cet effet de déclin du sens dans la citation de formes préexistantes, dont le caractère *interminable* pourrait se lire comme un symptôme de la ténacité de la survivance[124], est interprété par Schnell comme une répétition *pure*, mécanique, accumulative, d'éléments *absolument* morts – de sorte que sa conclusion finale rejoint celle d'Inka Mülder-Bach :

> La *nature morte* devient chez Sebald la figure métatextuelle d'une écriture qui, dans sa rage de collectionner et dans son intertextualité excessives, ne fait plus que citer l'héritage de la modernité et le disposer en natures mortes nostalgiques. Sebald fait ainsi l'inventaire de tous les *topoï* associés à la figure de la nature morte dans la modernité – les choses conçues comme des ruines et des restes, le temps comme vie posthume fantomatique, la « proximité que la vie entretient avec la mort » [« *Todesnähe des Lebens* » (LL, 178)][125].

Ainsi les natures mortes de Sebald ne seraient plus, comme chez Proust et Musil, « figuration vivante, interaction entre mortification et réanimation allégorique », mais simple procédé mécanique destiné à produire une « profondeur de sens calculée [*kalkulierter Tiefsinn*][126] » aussi artificielle que superficielle – une « technique reproductible [*wiederholbarer Kunstgriff*][127] », un artifice inauthentique, propre à être indéfiniment répété.

121 *Natures mortes*, *op. cit.*, p. 205. C'est moi qui souligne.
122 *Ibid.*, p. 202.
123 *Ibid.*, p. 206.
124 *Cf.* Georges Didi-Huberman, *Ninfa moderna. Essai sur le drapé tombé*, Paris, Gallimard, 2002.
125 Rebekka Schnell, *Natures mortes*, *op. cit.*, p. 211-212.
126 Helmut Lethen, « Sebalds Raster », art. cité, p. 15.
127 Rebekka Schnell, *Natures mortes*, *op. cit.*, p. 212.

Toutefois, dans la toute dernière phrase de son chapitre consacré à Sebald, et comme pour atténuer la radicalité de sa conclusion qui consiste, en somme, à *déclarer morte* l'œuvre de Sebald, Rebekka Schnell laisse entrevoir la possibilité de quelque vie par-delà la « métaphore morte », en revenant à l'idée que le *fossile* puisse être le médium d'une survivance malgré tout : « Et pourtant, comme tout fossile, elle recèle des résidus vitaux : la possibilité d'un retournement de la "métaphore morte" à la parole vivante, si éphémère soit-elle[128]. » Mais cette possibilité, que Schnell avait développée à partir de la vitrine de l'Antikos Bazar avec ses bibelots intraçables, demeure à ses yeux une forme de *réanimation* artificielle qui n'atteint pas en réalité le degré de *vie* qu'elle voit à l'œuvre dans les *natures mortes* de Proust, par exemple. L'accumulation d'objets hétéroclites de Terezín – dont on ne sait, fait-elle remarquer à juste titre, s'ils ont appartenu aux victimes ou aux bourreaux[129] – radicalise avant tout, selon elle, « le processus par lequel l'objet est vidé de tout sens [*Entleerung von Bedeutung*] ». Certes, elle devient aussi le théâtre éphémère d'un « *autre* sens [...] : la réanimation du souvenir dans le mot oublié et retrouvé[130]. » Le mot *veverka*, qui ne recèle aucun sens caché, délivre quelque chose comme une « valeur sentimentale » (toujours implicitement opposée à la valeur réelle) : « et pourtant, son écho recèle le souvenir d'une *autre* langue et réalité dans laquelle les mots et les choses n'étaient pas figés dans l'indifférence, mais remplis de signification affective[131]. »

Mais cette « signification affective », décrite comme présidant aux vains arrangements de la « nature morte nostalgique », Rebekka Schnell la présente comme un effet secondaire, une sorte de sous-produit, de déchet, de *chute* du sens dont elle considère la perte comme totale et définitive : le « potentiel signifiant [*Bedeutungspotential*] » de la nature morte, encore vivace chez Musil ou Proust, serait chez Sebald « définitivement vidé et épuisé [*endgültig entleert und verbraucht*] : en tant que catachrèse ou "métaphore morte", la nature morte entre dans l'œuvre de Sebald dans sa phase terminale, épigonale[132]. » La perte de sens, donc, c'est la mort – et la mort, c'est la perte de sens : tout au long de son analyse, Schnell assimile implicitement la *vie* à la *signification*. La « plénitude

128 *Ibid.*
129 *Ibid.*, p. 209.
130 *Ibid.*, p. 207.
131 *Ibid.*, p. 211.
132 *Ibid.*, p. 183.

vivante du sens [*lebendige Sinnfülle*] » semble être l'état originel qu'il s'agirait de retrouver à travers la « réanimation allégorique [*allegorische Wiederbelebung*] », l'injection d'un nouveau sens qui seul redonnerait vie à ce qui semble mort (« *mit* Bedeutung *neu belebt*[133] »). Dès lors, la seule « réanimation de la mémoire [*Wiederbelebung der Erinnerung*] » et la « signification *affective* » est présentée comme la tentative de consolation un peu vaine d'un *après* radical depuis lequel, me semble-t-il, se construit après-coup cette « plénitude de sens » attribuée encore à Proust, du moins à travers la *Wiederbelebung* allégorique.

Cette opposition très stricte entre la dimension du *sens* et celle de l'*affect*, celle-ci étant entendue comme la forme diminuée de celle-là, est étonnante dans une analyse de la *nature morte* fondée si explicitement sur le modèle de la *survivance* et de la *formule de pathos* : seule la structure théorique semble en avoir été retenue, tandis que la dimension proprement dite du *pathos* s'en trouve évacuée, ou retraduite en termes de *sens* et de *signification*. C'est pourtant l'idée même de la formule de pathos que de transporter une énergie émotionnelle indépendamment de l'assignation à un sens, de « fixer », comme l'écrit Ulrich Pfisterer, « plutôt un degré d'émotionnalité qu'un contenu particulier », et donc de pouvoir être « mobilisée pour des contenus d'émotion et de signification tout à fait opposés[134] ». Les formules de pathos, dont « le véritable contenu est la forme et une intensité de l'émotion », écrit John Krois[135], sont donc des « formules d'intensité[136] » qui mettent en jeu un « rapport inédit de la forme au contenu » (Georges Didi-Huberman[137]), l'« indissoluble intrication d'une charge émotive et d'une formule iconographique » (Giorgio Agamben[138]), un « répertoire expressif sans psychologie » ou un « déploiement d'affects sans sujet » (Philippe-Alain Michaud[139]).

133 *Ibid.*, p. 205, 200/212, 202. C'est moi qui souligne.

134 Ulrich Pfisterer, « "Die Bilderwissenschaft ist mühelos". Topos, Typus und Pathosformel als methodische Herausforderung der Kunstgeschichte », *Visuelle Topoi*, éd. U. Pfisterer et M. Seidel, München/Berlin, Deutscher Kunstverlag, 2003, p. 21-47, p. 26.

135 John M. Krois, « Die Universalität der Pathosformeln : Der Leib als Symbolmedium » [2002], *Bildkörper und Körperschema. Schriften zur Verkörperungstheorie ikonischer Formen*, éd. H. Bredekamp et M. Lauschke, Berlin, Akademie-Verlag, 2011, p. 76-91, p. 79-80.

136 Georges Didi-Huberman, *L'image survivante*, *op. cit.*, p. 115-270.

137 *Ibid.*, p. 191-202, p. 201.

138 Giorgio Agamben, « Aby Warburg et la science sans nom », *Image et mémoire*, Paris, Hoëbeke, 1998, p. 9-43, p. 11.

139 Philippe-Alain Michaud, « Zwischenreich. Mnemosyne, ou l'expressivité sans sujet » [1999-2000], *Sketches : histoire de l'art, cinéma*, Paris, Kargo : L'éclat, 2006, p. 11-40, p. 34.

Lorsque Rebekka Schnell écrit que « comme les "grisailles silencieuses" des natures mortes florales de Jan Peter Tripp, "dans lesquelles la couleur n'a laissé qu'une trace fantomatique", la *nature morte* chez Sebald a perdu ses couleurs et ne se maintient qu'en tant que "métaphore morte[140]" », elle semble oublier que la grisaille elle-même est étroitement liée, chez Warburg, aux enjeux de la formule de pathos. Lorsqu'elle assimile la *nature morte* à la *métaphore morte* qui est le terme-clé de son analyse de Sebald, elle semble oublier que précisément, la mort d'une métaphore n'est pas un événement définitif, mais un effet de l'usure, de l'oubli, de l'inattention ou du refoulement, et qu'il peut suffire d'un rien pour la réanimer, la faire *revenir à elle* – elle en cite d'ailleurs un exemple parlant, où la lexicalisation (donc la mortification) de la métaphore avait effacé une image que réactive chaque fois l'attention flottante, l'affectabilité diffuse du passager du métro de Stuttgart :

> Comment se fait-il donc que chaque fois que je prends la S-Bahn en direction de Stuttgart-Centre, je pense, parvenu à la station Feuersee [« lac de feu »], que l'incendie est toujours au-dessus de nos têtes et que depuis la terreur des dernières années de la guerre nous vivons une sorte de vie souterraine, en dépit du fait que tout, autour de nous, soit si merveilleusement reconstruit[141] ?

Qu'est-ce qui permet de déclarer nulle et non avenue cette réactivation d'une métaphore abusivement déclarée morte ? Est-ce parce que c'est un simple *Gefühl*, le « Gefühl des *Katastrophalen* » dont Schnell emprunte la formule à Canetti[142] ? Ce *Gefühl* n'a-t-il pas pourtant très clairement un sens qui fait sens ? Ne témoigne-t-il pas d'une *vie* ?

> L'être qui a une forme domine les millénaires. Toute forme garde une vie. Le fossile n'est plus simplement un être qui a vécu, c'est un être qui vit encore, endormi dans sa forme[143].

Ces phrases de Bachelard seraient applicables selon Schnell à la nature morte comme médium de la survivance, mais les natures mortes de Sebald sont radicalement exclues de ce modèle. Pourtant, Sebald lui-même

140 Rebekka Schnell, *Natures mortes*, *op. cit.*, p. 212. *Cf.* LL, p. 181.

141 CS', p. 235 [CS, p. 244], cité par Schnell, p. 196.

142 Canetti, *Masse und Macht*, Hamburg 2006 [1960], p. 524, cité par Rebekka Schnell, *Natures mortes*, *op. cit.*, p. 197.

143 Gaston Bachelard, *La Poétique de l'Espace*, Paris, PUF, 1952, p. 111-112.

trouve des formulations très proches de cette idée de fossile *endormi dans sa forme*, qu'il nous faut citer de nouveau dans ce contexte :

> Les photographies sont les mémentos d'un monde en train de disparaître et en voie de destruction, les images peintes et écrites ont une vie tournée vers l'avenir [*gemalte und geschriebene Bilder hingegen haben ein Leben in die Zukunft hinein*] et s'entendent comme les documents d'une conscience qui tient à la persistance de la vie [*Dokumente eines Bewußtseins, dem etwas an der Fortführung des Lebens gelegen ist*][144].

Le propre des « images peintes et écrites », ce serait précisément leur *vie*, entendue comme ce qui, par-delà la destruction et la disparition, est capable de *survivre*. Là où les photographies, écrit Sebald à la suite de Barthes, sont « les vestiges d'une vie en constante disparition [*Relikte des fortwährend absterbenden Lebens*] » et donc une « entreprise funéraire [*Leichengeschäft*] », la spécificité de « l'art » (il pense ici aux œuvres de Jan Peter Tripp) serait « que la présence de la mort dans la vie est son sujet et non son penchant [*daß die Todesnähe des Lebens ihr Thema ist und nicht ihre Sucht*][145]. » Et dans *Austerlitz*, la critique de la nouvelle Bibliothèque nationale de France porte précisément sur ce point : le narrateur y voit « la manifestation presque officielle du besoin de plus en plus affirmé d'en finir avec tout ce qui, du passé, est encore vivant [*was noch ein Leben habe an der Vergangenheit*][146]. »

Il est certain que pour Sebald, comme pour Faulkner, « le passé n'est jamais mort. Il n'est même pas passé[147]. » On connaît les passages d'*Austerlitz* sur le « soupçon [...] que la frontière entre la vie et la mort est plus perméable [*durchlässiger*] qu'on ne le croit d'ordinaire[148] », ou encore :

> Il ne me semble pas que nous connaissions les règles qui président au retour du passé [*Wiederkunft der Vergangenheit*], mais j'ai de plus en plus l'impression que le temps n'existe absolument pas, qu'au contraire il n'y a que des espaces imbriqués les uns dans les autres selon les lois d'une stéréométrie supérieure, que les vivants et les morts au gré de leur humeur peuvent passer de l'un à l'autre, et plus j'y réfléchis, plus il me semble que nous qui sommes encore en

144 DM, p. 238 [BU, p. 178].

145 SC, p. 172 [LL, p. 178]. Traduction modifiée.

146 A', p. 336 [A, p. 400]. Traduction modifiée.

147 « The past is never dead. It's not even past. » William Faulkner, *Requiem for a Nun*, New York, Vintage, 2001, p. 73.

148 A', p. 333 [A, p. 397].

> vie, nous sommes aux yeux des morts des êtres irréels, qui parfois seulement deviennent visibles, sous un éclairage particulier et à la faveur de conditions atmosphériques bien précises[149].

Mais il est vrai que ces fantômes interrogent, surtout lorsqu'ils apparaissent plus réels – plus vivants ? – que les vivants. Ce discours sur les fantômes, ajouté à l'omniprésence des photographies dans l'œuvre de Sebald, et surtout à la permanence des thèmes centraux de la mort, de l'absence et du deuil, peut suggérer que, comme le formule Gwenaëlle Aubry, « ce réel dans lequel Sebald nous balade [...] est, mot après mot, vidé de sa positivité, vampirisé, métamorphosé en son ombre spectrale[150]. » Plus qu'un passé encore vivant, l'univers de Sebald serait un présent déjà mort. On se souvient que c'est vers cette lecture – rejoignant, dans un tout autre style, les conclusions d'Inka Mülder-Bach et de Rebekka Schnell – que penchait Gwenaëlle Aubry à sa seconde lecture de Sebald. Dans un premier temps, la « volonté acharnée de saisir les fantômes comme fantômes » sans chercher à les faire « revenir comme présences » lui avait paru être,

> après la Shoah, l'unique forme de mémoire légitime [...]. La hantise, donc, contre la réminiscence : pas plus que le passé comme présent, les morts ne peuvent revenir comme présences. Quand ils reviennent c'est, très précisément, comme des revenants : ombres inconsolables, traces, cendres, longue traîne des « douleurs passées », et que rien ni personne ne pourra réparer.

À la deuxième lecture, cette rigueur de l'*après* radical finit à ses yeux par se communiquer aux vivants, au narrateur, à l'auteur : l'écriture, dès lors, ne serait plus un « acte de "grand vivant" », mais un rappel que « morts, on l'est déjà[151] ».

À l'appui de cette thèse, Aubry citait les paroles rapportées de Věra dans *Austerlitz* : « il n'y avait guère que par les livres du siècle dernier et du précédent qu'elle avait cru pouvoir se faire une vague idée de ce que pouvait signifier être en vie[152] ». Plus qu'un propos indirect sur la littérature du XXe siècle, dans laquelle cette *vie* prêtée uniquement aux « livres du siècle dernier et du précédent » se serait éteinte, il me semble

149 A', p. 221 [A, p. 265].
150 Gwenaëlle Aubry, « Le page blanc », art. cité, p. 312.
151 *Id.*, « La place du mort », art. cité, p. 82-83.
152 A', p. 244 [A, p. 292-293].

que c'est là un propos sur la puissance de la littérature comme réserve d'affect, comme *Energiekonserve*, pour reprendre l'expression de Warburg à propos des formules de pathos. Car « être en vie », tel que l'entend Věra, est un état affectif, que seuls les livres ont maintenu – un fil ténu, presque virtuel, comme un fossile endormi dans sa forme – durant cette période de presque-mort, de pétrification, de fossilisation affective qui a suivi l'occupation par les nazis et la disparition des parents d'Austerlitz :

> ainsi les années étaient-elles passées sans qu'on s'en aperçoive, pour paraître rétrospectivement n'avoir constitué qu'une seule et unique journée de plomb [*wie ein einziger bleierner Tag*]. Elle avait assuré son service à l'école, certes, et paré à l'indispensable pour se tenir à flot, mais depuis ce temps elle n'avait plus respiré ni ressenti quelque émotion [*gefühlt und geatmet habe sie seit jener Zeit nicht*][153].

En-deçà même de la littérature, c'est la langue elle-même qui apparaît comme le médium de la survivance – et donc comme une formule de pathos, un fossile de l'affect endormi dans sa forme – comme dans ce passage où Austerlitz, qui a lui aussi vécu si longtemps dans un état de mortification affective, est sujet à une « levée d'anesthésie » (pour reprendre l'expression de Patrice Loraux) spectaculaire lorsqu'il réentend soudain, dans tous les sens du terme, le tchèque de son enfance : « je comprenais presque tout ce que disait Věra, comme un sourd qui par miracle aurait retrouvé l'ouïe[154] ». Une métaphore que Sebald varie quelques pages plus loin dans le registre visuel :

> ces images et d'autres encore, dit Austerlitz, défilaient les unes après les autres, et autant elles avaient été enfouies et scellées dans ma mémoire, autant elles resurgissaient, lumineuses, à présent que je regardais par la fenêtre[155].

Il serait vain de se demander si ces images de l'enfance relèvent des fantômes en tant que fantômes ou des fantômes en tant que présences, et si celui à qui elles reviennent est « encore vivant » ou « déjà mort » – précisément parce que les termes de *fantôme*, de *vie* et de *mort* ne peuvent être entendus ici que dans un sens métaphorique : au sens littéral, les morts – c'est bien cela qui est si douloureux – ne peuvent revenir à la

153 A', p. 244 [A, p. 292].
154 A', p. 186 [A, p. 223].
155 A', p. 188 [A, p. 225].

vie, et les vivants ne peuvent rejoindre les morts (autrement qu'en se donnant littéralement la mort – et encore). Quand on parle de survivance, de fantôme, de présence, de retour, on ne saurait donc parler que de ce qui se passe dans l'esprit, dans la mémoire, dans l'imagination, dans l'affect des vivants. Le fantôme n'est que la personnification de la hantise d'un « sujet dévasté en proie à la présence d'esprit » selon la formule de Barthes, un sujet qui souffre de réminiscences douloureuses, qu'en effet il ne maîtrise pas davantage que si elles émanaient d'une instance extérieure. Quand bien même on ferait « revenir les morts comme présences » pour « réparer » ou « consoler », on ne pourrait au contraire qu'approfondir l'irréparable et l'inconsolable du deuil.

Ce qui revient, ce ne sont donc pas les morts eux-mêmes, mais la sensibilité vivante à leur absence. C'est ce qui apparaît dans la « vision » d'Austerlitz visitant le camp de Terezín, où

> j'eus la très nette impression qu'elles [les « soixante mille personnes » « enfermées dans le ghetto » de Theresienstadt] n'avaient pas été évacuées mais continuaient de vivre là, entassées dans les maisons, les souterrains et les greniers, qu'elles montaient et descendaient sans relâche les escaliers, regardaient par les fenêtres, se déplaçaient en grand nombre dans les rues et les venelles, et formaient même une muette assemblée remplissant tout l'espace d'un ciel finement hachuré par la pluie [*grau von dem feinen Regen schraffierten Raum der Luft*][156].

À propos de ce passage, parler de fantômes au sens littéral serait pour ainsi dire bien trop optimiste : ce serait donner corps et vie propre, même sur le mode *unheimlich*, à une vie que l'imagination ne se représente dans « l'espace de l'air » que pour mieux en *voir l'absence*. Ce n'est pas à strictement parler une *présence*, puisque le mode *irréel* est explicite, mais, pourrait-on dire, une grisaille qui s'anime, un « fossile en mouvement[157] », une réactivation du souvenir de ceux dont Austerlitz sait parfaitement qu'il ne reste plus – et c'est bien cela qu'il *voit* de ses yeux en se représentant

156 A', p. 237-238 [A, p. 285]. C'est moi qui souligne.

157 « Mouvements fossiles ou fossiles en mouvement. Nous ne faisons, ici encore, que parler du symptôme au sens freudien. Quand un symptôme survient, en effet, c'est un fossile – une "vie endormie dans sa forme" – qui se réveille contre toute attente, qui bouge, s'agite, se démène et brise le cours normal des choses. C'est un bloc de préhistoire tout à coup rendu présent, c'est un "résidu vital" tout à coup devenu vivace. C'est un fossile qui se met à danser, voire à crier. » Georges Didi-Huberman, *L'image survivante*, *op. cit.*, p. 338.

intérieurement les allées et venues des habitants du ghetto – que la grisaille de l'air. Mais pour voir cette épiphanie de l'absence plutôt que rien, il faut que soudain – « *auf einmal* » – quelque chose vienne lever l'anesthésie et transformer la mémoire fossilisée en capacité à se souvenir. Cette différence fondamentale, Sebald l'a explicitée à propos de l'oncle Adelwarth des *Émigrants* : « s'il possédait une mémoire infaillible, il n'avait presque plus la capacité de souvenir [*Erinnerungsfähigkeit*] qui lui aurait permis de renouer avec cette mémoire [*Gedächtnis*][158]. »

Marie de Verneuil, à Marienbad, pose à Austerlitz cette question rhétorique : « Ce secrétaire [*Schreibtisch*, table de travail, littéralement d'écriture] serait-il la place des fantômes [*der Platz der Gespenster*][159] ? » Dans le manuscrit, on s'en souvient, Marie s'appelait Alma et était de Ferrare, la ville de Giorgio Bassani, dont elle lisait à Austerlitz le premier chapitre du *Jardin des Finzi-Contini*. Dans son exemplaire de ce livre en traduction allemande, Sebald a souligné quelques mots d'une phrase qui n'a pu que le frapper :

> J'avais le sentiment d'être, et j'étais, une sorte d'étrange fantôme qui passait : plein de vie et de mort à la fois, *de passion et de pitié détachée* [*pieno di vita e morte insieme, di passione e di distaccata pietà*][160].

Que l'écriture ait quelque chose à voir avec la survivance, que la table où l'on écrit soit le théâtre des fantômes, ne signifie pas nécessairement que l'auteur, ou le narrateur, passe du côté des morts, qu'il parle depuis le « *pôle neutralisé* » comme l'écrit Gwenaëlle Aubry, en s'appuyant sur cette remarque de Sebald sur le conteur Hebel qui se tiendrait « toujours à l'écart, comme les fantômes, dont plusieurs hantent ses histoires, et dont on sait qu'ils ont coutume d'observer la vie à partir d'un point excentrique, muets, ébahis, résignés[161]. » Chez Bassani, la position du narrateur-fantôme est le contraire d'un pôle *neutralisé*, c'est une position

158 LÉ, p. 121 [DA, p. 146].

159 A', p. 248-249 [A, p. 298].

160 Giorgio Bassani, *Le jardin des Finzi-Contini*, *Le roman de Ferrare*, trad. Michel Arnaud et Gérard Genot, Paris, Gallimard, 2006, 433. Dans la traduction allemande lue et soulignée par Sebald : « *Ich kam mir vor wie ein Phantom, das vorüberglitt, und war ich es nicht : lebendig und tot zugleich, voller Leidenschaft und losgelösten Mitleids in einem ?* » Giorgio Bassani, *Die Gärten der Finzi-Contini. Roman.* Aus dem Italienischen von Herbert Schlüter, München/Zürich, Piper, 1997 (12e édition), p. 341. *Il giardino dei Finzi-Contini*, Milano, Mondadori, 1980, p. 235.

161 SC, p. 20 [LL, p. 19], cité par Gwenaëlle Aubry, « La place du mort », art. cité, p. 82.

de vie *et* de mort, où ces pôles ne sont pas neutralisés, mais intensifiés : *pieno* [...] *di passione e di distaccata pietà.*

Plus encore, le prologue au *Jardin des Finzi-Contini* peut se lire comme le récit même d'une levée d'anesthésie, d'une rupture du « pôle neutralisé », du réveil d'un pathos endormi dans la forme fossile, d'un sujet qui revient à lui et *réalise son deuil.* L'auteur raconte en effet ce qui lui a donné, en avril 1957, l'impulsion décisive d'écrire sur les Finzi-Contini comme il en avait le projet depuis longtemps : une excursion dominicale entre amis, depuis Rome, qui le mène, presque par hasard, aux cimetières étrusques de Cerveteri. À la fille de ses amis, la sensible et volubile Giannina, neuf ans, qui lui demandait pourquoi les tombes anciennes, comme vient de lui expliquer son père, rendraient moins tristes (*fanno meno malinconia*) que les plus récentes, son père répond – et c'est le passage marqué dans la marge par Sebald[162] :

> « Ceux qui sont morts depuis peu sont plus proches de nous, et justement à cause de cela, nous les aimons plus. Tandis que, vois-tu, les Étrusques, il y a si longtemps qu'il sont morts – et de nouveau, c'était une belle histoire qu'il racontait – que c'est comme s'ils n'avaient jamais vécu, comme s'ils avaient *toujours* été morts. »

À cela, la petite Giannina répond – leur donnant à tous, dit Bassani, une leçon :

> « Mais non, déclara-t-elle avec douceur, en disant cela, tu me fais penser au contraire que les Étrusques ont vécu eux aussi, et je les aime aussi, comme tous les autres[163]. »

Toute la visite des tombes étrusques se déroule alors, écrit Bassani, sous le signe de « l'extraordinaire tendresse » de cette phrase. Pendant le retour en voiture, les pensées du narrateur le ramènent à son enfance et à sa jeunesse, le transportent à Ferrare et au cimetière juif du bout de la Via Montebello, et au tombeau des Finzi-Contini. Et là, soudain, en une *image* (« *come se l'avessi addirittura davanti agli occhi* »), il *réalise* son deuil avec une intensité jamais connue auparavant – c'est précisément le passage que Sebald a souligné : « Et mon cœur se serrait comme jamais

162 Giorgio Bassani, *Le roman de Ferrare*, *op. cit.*, p. 243 [*Die Gärten der Finzi-Contini*, *op. cit.*, p. 14].
163 *Ibid.*, p. 243 [*Die Gärten der Finzi-Contini*, *op. cit.*, p. 15].

[*mi si stringeva come non mai il cuore / krampfte sich mir das Herz zusammen*] » à l'idée que Micòl et les autres ne sont précisément *pas* dans le tombeau des Finzi-Contini, parce qu'ils ont tous été déportés à l'automne 1943 en Allemagne, et, écrit Bassani, « qui pourrait dire s'ils ont trouvé une sépulture quelconque ? [*chissà se hanno trovato una sepoltura qualsiasi ?*][164] ».

C'est l'*affectabilité*, la *passibilité* intacte d'un enfant qui a rouvert ce que la négligence affective de l'adulte, son impassibilité de confort et d'habitude, avait fermé : la dimension de la survivance, la présence du passé, l'anachronisme du cœur, et l'inanité de ces délimitations d'époques historiques bien ordonnées sur une échelle chronologique qui place les Étrusques à une distance telle qu'ils en deviennent presque une fiction. Et pourtant, c'est précisément cela, la fiction, le *Märchen* (*favola*), c'est-à-dire ici le mensonge : (se) faire croire que les morts ont toujours été morts, qu'ils n'ont jamais vécu, pour les confiner dans un univers clos et distant, *mort* dans le sens *inoffensif*, définitivement *désactivé*, qui ne peut en aucun cas nous *affecter*. La petite Giannina ignore ces procédés de désactivation et se laisse affecter en toute simplicité et évidence : « je les aime aussi, comme tous les autres », dit-elle. En rouvrant ainsi le temps, et en réactivant la dimension de la vie et donc de l'affect, Giannina remet en mouvement le deuil fossilisé, littéralement devenu pierre, du narrateur, qui se déplace intérieurement des tombes étrusques au tombeau monumental des Finzi-Contini, où ceux qu'il a « connus et aimés » ne sont pas : le prologue s'achève sur cette absence de sépulture qui ouvre, du même coup, le roman proprement dit. Le roman lui-même serait donc une œuvre de sépulture, non pas destinée à mortifier les morts afin de les tenir à distance, mais au contraire à se rappeler combien ils ont été vivants : « La recherche de la mort pour trouver au fond d'elle son contraire [*Die Erkundung des Todes, um auf seinem Grunde gerade sein Gegenteil zu finden / la ricerca della morte per trovare in fondo ad essa invece il suo contrario*][165] ».

Dans son exemplaire de *Erinnerungen des Herzens* [*Souvenirs du cœur*], une édition allemande de textes de et sur Bassani qui porte de très nombreuses traces de lecture, Sebald avait souligné notamment le passage suivant tiré d'un essai de Giulio Cattaneo :

164 *Ibid.*, p. 245 [*Die Gärten der Finzi-Contini*, *op. cit.*, p. 17].

165 Cité dans *Erinnerung des Herzens*, *op. cit.*, p. 46. Passage marqué par Sebald. On retrouve la formule en italien dans le dossier de notes manuscrites convervées à Marbach sous le titre « Verschiedenes. Konvolut POETOLOGISCHE ZITATE UND NOTIZEN ».

> Un exemple caractéristique de l'art de Bassani : il s'exprime d'abord dans la réappropriation du passé que l'auteur décrit comme « la progression à travers un couloir qui ne cesse de s'allonger » pour retrouver, « dans le point de fuite lointain et ensoleillé que l'on aperçoit au bout des sombres parois », la vie, « aussi tangible et palpitante qu'elle l'a été jadis [...][166] ».

Et c'est aussi dans ce livre qu'il a pu relever la remarque d'Eberhard Schmidt :

> Ce n'est pas un hasard si Bassani part toujours des lieux où l'on se souvient des morts [...]. Que ce soit le cimetière juif de Ferrare ou le cimetière chrétien de la Piazza della Certosa ou même le cimetière étrusque près de Cerveteri, le regard se retourne sur le passé, sur « la vie, aussi vivante et palpitante que jadis, quand elle s'est manifestée pour la première fois[167] ».

Quand bien même les fantômes seraient évoqués ici « en tant que présences », c'est bien au lieu de leur absence qu'ils le sont, et leur présence ensoleillée n'est jamais qu'un point de fuite, au sens le plus littéral : un point fuyant qui n'annule en rien les parois obscures du chemin de mémoire qui mène jusqu'à eux – ou plutôt jusqu'à cette intensité de la vie passée.

Sebald n'est pas Bassani, mais – au-delà de l'impact que sa lecture semble avoir eu sur son œuvre, et au-delà de l'importance du *campo santo* de Piana comme horizon de la poétique de Sebald – les remarques enfantines de Giannina interrogent aussi la pertinence de l'opposition entre le règne de la « plénitude du sens » ou la « revivification de la signification allégorique » d'un côté et sa mortification absolue dans un *après* radical de l'autre, de même que la distinction entre la « plénitude de la présence » et le « fantôme en tant que fantôme ». Car c'est bien dans l'après-coup du deuil et de l'absence que cette « présence » se déploie avec une intensité douloureuse et lumineuse à la fois : les effets de présence et d'absence s'intensifient mutuellement. Une des *images* les plus caractéristiques à cet égard, dans *Austerlitz*, est celle des traces lumineuses que dessine le vol erratique des papillons de nuit dans l'obscurité :

> Admirées surtout par Gerald, les diverses stries lumineuses qu'ils semblaient laisser derrière eux, traits, boucles et spirales, n'avaient en réalité aucune existence, avait expliqué Alphonso, elles n'étaient que traces fantômes

166 *Ibid.*, p. 179.
167 *Ibid.*, p. 134-135.

> [*Phantomspuren*] dues à la paresse de notre œil [*Trägheit unseres Auges*], qui croit encore voir un reflet rémanent [*Nachglanz*] à l'endroit d'où l'insecte, pris une fraction de seconde sous l'éclat de la lampe, a déjà disparu. C'était à ces genres de phénomènes factices [*unwirklichen Erscheinungen*], à ces irruptions de l'irréel dans le monde réel [*Aufblitzen des Irrealen in der realen Welt*], à certains effets de lumière dans un paysage étalé devant nous, au miroitement dans l'œil d'une personne aimée, que s'embrasaient nos sentiments les plus profonds [*unsere tiefsten Gefühle*], ou du moins ce que nous tenions pour tels[168].

C'est une image-fantôme, une image de ce qui, au moment même où nous l'apercevons, a déjà disparu. Est-ce à dire que ce n'est pas une image authentique, puisque nous n'y voyons pas ce que nous croyons y voir, et qu'elle nous donne l'illusion d'une présence là où il n'y a, *en réalité*, plus rien ? Sebald le suggère, mais il note surtout que cette image est un événement bouleversant, une illumination affective.

Cet éclair-là, à proprement parler, est moins une « apparition irréelle » que la trace d'un réel passé que seule nous permet de voir la « paresse de notre œil » : car si notre œil était assez rapide pour suivre l'insecte lui-même, nous perdrions de vue la trace laissée par son mouvement. Cette *Trägheit* produit donc bien autre chose qu'un simple retard de perception : elle nous donne accès à un *Nachbild* (Sebald dit *Nachglanz*) qui autrement demeurerait invisible, puisque sa visibilité ne peut, par définition, qu'advenir après-coup. Mais il y a plus : la « *Trägheit unseres Auges* » me semble avoir partie liée, implicitement, avec la « *Trägheit des Herzens* », traduction allemande de l'*acedia*, qui suspend l'immédiateté de la réaction affective, mais – dans sa version sebaldienne autant que bassanienne – n'exclut pas, et même seule rend possible, qu'elle advienne soudain dans l'après-coup avec une intensité inouïe. Cette intensité est donc l'effet d'une temporalité paradoxale : voir, c'est être affecté par le *Nachbild* de plusieurs temps à la fois.

> Quand on emprunte la vallée du Rhin, on ne sait guère, dit Austerlitz, à quelle époque on se trouve. [...] Quoi qu'il en soit, en descendant le Rhin, je ne savais plus à quelle époque de ma vie je me trouvais [*in welcher Zeit meines Lebens ich jetzt war*]. À travers l'éclat du soir *je voyais* la braise rougeoyante de l'aurore qui s'était autrefois répandue sur l'autre rive et avait bientôt enflammé le ciel ; et aujourd'hui encore, quand je pense à mes voyages sur le Rhin, dont le deuxième a été à peine moins effroyable que le premier, tout se mélange

168 A', p. 114 [A, p. 135].

> dans ma tête, *ce que j'ai vécu et ce que j'ai lu, les souvenirs qui surgissent et sombrent de nouveau, les images qui se succèdent et les blancs aveugles et douloureux où plus rien ne subsiste. Je vois* ce paysage allemand, dit Austerlitz, tel qu'il a été décrit par les voyageurs du passé [...] ; *je vois* les sombres lavis que Victor Hugo a réalisés des châteaux du Rhin, Joseph Mallord Turner assis sur un petit pliant non loin de la ville assassine de Bacharach et brossant d'une main leste ses aquarelles ; *je vois* les eaux profondes de Vyrnwy, les habitants engloutis de Llandwyddyn ; et [un « *je vois* » a ici été supprimé dans la traduction] aussi la grande armée des souris, dont le pullulement avait été, dit-on, un véritable fléau, cortège gris qui se précipite dans les flots, barbote désespérément, les petits museaux affleurant tout juste à la surface, pour rejoindre l'île salvatrice[169].

Ces images sont littéralement *développées* dans un après-coup complexe, celui du souvenir d'un voyage qui était déjà lui-même la répétition d'un voyage précédent (celui d'Austerlitz enfant dans le *Kindertransport* vers l'Angleterre). Elles mettent littéralement le temps hors de ses gonds, elles déterritorialisent le narrateur dans sa propre chronologie. Mais c'est cette déterritorialisation même qui produit l'intensité présente du voir : *ich sehe – ich sehe – ich sehe.* Le principe de ce montage de choses vécues, vues, lues, imaginées, nous est donné à la fin de l'énumération, dans la vision de ce « peuple des souris » kafkaïen qui lutte pour sa survie sur le chemin de l'« île salvatrice », à l'image d'Austerlitz lui-même. Ce que *réactivent* ces images et qu'elles rendent *présent*, ce n'est pas une quelconque signification allégorique, mais l'intensité d'un *pathos* – la détresse de la séparation, la conscience diffuse du meurtre, la douleur de la perte, l'urgence de la survie. Au paradigme de la *nature morte* telle que le développe Rebekka Schnell, c'est-à-dire, du moins pour ce qui concerne Sebald, d'une « métaphore morte » qui produit tout au plus un peu de sentimentalisme nostalgique à défaut de sens, on opposera ici – en n'excluant pas toutefois que plusieurs modèles puissent coexister au sein d'une même œuvre – celui de l'*arrêt sur image.* L'arrêt sur image n'est pas l'immobilité stable et calme que suggère le mot allemand *Stillleben*, mais une *immobilisation* qui constitue l'image comme *tension* et par là-même comme forme expressive intensifiée.

169 A', p. 269-270 [A, p. 322-323].

L'ARRÊT SUR IMAGE, ENTRE PANIQUE ET ILLUMINATION

Il arrive que ces « arrêts sur image » soient vécus explicitement comme tels et fassent à ce titre l'objet du récit, comme dans ce passage où Austerlitz entend par hasard à la radio le témoignage de deux femmes qui racontent leur arrivée en Angleterre par un *Kindertransport*[170]. Lorsqu'elles évoquent la traversée de la manche dans un ferry nommé PRAGUE, ce nom provoque sa « soudaine hébétude [*plötzliche Versteinerung*, pétrification][171] » et fait revenir les images enfouies du moment du départ :

> L'effroi que suscita en moi cette révélation [*Schrecken über die plötzliche Offenbarung*] fit que je fus incapable de noter les adresses et les numéros de téléphone communiqués en fin d'émission. Je me voyais seulement attendre, sur un quai, dans une longue file d'enfants en rang par deux, dont la plupart avaient un sac à dos ou un cartable. Je revoyais les grosses dalles du pavement sous mes pieds, l'éclat des paillettes de mica dans la pierre, l'eau gris-brun dans le bassin du port, les cordages et les chaînes d'ancre s'élevant en diagonale, la proue du navire, plus haute qu'un immeuble, [...][172]

Ces images précises du décor paraissent périphériques et accessoires par rapport au centre de l'expérience traumatique, mais elles n'en sont pas moins sourdement porteuses de cette urgence vitale et de cette détresse extrême que Sebald qualifie à plusieurs reprises de *panique*.

Dans *La description du malheur*, cette panique est précisément associée à l'état *infans* qu'implique l'enfance :

> S'arrêter d'écrire signifierait retomber dans la panique de l'enfance [*Rückfall in die Panik der Kindheit*], tandis que l'invention continue de mots justes [*die fortgesetzte Erfindung der richtigen Wörter*] ouvre la perspective de transcender une vie lestée de mauvais souvenirs[173].

Est-ce à dire que les images sont en tant que telles associées à la « panique de l'enfance » que seuls les « mots justes » seraient à même de calmer ? Oui et non : les images occupent une position ambiguë. Lorsqu'elles

170 Les pages qui suivent reprennent en partie mon article « "Die Schrecksekunde des Blitzlichts". L'arrêt sur image chez Sebald, entre panique et illumination », *W. G. Sebald. Récit, histoire et biographie*, *op. cit.*, p. 141-161.

171 A', p. 171 [A, p. 205].

172 A', p. 171 [A, p. 204].

173 DM, p. 225 [BU, p. 168].

reviennent comme des fragments bruts du passé, comme des photographies jamais *vues* parce qu'immédiatement enfouies, et ressurgies seulement bien plus tard, elles semblent se confondre avec cette panique muette de l'enfance que seule l'écriture serait capable de « transcender ». Mais en même temps, ce retour des images contient déjà virtuellement en lui-même leur lecture ou leur écriture, car l'instant de leur surgissement n'est pas indifférent : il est ce que Benjamin appelle le « Maintenant de la connaissabilité [*Jetzt der Erkennbarkeit*][174] ». Si donc l'arrêt de l'écriture signifie un retour à la panique de l'enfance, l'arrêt sur image est, du moins potentiellement, autre chose ; car l'image, en tant qu'« arrêt sur le langage » (selon l'expression de Pierre Fédida[175]) est double : elle arrête le langage, l'interrompt – panique – mais ce faisant le donne aussi à voir et à lire, à connaître et à comprendre. Les images enfouies ne refont pas surface d'elles-mêmes, c'est le nom de PRAGUE qui les fait ressurgir, et c'est cette constellation qui les rend soudain visibles et lisibles : la possibilité d'une illumination.

Dès que l'on tente de décrire la modalité d'apparition des images chez Sebald, c'est, non par hasard, le vocabulaire de Benjamin qui affleure. Sebald lui-même l'emploie : dans le passage sur les papillons de nuit contemplés par Austerlitz en compagnie de Gerald et de l'oncle Alphonso, il était question de l'« irruption de l'irréel dans le monde réel [*Aufblitzen des Irrealen in der realen Welt*][176] ». Ce terme de *Aufblitzen – surgir en un éclair* – renvoie directement à Benjamin, qui l'emploie dans les deux essais « Théorie de la ressemblance [*Lehre vom Ähnlichen*] » et « Sur le pouvoir d'imitation [*Über das mimetische Vermögen*] » pour désigner la manière dont se manifeste, l'espace d'un instant, cette ressemblance qui est aussi une figure centrale chez Sebald, où elle fonde ce qu'on appelle communément sa « poétique de la coïncidence ». Benjamin dit de la ressemblance qu'elle apparaît « avec la soudaineté de l'éclair » et qu'elle est « souvent, et surtout dans les cas importants, produite – et perçue – par l'homme comme une illumination instantanée [*Aufblitzen*]. Elle surgit et s'évanouit aussitôt[177]. »

174 Walter Benjamin, *Paris, capitale du XIXe siècle*, *op. cit.*, 480 [GS V, 1, p. 578].

175 Pierre Fédida, « Le souffle indistinct de l'image », *Le Site de l'étranger*, Paris, PUF, 1995, p. 188.

176 A', p. 114 [A, p. 135].

177 Walter Benjamin, « Sur le pouvoir d'imitation », *Œuvres II*, trad. Maurice de Gandillac, Rainer Rochlitz et Pierre Rusch, Paris, Gallimard, 2000, p. 362. [GS II, 1, p. 213].

Cet éclair désigne donc, chez Benjamin comme chez Sebald, l'apparition fulgurante – à la fois intense et éphémère – d'une ressemblance, d'une constellation. Et cette constellation fulgurante d'un Autrefois et d'un Maintenant, c'est la définition même de l'image :

> Une image [...] est ce en quoi l'Autrefois rencontre le Maintenant dans un éclair pour former une constellation [*Bild ist dasjenige, worin das Gewesene mit dem Jetzt blitzhaft zu einer Konstellation zusammentritt*]. En d'autres termes, l'image est la dialectique à l'arrêt. Car, tandis que la relation du présent avec le passé est purement temporelle, continue, la relation de l'Autrefois avec le Maintenant présent est dialectique : ce n'est pas quelque chose qui se déroule, mais une image saccadée [*nicht Verlauf sondern Bild (,) sprunghaft*][178].

Mais qu'advient-il de cet éclair ?

> On ne peut retenir le passé que dans une image qui surgit et s'évanouit pour toujours à l'instant même où elle s'offre à la connaissance [*Nur als Bild, das auf Nimmerwiedersehen im Augenblick seiner Erkennbarkeit eben aufblitzt, ist die Vergangenheit festzuhalten*],

écrit Benjamin dans les thèses « Sur le concept d'histoire[179] ». Si cette image est seule capable de fonder « un mode de connaissance au-delà du temps linéaire de l'historiographie et de la narration[180] », c'est parce qu'elle est liée à cet instant critique qui se dérobe à la connaissance presque aussitôt qu'il s'y est offert :

> L'image qui est lue – je veux dire l'image dans le Maintenant de la connaissabilité – porte au plus haut degré la marque du moment critique, périlleux, qui est au fond de toute lecture [*das gelesene Bild, will sagen das Bild im Jetzt der Erkennbarkeit, trägt im höchsten Grade den Stempel des kritischen, gefährlichen Moments, welcher allem Lesen zugrunde liegt*][181].

Comment convertir alors cet instant de connaissabilité en connaissance, comment rendre fécond cet instant critique et cet éclair momentané ?

178 *Id.*, *Paris, capitale du XIXe siècle*, *op. cit.*, 478-479 [GS V, 1, p. 576-577].

179 *Id.*, « Sur le concept d'histoire », *Œuvres III*, trad. Maurice de Gandillac, Rainer Rochlitz et Pierre Rusch, Paris, Gallimard, 2000, p. 430 [GS I, 2, p. 695]. *Cf.* « L'image authentique du passé n'apparaît que dans un éclair. Image qui ne surgit que pour s'éclipser à jamais dès l'instant suivant. » « Sur le concept d'histoire », *Écrits français*, Paris, Gallimard, 1991, p. 435.

180 Sigrid Weigel, « L'éclair de la connaissance et le temps de l'image », *Europe* n° 1008, 2013, p. 160-178, p. 162-163.

181 Walter Benjamin, *Paris, capitale du XIXe siècle*, *op. cit.*, p. 480 [GS V, 1, p. 578].

C'est là qu'intervient la figure de la dialectique à l'arrêt, qui apparaît paradoxalement, dans la suite immédiate du passage déjà cité de Benjamin, comme un équivalent de l'image éclair :

> Une image [...] est ce en quoi l'Autrefois rencontre le Maintenant dans un éclair [*blitzhaft*] pour former une constellation. En d'autres termes, l'image est la dialectique à l'arrêt[182].

Pourtant, l'idée de l'image comme dialectique à l'arrêt est dans une certaine mesure opposée à celle de l'image comme éclair, puisque l'éclair est précisément l'extrême éphémère, l'illumination fugitive, tandis que la dialectique à l'arrêt est l'interruption qui ouvre le temps de la réflexion (comme le développe Benjamin notamment à propos de l'interruption de l'action en « tableaux » dans le théâtre épique de Brecht : on y reviendra). Chez Benjamin, le paradoxe se résout notamment dans le rapport entre image et texte : « Dans les domaines qui nous occupent, il n'y a de connaissance que fulgurante [*blitzhaft*]. Le texte est le tonnerre qui fait entendre son grondement longtemps après [*der langnachrollende Donner*][183]. » L'image dialectique (*dialektisches Bild*) ou l'image de pensée (*Denkbild*) serait alors la forme élaborée, explicitée, développée (comme dans le processus photographique), de l'éclair (qui serait, pour rester dans la métaphore photographique, l'équivalent de l'instant d'exposition à la lumière)[184]. Car la pensée suppose aussi l'arrêt :

> L'immobilisation des pensées fait, autant que leur mouvement, partie de la pensée. Lorsque la pensée s'immobilise dans une constellation saturée de tensions, apparaît l'image dialectique [*Zum Denken gehört ebenso die Bewegung wie das Stillstellen der Gedanken. Wo das Denken in einer von Spannungen gesättigten Konstellation zum Stillstand kommt, da erscheint das dialektische Bild*][185].

C'est bien ce mécanisme benjaminien qui est virtuellement présent chez Sebald, mais il y apparaît sous une forme négative : l'arrêt sur image y donne moins lieu au déploiement qu'à la paralysie de la pensée. Car l'instant de l'illumination, l'instant de l'éclair, est bien porteur d'une révélation, mais cette révélation est telle qu'elle fait basculer

182 *Ibid.*, p. 478-479 [GS V, 1, p. 576-577].
183 *Ibid.*, p. 473 [GS V, 1, p. 570].
184 Sigrid Weigel développe cette idée dans « L'éclair de la connaissance et le temps de l'image », art. cité, notamment p. 164.
185 Walter Benjamin, *Paris, capitale du* XIX*e siècle*, *op. cit.*, p. 494 [GS V, 1, p. 595].

le sujet qui la reçoit dans un état qui paralyse la réflexion au lieu de la mettre en mouvement. Une image de cette forme douloureuse de l'éclair nous est donnée dans l'éclair éternisé du McDonald de la gare de Liverpool Street à Londres, littéralement décrit comme un enfer : « l'éclairage de l'endroit, trop cru pour laisser planer le soupçon d'une ombre : la seconde d'effroi à l'instant du flash [*die Schrecksekunde des Blitzlichts*], dit-il, était ici pérennisée et il n'y avait plus de jour ni de nuit[186]. » L'arrêt sur image provoque chez les personnages sebaldiens une *panique*, tantôt violente et soudaine, tantôt lancinante et diffuse, qui fait basculer l'illumination en paralysie, la révélation en cécité, l'éclair de la connaissance en incapacité à penser.

Le cas d'école, de ce point de vue, est la contemplation par Austerlitz de la photographie qui le montre enfant (reprise en couverture) et qui l'empêche de penser, de parler, d'écrire et même de voir :

> Ce soir-là [...], je n'ai pas eu la réaction que l'on aurait attendue, je n'ai pas été ému ni bouleversé, dit Austerlitz, mais muet et stupide, incapable de la moindre pensée. Et quand plus tard je songeais au page de cinq ans, c'est une panique blanche [*blinde Panik*, littéralement panique aveugle] qui s'emparait de moi, et rien d'autre[187].

Les moments d'illumination chez Sebald sont toujours – du moins dans *Austerlitz* et les *Émigrants* – obscurcis par la souffrance dont ils sont porteurs, et cela est dû à leur nature de symptôme, de retour du refoulé. Le moment de la révélation est toujours aussi un moment d'effroi : à propos de l'émission de radio sur les *Kindertransporte* qui lui révèle un pan de sa propre histoire, Austerlitz parle de « l'effroi que suscita en moi cette soudaine révélation » ; le narrateur de « Max Aurach », parcourant le cimetière juif de Kissingen, parle « d'une espèce d'effroi de reconnaissance [*eine Art Erkennungsschreck*] » qui « [l]e parcourut devant une tombe où reposait Meier Stern, décédé le 18 mai, soit le jour de [s]a naissance[188] » (qui est aussi celle de Sebald lui-même). Enfin, la photographie des deux comédiens sur scène qui, dans *Austerlitz*, pourraient être (mais ne sont finalement pas) ses parents déportés, suscite aussi un moment d'effroi :

---

186 A', p. 137 [A, p. 163].
187 A', p. 220 [A, p. 264].
188 LÉ, p. 262-263 [DA, p. 335].

> Le garçonnet suisse m'est apparu avec sa pomme sur la tête ; j'ai vécu l'instant de terreur [*Schreckensmoment*] où la passerelle cède sous le pied d'Amina ; et j'ai pressenti que, des parois rocheuses, tout là-haut, allait se détacher l'avalanche qui engloutirait dans les profondeurs les pauvres égarés [...][189].

L'arrêt sur image, loin de produire, comme l'interruption de l'action dans le théâtre épique de Brecht, un effet de distanciation qui permettrait de faire apparaître que « les choses peuvent se passer ainsi, mais elles peuvent aussi se passer tout autrement[190] », l'arrêt sur image, donc, fait du sujet sebaldien le témoin impuissant d'une catastrophe inéluctable. C'est ce qui suscite la panique face à la photographie du petit page

> venu réclamer son dû et qui à présent, dans la grisaille du matin, sur ce champ vide, attendait que je relève le gant et conjure le malheur qui allait fondre sur lui [*das ihm bevorstehende Unglück abwenden würde*][191].

L'arrêt sur image ne fait que retarder douloureusement l'irréversible dénouement ; il fait surtout prendre la mesure d'une catastrophe face à laquelle le sujet ne peut plus prendre conscience que de son impuissance, à l'image des lucanes cerfs-volants des *Émigrants* : « Parfois, ils paraissent soudain pris de panique et tombent dans une sorte de coma [*eine Art Ohnmachtsanfall*]. Ils restent là, raides et figés, et j'ai l'impression que le cœur du monde s'est arrêté de battre[192]. » Mais l'exemple le plus frappant de l'arrêt comme figure de la souffrance extrême est sans doute le passage où Aurach, face à la « monstruosité de la souffrance [*Ungeheuerlichkeit des Leidens*][193] » donnée à voir dans le retable d'Issenheim de Grünewald, est renvoyé au « paroxysme de douleur [*Schmerzensparoxysmus*] » d'une hernie discale qui l'avait maintenu immobile toute une nuit dans une « paralysie totale » vécue comme symptomatique de « l'état mental qui était devenu le [s]ien au fil de ces années [*Schmerzlähmung der inneren Verfassung*[194]] », et où « [s]a vie se réduisait à cet unique point, non

189 A', p. 218 [A, p. 261].
190 Walter Benjamin, « Was ist das epische Theater ? (2) », GS II, 2, p. 525.
191 A', p. 220 [A, p. 264]. *Cf.* Raphaëlle Guidée, « Politique de la catastrophe », art. cité, p. 58.
192 LÉ, p. 244-245 [DA, p. 310].
193 LÉ, p. 202 [DA, p. 253].
194 LÉ, p. 203 [DA, p. 255].

extensible, de douleur extrême, et que le seul fait de respirer suffisait à [lui] brouiller la vue [*daß es mir schon beim Einatmen schwarz wurde vor den Augen*][195]. »

Cette expression « *schwarz vor den Augen* », récurrente chez Sebald, apparaît comme le revers de l'illumination, elle en a l'intensité, et elle correspond bien à un moment de révélation ; mais ce qu'elle donne à voir est immédiatement obscurci jusqu'à la cécité, au trou noir, au vertige, à une forme d'évanouissement où le sujet est englouti. Elle fait écho, en négatif, au motif de l'éblouissement qui lui aussi fait basculer l'extrême clarté en cécité – on repense à la fin du poème sur Grünewald dans *Nach der Natur* :

> C'est ainsi, quand le nerf optique
> se déchire, que dans l'atmosphère immobile
> tout devient blanc, comme la neige
> sur les Alpes[196].

Cette figure de l'illumination négative se retrouve sous une autre forme dans le motif récurrent de la déchirure – ainsi lorsque Austerlitz, à l'hôpital, rencontre « ce couvreur qui affirmait se souvenir très précisément de l'instant où, tandis qu'il était en plein travail, quelque chose de trop tendu, à un certain endroit derrière son front, s'était brusquement déchiré [*etwas Überspanntes zerrissen sei*][197] ». Et on pourrait citer de nombreux autres exemples, notamment dans *Les Émigrants*, à propos de la soirée chez Henry Selwyn :

> Devant cette diapositive aussi, nous restâmes longtemps silencieux, si longtemps même que pour finir le verre se fendit dans son cadre et qu'une fêlure noire [*ein dunkler Riß*] courut sur l'écran. Cette vision fixée si longtemps, jusqu'à l'éclatement [*bis zum Zerspringen festgehaltene Anblick*], du haut plateau de Lasithi s'est à l'époque profondément gravée dans mon esprit[198].

La panique, qui apparaît souvent chez Sebald comme la forme durative de l'effroi (et donc comme le phénomène psychique associé à l'arrêt sur image), survit à l'élucidation de ses causes :

195 LÉ, p. 203 [DA, p. 254].
196 AN, p. 32 [NN, p. 33].
197 A', p. 275 [A, p. 329]. Traduction modifiée.
198 LÉ, p. 28 [DA, p. 28-29]. Traduction modifiée.

> Il ne m'était visiblement pas d'un grand secours d'avoir découvert les sources de ma perturbation [*die Quellen meiner Verstörung*] ni d'être capable de me voir moi-même avec la plus grande acuité [...] Cette angoisse terrible [*diese schreckliche Angst*] me surprenait au milieu des gestes les plus simples[199].

Cette panique provoque une « absence [*Geistesabwesenheit*] qui [...], si elle n'avait pas atteint mes fonctions corporelles, avait paralysé toutes mes facultés intellectuelles et émotives [*Denkvorgänge und Gefühlsregungen*][200]. » Là encore, l'intensité de la révélation paralyse les facultés mêmes qu'elle aurait dû rétablir ou développer. Dans ces conditions, l'écriture elle-même ne parvient plus non plus à déployer les potentialités réflexives contenues dans ces secondes d'effroi – du moins du point de vue du personnage Austerlitz, qui évoque « la panique [*Panikgefühl*] que je ressentais au seuil de toute nouvelle phrase à écrire, ignorant comment je pourrais commencer cette phrase ou aussi bien n'importe quelle autre[201] ».

On voit donc tout ce qui sépare l'image éclair ou l'illumination profane, donnant lieu chez Benjamin à une image dialectique ou image de pensée, de ces formes sebaldiennes où l'éclair est un instant d'effroi ou un paroxysme de douleur qui paralyse les facultés intellectuelles et émotionnelles. L'arrêt du cœur en est une figure récurrente, dont Claudia Öhlschläger a montré qu'elle était une tentative de sortie hors du temps déterminée par la temporalité du trauma[202]. En effet, le paradigme benjaminien se double chez Sebald d'une attention particulière aux phénomènes mis au jour par la psychanalyse, tels que le refoulement, le retour du refoulé, la formation du symptôme et la répétition du trauma. Est-ce à dire que Sebald ne reprend le modèle de Benjamin que pour le psychologiser, *et donc* – c'était l'hypothèse d'Irving Wohlfarth – l'*individualiser*, le *privatiser*, le *dépolitiser* ?

Sebald n'a cessé de mettre en évidence l'intrication de l'intime et du politique : lorsqu'il parle d'*éducation sentimentale*, c'est toujours par rapport à une certaine configuration historique et politique. La panique a beau affecter, forcément, un *sujet*, elle n'en est pas pour autant une affaire

---

199 A', p. 273 [A, p. 326-327].
200 A', p. 274 [A, p. 328].
201 A', p. 149-150 [A, p. 178].
202 Claudia Öhlschläger, *Beschädigtes Leben. Erzählte Risse. W. G. Sebalds poetische Ordnung des Unglücks*, Freiburg i. Br. / Berlin / Wien, Rombach, 2006, p. 127-131.

privée, car elle a une dimension historique et politique évidente. Ainsi dans les motifs de suspension ou d'arrêt du temps que relève Sebald dans la littérature et la peinture de l'époque Biedermeier. À propos d'un tableau de Julius Schoppe, il écrit dans *Séjours à la campagne* :

> Si l'on contemple un certain temps cet *Orbis pictus* bien abrité dans sa coquille, on pourrait penser que quelqu'un y a arrêté les pendules et dit : Qu'il en soit ainsi à jamais [*so soll es jetzt bleiben für immer*]. Le monde imaginaire du Biedermeier est une composition parfaite, une miniature [*Miniaturarrangement*] qu'on a mise sous cloche. Tout ce qui s'y trouve retient son souffle. Si nous la retournons, nous verrons qu'il tombe quelques flocons[203].

Un « arrangement miniature » où tout serait immobilisé pour l'éternité : à première vue, une forme étrange de *nature morte* dont Sebald, à travers son association avec une boule à neige, suggère la proximité avec un produit d'artisanat d'art plus ou moins kitsch.

Mais précisément, ces « eaux calmes du Biedermeier [*windstille Zone*, littéralement une zone d'accalmie, où le vent est retombé], où l'intimité bourgeoise est plus importante que la vie publique[204] », Sebald en fait une lecture historique et politique : il voit dans cette nature morte un symptôme paradoxal de panique. L'arrêt sur image, ici, c'est le refus de percevoir les tourbillons du temps présent, c'est « un réflexe de survie consistant à faire le mort [*Totstellreflex*], un réflexe dicté par le sombre pressentiment que tout cela finira mal[205] ». Il va de pair avec « la dépression diffuse, les crises de paralysie, les épuisements soudains, les vertiges et maux de tête[206] », symptômes de qui est « tourmenté par une panique intérieure [*geplagt von innerer Panik*][207] » et se réfugie dans un monde immobile et artificiel, inoffensif jusqu'au seuil du kitsch. Mais le refoulé ne manque pas de faire retour sous la forme d'une panique sous-jacente : chez Stifter, Sebald décèle ainsi une « ambiance de panique latente que dégage sa prose quiétiste [*latente Panikstimmung seiner quietistischen Prosa*][208] » – une formule qui pourrait aussi s'appliquer à Sebald lui-même.

203 SC, p. 77 [LL, p. 81-82].
204 SC, p. 76 [LL, p. 80].
205 SC, p. 80 [LL, p. 82].
206 SC, p. 80 [LL, p. 83].
207 SC, p. 81 [LL, p. 84].
208 DM, p. 227 [BU, p. 169]. Traduction modifiée.

Cette latence est en effet une dimension centrale de la survivance, du *Nachleben* de ces formules de pathos entendues comme « conserves d'énergie » qu'un certain moment historique, un certain *Maintenant* selon l'expression de Benjamin, peut seul réactiver. Jean-Christophe Bailly note ce paradoxe qu'« étrangement, avec tout ce qu'elle soulève de tragique, la phrase de Sebald est intégralement calme[209] » : c'est qu'en effet, le *pathos* (tragique) y est *latent*, circulant d'une image à l'autre, d'une figure à l'autre, d'un motif à l'autre, sans se *fixer* – on pense à cette photographie si longuement et ardemment recherchée de sa mère, qu'Austerlitz, après l'avoir enfin trouvée, transmet finalement au narrateur comme *en passant*, sans que cela donne lieu au moindre déploiement de pathos explicite. Le pathos, pourrait-on dire, est latent aussi parce qu'il est disséminé, immanent à cet « immense réseau de douleur » qui à la fois le contient et l'intensifie lorsqu'il affleure et se cristallise dans une de ses incarnations. Le modèle warburgien d'une « histoire de fantômes pour adultes [*Gespenstergeschichte für ganz Erwachsene*] » se retrouve ainsi de manière particulièrement frappante dans l'œuvre de Max Aurach, le peintre des *Émigrants*, qui efface et redessine et réefface encore ses portraits jusqu'à ce que surgisse « un portrait d'une grande présence [*ein Bildnis von großer Unmittelbarkeit*] » qui semble « issu d'une longue lignée d'ancêtres aux visages gris, réduits en cendres, qui continuent à hanter sans fin le papier malmené[210]. » Une impression qui décrit plus généralement l'effet des images chez Sebald : leur manière de traverser le texte sans s'attarder, sans être fixées, localisées, explicitées par la moindre légende. Dans ce sens aussi, les images sont caractérisées par cette latence qui seule rend possible l'événement de leur actualisation.

« Les survivances adviennent en images », écrit Georges Didi-Huberman : « voilà qui exige de nous quelque chose de plus qu'une simple histoire de l'art. Warburg a développé toute sa pensée des *images survivantes* dans l'optique – toujours nietzschéenne – d'une *généalogie des ressemblances*[211]. » Comme l'étymologie à laquelle elle est liée, cette généalogie n'est pas fondée sur « la continuité des ascendances, des sources, des "origines" », mais « nous fait accéder, par le jeu des survivances, à leur dissémination, à leur essentielle discontinuité qui est – qui engendre

209 Jean-Christophe Bailly, « W. G. Sebald ou l'écriture argentique », art. cité, p. 40.
210 LÉ, p. 192-193 [DA, p. 239-240]. Traduction modifiée.
211 Georges Didi-Huberman, *L'image survivante*, *op. cit.*, p. 173.

– la discontinuité de "notre être même", ainsi que Michel Foucault l'a écrit [...][212] ». La « longue lignée d'ancêtres » que fait ressurgir le peintre Aurach dépasse elle aussi toute idée étroite du lignage : c'est bien tout un « réseau de la douleur » qu'elle réactive. L'image est le théâtre d'une survivance qui dépasse la seule mémoire personnelle et engage une mémoire collective, une « généalogie des ressemblances » qui, dans le récit « All'estero » de *Vertiges*, associe l'écrivain schizophrène Ernst Herbeck au grand-père du narrateur en raison du geste de tenir son chapeau sur le côté :

> Sur sa tête il avait un petit chapeau, une sorte de trilby que plus tard, quand il eut trop chaud, il quitta et maintint plaqué contre son flanc, de la même manière que mon grand-père le faisait souvent au cours de ses promenades estivales[213].

Cette phrase est suivie d'une photographie qui donne à voir ce geste – et qui est en réalité un détail d'un portrait de Robert Walser[214].

FORMULES DE PATHOS

GESTES ET FORMULES DE PATHOS EN LITTÉRATURE

Le geste est en effet le médium incarné de cette « généalogie des ressemblances » à laquelle Sebald donne le nom, emprunté à Wittgenstein, de *Familienähnlichkeit*. Pourtant, ce motif du geste capable de réactiver une survivance est passé relativement inaperçu dans la critique sebaldienne, pourtant attentive à la parenté avec l'œuvre de Warburg. Mais cette parenté est vue essentiellement par rapport au modèle épistémologique de l'atlas, auquel semble faire référence le fameux « travail de réflexion et de mémoire » d'Austerlitz cherchant à faire surgir d'une constellation d'images « un ordre dicté par leur air de famille[215] », comme Warburg

212 *Ibid.*, p. 173-174.
213 V, p. 40 [SG, p. 48].
214 Thorsten Hoffmann et Uwe Rose, « "Quasi jenseits der Zeit". Zur Poetik der Fotografie bei W. G. Sebald », *Zeitschrift für deutsche Philologie* 125/4 (2006), p. 580-608.
215 A', p. 144 [A, p. 172].

dans son Atlas Mnémosyne. Le geste, en revanche, renvoie, plus qu'au seul paradigme de l'atlas et de la survivance, à la question du pathos qui, on l'a vu, reste assez absente dans la réception de l'œuvre de Sebald, de même que le concept plus spécifique de *formule de pathos* – à quelques exceptions près. Claudia Öhlschläger emploie à plusieurs reprises le terme de *Pathosformel*, notamment dans un article sur Sebald et Grünewald où, au-delà des questions de mémoire qui constituent ici et ailleurs le centre de ses réflexions, elle met en évidence la dimension de la douleur, qu'elle inscrit toutefois moins dans le paradigme du *pathos* que dans celui de la *passion*[216]. Inka Mülder-Bach emploie le terme à propos de *La leçon d'anatomie du Dr. Tulp*, qui a donné lieu à une étude de William Heckscher que Sebald a manifestement consultée, et où le terme est employé. Mais elle ne développe pas le concept[217].

Marianne Hirsch enfin emploie le concept warburgien dans le passage intitulé « Why Sebald ? » de son essai sur la génération de la postmémoire[218], en le rapprochant du *souvenir-écran* de Freud. Mais son usage est finalement assez éloigné du fonctionnement dialectique qui fait tout son intérêt chez Warburg, car il est ramené ici à quelque chose comme des archétypes intemporels qui masquent les enjeux réels de manière univoque :

> Les images que trouve Austerlitz [...] sont ce que Warburg appelle des « formes pré-établies » [*pre-established forms*], qui ne sont rien d'autre que des éléments de construction impersonnels de la postmémoire par affiliation [*no more than impersonal building blocks of affiliative postmemory*]. « Faire de l'histoire, telle était la thèse de Hilary, ce n'était que s'intéresser à des images préétablies, ancrées à l'intérieur de nos têtes, sur lesquelles nous gardons le regard fixé tandis que la vérité se trouve ailleurs, quelque part à l'écart, en un lieu que personne n'a encore découvert[219]. » Ce passage résume parfaitement les dangers de la postmémoire et l'argument central que je voudrais souligner dans cet essai. Les images déjà imprimées dans notre cerveau, les tropes et les structures que nous apportons du présent au passé, en espérant les y trouver et obtenir des

216 Claudia Öhlschläger, « W. G. Sebald – Matthias Grünewald », art. cité, p. 264 et 273 ; *cf.* aussi *Beschädigtes Leben. Erzählte Risse*, *op. cit.*, p. 97-98 ; « W. G. Sebald », *Handbuch der Kunstzitate : Malerei, Skulptur, Fotografie in der deutschsprachigen Literatur der Moderne*, éd. Konstanze Fliedl, Berlin, De Gruyter, 2001, p. 719-722, p. 720.

217 Inka Mülder-Bach, « Der große Zug des Details. W. G. Sebald : *Die Ringe des Saturn* », art. cité.

218 Marianne Hirsch, « The Generation of Postmemory », *Poetics Today* 29, 1/2008, p. 103-128.

219 A', p. 89 [A, p. 105].

> réponses à nos questions, peuvent être des souvenirs-écrans [*screen memories*] – des écrans sur lesquels nous projetons des besoins et des désirs présents ou intemporels [*timeless needs and desires*] et d'autres préoccupations. Les aspects familiaux de la postmémoire, qui la rendent si puissante et font qu'elle se prête si facilement – trop facilement – à l'affiliation, contiennent un grand nombre de ces images-écrans pré-établies [*preformed screen images*]. Quoi de plus puissant que l'image de la mère perdue et le fantasme de la retrouver[220] ?

Il est évident que, dès lors, la formule de pathos lui apparaisse comme le lieu d'une régression :

> la postmémoire risque de retomber dans des images culturelles familières et non soumises à un examen critique, faciles à produire en puisant dans ce qu'Aby Warburg considérait comme un vaste « répertoire de formes expressives préétablies » de la culture [...][221].

Pour finir, il faut rappeler que l'usage du mot « *Pathosformel* » dans la langue courante, du moins en allemand, s'est tellement généralisé que dans bien des contextes, son sens s'est largement dilué ; on ne cite donc pas ici les occurrences du terme lorsqu'il est employé comme un simple synonyme de « figure de rhétorique », « formule creuse », « cliché grandiloquent », « élément de langage », même lorsqu'elles s'appliquent à Sebald.

Dans le cadre d'une étude sur l'économie sebaldienne du pathos, le concept warburgien de formule de pathos, déjà croisé maintes fois au cours de l'enquête, est au contraire à prendre dans toutes ses implications. Abordons-le maintenant dans sa manifestation la plus immédiate et la plus incarnée, celle des *gestes*, ou des « superlatifs du langage gestuel [*Superlative der Gebärdensprache*] » capables de remettre en jeu le « trésor de souffrances de l'humanité [*Leidschatz der Menschheit*][222] ». Le cas d'école de ce point de vue, c'est sans doute le passage des *Émigrants* qui place le peintre Aurach face au retable d'Issenheim de Grünewald[223]. Le geste de douleur des corps penchés de la *Crucifixion* éveille chez le peintre de Manchester

220 Marianne Hirsch, « The Generation of Postmemory », *op. cit.*, p. 120. C'est moi qui souligne.

221 *Ibid.*, p. 108.

222 Expression provenant de notes préparatoires à une conférence prononcée en 1928, citée d'après Martin Warnke, « Der Leidschatz der Menschheit wird humaner Besitz », art. cité, p. 165.

223 LÉ, p. 201-203 [DA, p. 252-254].

le souvenir d'un « paroxysme de douleur [*Schmerzensparoxysmus*] » vécu quelques années plus tôt, à travers un geste qui avait à son tour fait ressurgir le souvenir d'une photographie de lui-même enfant, penché sur ses cahiers d'écriture. Cette intrication complexe de l'image et de l'écriture sous le signe de la douleur physique et psychique est donc portée par ce seul geste corporel qui fait constellation : c'est bien le *geste* des « témoins du supplice » de la Crucifixion de Grünewald – témoins dont les corps sont « ployés par l'affliction » (« *durchgebeugte*[] *Körper*[224] ») – qui ravive la mémoire d'une douleur paroxystique : « Jusqu'au soir je restai au milieu de la pièce dans cette position figée, à moitié relevé [*in meiner halbaufgerichteten Haltung*][225] ». Et c'est cette « position courbée [*krumme Stellung*] dans laquelle j'étais contraint de me maintenir » qui « me remit en mémoire, traversant la fulgurance de ma douleur [*quer durch den Schmerz hindurch*], une photographie que mon père avait faite de moi [...] et qui me montre profondément penché sur mon pupitre [*tief über die Schrift gebeugt*][226] ». Ce geste penché et son lien à l'écriture revient plus loin dans le récit lorsque le narrateur, arpentant le cimetière juif de Kissingen, est particulièrement bouleversé par la tombe, ornée d'une plume, d'une certaine Friederike Halbleib :

> Je me l'imaginais écrivain [*Schriftstellerin*], penchée solitaire et le souffle court sur son travail [*allein und atemlos über ihre Arbeit gebeugt*], et à présent que j'écris ces lignes, il me semble que c'est *moi* qui l'ai perdue et que la douleur de sa perte reste entière malgré le long temps écoulé depuis sa disparition[227].

Si ce geste penché fonctionne très exactement comme une formule de pathos, ce n'est pas seulement parce qu'il réactive la « trace d'un événement lui aussi depuis longtemps enfoui [*verschüttete[] Erlebnisspur*][228] » à travers une douleur qui s'est comme déposée en lui, mais aussi parce que son intensité expressive n'est due en rien à une signification codifiée et fixée : de la douleur enfouie, il est comme une traduction déplacée et défigurée, une « traduction sans original » au sens de Freud[229]. Le

224 LÉ, p. 202 [DA, p. 253].
225 LÉ, p. 203 [DA, p. 254].
226 LÉ, p. 203-204 [DA, p. 255-256].
227 LÉ, p. 265 [DA, p. 336-337].
228 LÉ, p. 204 [DA, p. 256].
229 Claudia Öhlschläger, « W. G. Sebald – Matthias Grünewald », art. cité, p. 265 *sq.* ; Sigrid Weigel, *Bilder des kulturellen Gedächtnisses*, *op. cit.*, p. 45 *sq.* Claudia Öhlschläger, « Unschärfe.

geste de ce corps penché, *insignifiant* au sens strict, produit comme un éclair de ressemblance : une douleur se reconnaît dans l'autre, révélant des *Schmerzensspuren* longtemps enfouies. Le motif de la photographie « traversant la fulgurance de ma douleur » est, là encore, parente de l'image dialectique de Benjamin : « L'image dialectique est une image fulgurante. C'est donc comme image fulgurante dans le Maintenant de la connaissabilité [*im Jetzt der Erkennbarkeit aufblitzendes Bild*] qu'il faut retenir l'Autrefois[230]. » Cette image-éclair est bien, selon Benjamin, le mode d'apparition de la ressemblance, comme on l'a vu à propos de la « Théorie de la ressemblance [*Lehre vom Ähnlichen*] » et de son autre essai de philosophie du langage, « Sur le pouvoir d'imitation [*Über das mimetische Vermögen*] ». Dans ces deux textes, Benjamin souligne que le langage n'est « pas, de toute évidence, un système conventionnel de signes [*nicht ein verabredetes System von Zeichen*][231] », mais que sa dimension sémiotique n'est que le support de la dimension mimétique : « Le sens tissé par les mots ou les phrases constitue ainsi le support nécessaire pour qu'apparaisse, avec la soudaineté de l'éclair, la ressemblance [*an dem erst, blitzartig, die Ähnlichkeit in Erscheinung tritt*][232]. » Aussi le langage est-il « la plus parfaite archive de la ressemblance non sensible [*Archiv unsinnlicher Ähnlichkeiten*][233]. »

L'intensité expressive – et la puissance affective – des gestes, chez Sebald, est située en-deçà du discours, aux antipodes du grand geste rhétorique, de la *pose* grandiloquente qui caractérise par exemple le peintre Hengge, sur lequel Sebald revient longuement dans le chapitre « Il ritorno in patria » de *Vertiges*. Dans l'immense tableau qui domine les paysans attablés dans le bistrot « *Engelwirt* », les bûcherons sont « peints en pleine action dans des poses amples, puissantes et résolues [*in den gewaltig ausgreifenden und ausholenden Posen*], caractéristiques de l'héroïsation du travail et de la guerre[234]. » Sebald s'attarde longuement sur diverses fresques ornant les murs de W. (comme Wertach, son village

Schwindel. Gefühle. W. G. Sebalds intermediale und intertextuelle Gedächtniskunst », *W. G. Sebald. Mémoire. Transferts. Images*, *op. cit.*, p. 11-23.

230 Walter Benjamin, *Paris, capitale du* XIX*e siècle*, *op. cit.*, p. 491 [GS V, 1, p. 591-592].

231 *Id.*, « Sur le pouvoir d'imitation », *Œuvres II*, *op. cit.*, p. 361 [GS II, 1, p. 207].

232 *Ibid.*, p. 362 [GS II, 1, p. 213].

233 *Ibid.* p. 363. *Cf.* Sigrid Weigel, *Entstellte Ähnlichkeit. Walter Benjamins theoretische Schreibweise*, Frankfurt a. M., Fischer, 1997, notamment p. 49-51.

234 V, p. 183 [SG, p. 233].

natal), dont l'auteur a eu son heure de gloire dans les années 1930. Ses œuvres qui, dit le narrateur, « furent à peu près les seules œuvres que j'ai vues jusqu'à ma septième ou huitième année », ont eu sur lui « un effet dévastateur [*einen vernichtenden Eindruck*][235] » et continuent d'incarner à ses yeux le caractère douteux de la peinture et de l'art en général :

> Chaque fois je rentrais exténué [*niedergeschlagen*, abattu] à l'*Ange* et retrouvais mes notations disparates, qui, si elles m'avaient été ces derniers temps un soutien certain, ne me faisaient pas perdre de vue la mise en garde que constituait l'exemple de l'artiste peintre Hengge et la suspicion entachant l'art en général [*die Fragwürdigkeit der Kunstmalerei überhaupt*][236].

À l'opposé de ce pathos-là, qui est celui du message idéologique, les gestes qui suscitent les émotions les plus fortes sont souvent chez Sebald les plus minimes, les plus discrets, comme cet « infime mouvement de corps » qui « provoquait chaque fois en moi la plus vive excitation [*die seltsame, mich jedesmal in die hellste Aufregung versetzende geringe Drehung des Körpers*] », lorsque, dans *Les Brigands* de Schiller, Amalia se retourne en disant « Écoutons, écoutons ! la porte n'a-t-elle pas fait du bruit[237] ? » Dans *Vertiges*, c'est un petit geste de Matilde qui enflamme la passion amoureuse de Henri Beyle, futur Stendhal : « Prenant congé de ses invités dans le foyer de sa maison, elle s'était penchée pour rectifier l'ordonnance de son soulier et soudain, tout autour de lui avait sombré[238] » ; et dans le moulage de sa main, que le futur Stendhal conserve sur son bureau, c'est la trace d'un mouvement imperceptible qui l'émeut particulièrement : « La légère torsion de l'annulaire, en particulier, lui cause des émotions [*Emotionen*] d'une vivacité inconnue jusqu'alors[239]. »

Les méditations de Sebald sur le geste de douleur chez Grünewald débouchaient, on l'a vu, sur une photographie qui associait ce geste à l'écriture. Mais au-delà de cette association, est-ce légitime d'employer le concept de formule de pathos à propos d'une œuvre littéraire, quand bien même le recours aux images y serait central, comme c'est le cas chez Sebald ? Dans l'exemple que nous venons de voir, le « geste penché » présente bien les caractéristiques de la formule de pathos et donc

235 V, p. 186-187 [SG, p. 236].
236 V, p. 187 [SG, p. 238].
237 V, p. 170 [SG, p. 215].
238 V, p. 23 [SG, p. 25].
239 V, p. 24 [SG, p. 27].

du « superlatif du langage gestuel [*Superlativ der Gebärdensprache*] » en ce qu'elle est un *geste* lié à une douleur *superlative* (*Paroxysmus, äusserster Schmerz*). Mais l'œuvre littéraire peut-elle faire autre chose que de mettre en scène ou de décrire le fonctionnement de telles formules de pathos ? est-elle elle-même en mesure d'en mettre en œuvre ? les formules de pathos ne sont-elles pas vouées à demeurer, en tant que telles, hors de son champ et de son médium propre ? C'est là justement qu'il faut garder à l'esprit la conception benjaminienne du langage comme « archive de ressemblances non sensibles [*Archiv unsinnlicher Ähnlichkeiten*] ». Warburg lui-même avait du langage une conception semblable, sans quoi il n'aurait pas eu recours à des métaphores issues du champ de la langue pour expliciter le sens de ses *Pathosformeln*, parlant à leur propos de « *superlatifs* du *langage* gestuel », de « *rhétoriciens* antiques en migration[240] », évoquant à propos de son atlas d'images un « trésor de formes et de principes *syntaxiques* », une « *rhétorique* du corps humain[241] » et envisageant comme alternative au titre *Mnémosyne* celui de « *Restitutio (Expressionem) Eloquentiae*[242] ».

Mais l'idée que la langue serait avant tout un « système conventionnel de signes [*verabredetes System von Zeichen*] » est si forte que pour mettre en évidence la spécificité de la *Pathosformel*, on a plutôt cherché, du côté de l'histoire de l'art et de la théorie de l'image, à la déconnecter du modèle langagier ; John M. Krois affirme ainsi que « la comparaison avec le langage est problématique parce que les formules de pathos sont des formes d'expression dont les éléments n'ont justement *pas* le caractère d'un vocabulaire. [...] La comparaison avec le langage suggère l'idée que les formules de pathos sont susceptibles d'être systématisées comme c'est le cas pour le langage[243]. » Et on retrouve étrangement un point de vue symétrique sous la plume du rhétoricien Joachim Knape, avec toutefois un jugement de valeur opposé. À ses yeux, c'est une *faiblesse*

240 Aby Warburg, *Werke in einem Band*, *op. cit.*, p. 181.

241 Cité dans Claudia Wedepohl, « Von der "Pathosformel" zum "Gebärdensprechatlas". Dürers *Tod des Orpheus* und Warburgs Arbeit an einer ausdruckstheoretisch begründeten Kulturgeschichte », *Die entfesselte Antike. Aby Warburg und die Geburt der Pathosformel*, éd. Marcus Andrew Hurttig, Köln, Walther König, 2012, p. 33-50.

242 Cité dans Isolde Schiffermüller, « Wort und Bild im Atlas ‚Mnemosyne'. Zur pathetischen Eloquenz der Sprache Aby Warburgs », *Ekstatische Kunst – Besonnenes Wort. Aby Warburg und die Denkräume der Ekphrasis*, éd. Peter Kofler, Bozen, edition sturzflüge, 2009, p. 7-21, p. 8 et 10.

243 John M. Krois, « Die Universalität der Pathosformeln », art. cité, p. 80-81.

des formules de pathos de Warburg que de n'être pas « des éléments conventionnels, analogues à ceux de la langue et qu'on emploie de manière calculée » ; pour lui, c'est un *défaut* que de ne pas constituer « un code de signes visuels composé d'éléments dont on peut se servir lorsque l'on veut susciter chez le destinataire des émotions calculées ou exprimer soi-même des émotions[244] ». L'historien de l'art et le rhétoricien, depuis des positions opposées, ont donc ceci en commun qu'ils tracent une frontière extrêmement forte entre le fonctionnement de l'image et celui du langage – et qu'ils considèrent la formule de pathos comme incompatible avec le fonctionnement de ce dernier.

L'œuvre de Sebald – comme tant d'autres, bien sûr – montre au contraire que la formule de pathos, dont « le véritable contenu est la forme et une intensité de l'émotion », comme le souligne Krois à juste titre[245], est aussi à l'œuvre dans la langue et la littérature, qui ne se réduit aucunement à un fonctionnement discret et transparent. La langue, elle aussi, sait « fixer un degré d'émotionnalité plutôt qu'un contenu particulier », et peut être « mobilisée pour des contenus d'émotion et de signification tout à fait opposés[246] », même s'il est vrai qu'il est *a priori* plus difficile de concevoir dans la langue l'intensité d'une « valeur expressive » indépendamment de son « contenu particulier », ce pourquoi le concept de formule de pathos a été peu mobilisé dans le domaine de la littérature[247].

244 Joachim Knape, « Gibt es Pathosformeln ? Überlegungen zu einem Konzept von Aby M. Warburg », *Muster im Wandel. Zur Dynamik topischer Wissensordnungen in Spätmittelalter und Früher Neuzeit*, éd. W. Dickhut, S. Manns et N. Winkler, Göttingen, V&R Unipress, 2008, p. 115-137 ; une version française de ce texte a paru sous le titre « Les formules du pathos selon Aby M. Warburg », *Littérature*, 2008/1 n° 149, p. 56-72. Dans un autre article, Knape propose le terme de *Pathosnarrativ*, qui toutefois n'a en rien la puissance dialectique de la *Pathosformel* warburgienne. Joachim Knape, « Rhetorischer Pathosbegriff und literarische Pathosnarrative », *Pathos. Zur Geschichte einer problematischen Kategorie*, *op. cit.*, p. 25-44.

245 John M. Krois, « Die Universalität der Pathosformeln », art. cité, p. 79-80.

246 Ulrich Pfisterer, « "Die Bilderwissenschaft ist mühelos" », art. cité, p. 26.

247 À l'exception d'Ulrich Port, *Pathosformeln. Die Tragödie und die Geschichte exaltierter Affekte (1755-1888)*, München, Wilhelm Fink, 2005, qui se concentre sur une problématique différente quoique liée, celle du tragique et de la tragédie. *Cf.* aussi *Id.*, « "Pathosformeln" 1906-1933 : Zur Theatralität starker Affekte nach Aby Warburg », *Theatralität und die Krisen der Repräsentation*, éd. Erika Fischer-Lichte, Stuttgart/Weimar, Metzler, 2001, p. 226-251. Il faut remarquer aussi que le pathos fait actuellement l'objet de nombreuses études littéraires (après avoir un temps disparu du discours critique, comme on peut le vérifier en cherchant l'entrée « pathos, pathétique » dans les dictionnaires des termes littéraires

Ces « formules d'intensité[248] » qui mettent en jeu une « expressivité sans sujet[249] », un « rapport inédit de la forme au contenu[250] » au sein même de la langue et de la littérature, ce sont avant tout, chez Sebald, des *citations*, des « valeurs expressives préexistantes [*vorgeprägte Ausdruckswerte*] » – exactement comme les formules de pathos de Warburg. Elles sont aussi expressives qu'incongrues – expressives *parce qu'*incongrues, déplacées, décalées par rapport au mode de parole courant, « communicatif » au sein duquel elles font irruption. Ainsi lorsque le narrateur de *Vertiges* se promène avec le poète schizophrène Ernst Herbeck :

> Ernst s'immobilisa, se retourna vers moi comme si nous jouions ensemble dans une pièce de théâtre et me dit dans une sorte d'allemand de scène [*Bühnendeutsch*] une phrase qui me fit l'effet d'avoir été jadis, à un moment ou à un autre, apprise par cœur : *Es klingt sehr schön durch die Luft und erhebt einem das Herz* – L'air s'emplit de cette belle musique et le cœur en est exalté[251].

Il arrive souvent en effet, chez Sebald, que les personnages citent textuellement quelques mots, une phrase, les bribes d'un rôle préexistant à leur expérience propre. Casanova, dans *Vertiges*, s'évade de son cachot du palais des Doges « avec aux lèvres la formule *E quindi uscimmo a rimirar* [*sic*] *le stelle*[252] ». On pense aussi à l'épisode du croque-mort amnésique mais passionné de théâtre des *Anneaux de Saturne* qui, après avoir péniblement mémorisé quelques menues répliques d'un personnage secondaire du *Roi Lear*, les replace ensuite indéfiniment « en des circonstances plus ou

---

des dernières décennies), mais qui mobilisent peu le terme de *Pathosformel* : ainsi Rainer Dachselt, *Pathos. Tradition und Aktualität einer vergessenen Kategorie der Poetik*, Heidelberg, Winter, 2003, et Burkhard Meyer-Sickendiek, *Affektpoetik. Eine Kulturgeschichte literarischer Emotionen*, Würzburg, Königshausen & Neumann, 2005. Le volume collectif de Katrin Busch et Iris Därmann, *« pathos ». Konturen eines kulturwissenschaftlichen Grundbegriffs*, Bielefeld, transcript, 2007 n'est pas centré sur la littérature. Celui déjà cité de Cornelia Zumbusch, *Pathos. Zur Geschichte einer problematischen Kategorie*, traite notamment du déclin du pathos et de la difficulté à le traiter dans la littérature du XIXe et XXe siècle, mais le seul article qui s'intéresse plus spécifiquement aux formules de pathos porte sur le cinéma : Sylvia Sasse, « Pathos und Antipathos. Pathosformeln bei Sergej Ejzenstejn und Aby Warburg », p. 171-190.

248 Georges Didi-Huberman, *L'image survivante*, *op. cit.*, p. 115-270.

249 Philippe-Alain Michaud, « Zwischenreich. Mnemosyne, ou l'expressivité sans sujet », art. cité.

250 Georges Didi-Huberman, *L'image survivante*, *op. cit.*, p. 191-202, p. 201.

251 V, p. 45 [SG, p. 54].

252 V, p. 59 [SG, p. 72]. Ce dernier vers de l'*Enfer* de la *Divine Comédie* de Dante dit *riveder* et non *rimirar*.

moins appropriées », « comme j'ai pu m'en rendre compte moi-même, dit Anna, le jour où il m'a lancé d'une voix forte, en réponse à mon salut matinal : *They say his banished son is with the Earl of Kent in Germany*[253]. »

Cet usage théâtralisé de la citation littéraire ou de la formule qui s'impose au personnage comme du dehors[254], le traverse et l'accompagne, met en jeu une intertextualité pour ainsi dire intradiégétique. Elle n'est pas en effet mise en œuvre par l'auteur pour créer une connivence avec le lecteur à l'insu du personnage, mais prêtée au personnage lui-même, à qui s'imposent des formules dont il n'est pas l'auteur, mais dans lesquelles son expérience semble prendre forme. C'est paradoxalement lorsqu'ils citent, ou semblent citer, ces formules empruntées que les personnages sebaldiens semblent aussi s'exprimer avec le plus d'intensité. Ces citations sont comme des masques du pathos, une autre forme d'écriture oblique que celle de l'impassibilité. Elles montrent à quel point la question centrale de l'économie du pathos régit chez Sebald jusqu'à la pratique de la citation et de l'intertextualité en général.

Les formules agissantes, pour ainsi dire, ce sont celles que le narrateur ou les personnages rencontrent, lisent, se remémorent, et qui les affectent. On se souvient du titre du tableau au sanglier dans *Vertiges* – *Dans la forêt ardennoise* –, formule qui dégage une intensité expressive sans commune mesure avec sa signification propre :

> La scène […] était intitulée *Dans la forêt ardennoise*, et c'était bien cette légende somme toute anodine qui, bien plus que l'image n'aurait su le faire, évoquait pour moi un univers de danger, d'inconnu, de profondeurs et de lointains [*etwas weitaus Gefahrvolleres, Unbekannteres und Tieferes*]. Le mystère [*das Geheimnisvolle*] qui émanait à mes yeux de cette « Forêt ardennoise » était d'autant plus épais que Mathild m'avait expressément interdit d'ouvrir l'une ou l'autre des portes donnant accès à l'étage supérieur[255].

On ne peut que deviner les strates de mémoire qui se superposent dans ce nom pour qu'il produise cet effet : peut-être la forêt des contes associée aux Ardennes comme lieu de destruction massive durant la Première

253 AS, p. 225 [RS, p. 226].

254 Cette extériorité est rendue plus évidente encore par le recours à la langue étrangère, très fréquent chez Sebald. Voir Merete Stistrup Jensen, « Le spectre des mots. *Austerlitz* de W. G. Sebald », *Citer la langue de l'autre. Mots étrangers dans le roman, de Proust à W. G. Sebald*, éd. Danielle Perrot-Corpet et Christine Queffélec, Presses Universitaires de Lyon, 2007, p. 203-215.

255 V, p. 198 [SG, p. 252-253].

et la Seconde Guerre mondiale. Le tableau lui-même, qui représente le bond d'un sanglier au milieu d'un casse-croûte entre chasseurs, peut être lu comme une anecdote plaisante, où c'est le chasseur qui se retrouve chassé, mais on peut aussi bien y voir l'irruption destructrice de la pure sauvagerie au sein d'une scène pacifique et bucolique.

Dans *Vertiges*, l'image de la « plainte muette [*lautlose Klage*] » des anges de Giotto dans la Chapelle Scrovegni de Padoue se condense dans la mémoire du narrateur sous la forme de *paroles* : « *Gli angeli visitano la scena della disgrazia* – avec ces mots aux lèvres je rejoignis dans le tumulte de la circulation la gare toute proche [...][256] ». Parfois aussi, ce sont au contraire des formules verbales qui produisent l'image et la font surgir, ainsi dans le passage qui évoque Salvatore, ce personnage pour qui « l'opéra signifie tout » et qui justement pour cette raison évite le festival des Arènes de Vérone. Loin des Arènes, sur la piazza Brà, il entend, dit-il, « un opéra silencieux [*eine lautlose Oper*][257] » – *Aïda* « en film muet d'avant la Grande Guerre [*als Stummfilm aus der Zeit vor dem großen Krieg*][258]. » Son récit apocalyptique de la première représentation de l'œuvre de Verdi à l'Opéra du Caire qui prend feu ce soir-là, se clôt sur la citation (tronquée) d'Aïda : « *Di morte l'angelo a noi s'appressa. Già veggo il ciel dischiudersi*[259] ». Le narrateur garde en lui l'empreinte de ces paroles : « Pour ma part, je suis resté longtemps assis sur la piazza, avec sous les yeux cette épiphanie de l'ange que Salvatore m'avait laissée, occupé à retranscrire son récit[260]. » Cette image suscitée par les mots semble littéralement se précipiter à la page suivante où Sebald a inséré une reproduction. *Déjà je vois, già veggo*... se lit comme la formule même de la *présence*, dont Georges Didi-Huberman a rappelé qu'elle ne s'adresse pas « à la curiosité du visible, voire à son plaisir – mais à son seul *désir*, à la passion de son imminence (mot qui, on le sait, se dit en latin *praesentia*)[261] ».

Et puis, citons encore une fois ces mots écrits au dos de la photographie d'Austerlitz enfant par son grand-père – *páže růžové královny* (« le page de la reine des Roses ») – qui font lever, plus intensément que le portrait photographique lui-même, le souvenir de ce bal masqué

256 V, p. 80 [SG, p. 101].
257 V, p. 123 [SG, p. 156].
258 *Ibid.*
259 V, 124 [SG, p. 157].
260 V, p. 124 [SG, p. 157-158].
261 Georges Didi-Huberman, *L'homme qui marchait dans la couleur*, Paris, Minuit, 2001, p. 19.

auquel sa mère l'avait emmené peu avant sa déportation et le départ d'Austerlitz de Prague :

> Jacquot Austerlitz, *páže růžové královny*, peut-on lire au dos, écrit de la main de ton grand-père, qui était en visite à ce moment-là. La photo était posée devant moi, dit Austerlitz, mais je n'osais pas y toucher. Constamment tournoyèrent dans ma tête les mots *páže růžové královny, páže růžové královny*, jusqu'à ce que de très loin, leur sens vienne à ma rencontre et que j'aperçoive le tableau vivant de la reine des Roses et le petit garçon portant la traîne à ses côtés[262].

Ce sont les mots qui font affleurer le souvenir, tandis que l'image effectivement placée sous les yeux n'avait suscité qu'une « panique aveugle ». Les mots ne désignent pas de manière neutre ce qui est absent, mais rendent présent avec force ce qui est oublié et refoulé. Il faut dire que dans le cas d'Austerlitz ou d'Aurach, les mots se confondent d'autant plus avec le passé enfoui qu'ils appartiennent à une langue maternelle oubliée qui, lorsqu'elle revient, est porteuse d'une intensité inédite. Mais ce rapport particulier à une langue à la fois très familière et très étrangère dit aussi quelque chose du rapport à la langue en général.

À la fin du récit sur Paul Bereyter, l'instituteur des *Émigrants* qui se suicide en se couchant sur des rails à l'arrivée du train, son amie Mme Landau se souvient qu'enfant, il montrait une telle fascination pour les chemins de fer que son oncle avait dit qu'il « finirait aux chemins de fer », ce qu'elle commente ainsi :

> C'est sans doute parce que je n'avais pas immédiatement saisi le sens banal de l'expression courante employée par l'oncle : *finir aux chemins de fer* [*bei der Eisenbahn enden*], qu'elle m'avait fait l'effet d'un mauvais augure [*die dunkle Wirkung eines Orakelspruchs*]. Mais l'inquiétude momentanément suscitée par cette fausse interprétation – aujourd'hui je m'imagine parfois y avoir effectivement vu, à l'époque, une préfiguration de la mort [*ein Todesbild*] –, cette inquiétude avait eu tôt fait de se dissiper, de disparaître de mon esprit comme l'ombre d'un oiseau passant à tire-d'aile au-dessus de ma tête [*wie der Schatten eines Vogels im Flug*][263].

C'est de ce court instant qui fait trébucher le système conventionnel de signes que surgit – en un éclair – une image, ténue et éphémère comme l'ombre d'un oiseau qui passe.

---

262 A', p. 218-219 [A, p. 263].
263 LÉ, p. 79-80 [DA, p. 92-93].

ALTÉRATIONS EXPRESSIVES

Mais il arrive aussi que l'intensité expressive « superlative » advienne sans image, par le simple effet de brouillage, de déplacement, d'étrangéisation de la langue, par simple perturbation de sa transparence fonctionnelle. Sebald explicite ce phénomène à propos d'une lettre de Kafka à Felice :

> Que belle elle est ! [*Wie es schön ist*] écrit-il avec un point d'exclamation, et cette légère entorse à la langue qui permet un instant aux sentiments de s'épancher [*in einer jener nur um ein weniges verrückten Wendungen, in denen es die Sprache den Gefühlen einen Augenblick lang erlaubt, ganz auszulaufen*][264].

« *Wie es schön ist* » au lieu de « *Wie schön es ist* » : la formule est *verrückt*, c'est-à-dire *dérangée* au sens d'une perturbation de l'ordre syntaxique, mais aussi au sens d'une *folie* qui marque l'intensité de l'épanchement qu'elle permet.

Dans une brochure éditée en 1999 à l'usage des visiteurs de Marienbad, conservée à Marbach parmi les sources d'*Austerlitz*[265], évoquant les séjours de Goethe et de Kafka dans la station thermale, Sebald a souligné deux tournures de phrases qui constituent un pas de côté comparable par rapport à la stricte correction grammaticale. Les deux se trouvent dans le long article intitulé « Franz Kafka in Marienbad ». L'une ressemble au « *Wie es schön ist* » cité plus haut :

> Qu'il soit resté ici même après le départ de Felice prouve combien il était très heureux à Marienbad [*Wie sehr glücklich er in Marienbad war, beweist auch die Tatsache, dass er hier auch nach Felices Abreise bleibt*][266].

La deuxième tournure, qui s'écarte encore davantage de la syntaxe conventionnelle, a encore davantage attiré l'attention de Sebald :

> Le dernier jour des vacances, Franz et Felice ont fait un voyage en train jusqu'à Franzensbad pour rendre visite à la mère et à la sœur qui séjournaient là-bas

264 V, p. 134-135 [SG, p. 170].

265 « Marienbad, 1999, Lehrreiche und kurzweilige Lektüre für unsere Badegäste », brochure au format A3, conservée dans le dossier 15 (« *Mappe 15* ») des 17 dossiers, répartis en 4 boîtes, qui contiennent les manuscrits, tapuscrits, épreuves, documents et matériaux divers concernant la rédaction d'*Austerlitz*. Deutsches Literaturarchiv, Marbach.

266 *Ibid.*, p. 3. Soulignement de Sebald.

> de Kafka [*Am letzten Urlaubstag machten Franz und Felice eine Zugreise nach Franzensbad, um die dort weilenden Kafkas Mutter und Schwester zu besuchen*][267].

Sebald a souligné cet *estrangement* grammatical et noté dans la marge : « passage à l'allemand / apparemment sans s'en rendre compte [*überwechseln ins Deutsche / anscheinend ohne es zu merken*] », suggérant qu'à cet endroit de la brochure, publiée sans nom d'auteur et peut-être traduite du tchèque, ce téléscopage est peut-être un effet du passage d'une langue à l'autre, plus exactement l'effet d'intensification expressive que produit la survivance d'une forme syntaxique de l'une dans l'autre. Sebald en tout cas semble avoir voulu adopter cet effet expressif précis dans *Austerlitz* : au-dessus du texte de la brochure, il note quelques mots qui transposent cette syntaxe particulière dans le contexte des « *London excursions* » d'Austerlitz : « pour rendre visite au fils qui vivait là-bas d'Adler [*um den dort lebenden Adler's Sohn zu besuchen*][268] ».

L'intensité expressive de la dissonance, Sebald en parle ailleurs à propos de Mörike et de Schubert. Les « moments musicaux », dit-il, adviennent précisément là où l'ordre chromatique se trouble :

> comme Mörike, dont les traits de génie [*die genialen Gesten*] se trouvent épars dans la poésie, c'est plutôt dans les petites inflexions [*in den kleinen Wendungen*] de sa musique de chambre que Schubert excelle [...] dans ces vrais *moments musicaux* où le chromatique chatoie jusqu'à la dissonance, où un changement de ton inattendu, pour ne pas dire faux, fait soudain retomber tout espoir ou transforme la tristesse en réconfort[269].

Et c'est parfois la seule inversion d'un accent qui produit un *estrangement* littéralement pathétique. Dans le récit « Le Dr K. va prendre les bains à Riva » de *Vertiges*, lorsque Sebald évoque Kafka pleurant devant un film muet, on ne peut s'empêcher de regarder d'un autre œil le nom pourtant familier de ce *Cinéma Pathè di San Sebastiano*, repris ensuite sous le seul nom de *Pathè*[270] : l'accent grave, volontairement ou non, est lui aussi « légèrement dérangé » et fait affleurer, l'espace d'un instant, les *pathè* d'Aristote sous le nom de la grande société de production *Pathé*.

---

267 *Ibid.* Soulignement de Sebald.
268 *Ibid.*
269 SC, p. 85-86 [LL, p. 88].
270 V, p. 136 [SG, p. 172].

Si Kafka pleure dans ce cinéma en regardant « la danse des poussières scintillantes se métamorphosant en images[271] », n'est-ce pas parce que précisément ces images conservent la trace de leur origine informe, et que les poussières qui les forment survivent dans les images mêmes ? Cette idée se retrouve un peu plus loin lorsque Sebald associe – paradoxalement – le cinéma muet et l'opéra. Les *gestes convulsifs* (*Zuckungen*) qui accompagnent la « mort ostentatoire » d'un héros de film muet sont comparés en effet à ce que Kafka, à propos de l'opéra, a appelé « cette errance, comme il l'écrit, de la voix dans la mélodie[272] ».

Dans sa première œuvre littéraire, *D'après nature*, le poète Sebald avait vu l'analogie, sur le plan de l'intensité expressive, entre le *geste* – l'« expression extrême des corps [*der äußerste Ausdruck der Körper*] » – et la *voix*, en-deçà de toute mélodie et de tout propos. De la *Tentation de Saint Antoine* de Grünewald (retable d'Issenheim), il écrit :

> C'est ainsi que Grünewald décrivait,
> Maniant en silence son pinceau,
> *les cris, les vociférations, les gargouillements,*
> *les chuintements d'un spectacle pathologique,*
> [*das Geschrei, das Grölen, das Gurgeln*
> *und das Geraune eines pathologischen Schauspiels*]
> dont son art et lui-même, comme il le savait bien,
> faisaient partie. La *posture de panique* [*Der panische Halsknick*]
> visible dans toutes les figures
> de l'œuvre de Grünewald, la tête renversée
> qui dégage la gorge et souvent expose le visage
> à une lumière aveuglante,
> est *la manière paroxystique qu'ont les corps de dire* que
> [*der äußerste Ausdruck der Körper dafür*]
> la nature ne connaît pas d'équilibre,
> mais enchaîne à l'aveuglette
> les expériences brutes,
> et comme un bricoleur insensé
> démantèle ce qu'elle vient à peine de créer[273].

Cette « *posture de panique* » est une authentique formule de pathos : d'abord parce qu'il s'agit littéralement d'un « superlatif du langage gestuel [*Superlativ der Gebärdensprache*] » qui traduit les cris et chuchotements dans

271 V, p. 136 [SG, p. 172].
272 V, p. 138 [SG, p. 174].
273 AN, p. 24 [NN, p. 24]. C'est moi qui souligne.

la forme visuelle d'un geste. Ensuite, ce geste est éminemment transmissible : tel un symptôme (« spectacle pathologique »), il se communique d'un sujet à l'autre et marque un aspect central de la formule de pathos qui est sa migration (d'un corps, d'un lieu, d'un temps à un autre), autrement dit sa structure de déplacement[274]. Et enfin, ce « *panischer Halsknick* » n'est pas un signe conventionnel, un élément de vocabulaire, un code univoque et transparent, mais une « formule d'intensité » issue d'une sorte de brouhaha expressif, de matière sonore non articulée, d'un en-deçà de la langue fait de cris, de rugissements, de gargouillis et de chuchotements : « *das Geschrei, das Grölen, das Gurgeln / und das Geraune* »... Un « en-deçà de la langue » que Sebald défend ardemment dans son essai sur Ernst Herbeck, le poète schizophrène qui est à ses yeux un « ambassadeur » (*Botschafter*)[275] de la « littérature mineure » définie par Gilles Deleuze et Félix Guattari dans leur livre sur Kafka. Herbeck, selon Sebald, vit à la fois *en-deçà* et *sous le règne* de la langue : en tant que bricoleur, *Bastler* – dans le sens de Lévi-Strauss –, il « renonce à exercer sa domination » et « vit – dans les divers sens que permet la préposition – "sous" la langue [*"unter" der Sprache*][276]. » Or ce « lien symbiotique avec la langue » et ce « "vécu intensifié de la signification" [*"intensivierte Bedeutungserleben*[277]*"*] » qui s'ensuit est décrit par Sebald comme un espoir « *a fortiori* si l'on considère la digitalisation croissante de notre besoin d'expression [*Digitalisierung unseres Artikulationsbedürfnisses*][278]. »

> Sous l'aspect de l'art, le contraire de la logique discursive, la désintégration, n'apparaît pas comme un phénomène symptomatique ; elle est un élément constitutif, et un « *domaine de vitalité des plus intenses* » [« *Gebiet intensivster Lebendigkeit*[279] »]. D'un point de vue esthétique, mais aussi psychologique, le désordre langagier agit comme un *réservoir d'énergies régénératrices* [*Reservoir regenerativer Energien*]. Freud était d'avis que l'investissement libidineux dans la représentation que l'on a des mots, qui se manifeste précisément par des

274 Le déplacement étant par ailleurs un principe fondamental de la figuration (*Darstellbarkeit*) chez Freud, que ce soit dans la formation du symptôme ou dans le travail du rêve, ainsi que chez Warburg, lorsqu'il s'agit par exemple du déplacement du mouvement vers les accessoires périphériques (*bewegtes Beiwerk*). *Cf.* Anja K. Maier, « "Der panische Halsknick". Organisches und Anorganisches in W. G. Sebalds Prosa », *Politische Archäologie und melancholische Bastelei*, *op. cit.*, p. 111-126.

275 DM, p. 191 [BU, p. 140].

276 DM, p. 190 [BU, p. 140].

277 *Ibid.* Sebald cite ici Leo Navratil, *Gespräche mit Schizophrenen*, München, dtv 1978, p. 15. Dans ce livre figure aussi un entretien avec Herbeck.

278 DM, p. 191 [BU, p. 140].

279 Leo Navratil, *Gespräche mit Schizophrenen*, *op. cit.*, p. 25.

mots isolés de leur contexte, cherche à reconstruire les relations émotionnelles aux objets[280]. »

L'œuvre de Herbeck est à cet égard un modèle de résistance à la *digitalisation* (ou numérisation) des affects et donc à la réduction des formes expressives en « discours ordonné [*der geordnete Diskurs*][281] » : « dans la mesure où la culture, comme la science avant elle, se retrouve sous l'emprise de l'administration, l'importance potentielle de la littérature mineure, dont Herbeck devrait à nos yeux faire figure d'ambassadeur, ne fait que croître[282]. » L'idée que l'expressivité non-discursive, non réductible à un « vocabulaire » systématisable, d'un « en-deçà de la langue » soit en même temps un facteur d'*intensification* expressive (*Gebiet intensivster Lebendigkeit, Reservoir regenerativer Energien*) est en elle-même très proche de la théorisation de la formule de pathos. À cela s'ajoute l'idée de survivance, de restes, de fossiles, dont Sebald emprunte les formulations à *La pensée sauvage* de Lévi-Strauss : le bricoleur travaille « "avec les résidus [*Überbleibsel*] de constructions et de destructions antérieures[283]" », « l'œuvre du bricoleur [...] se compose de détritus et de fragments, de "témoins fossiles de l'histoire d'un individu ou d'une société[284]" ». L'œuvre de Herbeck témoigne d'autant plus de ce procédé que « dans la schizophrénie ressurgissent des formes d'expression datant d'un stade archaïque de l'histoire de l'humanité [*daß in der Schizophrenie menschheitsgeschichtlich ältere Formen der Äußerung wieder zutage treten*][285] ». La schizophrénie ne fait que manifester des phénomènes anthropologiques qui dépassent largement le cadre de la seule « pathologie » particulière.

La manière dont Sebald combine Lévi-Strauss et Deleuze, *bricolage* et *littérature mineure*, permet de saisir l'articulation entre deux aspects de son œuvre qui sont généralement envisagés séparément : d'un côté, les restes, traces, fragments, objets trouvés, « documents »... et de l'autre, les références intertextuelles, les reprises et citations de textes ou d'images de la littérature et de l'histoire de l'art. Dans l'essai sur Herbeck, ce deuxième aspect est développé sous l'aspect de la « littérature mineure » :

280 DM, p. 181-182 [BU, p. 133]. C'est moi qui souligne.
281 BU, p. 140.
282 DM, p. 191 [BU, p. 140].
283 BU, p. 138, cit. *Das wilde Denken [La pensée sauvage]*, p. 30.
284 DM, p. 189 [BU, p. 138], cit. *Das wilde Denken*, p. 35.
285 DM, p. 188 [BU, p. 138].

> les notes que Herbeck rédige en marge des productions de poètes officiels illustrent sa propension à saper les œuvres de la grande culture. Un poème élaboré de Rilke comportant les ingrédients lyriques typiques du début du XXe siècle – après-midi d'été, vue dégagée, pièce pour piano, parc, odeur de jasmin, etc. – va être [...] promptement ramené à son plus petit dénominateur : « Le piano était installé de biais par rapport à la / fenêtre et la musique était sensass » [...] Les démontages de cette sorte sont tout à fait caractéristiques de la pratique de Herbeck, une écriture dans laquelle quelque chose de déjà achevé est retricoté et déformé [*Praxis Herbecks, in der etwas, das fertig schon vorliegt, umgefertigt und verschrieben wird*] jusqu'à ce que la réponse se transforme en question et l'image en énigme[286].

Pour parler de ce *démontage*, Sebald emprunte encore à Gérard Genette le terme de *palimpseste*, dont l'efficacité expressive serait due à « l'utilisation des maigres espaces vacants laissés entre les lignes écrites d'un autre texte [*Freiräume zwischen den vorgeschriebenen Zeilen eines anderen Textes*] » et aux « décalages [*Verschiebungen*] dans la structure des mots et des phrases[287] ».

La combinaison de ces diverses références montre à quel point Sebald voit le rapport, dialectique, entre montage et démontage, réécriture et effacement, reprise et destruction de formes antérieures, citation de formules préexistantes et recherche d'un en-deçà de la langue : c'est bien cette dialectique qui est à l'œuvre dans les formes survivantes, dans les valeurs expressives prédéterminées (*vorgeprägte Ausdruckswerte*) de Warburg, et qui produit leur effet d'*intensification* – loin de toute conception linéaire d'imitation et de continuité de la tradition. Le verbe *verschreiben* (« *Praxis Herbecks, in der etwas, das fertig schon vorliegt, umgefertigt und verschrieben wird* ») est employé ici dans un sens délibérément inhabituel, qui réactive des significations très diverses du mot : d'un côté, *verschreiben* suggère que les formes préexistantes sont utilisées, épuisées, consommées, consumées dans la pratique d'écriture de Herbeck. De l'autre, le préfixe *ver-* suggère aussi que cette opération *altère* ce qui préexiste, avec la connotation négative d'une dégradation, d'un amoindrissement, d'une disparition. Et en même temps, *verschreiben* signifie aussi *prescrire* au sens médical : ce qui est ainsi épuisé, consumé, altéré, est en même temps prescrit comme un antidote à cet épuisement – un *Reservoir regenerativer Energien.*

L'altération au principe même de l'intensification expressive : c'est un des éléments centraux de la réflexion de Warburg sur la formule de

286 DM, p. 189-190 [BU, p. 139].
287 DM, p. 190 [BU, p. 139].

pathos, et c'est un aspect dont il a emprunté le modèle théorique à la langue, comme l'a montré Georges Didi-Huberman :

> Warburg s'est d'abord tourné vers un paradigme linguistique : façon d'interroger le statut de la « formule » dans l'expression *Pathosformel.* Lorsqu'il énonce, dès 1893, son projet d'étudier chez Botticelli la « force formatrice du style » (*stilbildende Macht*) à travers les processus d'« amplification du mouvement » (*gesteigerte Bewegung*) – Warburg n'emploie pas au hasard l'adjectif *gesteigert* : celui-ci dénote bien l'intensification ou l'amplification en général ; mais il dénote aussi, plus spécifiquemement, l'usage grammatical du comparatif. L'analogie linguistique est donc là dès le départ. Warburg, dans ses manuscrits, ne cessera jamais de manier les niveaux d'intensification qu'il nomme, précisément, *comparativ* et *superlativ.* Et ce qui l'intéressera d'abord dans les représentations de *La Mort d'Orphée* par Mantegna et Dürer sera l'exhumation, comme il dit, de très anciens « superlatifs du langage gestuel » (*Superlative der Gebärdensprache*)[288].

Or précisément, l'intensification (par le comparatif et le superlatif) exige une altération :

> On sait le rôle qu'ont joué, dans cette conception, les théories linguistiques de Hermann Osthoff sur les caractères formels des supplétifs dans les langues indo-européennes : l'intensification requiert, disait Osthoff, un *changement de racine*, un déplacement radical : *melior* n'a pas la même racine que bonus, et *optimus* déplace encore les choses. Ce que Warburg exprimera dans ces termes : « Dès 1905, l'auteur [Warburg parle de lui-même] avait été conforté dans ses tentatives par la lecture du texte d'Osthoff sur la fonction supplétive dans la langue indo-germanique ; il y était démontré, en résumé, que certains adjectifs ou certains verbes peuvent, dans leurs formes comparatives ou conjuguées, subir un changement de radical, sans que l'idée de l'identité énergétique de la qualité ou de l'action exprimées en souffrît ; au contraire, bien que l'identité formelle du vocable de base eût tout à fait disparu, l'introduction de l'élément étranger ne faisait qu'intensifier la signification primitive (*sondern dass der Eintritt eines fremdstämmigen Ausdrucks eine Intensifikation der ursprünglichen Bedeutung bewirkt*). On retrouve, *mutatis mutandis*, un processus analogue dans le domaine de la langue gestuelle qui structure les œuvres d'art (*die kunstgestaltende Gebärdensprache*), quand on voit par exemple une Ménade grecque apparaître sous les traits de la Salomé dansante de la Bible, ou quand Ghirlandaio, pour représenter une servante apportant son panier de fruits, emprunte très délibérément le geste d'une Victoire figurée sur un arc de triomphe romain[289]. »

288 Georges Didi-Huberman, *L'image survivante*, *op. cit.*, p. 250.

289 *Ibid.*, p. 251-252. Il note plus loin : « De même que les "mots originaires" de Karl Abel – où Freud puisa en 1910 son fameux argument sur le "sens opposé" (*Gegensinn*) – les *Urworte* de Warburg sont des matériaux plastiques voués aux empreintes successives,

Revenons à l'évocation par Sebald de la *Tentation de Saint Antoine* de Grünewald et de son «*panischer Halsknick*», «expression extrême des corps» (Sebald) ou «superlatif du langage gestuel» (Warburg) décrit dans *D'après nature* comme l'équivalent visuel d'une matière sonore d'autant plus expressive qu'elle relève d'un «en-deçà de la langue» (Sebald) non ordonné, non formalisé, non systématisé : cris, rugissements, gargouillis et chuchotements. L'intensification expressive est produite là aussi par «l'introduction de l'élément étranger» qu'est, en l'occurrence, l'en-deçà de la langue. C'est là que la lecture de Deleuze et Guattari me semble essentielle. Dans son exemplaire, conservé à Marbach, de *Kafka. Pour une littérature mineure* en traduction allemande, Sebald a annoté en particulier le chapitre trois, «Qu'est-ce qu'une littérature mineure?» Il marque ainsi, par des crochets et des traits dans la marge, le passage suivant :

> Même celui qui a le malheur de naître dans le pays d'une grande littérature doit écrire dans sa langue, comme un juif tchèque écrit en allemand, ou comme un Ouzbek écrit en russe. Écrire comme un chien qui fait son trou, un rat qui fait son terrier. Et, pour cela, trouver son propre point de sous-développement, son propre patois, son tiers monde à soi, son désert à soi[290].

Un «en-deçà de la langue», pour employer l'expression de Sebald, dont Deleuze et Guattari trouvent partout les traces chez Kafka :

> Nous l'avons vu, le piaulement de Grégoire qui brouille les mots, le sifflement de la souris, la toux du singe; et aussi le pianiste qui ne joue pas, la chanteuse qui ne chante pas, et fait naître son chant de ce qu'elle ne chante pas, les chiens musiciens, d'autant plus musiciens dans tout leur corps qu'ils n'émettent pas de musique. Partout la musique organisée est traversée d'une ligne d'abolition, comme le langage sensé d'une ligne de fuite, pour libérer une *matière vivante expressive* qui parle pour elle-même et n'a plus besoin d'être formée[291]. Ce *langage arraché au sens*, conquis sur le sens, opérant une *neutra-*

aux déplacements incessants et aux renversements antithétiques. / On se tromperait donc lourdement à chercher dans l'anthropologie warburgienne une description des "origines" comprises comme "sources" pures de leurs destins ultérieurs. Les "mots originaires" n'existent que *survivants* : c'est-à-dire impurs, masqués, contaminés, transformés, voire antithétiquement renversés.» *Ibid.*, p. 254.

290 Gilles Deleuze et Félix Guattari, *Kafka. Pour une littérature mineure*, Paris, Minuit, 1975, p. 33. L'exemplaire de Sebald en traduction allemande s'intitule *Kafka. Für eine kleine Literatur.* Aus dem Französischen übersetzt von Burkhart Kroeber, Frankfurt a. M., Suhrkamp, 1976, p. 27.

291 Deleuze et Guattari citent ici en note un long passage du *Procès* : «Il finit bien par remarquer qu'on lui parlait, mais ne comprit pas; il n'entendait qu'un grand vrombissement

> *lisation active du sens*, ne trouve plus sa direction que dans un accent de mot, une inflexion : « Je ne vis que de-ci de-là à l'intérieur d'un petit mot dans l'inflexion duquel je perds pour un instant ma tête inutile. [...] Ma manière de sentir s'apparente à celle du poisson[292] ».

Non seulement l'intensité expressive n'est pas subordonnée à une signification univoque (les formules de pathos ne sont justement pas un *vocabulaire* univoque et systématisable), mais son intensité et sa *vie* est au contraire liée à la « neutralisation active du sens » : il s'agit de « [f]aire vibrer des séquences, ouvrir le mot sur des intensités intérieures inouïes, bref un *usage intensif* asignifiant de la langue[293]. »

Comme Warburg sur les travaux d'Osthoff, Deleuze et Guattari se sont appuyés sur les travaux d'un linguiste, spécialiste du judéo-espagnol, Haïm Vidal Sephiha. Ils écrivent, dans ce paragraphe annoté par Sebald (dont je reporte ici les soulignements) :

> En quoi la situation de l'allemand à Prague, vocabulaire desséché, syntaxe incorrecte, favorise-t-elle cet usage ? On pourrait appeler en général *intensifs* ou *tenseurs* les éléments linguistiques, si variés qu'ils soient, qui expriment des « tensions intérieures d'une langue ». C'est en ce sens que Vidal Sephiha nomme intensif « tout outil linguistique qui permet de tendre vers la limite d'une notion ou de la dépasser », marquant un mouvement de la langue vers ses extrêmes, vers un au-delà ou un en-deçà réversibles[294]. Vidal Sephiha montre bien la variété de tels éléments qui peuvent être des mots passe-partout, verbes ou prépositions assumant un sens quelconque ; des verbes pronominaux, ou proprement intensifs comme dans l'hébreu ; des conjonctions, des exclamations, des adverbes ; *des termes qui connotent la douleur*[295].

Sebald n'a pas seulement souligné ces derniers mots, il a également marqué d'un gros trait dans la marge les deux notes[296] faisant référence à l'article de Vidal Sephiha, et notamment cette deuxième note sur ces « termes qui connotent la douleur » :

---

qui semblait emplir tout l'espace et que perçait incessamment une sorte de son aigu comme une sirène. » La formule « matière vivante expressive » est traduite en allemand par « *lebendige Ausdrucksmaterie* » (p. 30).

292 *Ibid.*, p. 38. C'est moi qui souligne.

293 *Ibid.*, p. 41.

294 Haïm Vidal Sephiha, « Introduction à l'étude de l'intensif », *Langages*, 5e année, nº 18, 1970 : *L'ethnolinguistique*, p. 104-120. https://www.persee.fr/doc/lgge_0458-726x_1970_num_5_18_2031 (consulté le 12/11/2020).

295 Deleuze et Guattari, *Kafka*, *op. cit.*, p. 41-42. Dans la traduction allemande, p. 32-33.

296 Notes 15 et 16, placées en fin de volume dans l'édition allemande, p. 126.

> Sephiha, *ibid.* (« On peut penser que toute formule convoyant une notion négative de douleur, de mal, de peur, de violence, peut s'en délester pour n'en retenir que sa valeur limite, c'est-à-dire intensive » : par exemple le *sehr* allemand, « très », qui vient du moyen haut-allemand *sêr*, « douloureux »)[297].

Cette valeur intensive, survivance de son sens premier associé à la douleur, peut donc être affectée aussi à des significations positives et les intensifier : c'est le mécanisme que Warburg appelle « l'inversion énergétique », ou Freud le « sens contraire des mots originaires » (*Gegensinn der Urworte*).

De manière générale, l'article de Vidal Sephiha est étonnant de proximité avec la théorisation des formules de pathos : à l'opposé d'une conception linéaire et continue d'une étymologie permettant de remonter aux « sources pures » du sens, il met en lumière une anthropologie de la survivance dans la langue et éclaire « les zones les plus obscures de l'histoire des mots[298] » en montrant comment s'y manifeste une mémoire historique inconsciente à travers son refoulement même. Ainsi à propos du mot *bikini* : « Personne ne songe plus à l'îlot de Bikini désigné dès 1945 comme le théâtre d'expériences sur les bombes atomiques ! Toute l'horreur que cela implique a disparu [...][299] ». Mais pas tout à fait – ce qui a survécu, c'est précisément sa « valeur intensive » :

> Il faut ajouter que vers les années 45-50 on disait d'une chose extraordinaire qu'elle était atomique ! ou pulvérisante ! [...] L'horreur se mémorise (*cf. coup de Trafalgar*) puis se dématérialise pour ne conserver que sa valeur intensive.

Car « la notion d'horreur, de douleur ou de mal charrie et convoie celle d'intensif. » Vidal Sephiha, qui a lui-même survécu à Auschwitz où il avait été déporté en 1943, écrit :

> On pourrait essayer de prévoir, la publicité et la mode aidant, des intensifs du type : c'est canon ! – *c'est auschwitz ! – *c'est treblinka ! [...] *c'est bourreau ! [...] *c'est fracassant ! – *c'est hiroshima ! – *c'est nagasaki ! [...]

297 *Ibid.*, p. 42. Cet ancien sens de « douloureux » se retrouve encore aujourd'hui dans les mots « ver*sehrt*/unver*sehrt* », *blessé* /*indemne* (*Cf.* l'entrée « sehr » du *Deutsches Wörterbuch von Jacob und Wilhelm Grimm*, 16 volumes, Leipzig 1854-1961, accessible en ligne). Pour le français, Vidal Sephiha donne l'exemple de « *féru* d'histoire (étym[t] blessé) » (« Introduction à l'étude de l'intensif », art. cité, p. 117) – rappelant que la « passion » ainsi entendue est, elle aussi, une affaire d'atteinte, de blessure, de *pathos*.

298 Haïm Vidal Sephiha, « Introduction à l'étude de l'intensif », art. cité, p. 119.

299 *Ibid.*, p. 118.

> [il faut] attaquer de front le langage qui se fait sous nos yeux, celui de la publicité et de ses influences sur les langues des hommes[300].

Citons un dernier exemple que donne Vidal Sephiha d'une « horreur oubliée à laquelle n'a été empruntée que sa valeur intensive » :

> Ne dit-on pas aujourd'hui [en 1970] en Allemagne sans jamais penser à Auschwitz ou à Treblinka *Wir haben bis zur Vergasung darüber gesprochen !*, littéralement nous en avons parlé jusqu'à l'asphyxie = jusqu'à plus soif, sans fin, à n'en plus finir, etc.[301].

Cette expression (qui semble hors d'usage aujourd'hui), dont l'emploi avait déjà provoqué, dans *Efraim* d'Andersch, le fameux coup de poing discuté par Sebald (*cf. supra* p. 84-86), a donné lieu à un débat dans les années soixante, après que Hans Magnus Enzensberger l'avait relevée dans un *dictionnaire de l'allemand familier*, mais pas seulement dans ce livre :

> Dans n'importe quel train de banlieue de ce pays, on peut entendre, vingt ans après Auschwitz, l'expression « jusqu'au gazage ». [...] Allemands, apprenez l'allemand ! Hélas, nous le savons déjà. Le dictionnaire de l'inhumain [*Wörterbuch des Unmenschen*], c'est le nôtre[302].

Le linguiste Peter von Polenz avait soutenu ensuite qu'au contraire cette expression était parfaitement neutre, puisqu'elle existait déjà « avant », en l'occurrence depuis la Première Guerre mondiale – ce qui revenait à nier, comble pour un historien de la langue, que le sens des mots puisse être affecté par l'histoire, et qu'employer cette expression « sans jamais penser à Auschwitz ou à Treblinka » relevait tout de même, désormais, de l'exploit[303].

---

300 *Ibid.*, p. 118-119.

301 *Ibid.*, p. 118. Littéralement, « jusqu'au gazage ».

302 Hans Magnus Enzensberger, « Enzensbergers April-Lektüre. Heinz Küpper, Wörterbuch der deutschen Umgangssprache II », *Der Spiegel* 14/1963, p. 84-85, p. 85. L'expression « *Wörterbuch des Unmenschen* » fait référence aux analyses, par Dolf Sternberger, Gerhard Storz et Wilhelm E. Süskind, du vocabulaire nazi, d'abord parues dans les années 1945 à 1948 puis rassemblées en 1957 sous le titre *Aus dem Wörterbuch des Unmenschen*.

303 Le débat autour de l'emploi de cette expression, qui semble effectivement avoir été courante jusque dans les années 1960, réapparaît ça et là sous une autre forme : la courte chronique de Christoph Drösser parue dans la *Zeit* du 8 janvier 2009 – « est-il vrai que l'expression "*bis zur Vergasung*" était déjà employée avant 1933 ? » – et les commentaires de lecteurs auxquels elle a donné lieu montre que pour certains d'entre eux, l'antériorité de la formule prouverait son innocence et les autoriserait donc – en toute mauvaise foi – à l'employer malgré Auschwitz.

Le fonctionnement même de l'intensif tel que le définit Sephiha suppose d'ailleurs que l'horreur, quand bien même « dématérialisée », soit tout de même « mémorisée » ; l'intensification suppose la survivance, certes plus ou moins consciente, de « la notion d'horreur, de douleur ou de mal ». Mais les variations historiques dans la perception de cette expression courante qui a manifestement été employée comme si de rien n'était – comme une métaphore morte – jusqu'à au moins vingt ans après Auschwitz, et dont la monstruosité apparaît tout à coup dans les années soixante, montre à quel point il est possible de ne pas (vouloir) entendre ce qui se dit dans la langue, jusqu'à ce que cette mémoire latente ou refoulée soit réactivée selon les « temps et contretemps de la conscience historique », selon la formule de Lucie Campos ; l'empreinte de la catastrophe peut se déposer longtemps dans une forme (dans une formule) avant d'être *réalisée* ; sa valeur intensive peut agir longtemps en dépit de la neutralisation ou désactivation de son contenu même. Mais ce qui est désactivé a vocation à être réactivé, ce qui est « oublié » a vocation à revenir à la mémoire, et ce qui est refoulé, à faire retour. Les phénomènes de neutralisation et d'intensification ne sont pas linéaires, mais réversibles et discontinus.

PATHOS ET DEVENIR-ANIMAL DE LA LANGUE. AVEC DELEUZE

> Que puis-je faire des sentiments, sinon les laisser s'agiter & mourir dans le sable de la langue comme des poissons [*Was soll ich mit den Gefühlen anfangen, als sie wie Fische im Sande der Sprache zappeln & sterben zu lassen*] Robert Walser[304]

Le point de départ de ces réflexions était la « posture de panique » observée par Sebald dans la peinture de Grünewald : une formule de pathos notamment dans le sens où ce « superlatif du langage gestuel », qui se communique d'un personnage à l'autre comme un symptôme, échappe à tout code conventionnel et à toute signification préétablie. Il relève de cet « en-deçà de la langue » que Sebald voit également à l'œuvre dans l'écriture d'Ernst Herbeck, messager à ses yeux de cette littérature mineure de Deleuze et Guattari, dont Sebald a annoté les réflexions sur l'intensité fondées sur les travaux de Vidal Sephiha comme

304 Phrase de Robert Walser notée par Sebald (avec son usage caractéristique du signe « & ») sur l'une des fiches rassemblées sous le nom de « Konvolut EXZERPTE UND NOTIZEN » au Deutsches Literaturarchiv de Marbach.

celles de Warburg sur les travaux d'Osthoff. Dans son exemplaire de *Kafka. Pour une littérature mineure*, Sebald a donc relevé les passages qui lient l'intensification expressive à un « mouvement de la langue vers ses extrêmes, vers un au-delà ou un en-deçà réversibles[305] », incarné dans le « piaulement de Grégoire qui brouille les mots, le sifflement de la souris, la toux du singe », « ligne d'abolition » ou « ligne de fuite » du « langage sensé[306] » :

> *Le langage cesse d'être représentatif pour tendre vers ses extrêmes ou ses limites.* La connotation de douleur accompagne cette métamorphose, comme lorsque les mots deviennent piaulement douloureux chez Grégoire, ou le cri de Franz, « d'un seul jet et sur un seul ton[307] ».

Deleuze et Guattari décrivent le « devenir-animal[308] » de la langue dans un passage que Sebald a également annoté :

> L'animal ne parle pas « comme » un homme, mais extrait du langage des tonalités sans signification ; les mots eux-mêmes ne sont pas « comme » des animaux, mais grimpent pour leur compte, aboient et pullulent, étant des chiens proprement linguistiques, des insectes ou des souris. [...] un usage intensif asignifiant de la langue[309].

Mais où est le devenir-animal dans la langue de Sebald ? Son propre style n'est-il pas précisément aux antipodes d'une telle « ligne d'abolition » ? D'abord, lorsqu'on relève l'anachronisme du style de Sebald, c'est pour lui prêter tantôt une prose lisse et « pure », une « pureté classique » (Campos), tantôt une préciosité surannée, une écriture « en costume trois-pièces », une « syntaxe de grand-bourgeois » à la Thomas Mann (Cramer dans la *taz*), un ton *emprunté* évoquant le XIXe siècle… Cette énumération de références hétéroclites démontre à elle seule que ce n'est pas parce que la langue de Sebald est souvent perçue comme *d'un autre temps* qu'elle est en elle-même lisse et homogène. L'idée communément admise que Sebald aurait un style *classique* conduit en effet à négliger les facteurs de perturbation, les aspérités délibérées, les légers déboîtements qui caractérisent aussi sa prose et en font un tissu de survivances

305 Deleuze et Guattari, *Kafka*, *op. cit.*, p. 41.
306 *Ibid.*, p. 38.
307 *Ibid.*, p. 42.
308 *Cf.* aussi *Ibid.*, p. 24 et *Id.*, *Mille plateaux*, Paris, Minuit, 1980, p. 292-304.
309 *Ibid.*, p. 40-41.

et d'anachronismes. On peut citer les régionalismes et les archaïsmes délibérés, les incongruités (avec le fameux « trotzdem » autrichien, ou kafkaïen, qu'il revendique dans sa correspondance avec son éditeur[310]) et aussi cette particularité syntaxique qui s'apparente à l'hyperbate, qui est une des figures rhétoriques du pathos[311] et dont Sebald décrit lui-même l'effet dans la prose de Johann Peter Hebel :

> « [...] peut-être un bouquet de romarin sur ton cœur froid ou une rue. » Avec de telles cadences et inflexions en fin de phrase, qui signalent dans la prose de Hebel les émotions les plus profondes [*In solchen Kadenzen und Inflexionen am Satzende, die die tiefsten emotionalen Momente in der Prosa Hebels markieren*], la langue se replie sur elle-même et nous sentons presque le conteur poser sa main sur notre bras. [...] S'abaissant d'un demi-ton et ouvrant en quelque sorte sur le vide [*In seinen um einen Halbton abfallenden, gewissermaßen ins Leere gehenden Nachsätzen*], ces fins de phrase permettent à Hebel de se détacher des contingences de la vie et de s'élever jusqu'à ce point d'observation d'où, selon une note figurant dans les écrits posthumes de Jean Paul, on aperçoit au loin la terre promise à l'homme, ce pays dont il est dit autre part que personne encore n'y a séjourné[312].

L'autre aspect est que le « mouvement de la langue vers ses extrêmes, vers un au-delà ou un en-deçà réversibles » est produit avant tout chez Sebald par divers motifs ou *leitmotive*, qu'ils portent ou non explicitement sur la langue. Il en va de même chez Kafka : le « piaulement de Grégoire qui brouille les mots, le sifflement de la souris, la toux du singe », sont *évoqués* et non *accomplis* dans la langue, même si Kafka lui-même écrit, dans un passage de son journal cité par Deleuze et Guattari, et marqué dans la marge de deux gros traits de feutre par Sebald : « Pas un mot ou presque, écrit par moi, ne s'accorde à l'autre, j'entends les consonnes grincer les unes contre les autres avec un bruit de ferraille, et les voyelles

---

310 Dans la « Mappe 12 : Umbruch 2 » (« dossier 12 : deuxième jeu d'épreuves [d'*Austerlitz*] ») conservé aux archives de Marbach, il apparaît que le lecteur avait proposé « *obwohl* » au lieu de « *trotzdem* » (dans la tournure « *trotzdem wir es doch erwarteten* », « malgré que nous l'attendions ») ; Sebald maintient et explique : « *österreichisches "trotzdem", wie es Kafka immer gebraucht* » (« *"trotzdem" autrichien tel que Kafka l'emploie tout le temps* »).

311 Comme le rappelle le *Historisches Wörterbuch der Rhetorik* : *cf.* M. Kraus, « Pathos », art. cité, p. 690.

312 SC, p. 23-24 [LL, p. 22]. Matthias Zucchi n'évoque pas l'hyperbate, mais il a répertorié de nombreuses particularités – parmi lesquelles ces inversions syntaxiques – de la langue et du style de Sebald dans « Zur Kunstsprache W. G. Sebalds », *Verschiebebahnhöfe der Erinnerung. Zum Werk W. G. Sebalds*, éd. Sigurd Martin et Ingo Wintermeyer, Würzburg, Königshausen & Neumann, 2007, p. 163-181.

chanter comme des nègres d'exposition[313]. » C'est que "forme" et "fond", signifiant et signifié, plan structurel et plan thématique s'affectent l'un l'autre malgré tout : les cris et chuchotements, piaulements et sifflements, les gestes divers[314], le devenir-animal des personnages ou, chez Sebald, le *leitmotiv* du silence ou de l'assourdissement (*lautlos, tonlos, verstummt, stillschweigend* etc.), bref, l'évocation, par la langue, de formes d'expressivité qui se dérobent à elle, finissent par modifier sa perception même, en rendant présent et sensible l'en-deçà de la langue y compris *à même la langue*[315].

Il y a dans *Austerlitz* un passage où la langue est décrite dans une sorte de devenir-animal : c'est le passage sur la *survivance*, dans l'enfant séparé des siens, de la langue maternelle désormais hors d'usage et arrachée au sens (au sens commun, à la fonction instrumentale) :

> je m'imagine avoir encore perçu le lent effacement de ma langue natale [*Absterben der Muttersprache*], de mois en mois le dépérissement de sa clameur [*leiser werdenden Rumoren*], dont je pense que je gardai au moins encore un temps la trace, comme on garde en tête les raclements et les coups d'une présence captive [*wie eine Art Scharren oder Pochen von etwas Eingesperrtem*] qui d'effroi s'interrompent et se taisent pour peu qu'on leur prête attention [*vor Schrecken stillhält und schweigt*]. Il est certain que les mots si vite oubliés et les événements qui s'y rattachent seraient restés ensevelis dans les profondeurs de ma mémoire si par un concours de circonstances, ce dimanche matin, je n'étais pas entré dans la vieille salle d'attente de la Liverpool Street Station, quelques semaines à peine avant que les travaux de reconstruction ne la fassent disparaître à jamais[316].

C'est dans la disparition progressive (*Absterben*) de la langue que se révèle aussi sa vitalité quasi-animale : Austerlitz n'en perçoit plus que le *bruissement* indistinct (*Rumoren*), le mouvement, la pulsation vitale et insistante (le mot *Pochen* évoquant à la fois la pulsation et l'insistance). La langue maternelle, c'est-à-dire la langue de l'enfance et de la mère

313 Gilles Deleuze et Félix Guattari, *Kafka*, *op. cit.*, p. 42. « "*Kein Wort fast, das ich schreibe, paßt zum andern, ich höre, wie sich die Konsonanten blechern aneinanderreiben, und die Vokale singen dazu wie Austellungsneger.*" » Version allemande p. 33.

314 Chez Kafka, Deleuze et Guattari évoquent la « tête penchée / tête redressée ».

315 « Les enfants sont très habiles dans l'exercice suivant : répéter un mot dont le sens n'est que vaguement pressenti, pour le faire vibrer sur lui-même [...]. Kafka raconte comment, enfant, il se répétait une expression du père pour la faire filer sur une ligne de non-sens : "fin de mois, fin de mois..." ». Deleuze et Guattari, *Kafka*, *op. cit.*, p. 38-39.

316 A', p. 166-167 [A, p. 199].

disparue, est décrite très exactement comme un animal qui gratte et s'agite (*Scharren*) dans son terrier – un animal, c'est-à-dire une intensité d'affect en-deçà de tout système de signification, en-deçà des codes sémiotiques et des conventions rhétoriques. L'animalité de la langue serait sa dimension affective, tant l'affect, et le *pathos* même, est associé à l'animal, depuis l'*Agamemnon* d'Eschyle, où la douleur et le deuil sont comparés à des bêtes[317], jusqu'à Barthes qui considère que « [l]'animal est affect, il est affect pur[318] » et à Derrida qui entend ouvrir « l'immense question du pathos et du pathologique, justement, de la souffrance, de la pitié et de la compassion[319] » à partir de celle de l'animal, et en passant par Robert Walser dans la phrase notée par Sebald sur les sentiments qui « s'agitent et meurent comme des poissons dans le sable de la langue[320] ». Chez Sebald, la part affective-animale de la langue, son *pathos*, sa part *passible* selon l'expression de Patrice Loraux, *survit* dans son terrier comme dans une *salle d'attente* à l'image du Ladies Waiting Room de la Liverpool Street Station : c'est un *espace de latence* où ce qui enfoui peut ressurgir malgré tout.

Revenons un peu en amont de ce passage où Austerlitz se retrouve par hasard dans une partie désaffectée – destinée à des travaux imminents – de cette gare londonienne, le Ladies Waiting Room qui suscite en lui la révélation décisive : « J'avais en vérité le sentiment que la salle d'attente où je me tenais, frappé d'éblouissement, recelait toutes les heures de mon passé[321] », et où il comprend que c'est là qu'il est arrivé à Londres enfant. Tout ce long passage est précédé par un effondrement intérieur qui affecte en particulier sa faculté de s'exprimer dans la langue, de

317 *Cf.* Susanne Gödde, « Pathos in der griechischen Tragödie », art. cité, p. 225.

318 Roland Barthes, *La préparation du roman*, *op. cit.*, p. 142.

319 Jacques Derrida, *L'animal que donc je suis*, éd. Marie-Louise Mallet, Paris, Galilée, 2006, p. 47.

320 Notons qu'on trouve chez Hölderlin une image très proche : « Mon âme est jetée comme un poisson hors de son élément sur le sable de la berge et se tord et se débat dans tous les sens jusqu'à ce qu'elle se dessèche dans la chaleur du jour [*Meine Seele ist wie ein Fisch aus ihrem Elemente auf den Ufersand geworfen, und windet sich und wirft sich umher, bis sie vertrocknet in der Hitze des Tages*] », ainsi que chez Kafka : « Écrit un peu hier et aujourd'hui [...] Quoique vrai c'est méchant, mesquin, mécanique, un poisson qui sur un banc de sable respire encore à peine [*Gestern und heute ein wenig geschrieben* [...]. *Es ist trotz aller Wahrheit böse, pedantisch, mechanisch, auf einer Sandbank ein noch knapp atmender Fisch*] ». Passages cités par Martin Walser en exergue à son livre *Meßmers Momente*, Reinbek bei Hamburg, Rowohlt, 2014.

321 A', p. 164 [A, p. 196].

parler, de lire et surtout d'écrire : on cite souvent ces pages qui évoquent parfois presque textuellement la *Lettre de Lord Chandos* de Hofmannsthal, la dissolution du langage dans un épais brouillard :

> L'articulation de la langue, l'agencement syntaxique de ses différents éléments, la ponctuation, les conjonctions et jusqu'aux noms désignant les choses les plus simples, tout était enveloppé d'un brouillard impénétrable[322].

La langue d'Austerlitz, historien de l'architecture habitué à construire avec facilité les phrases les plus complexes, lui apparaît soudain à lui-même dans toute sa primitive animalité :

> Je me disais sans arrêt : une telle phrase, c'est quelque chose qui prétend avoir un sens, en réalité ce n'est qu'un pis-aller, une sorte d'excroissance générée par l'incertitude avec laquelle, un peu sur le modèle des plantes et des animaux marins avec leurs tentacules [*wie manche Meerespflanzen und -tiere mit ihren Fangarmen*], nous explorons à tâtons l'obscurité qui nous entoure[323].

Ou encore :

> Je ne voyais plus de cohérence nulle part, les phrases se diluaient en une série de mots isolés, les mots en une suite aléatoire de lettres, les lettres en signes disloqués et ceux-ci en une trace gris plomb brillant çà et là de reflets argentés, qui eût été sécrétée et abandonnée derrière soi par quelque gastéropode [*irgendein kriechendes Wesen*, littéralement *quelque créature rampante*] [...][324]

Cet effondrement, cette dissolution de la langue en tant que construction, structure, ordre signifiant, met donc à nu en même temps quelque chose en elle de plus *unheimlich*, mais d'organique et de *vivant* malgré tout. Cette crise d'Austerlitz qui culmine dans la destruction de ses écrits finit par aboutir, à la faveur de longues promenades à travers Londres, à la découverte fortuite du lieu si longtemps *désaffecté* de la Liverpool Street Station, où Austerlitz soudain *se revoit* et se souvient aussi – dans le passage cité plus haut – de la pulsation insistante et du bruissement de sa langue maternelle enfouie.

La scène décisive de la *reconnaissance* est donc liée, du début à la fin et de part en part, à la question de la langue. Et si la douleur d'Austerlitz

---

322 A', p. 150 [A, p. 179].
323 A', p. 150 [A, p. 179].
324 A', p. 150-151 [A, p. 180].

semble d'abord être qualifiée d'indicible – « c'était un tiraillement que je ressentais, une honte et un chagrin, ou je ne saurais dire quoi d'autre, d'inexprimable, parce que les mots manquent, de même qu'ils m'avaient manqué lorsque étaient venus vers moi ces deux étrangers dont je ne comprenais pas la langue[325] » –, ce rapprochement même entre l'impossibilité de trouver les mots et le drame d'Austerlitz enfant montre que le propos ne porte pas ici sur l'indicible en général : si les mots manquent, ce n'est pas parce que ce qu'il y a à dire est par principe inexprimable – nulle absolutisation ici du hors-langage, nulle apologie de l'Autre du langage – mais parce que la langue maternelle a été brusquement désertée, et avec elle la part affective, animale, passible, de la langue en général. Car c'est la langue même de l'usage courant – c'est-à-dire, pour Austerlitz, l'anglais – qui semble porter l'empreinte de cette perte : c'est en effet cette langue « d'adoption » qui tout à coup apparaît inconsciemment à Austerlitz sous les traits d'une ville dont on aurait oublié le plan, et qui ressemble à Prague :

> Si l'on considère la langue comme une vieille ville avec son inextricable réseau de ruelles et de places, ses secteurs qui ramènent loin dans le passé, ses quartiers assainis et reconstruits et sa périphérie qui ne cesse de gagner sur la banlieue, je ressemblais à un habitant qui, après une longue absence, ne se reconnaîtrait pas dans cette agglomération, ne saurait plus à quoi sert un arrêt de bus, ce qu'est une arrière-cour, un carrefour, un boulevard ou un pont[326].

Ce n'est pas la langue en général, la langue en tant que telle, en tant que système signifiant, qui est vaine et creuse : si la langue d'adoption produit un tel malaise, c'est parce qu'elle dissimule la langue maternelle, et avec elle le lieu d'origine (Prague), mais qu'en même temps elle porte l'empreinte de cette absence, dont elle a pris la forme (un dédale de rues et de places d'où le sujet s'est absenté trop longtemps). C'est que, comme l'avait vu Freud, « dans et derrière l'instance refoulante, le refoulé finit par s'affirmer victorieusement. [...] le refoulé, lors de son retour, surgit de l'instance refoulante elle-même[327]. »

La configuration particulière qui est celle d'Austerlitz, où la langue d'usage a refoulé la langue de l'enfance et de l'affect, me semble avoir

325 A', p. 165 [A, p. 197-198].

326 A', p. 150 [A, p. 179].

327 Sigmund Freud, *Le délire et les rêves dans la* Gradiva *de W. Jensen*, précédé de W. Jensen, *Gradiva. Fantaisie pompéienne*, Paris, Gallimard, 1986, p. 173-174.

chez Sebald – et dans sa poétique – une portée qui va bien au-delà de la valeur littérale qu'elle a ici, où il est question de deux langues objectivement bien distinctes (l'anglais, ou le français, et le tchèque). De manière générale, ce qui est mis en cause, c'est la langue *désaffectée* dans tous les sens du terme, désertée, mais aussi coupée de l'affect, désensibilisée – et non la langue en tant que telle, ni même, à mon sens, les constructions rationnelles qu'elle permet de produire (et dont elle est faite elle-même). Il s'agit de réactiver la passibilité dont la langue devient parfois le porteur impassible. La question n'est pas le médium, et au-delà, la question du dicible ou du représentable, mais la présence à soi : la représentation, disait Patrice Loraux, « ce n'est pas seulement la question de la figuration, de l'infigurable, de l'impuissance de l'image [...] ; la représentation, c'est aussi être un sujet qui revient à lui, capable de recouvrer l'affectivité [...][328] ». Austerlitz revient à lui dans cette salle d'attente dont l'intérieur, le *Innenraum*, semble se dilater[329] dans un mouvement de *vie* inverse au rétrécissement mortifère de son cœur décrit quelques pages plus haut[330]. La salle d'attente lui met sous les yeux son propre *Innenraum*, son propre espace de latence, son propre cœur survivant. Il revient à lui, *réalise* son deuil, se sent de nouveau « vraiment en vie » – une intensité de présence qui est en même temps la conscience douloureuse d'une vie manquée : « une terrible fatigue me gagna à la pensée de n'avoir jamais été véritablement en vie, ou de ne naître que maintenant, pour ainsi dire à la veille de ma mort[331]. »

Cette intensité nouvelle, ce revenir-à-soi dans la salle d'attente de Liverpool Street Station culmine et s'achève dans le passage sur la survivance animale de la langue maternelle. La langue se confond même, pourrait-on dire, avec cette salle d'attente, la langue *est* elle-même la salle d'attente, la dépositaire d'affects enfouis, le porte-empreinte d'un pathos survivant, latent, dont l'intensité est toujours susceptible d'être réactivée. On ne saurait opposer chez Sebald la perfection bien ordonnée d'une prose lisse et maîtrisée à la déchirure, la trouée de l'image comme Autre radical du langage, comme dehors du texte. C'est bien plutôt un en-deçà, un autre état, un état trouble de la langue qui affleure partout,

328 Patrice Loraux, « Les disparus », art. cité, p. 46.

329 A', p. 163 ; « *als dehnte sich der Innenraum, in welchem ich mich befand* » [A, p. 195].

330 A', p. 151 ; « *das Herz in der Brust mir zusammengepreßt wurde auf ein Viertel seiner natürlichen Größe* » [A, p. 180-181].

331 A', p. 166 [A, p. 198].

notamment dans ce passage-là. La *descente* vers ce monde souterrain ou ces « Enfers » (*Unterwelt*[332]) de Liverpool Street Station ouvre sur un monde d'obscurité, de grisaille, de brouillard, auquel correspond un étrange univers sonore, marquant, comme l'écrivait Haïm Vidal Sephiha à propos des « intensifs », « un mouvement de la langue vers ses extrêmes, vers un au-delà ou un en-deçà réversibles ». Ces extrêmes, ce sont, d'une part, le silence (« j'avais l'impression que tout autour le bourdonnement de la ville s'éteignait, que la circulation s'écoulait sans bruit sur la chaussée[333] »), une langue assourdie, amoindrie, étouffée : un « brouhaha de voix étouffées [*erstickten Stimmengewirr*][334] ». Et d'autre part, c'est le caractère étranger, voire *très* étranger de la langue – de la langue qui parle de lui – dans les hallucinations d'Austerlitz : « J'entendais aussi dans mon dos des gens parler de moi dans une langue étrangère, en lituanien, hongrois ou quelque autre idiome très exotique [*etwas sehr Ausländisches*][335] ».

Ce sont donc deux modalités paradoxales de l'intensification expressive que l'on retrouve dans toutes les œuvres de Sebald. On a vu que l'intensification expressive par *estrangement* se retrouvait très concrètement dans les citations en langue étrangère, parfois *très* étrangère, dans les moments de plus grande intensité émotionnelle :

> Il me suffit de tourner quelques pages de ce livre [l'histoire de Moïse en gallois] pour éprouver de nouveau l'angoisse qui me saisissait alors à l'endroit où la fille de Lévi confectionne un couffin d'osier, le calfate avec du bitume et de la poix, y dépose ensuite l'enfant et l'abandonne dans les roseaux sur le bord du fleuve – *yn yr hesg ar fin yr afon*, telle était, je crois, la lettre du texte [*der Wortlaut*][336].

Le motif du silence ou de l'assourdissement, fréquent chez Sebald, produit également un effet d'intensification expressive. Il est, bien sûr, souvent associé à la peinture : on se souvient de Grünewald, « [m]aniant en silence son pinceau[337] », convertissant en geste peint les cris et chuchotements de la douleur du monde. Les tableaux de Tripp étaient qualifiés

332 A', p. 154 [A, p. 184].
333 A', p. 154 [A, p. 184].
334 A', p. 155 [A, p. 185].
335 A', p. 154 [A, p. 184]. C'est moi qui souligne.
336 A', p. 69 [A, p. 81].
337 AN, p. 24 [NN, p. 24].

de « grisaille silencieuse [*lautlose Grisaille*] » et de « muet message [*stumme Botschaft*][338] ». La « plainte sans paroles [*lautlose Klage*] » des anges de Giotto dans la chapelle Scrovegni de Padoue est explicitement décrite comme une intensification : « On croyait entendre cette plainte retentir dans le silence de l'espace[339]. » La scène de la mort du héros dans le film muet qui fait pleurer Kafka au *Cinéma Pathè* est qualifiée d'« aria sans paroles [*tonlose Arie*][340] », tandis que le personnage de Salvatore assiste, loin des Arènes, à « un opéra silencieux [*eine lautlose Oper*][341] ».

Très à l'opposé de la tradition du *Laokoon* de Lessing, qui réserve le cri à la littérature et l'interdit dans les arts visuels, le cri chez Sebald apparaît toujours assourdi, muet, traduit dans le silence de l'image : le seul contre-exemple me semble être le cas des pleureuses corses de *Campo Santo* avec leurs cris et gesticulations hyperboliques, leurs bruyantes lamentations, qui suscitent tant de réticence chez Sebald. Le cri-image, le cri *silencieux* serait-il alors la forme qu'il aurait trouvée pour déjouer le *pathos* de la lamentation ? Si telle était l'intention, il faudrait constater que, par bonheur, cela n'a pas réussi, ou à moitié seulement : car cette manière de couper le son intensifie le pathos en même temps que de le mettre à distance. C'est la dialectique même de la formule de pathos telle que Georges Didi-Huberman la voit aussi à l'œuvre dans le « gestus pathétique » de Helene Weigel qui, dans le rôle de Mère Courage, pousse un cri muet au moment où elle entend l'exécution de son fils :

> le cri immobile et muet de Mère Courage n'est pas moins signifiant qu'une clameur déchirante, il n'est pas moins *pathétique* et « *pietà-tique* » que le hurlement de Médée ou la protestation d'Antigone. Il est immobile, certes, il est muet. Mais il se présente alors, exactement, comme un *cri photographié* ou statufié, c'est-à-dire comme un cri montré dans sa « dialectique à l'arrêt », bref, un cri délibérément exposé dans son *image*. Et c'est pourquoi les collections iconographiques documentaires réalisées par Bertolt Brecht revêtent, en plus de leur fonction historique, un aspect heuristique destiné à ressaisir l'approche théâtrale et lyrique de la douleur du monde[342].

338 SC, p. 174 [LL, p. 181, 180]. Traduction modifiée.
339 V, p. 80 [SG, p. 100].
340 V, p. 138 [SG, p. 174].
341 V, p. 123 [SG, p. 156].
342 Georges Didi-Huberman, *Quand les images prennent position*, *op. cit.*, p. 165. De la « plainte silencieuse [*lautlose Klage*] » des anges de Giotto (*cf.* SG, p. 100), Sebald montre trois détails de la fresque de la chapelle Scrovegni, trois photographies en noir et blanc juxtaposées, comme s'il s'agissait de trois moments successifs du même événement, isolés comme

Il n'y a pas lieu d'opposer le *pathos* et la *formule*, le *geste tragique* et le *geste épique*, *l'empathie* du tragique et la *distanciation* épique[343] : « La distanciation est évidemment nécessaire, mais dans son *jeu* incessant, dans sa dialectique avec la proximité du *pathos*[344]. »

L'*image silencieuse* est chez Sebald une formule de pathos qui *contient* et *intensifie* à la fois le pathos du cri, et c'est de là qu'il se diffuse pour ainsi dire dans sa prose. Dans *Austerlitz*, Sebald cite le récit que fait Claude Simon, dans *Le Jardin des Plantes*, sur le peintre Gastone Novelli qui, après avoir été soumis par la Gestapo à la même torture que Jean Améry – « *la pendaison par les mains liées dans le dos jusqu'à l'évanouissement*[345] » – s'exile en Amérique du Sud, où il vit avec des Indiens et compose « un dictionnaire de leur langue, composée presque exclusivement de voyelles, principalement le son A prononcé et accentué selon des variations infinies[346] », puis il retourne en Italie où il se met à peindre :

> Le motif principal qu'il ne cessait de décliner sous les formes et les compositions les plus diverses [...] était celui de la lettre A, qu'il grattait sur la surface de peinture étalée par lui, tantôt au crayon à papier, tantôt avec le manche de son pinceau ou un instrument encore plus grossier, en rangées serrées, se chevauchant et se recouvrant, toujours semblables et ne se répétant toutefois jamais, en vagues montantes et descendantes, comme un long cri prolongé.
> AAAAAAAAAAAAAAAAAAAAAAAAAAAAAAAA
> AAAAAAAAAAAAAAAAAAAAAAAAAAAAAAAA
> AAAAAAAAAAAAAAAAAAAAAAAAAAAAAAAA[347]

Novelli trouve deux modalités d'expression de ce cri de douleur : l'image, qui s'apparente presque à de l'écriture ; et la langue de ces « petits personnages à la peau cuivrée » parmi lesquels il trouve refuge, lui qui ne supporte plus « la vue d'un Allemand, et même celle de n'importe quel être soi-disant civilisé[348] ». Cette langue de la variation infinie, de l'accentuation et de l'intonation du A, semble incarner la dimension de

des photogrammes : première image – ange tête baissée ; deuxième image – ange tête redressée, cri ; troisième image, ange tête baissée. On se souvient d'un jeu similaire, également dans *Vertiges*, avec la juxtaposition de trois photographies identiques de la statue de St. Georges tuant le dragon (SG, p. 275).

343 *Ibid.*, p. 164.

344 *Ibid.*, p. 170.

345 A', p. 35 [A, p. 38].

346 A', p. 36 [A, p. 39].

347 A', p. 36 [A, p. 39-40].

348 A', p. 36 [A, p. 39].

l'expressivité, de la sensibilité, de la passibilité, cette dimension même qui est éliminée dans la langue nazie telle qu'Austerlitz la découvre dans le livre de H. G. Adler sur Theresienstadt, faite de ces « mots surcomposés ne figurant pas dans mon dictionnaire, que la langue administrative et technique utilisée par les Allemands et régissant tout à Theresienstadt produisait apparemment à jet continu » et qui est, ne serait-ce que visuellement, à l'opposé d'une langue de voyelles ou d'une série de A : « *Barackenbestandteillager, Zusatzkostenberechnungsschein, Bagatellreparaturwerkstätte*[349] ».

Comment (re)donner voix au A dans l'écriture ? Deleuze et Guattari décrivent la langue de Kafka comme « une syntaxe du cri » :

> On fera filer l'allemand sur une ligne de fuite ; on se remplira de jeûne ; on arrachera à l'allemand de Prague tous les points de sous-développement qu'il veut se cacher, on le fera crier d'un cri tellement sobre et rigoureux. On en extraiera l'aboiement du chien, la toux du singe et le bourdonnement du hanneton. On fera une syntaxe du cri, qui épousera la syntaxe rigide de cet allemand desséché. [...] Emporter lentement, progressivement, la langue dans le désert. Se servir de la syntaxe pour crier, donner au cri une syntaxe[350].

Chez Sebald, c'est autre chose : moins une syntaxe du cri que sa *dissémination* dans la matière même de la langue, et précisément dans le A. Iris Denneler a retracé ce réseau infini du « signifiant A » dans l'œuvre de Sebald, notamment dans *Austerlitz*, où il relie de nombreux personnages par *l'air de famille* de cette initiale commune (Austerlitz, Agáta, Adela, (Maximilian) Aychenwald, (Tereza) Ambrosová) –, mais aussi les lieux (Alderney Street, Anvers, Andromeda Lodge), et jusqu'au contour des forts de Saarlouis et de Theresienstadt dont les plans, insérés dans le texte[351], les inscrivent eux aussi dans ce « réseau d'associations iconographiques[352] » dont le « référent jamais nommé, toujours invisible [...] cette chose tenue à distance et néanmoins toujours désignée », selon l'expression de Michael Silverblatt[353], est « Auschwitz », dont le nom

349 A', p. 280 [A, p. 334].
350 Deleuze et Guattari, *Kafka*, *op. cit.*, p. 48.
351 *Cf.* A, p. 22 et A, p. 332-333.
352 Iris Denneler, « Am Anfang A. Spuren und Familienähnlichkeiten in W. G. Sebalds Werk », *W. G. Sebald. Mémoire. Transferts. Images*, *op. cit.*, p. 139-156, p. 148.
353 AdM, p. 83.

résonne par ailleurs aussi bien dans le patronyme d'Austerlitz que dans les « sources d'Auschowitz [*Auschowitzer Quellen*] » de Marienbad[354].

Ce qui fait la « douceur », le « calme » de la prose de Sebald est donc précisément aussi ce qui en fait la puissance de pathos : un pathos disséminé, pulvérisé, atomisé, à l'image de l'*air* qui nous entoure, et qui semble toujours porter l'empreinte des souffrances passées, comme le note Austerlitz traversant la gare de Liverpool Street :

> souvent je me suis demandé si la peine et les souffrances [*das Leid und die Schmerzen*] qui s'y étaient accumulées au fil des siècles avaient jamais cessé d'être, si aujourd'hui encore, quand je croyais parfois sentir passer sur mon front un souffle froid, il ne nous arrivait point de les traverser en allant et venant dans la salle des pas perdus ou en montant et descendant les volées d'escaliers[355].

Cette *puissance de pathos* est à entendre dans les deux sens du terme : c'est une question d'*intensité*, mais aussi de *virtualité* – un pathos en puissance, un pathos latent, en attente. Ce n'est pas un pathos spectaculaire, théâtral – mais la scène est là, le théâtre d'un déploiement possible, puisque c'est exactement dans ces termes qu'Austerlitz entre dans la zone désaffectée de Liverpool Street Station :

> J'hésitai à avancer vers la porte battante mais à peine avais-je posé ma main sur la poignée de laiton qu'après avoir franchi le sas fermé par un rideau de feutre pour éviter les courants d'air, je me retrouvai dans cette salle visiblement désaffectée depuis des années, tel un acteur, dit Austerlitz, qui sort des coulisses et, au moment où il se tient sur scène, s'aperçoit qu'il a complètement, irrémédiablement, oublié le texte appris par cœur et aussi le rôle déjà si souvent interprété[356].

Sur cette scène, Austerlitz se tient immobile un très long moment, comme en attente de ce qui va (lui) arriver, et finalement, dit-il, « il me semblait que l'espace intérieur dans lequel je me trouvais se dilatait [*als dehnte sich der Innenraum, in welchem ich mich befand*][357] », jusqu'au réveil du souvenir et jusqu'à la perception de l'insistante pulsation de la langue maternelle enfouie.

---

354 A', p. 256 [A, p. 306].
355 A', p. 157 [A, p. 187].
356 A', p. 162 [A, p. 193].
357 A', p. 163 [A, p. 195]. Traduction modifiée.

NOCTURAMA PATHETICA. CINÉMA

La salle d'attente de la gare de Liverpool Street fait écho à une autre salle d'attente, la *Salle des pas perdus* (en français dans le texte) de la gare d'Anvers sur laquelle s'ouvre *Austerlitz*, qui est à son tour explicitement associée au nocturama du zoo d'Anvers :

> Au fil des ans, les images que j'ai conservées de ce monde à l'envers se sont mélangées à celles de la *salle des pas perdus* de la Centraal Station anversoise ; et aujourd'hui, dès que j'essaie de me représenter cette salle d'attente, je vois le Nocturama, et, quand je pense au Nocturama, j'ai à l'esprit la salle d'attente[358].

Cette superposition est expliquée par le fait que la Salle des pas perdus est, comme le nocturama, perçue comme un espace de survivance, de survivants :

> Un peu comme les animaux du Nocturama, parmi lesquels se trouvait un nombre surprenant de races naines, de minuscules fennecs, gerbilles et hamsters, ces voyageurs, en raison de la hauteur extraordinaire de la verrière ou encore de l'obscurité croissante, m'apparaissaient rétrécis, et c'est pourquoi, je présume, m'a effleuré l'idée évidemment absurde qu'ils étaient les derniers représentants d'un peuple de taille réduite, disparu ou chassé de sa terre, de spécimens qui, parce qu'ils étaient les seuls à survivre, avaient sur le visage la même expression d'accablement que les bêtes du zoo[359]

La superposition entre le nocturama et ces deux salles d'attente, d'Anvers et de Londres, produit la vision d'un espace intermédiaire, réel et onirique, extérieur et intérieur, du présent et du passé, un lieu à la fois de survivance et de latence, une grisaille, une pénombre d'où il faut attendre que les choses apparaissent : « Mes yeux ont mis un bon moment à s'habituer au clair-obscur artificiel [*das künstliche Halbdunkel*] qui règne en ce lieu et à distinguer derrière les vitres les différents animaux vivant leur vie crépusculaire à la lueur d'une lune blafarde[360]. » Entrer dans le nocturama-salle d'attente, c'est entrer dans ce temps de latence que produit la sortie du monde diurne, de ses significations et de ses représentations claires et distinctes, et s'ouvrir au *pathos* de ce qui apparaît et disparaît, sans qu'on en ait la maîtrise active. Les grands

358 A', p. 11-12 [A, p. 8].
359 A', p. 13 [A, p. 9-10].
360 A', p. 10 [A, p. 6]. Traduction modifiée.

yeux ronds des animaux nocturnes, qu'il assimile au regard de « certains peintres et philosophes » tentant « par la pure vision [*reine Anschauung*] et la pure pensée [*reines Denken*] de percer l'obscurité qui nous entoure[361] », figurent l'ouverture maximale à cet en-deçà des constructions rationnelles et conscientes : une sorte de devenir-animal de la pensée, l'exposition à notre propre *pathos*. « Emporter lentement, progressivement, la langue dans le désert », écrivaient Deleuze et Guattari à propos de Kafka[362], ou encore : « Écrire comme un chien qui fait son trou, un rat qui fait son terrier. Et, pour cela, trouver son propre point de sous-développement, son propre patois, son tiers monde à soi, son désert à soi[363]. » Le nocturama est, littéralement, un tel désert – on y devine « des chauve-souris et des gerboises venues d'Égypte ou du désert de Gobi, des hérissons, des chouettes et des grands ducs de nos contrées [...] s'affairant sur le sol de sable jaune et gris[364] ». Mais il fait surtout descendre vers « son désert à soi », il figure cette sorte d'anamnèse qui fait « trouver son propre point de sous-développement » et ramène le sujet en-deçà du langage, dans l'enfance profonde, dans le monde de ce qui *survit* à l'ombre de notre présent et peut à chaque instant ressurgir inopinément[365].

Les archives de Marbach recèlent, parmi les documents qui ont servi à Sebald pour l'écriture d'*Austerlitz*, un texte qui lui a été envoyé à sa demande par le directeur du zoo d'Anvers, le 16 juin 1998[366]. Ce texte est en néerlandais : dans sa lettre d'accompagnement, le directeur du zoo écrit à Sebald : « *We didn't find any French copy anymore, but as you told me Dutch shouldn't be a problem*[367] ». En effet, Sebald l'a utilisé : on trouve une annotation en marge à la deuxième page, et l'une des fameuses paires d'yeux du début d'*Austerlitz* provient de l'une des illustrations photographiques du texte. Son auteur est le néerlandais Siegfried E. Van Praag (!), né en 1899 à Amsterdam, fils d'un diamantaire juif, qui s'est installé à Bruxelles en 1936 puis s'est exilé à Londres lorsque les

361 A', p. 11 [A, p. 7].

362 Deleuze et Guattari, *Kafka. Pour une littérature mineure*, *op. cit.*, p. 48.

363 *Ibid.*, p. 27.

364 A', p. 10 [A, p. 6].

365 Comme l'écrit Chalamov : « j'avais encore tout mon passé devant moi ». Varlam Chalamov, *La Quatrième Vologda*, traduit du russe par Sophie Benech, Paris, Verdier, 2008. Merci à Franziska Thun-Hohenstein pour cette référence.

366 La lettre est conservée à Marbach dans le dossier 14 : « Mappe 14, Materialien ».

367 Lettre de Roland Van Bocxstaele à Sebald du 16. 6. 1998, sur papier à en-tête avec le logo du zoo d'Anvers, montrant un raton-laveur.

Allemands ont envahi les Pays-Bas et la Belgique. Mais autre chose a dû frapper Sebald : c'est le titre du texte, *Nocturama pathetica*[368].

Qu'y a-t-il de *pathétique* dans le nocturama ? Étrangement, Van Praag ne le développe pas explicitement, bien qu'il répète le terme au début de son texte : « Dans le nocturama d'Anvers, le plus beau que je connaisse, je trouve le pathétique de la vie dans la pénombre telle que nous, les humains, la subissons[369]. » Et il dit aussi que les architectes et concepteurs de ce nocturama ont « ressenti et souligné ce pathétique[370] ». Mais la suite du texte ne revient pas explicitement sur cette idée : tout ce qui y est décrit est donc *implicitement* raccordé à un *pathos* qui demeure latent. C'est sous le signe du *pathos* de ce *nocturama pathetica* que nous entrons dans ce monde où, dit Van Praag, « nous sommes saisis un instant par le contraste entre le concert des oiseaux [chants d'oiseaux diurnes, enregistrés et amplifiés avant l'entrée dans le nocturama] et les bruits et les cris des animaux nocturnes[371]. » Du chant bien ordonné aux bruits et aux cris, le visiteur accomplit un mouvement vers « son propre point de sous-développement », que Van Praag explicite lui-même :

> Où descendons-nous ? Avant tout dans notre propre esprit – dans l'évolution historique de l'homme. Du monde du crépuscule [...] proviennent nos représentations de créatures mythologiques et nos contes. Nos contes ne sont que des contes, mais ce qui nous les a inspirés existe encore[372] !

Le trouble naît de ce que ces créatures de contes et de mythologie, que l'on situerait volontiers dans un *autrefois* immémorial, s'avèrent bien vivants, au présent : « Nous ne croyons plus aux démons, mais les animaux qui les ont fait naître dans nos esprits [...] existent toujours[373]. »

368 Siegfried E. Van Praag, « Nocturama pathetica ». Met foto's van V. Six [publication du zoo d'Anvers, non datée], p. 7-12.

369 « *In het Antwerpse nachtdierenverblijf, het mooiste dat ik ken, vind ik de pathetiek van het leven in het halfdonker zoals wij mensen dit ondergaan.* » « Nocturama pathetica », p. 7. Merci à Aukje Rammelt pour sa traduction.

370 « *die pathetiek gevoeld en onderstreept* ». *Ibid.*

371 « *Even schrikt men terug voor deze meest polaire sfeerbreuk van het vogelconcert naar het nachtdieren geruis en geschreeuw.* » *Ibid.*

372 « *Waarin daalt men af ? Vooral in onze eigen geest – in de historische evolutie van de mens. Want in de schemeringswereld* [...] *ontstonden onze voorstellingen van mythologische wezens en onze sprookjes. Onze sprookjes zijn maar sprookjes geworden. Maar wat de sprookjes heeft ingegeven bleef bestaan !* » *Ibid.*

373 « *Aan demonen gelooft men niet meer, maar dieren die ze baarden in onze geest* [...] *die bestaan er nog.* » *Ibid.*, p. 7-8.

Est-ce l'actualité inattendue de ce qui semblait appartenir à un passé obscur qui fait l'intensité de la « révélation [*geopenbaard*] » (p. 8) du nocturama ? En tout cas, ce *nocturama pathetica*, que Van Praag associe lui-même au terrier de Kafka[374], n'est pas décrit comme un lieu d'expressivité spectaculaire : s'il est un univers d'« *expressions étranges* [*zonderlinge gezichtsuitdrukkingen*][375] », où les visages font penser à des masques, l'atmosphère générale est « caractérisée par la nonchalance [*een sfeer die door nonchalance gekenmerkt wordt*] » (p. 10), qu'on pourrait aussi traduire par l'*impassibilité* : « La nonchalance, c'est : faire comme si l'autre n'existait pas, regarder l'autre comme on regarderait un fragment de nature morte. Un crocodile enjambe un autre crocodile comme s'il s'agissait d'un tronc d'arbre[376]. » Et pourtant, les *passions* ne sont pas absentes de ce monde : « Mais le monde des humains est devenu tellement strident qu'il est plus paisible de vivre dans l'univers de la pénombre, même si les mêmes passions et instincts y règnent qu'à la lumière du jour[377]. »

Loin du monde *strident*, l'univers de la pénombre, la zone crépusculaire du nocturama est littéralement une *grisaille*, une « symphonie de gris », dit Van Praag : « Lorsqu'on s'habitue au crépuscule, on voit une palette de couleurs. Comment dois-je la nommer ? Une symphonie de gris et de brun ? Mais du blanc m'apparaît. Même si ce n'étaient que les fesses de nos lapins des dunes. Le gris se perd dans le noir[378]. » Le monde de la grisaille et de l'impassibilité n'est toutefois pas un monde neutre, indifférent, bien au contraire : « On ne peut presque pas quitter cette atmosphère. On s'y habitue. Et même si l'homme n'est pas né pour cela, cette symphonie grise nous fascine tout autant que la symphonie de lumière qui nous entoure[379]. »

---

374 « Ceci confirme l'hypothèse de la taupe géante de Franz Kafka, qu'un espace séparé n'apporte nulle part de la sécurité. » « *Dit bevestigde de stelling van Franz Kafka's reuzenmol, dat er nergens afgescheiden zekerheid te vinden is.* » *Ibid.*, p. 11.

375 *Ibid.*, p. 10.

376 « *Nonchalance is : het doen of de ander er niet is, of de ander niet anders beschouwen dan een stukje dode natuur. Zo klauteren krokodillen over elkaar of het houtstronken zijn.* » *Ibid.*, p. 9.

377 « *Maar zó schel is de mensenwereld geworden, dat het rustiger is in de schemeringssfeer te leven, al heersen daar dezelfde hartstochten en instincten als in die van het daglicht.* » *Ibid.*, p. 11.

378 « *nu we gewend raken aan de wereld van de schemering, met een gamma van kleur ! Hoe moet ik het noemen ? Een symfonie in grijs en bruin ? Maar er dringt wit tot me door. Al waren het maar de billetjes van onze duinkonijnen. Het grijs verliest zich in zwart.* » *Ibid.*, p. 8.

379 « *Men kan deze sfeer bijna niet verlaten. Men went er aan. En hoewel de mens er niet voor geboren is boeit deze grijze symfonie ons evenzo als de lichtsymfonie om ons heen* » *Ibid.*, p. 11.

Le nocturama d'Anvers, dont le texte de Van Praag nous révèle le sous-texte ou le sous-titre, rappelle un autre genre de *nocturama pathetica* : le cinéma. Sebald compare les rêves de Kafka à des « films qui passent dans la chambre obscure de son âme, et qu'il traverse comme son propre fantôme[380] ». La référence au cinéma est en effet assez centrale pour se retrouver y compris sous des formes indirectes, ainsi dans le récit d'Austerlitz sur les moments passés avec Adela – moments que l'on peut dire d'émotion latente – dans la salle de bal d'Andromeda Lodge, à contempler les images éphémères et mouvantes produites par le jeu de l'ombre et de la lumière au soleil couchant :

> Après la partie [de badminton] nous restions la plupart du temps quelques minutes dans la salle, à contempler jusqu'à ce qu'elles disparaissent les ombres mouvantes d'une aubépine que dessinaient, sur le mur à l'opposé de la fenêtre en ogive, les derniers rayons du soleil rasant [*die Bilder* [...] *die* [...] *durch das bewegte Gezweig eines Weißdorns* [...] *geworfen wurden*]. Les motifs déliés alternaient sans trêve sur la surface claire ; fugaces, instables, ils s'évanouissaient aussitôt nés [*Die schütteren Muster, die dort in ständiger Folge auf der lichten Fläche erschienen, hatten etwas Huschendes, Verwehtes, das sozusagen nie über den Moment des Entstehens hinauskam*][381].

Ces images projetées sur le mur évoquent à plus d'un titre le dispositif cinématographique[382] : parce que le cinéma est le modèle même de l'image en mouvement, mais aussi pour sa dimension onirique et fantomatique, qui est un *topos* de la première critique cinématographique et qui intéresse Sebald notamment dans son essai sur Kafka et le cinéma. Dans *Austerlitz*, le projectionniste Owen est, non par hasard, l'un des fils d'Evan, celui qui voit les esprits et fantômes[383]. Tous ces aspects convergent dans l'analogie entre le cinéma et les processus psychiques, entre les images mouvantes qui se succèdent à l'écran et celles qui surgissent et disparaissent dans notre conscience, les réminiscences de la mémoire

380 « *in der Camera obscura seiner Seele spielende Filme, in denen er umgeht als sein eigener Geist* » [CS, p. 203]. Roland Barthes, parlant de cinéma, évoque avant tout le lieu et la situation, « le "noir" du cinéma (je ne puis jamais, parlant cinéma, m'empêcher de penser "salle", plutôt que "film" », « cube obscur, anonyme, indifférent, où doit se produire ce festival d'affects qu'on appelle un film. » « En sortant du cinéma », *Communications* n° 23, 1975, *Psychanalyse et cinéma*, p. 104-107, p. 104.

381 A', p. 136 [A, p. 162].

382 Du moins celui de la lanterne magique comme ancêtre du cinéma. *Cf.* Christoph A. Klimke, *W. G. Sebald und der Film*, Frankfurt a. M., Peter Lang, 2011.

383 A', p. 72 [A, p. 85].

involontaire, les imprévisibles retours du refoulé, l'intermittente, étrange et inquiétante présence du passé. Au-delà du cinéma, cette temporalité complexe préside aussi chez Sebald à la perception des images dites fixes. Ainsi dans le passage sur le développement des photographies :

> Ce qui m'a particulièrement fasciné dans le travail photographique, c'est l'instant où l'on voit apparaître sur le papier exposé, sorties du néant pour ainsi dire, les ombres de la réalité, exactement comme les souvenirs, dit Austerlitz, qui surgissent aussi en nous au milieu de la nuit et, dès qu'on veut les retenir, s'assombrissent soudain et nous échappent, à l'instar d'une épreuve laissée trop longtemps dans le bain de développement[384].

Dans l'image photographique, c'est l'instant du surgissement de l'image qui est valorisé, et le caractère éphémère de cette image que l'on ne saurait retenir. Cela ne concerne pas seulement le processus même du développement, qu'il faut interrompre – arrêter, immobiliser – pour obtenir la photographie proprement dite ; c'est bien l'image elle-même qui est perçue comme le théâtre d'un *mouvement* qui est aussi une *émotion*. C'est ainsi que Věra, dans *Austerlitz*, formule la charge émotionnelle des vieilles photographies : « On avait l'impression, dit-elle [Věra], que quelque chose bougeait en elles [*es rühre sich etwas in ihnen*][385] ».

Les images en mouvement sur l'écran semblent à ce point correspondre au rythme des images intérieures et de leurs anachronismes que les images de la mémoire et les apparitions du souvenir finissent par avoir elles-même un air de cinéma. Dans les *Émigrants*, Aurach adulte voit « presque tous les jours » une femme que l'on devine être sa mère, déportée et assassinée en réalité depuis de longues années, rentrer le soir à la maison et se pencher sur son enfant[386]. Cette courte séquence, toute en noir et blanc ou plutôt en gris, et toujours muette (« *immer eine stumme Szene*[387] »), présente de fait les caractéristiques formelles du cinéma à ses débuts.

Ces « souvenirs fragmentaires dont les images viennent [le] hanter [*Erinnerungsbilder* [...] *Zwangsvorstellungen*][388] » réduisent l'histoire à un seul geste qui, sous le signe du trauma, se répète inlassablement :

---

384 A', p. 95 [A, p. 113]. Traduction modifiée.
385 A', p. 218 [A, p. 262].
386 LÉ, p. 215 [DA, p. 271].
387 *Ibid.*
388 LÉ, p. 214 [DA, p. 270].

ainsi, cette séquence se dérobe à tout récit et à toute logique narrative proprement dite. Mais la répétition perpétuelle empêche aussi qu'elle soit fixée en une image soustraite au temps. L'image, ici encore, est soumise au rythme de l'apparition et de la disparition, par lequel « les faits quotidiens, exactement comme au cinéma, se défont sous nos yeux en images sans pesanteur [*vor unseren Augen sich auflöst in Bilder ohne Gewicht*][389] », comme le note Sebald à propos du journal de Kafka. Bien que cette scène soit évoquée uniquement par les moyens de la langue, la suggestion implicite d'une scène de cinéma muet la soustrait en même temps à cette dimension verbale et semble la déplacer vers une dimension visuelle – qui toutefois se dérobe elle aussi. Dans ces déplacements entre texte et image sous le signe de la dissolution, c'est un travail de rêve et de deuil (*Traum- und Trauerarbeit*[390]) qui se manifeste et qui est le sujet central d'Aurach – d'un peintre qui, en même temps que sa mère, a aussi perdu sa langue maternelle et qui se trouve contraint de transférer même son « désir d'image [*Wunsch nach dem Bild*] » dans « l'image estompée et dispersée de la cendre sur le sol de l'atelier [*verwischte, zerstreute Aschebild des Atelierbodens*] » qui au fil du temps s'est formé comme un produit accidentel de son travail de peintre[391].

389 CS', p. 196 [CS, p. 203].
390 *Ibid.*
391 Barbara Naumann, « Übertragung des Bildes. W. G. Sebalds symptomaler Text », *Intermedien. Zur kulturellen und artistischen Übertragung*, éd. Alexandra Kleihues, Barbara Naumann et Edgar Pankow, Zürich, Chronos, 2010, p. 433-446, p. 441.

PATHOS ET THÉÂTRALITÉ

La survivance du pathos théâtral dans le médium de la prose

Le motif du théâtre est apparu à plusieurs reprises tout au long de notre étude, et à des moments décisifs : on se souvient du passage d'*Austerlitz* sur le « théâtre de l'histoire » dont nous ne ferions « qu'utiliser des éléments de décor que d'autres avant nous ont déjà plus d'une fois disposés ici et là sur la scène[1] ». Sebald recourt au théâtre comme à une métaphore classique, ou plutôt baroque, de l'histoire, mais aussi comme à une métaphore de la mémoire qui elle aussi a une longue tradition[2] :

> au fond, le proscenium [*Proszenium*] où s'était tenue Agáta était comme un œil éteint [*wie ein erloschenes Auge*]. Et plus je m'efforçais de trouver en moi ne serait-ce qu'une trace de sa présence, plus j'avais l'impression que la salle du théâtre rétrécissait [...] Plus tard seulement, lorsque derrière le rideau fermé quelqu'un traversa furtivement la scène et provoqua un mouvement de houle dans les plis de la lourde étoffe [*eine Wellenbewegung in den schweren Stoffbahnen ausgelöst hatte*], les ombres sous mon regard commencèrent à s'animer [*begannen sich die Schatten zu regen*] et je vis [...][3]

---

1 A', p. 89 [A, p. 105].

2 Les *imagines agentes* mnémotechniques de la rhétorique antique sont censés déployer une puissance théâtrale et affective. Le « théâtre de la mémoire » et l'idée de « scène intérieure » sont développés dans les conceptions chrétiennes de la méditation, qui rejoignent le théâtre religieux. *Cf.* Günter Butzer, « Gedächtnismetaphorik », *Gedächtniskonzepte der Literaturwissenschaft. Theoretische Grundlegung und Anwendungsperspektiven*, éd. Astrid Erll et Ansgar Nünning, Berlin / New York, De Gruyter, 2005, p. 11-29, p. 21. *Cf.* les passages dans les *Anneaux de Saturne* : « Qu'est-ce donc que ce théâtre dans lequel nous sommes tout à la fois dramaturge, acteur, machiniste, décorateur et public ? » / AS, p. 100 [RS, p. 99]. Quant à l'écrivain Edward FitzGerald obligé de renoncer à se rendre à l'opéra pour y voir *La flûte enchantée*, voici ses mots : « *I think it is now best*, écrivit-il, *to attend these Operas as given in the Theatre of one's own Recollections.* » Le narrateur emploie à ce propos le terme symptomatique de « mises en scène du souvenir [*Erinnerungsinszenierungen*] [AS, p. 245, RS, p. 244].

3 A', p. 193 [A, p. 231-232].

Et c'est dans les archives d'un théâtre de Prague qu'Austerlitz finalement retrouvera la photographie de sa mère qui y était comédienne[4]. Ce sera l'aboutissement d'une recherche qui avait commencé dans la salle d'attente désaffectée de la Liverpool Street Station où Austerlitz, face à sa propre scène intérieure, était rendu à lui-même tandis que se dérobait son rôle social factice,

> tel un acteur, dit Austerlitz, qui sort des coulisses et, au moment où il se tient sur scène, s'aperçoit qu'il a complètement, irrémédiablement, oublié le texte appris par cœur et aussi le rôle déjà si souvent interprété[5].

La métaphore théâtrale désigne donc à la fois le faux, le rôle, le masque, et le lieu même d'une sorte d'épiphanie de la mémoire, et notamment de la mémoire affective qui donne accès aux dimensions enfouies et aux pans aveugles de la mémoire consciente. La scène de théâtre, le *Proszenium* pour reprendre le terme antique [*proskenion*] choisi par Sebald[6], qu'elle soit réelle ou imaginaire, littérale ou métaphorique, est un lieu d'intensité, un lieu du pathos. En tant que tel, le registre théâtral est à la fois cité et singulièrement mis à distance : on retrouve dans ce motif toute l'ambiguïté, qui nous avait servie de point de départ, de Sebald face aux pleureuses corses, incarnations d'une *Totenklage* à la fois excessive et calculée qui donne à ces rituels funéraires un air théâtral difficilement compatible avec le souci d'authenticité.

4 A', p. 299-300 [A, p. 356].
5 A', p. 162 [A, p. 193].
6 Terme antique, mais aussi cinématographique : « En 1947, dans un article consacré au relief au cinéma, Eisenstein voit encore dans l'invention du proscenium l'une des premières matérialisations de l'espace cinématographique : il oblige à repenser le lien entre le spectateur et la scène à partir de la coupure structurelle que constitue l'encadrement, coupure que cherchent à effacer la composition échelonnée des plans et la profondeur de champ. » Philippe-Alain Michaud, *Aby Warburg et l'image en mouvement*, *op. cit.*, p. 148-150.

LA PROSE COMME FILTRE

« Mon médium, c'est la prose, pas le roman [*Mein Medium ist die Prosa, nicht der Roman*][7] », dit Sebald. Cet élément se définit notamment par ce qu'il écarte et exclut : dans le cas de Sebald, c'est le romanesque, *das Romanhafte*, en tant qu'il suppose le développement d'une *intrigue*, de *personnages*, de *dialogues*, toutes choses qui ne sont « pas [s]on style » et que, dit-il, il ne *maîtrise pas*. Or ces éléments, autant qu'au roman, font référence au théâtre : la qualité centrale d'une pièce, si l'on en croit Aristote, c'est la *fable* (l'action, l'intrigue), immédiatement suivie par les *caractères* (les personnages)[8], les *dialogues* en constituant bien sûr la forme même.

Mais l'élément de la prose désigne aussi un *ton* : un ton ni *lyrique* ni *dramatique*, c'est-à-dire un ton non-pathétique : c'est, me semble-t-il, l'enjeu central dans cette revendication insistante de la *prose*, qui va de pair avec la crainte de « basculer dans le mélodrame[9] ». On a vu le rôle que jouait de ce point de vue le modèle du « ton documentaire », pensé comme l'antidote le plus puissant au style pathétique. De manière générale, la prose serait le mode anti-pathétique par excellence : historiquement, les genres littéraires les plus favorables au déploiement d'un certain pathos relèvent tous – de la tragédie à l'hymne en passant par l'épopée, le drame baroque ou la poésie amoureuse – du théâtre ou de la poésie, ce qui en creux désigne la prose comme genre antipathétique. Et lorsque Sebald qualifie *Austerlitz* d'élégie, il se hâte d'ajouter *en prose*[10].

La métaphore du *filtre*, qu'il emploie lui-même à propos d'*Austerlitz*, est symptomatique : à la suite immédiate de son propos sur sa peur du mélodrame, Sebald dit avoir « toujours essayé de présenter ce sujet [la Shoah] à travers une médiation : on est toujours rappelé au fait que cela a été raconté par quelqu'un, que c'est passé par le *filtre du narrateur* [*Filter des Erzählers*][11]. » On pourrait même dire : par *les* filtres, puisque Sebald multiplie les narrateurs intermédiaires en une sorte de mise en

7 G, p. 85.
8 Aristote, *Poétique*, *op. cit.*, p. 883.
9 G, p. 203.
10 AdM, p. 104.
11 C'est moi qui souligne. G, p. 203.

abyme du dispositif narratif : « Maximilian racontait parfois, se souvenait Věra, dit Austerlitz[12]… ». C'est le procédé emprunté à Thomas Bernhard et que Sebald qualifie de « périscopique[13] ». Mais l'image du filtre, qui comme le périscope évoque un dispositif de médiation, comporte davantage l'idée d'une modification, d'une altération de ce qu'il transmet, puisque précisément, un filtre, c'est « ce qui retient en partie[14] ». Là où le périscope peut diffracter à l'infini une image sans pour autant la modifier, le filtre « débarrasse[] un liquide de ses impuretés » et en modifie donc la composition, la consistance, l'aspect ; lorsque, par analogie, on dit de la lumière qu'elle est « filtrée », elle peut être atténuée (c'est-à-dire tamisée, passée au tamis qui est l'équivalent mécanique du filtre) ou plongée dans une certaine coloration uniforme, comme le gris des lunettes de l'oncle Alphonso dans *Austerlitz*.

Mais quelles sont ces impuretés dont le « filtre du récit » devrait débarrasser son objet ? Qu'est-ce donc que le filtre de la prose « retient en partie » ou atténue ? Il me semble qu'aux yeux de Sebald, c'est précisément le *pathos*, qui pour maintes raisons est associé au théâtre[15], où il est réputé s'exprimer immédiatement, sans narrateur et donc sans filtre ni périscope, sur le mode de la *présence*. Le motif du pathos théâtral, et en général du théâtre et de la théâtralité, est passé relativement inaperçu jusqu'à présent dans la recherche sur Sebald, peut-être parce

12 *Cf.* Andrew Shields, « Neun Sätze aus *Austerlitz* », *Akzente. Zeitschrift für Literatur*, 2003/1, p. 63-80, p. 67.

13 « Mon modèle est Thomas Bernhard, qui me manque beaucoup en tant qu'auteur. Je qualifierais son procédé de périscopique [*periskopisch*], de narration qui passe par un ou deux détours [*Erzählen um ein, zwei Ecken herum*] – une invention très importante pour la littérature narrative de notre temps. » G, p. 204.

14 *Dictionnaire historique de la langue française*, *op. cit.*, p. 854.

15 Le lien étroit entre pathos et théâtre se traduit aussi dans la recherche sur le pathos – et plus généralement les émotions – en littérature : Martin von Koppenfels et Cornelia Zumbusch font remarquer que depuis les années 1990, la plupart des études sur la littérature et les émotions portent sur le théâtre, notamment sur la tragédie attique et notamment sur des émotions particulières comme le deuil et sur des formes particulières du discours comme la lamentation funèbre. *Cf.* leur introduction à *Handbuch Literatur und Emotionen*, *op. cit.*, p. 14. La question du pathos, en particulier, est en tout premier lieu associée au théâtre et surtout à la tragédie grecque ; quant au concept de *formule de pathos*, c'est dans les études portant sur le théâtre qu'il a été repris : *cf.* Marcel Lepper, *Lamento : Zur Affektdarstellung in der Frühen Neuzeit*, Frankfurt a. M., Peter Lang, 2008 ; Juliane Vogel, *Die Furie und das Gesetz. Zur Dramaturgie der "großen Szene" in der Tragödie des 19. Jahrhunderts*, Freiburg i. Br., Rombach, 2002, Ulrich Port, *Pathosformeln : Die Tragödie und die Geschichte exaltierter Affekte (1755-1888)*, München, Fink, 2005.

qu'il y apparaît incongru, marginal, ponctuel, non représentatif de sa prose dans son ensemble. Et l'auteur lui-même, d'ordinaire si enclin à l'autoréflexion, n'a pas théorisé cette question. À y regarder de plus près, pourtant, le motif théâtral s'avère être un des lieux privilégiés où observer le rapport complexe et conflictuel que Sebald, si attaché à l'idée d'une prose impassible, entretient avec un pathos qu'elle appelle et repousse à la fois. Les motifs théâtraux apparaissent, dans la prose de Sebald, comme les symptômes d'une dimension refoulée, celle d'un pathos et d'une intensité émotionnelle qui ne cesse de l'inquiéter et d'exiger son dû.

Le filtre de la prose « retient en partie » et en partie exprime le pathos, la présence, l'intensité propre au théâtre : il est significatif que de Thomas Bernhard, Sebald ne retienne pas seulement le modèle de la prose « périscopique », mais en même temps une dimension qui semblerait *a priori* opposée :

> Bernhard a une manière de raconter une histoire qui n'est pas sans évoquer d'autres formes littéraires, notamment le dialogue théâtral. Dans l'une de ses premières œuvres, intitulée *Perturbation*, c'est le monologue du prince de Salla qui constitue toute la seconde partie et, au théâtre, cela ferait une excellente scène. Il y a [chez Bernhard] cette *puissance*, cette *présence* que l'on ressent au théâtre – voilà ce qu'il apporte à la fiction[16].

De même, Sebald écrit dans l'article qu'il consacre à Bruce Chatwin :

> Comme tout véritable conteur [*Erzähler*] encore ancré dans la tradition orale, il était capable, à l'aide de sa seule voix, de planter un décor [*eine Bühne aufschlagen*, littéralement de faire surgir une scène] et de faire apparaître des personnages les uns rencontrés, les autres inventés [...][17]

Ce qui définit le « véritable conteur » selon Sebald, ce serait donc une qualité théâtrale, la faculté de créer une scène et d'y faire apparaître des personnages ; une qualité qui ne fonderait pas seulement son efficacité de conteur, de narrateur oral (sa voix), mais aussi sa puissance d'écrivain (son écriture) :

> L'art de la métamorphose, qui semblait fait pour lui, la conscience d'être constamment en scène, le sens du geste qui touchera le public [*das Gespür*

16 AdM, p. 88.
17 CS', p. 209 [CS, p. 217].

für die publikumswirksame Geste] [...] furent sans conteste à l'origine de son don d'écrivain[18].

Et en même temps, le théâtre et la théâtralité exacerbent la *peur du faux* qui hante Sebald. Revenons un instant sur les pleureuses corses et leurs lamentations funèbres au pathos aussi excessif que codifié. Sebald, on s'en souvient, décrivait comme un trait pathologique de l'humanité sa manière d'« *exposer ses souffrances* devant un public », « l'authentique désespoir » étant inséparable du « calcul », et « l'expression [...] de la douleur psychique ressentie au plus profond de l'âme » inséparable de la « manipulation visant à des modulations esthétiques[19] ». On a vu que ces observations étaient d'autant plus inquiétantes pour Sebald que, se rapportant à la lamentation funèbre, elles touchaient un sujet qui était aussi au cœur de son propre projet littéraire.

Revenons maintenant sur la dimension théâtrale de cette exposition de nos souffrances devant un *public* – le mot *Publikum* évoquant davantage encore que son équivalent français une situation de théâtre. Cette dimension est explicitée dans le passage sur les pleureuses corses :

> Dans la littérature anthropologique, chez Frazer, Huizinga, Eliade, Lévi-Strauss et Bilz, on décrit à plusieurs reprises la manière dont les membres d'anciennes civilisations tribales, quand ils célébraient leurs rituels d'initiation ou de sacrifice, gardaient, dans une forme de perception de soi toujours latente, une conscience très précise du fait que leurs paroxysmes compulsifs, toujours liés à la blessure et à l'automutilation, n'étaient au fond qu'une pure comédie [*Schauspielerei*], qui néanmoins pouvait aller jusqu'à la mort[20].

Ce dédoublement entre une souffrance réellement ressentie et son expression à la fois excessive et impersonnelle, qui semble répondre à un rôle prescrit du dehors, Sebald le voit aussi à l'œuvre dans les grandes crises psychiques :

> Même des hommes pris dans de graves crises psychiques ont clairement conscience, quelque part au plus profond de leur cœur, qu'ils jouent un rôle

18 CS', p. 210 [CS, p. 218].

19 CS', p. 33 [CS, p. 29-30]. « *das Schwanken zwischen dem [...] Ausdruck zutiefst empfundener Seelenschmerzen und einer auf ästhetische Modulationen bedachten [...] Manipulation des Publikums, vor dem wir* unsere Leiden ausstellen, *ist ja, auf sämtlichen Stufen der Zivilisation, das wohl bezeichnendste Merkmal unserer verstörten, an sich selber irre gewordenen Art.* » C'est moi qui souligne.

20 CS', p. 33 [CS, p. 30].

> dans une pièce littéralement écrite sur mesure pour leur corps [*auf den Leib geschriebenen Stück*][21].

De même que la « pure comédie », lorsqu'elle est mortelle, défie la distinction même entre théâtre et réalité, entre vrai et faux, de même le rôle de théâtre, lorsqu'il est gravé dans la chair, ne permet plus guère de faire la distinction entre l'expression paroxystique d'une souffrance réelle perçue en même temps comme une mise en scène, et la mise en scène parfaitement maîtrisée qui produit à l'inverse un véritable *paroxysme d'hystérie*, puisque c'est le terme que Sebald emploie à propos de l'opéra bourgeois :

> D'ailleurs la disposition pathologique des *voceratrici* corses, déterminée à la fois par un effondrement total et un absolu contrôle de soi [*die pathologische, von völligem Zusammenbruch und äußerster Selbstkontrolle zugleich bestimmte Verfassung*], ne se distinguait probablement que très peu de celui des somnambules sur les scènes des opéras bourgeois, qui depuis deux siècles au moins tombent soir après soir dans des paroxysmes d'hystérie parfaitement mis au point [*genauestens einstudierte Paroxysmen der Hysterie*][22].

PATHOS HYSTÉRIQUE, PATHOS MARGINAL : L'OPÉRA ET QUELQUES VARIANTES

L'opéra, c'est « l'art du pathos par excellence », écrit Sigrid Weigel[23]. Que Sebald y voie de l'*hystérie* confirme a priori le lien qu'il établit implicitement entre pathos et pathologie. Mais ce qui est pathologique à ses

21 CS', p. 33 [CS, p. 30].

22 CS', p. 33 [CS, p. 30]. « Les médecins observent les hystériques et leurs spectacles de douleurs clamées lancinantes, ou d'étranglements, de convulsions spontanées, et puis ils s'étonnent et tentent d'ajuster leurs besicles devant ce que Freud a nommé, citant Charcot, la "belle indifférence des hystériques". Le soupçon leur revient lorsqu'ils prennent mesure du paradoxe suivant, qui n'est pas sans évoquer quelque paradoxe de comédienne : les hystériques disent et agissent leur douleur, s'abandonnent aux coups de théâtre d'auras et de symptômes, alors qu'elles étaient là, une minute auparavant, vivantes, belles, pures de tout affect et de toute angoisse […] ». Georges Didi-Huberman, *Invention de l'hystérie. Charcot et l'iconographie photographique de la Salpêtrière*, Paris, Macula, [6]2014, p. 137.

23 Sigrid Weigel, « Pathosformel und Oper. Die Bedeutung des Musiktheaters für Aby Warburgs Konzept der Pathosformel », art. cité, p. 234.

yeux, c'est bien sûr, plus que ces « paroxysmes d'hystérie » eux-mêmes, le fait qu'ils soient « parfaitement mis au point » – de même que ce n'est pas l'« effondrement total » des pleureuses corses qui lui semble pathologique, mais le fait qu'il relève en même temps d'un « contrôle de soi extrême ». En somme, ce qui ne cesse d'inquiéter Sebald, c'est le rapport entre *pathos* et *forme* – ce rapport même qui est en jeu dans la *formule de pathos.* Warburg a montré que c'est bien lorsque l'expression du pathos est *paroxystique* qu'elle a recours à des « valeurs expressives prédéterminées », à des « superlatifs du langage gestuel » qui doivent leur efficacité à la réactivation de l'intensité affective conservée par ces formes qui survivent, consciemment ou non, dans la mémoire culturelle.

En notant la parenté entre les pleureuses corses et les furies antiques dont elles reprennent les formules de pathos gestuelles (s'arracher les cheveux et se griffer le visage), puis entre ces *voceratrici* et l'opéra bourgeois qui semble citer leurs excès vocaux parfaitement maîtrisés, Sebald suggère de fait une généalogie évoquée dans les premiers écrits de Warburg, où la genèse de l'opéra apparaît comme une forme de survivance de l'antiquité[24]. Le *parlar cantando* et le *cantare con affetto* développé à la fin du *Cinquecento* florentin était en effet conçu comme une réactivation de la tragédie antique et de sa rhétorique des affects. Né d'un malentendu sur le caractère chanté, ou semi-chanté, des tragédies grecques qu'il s'emploie à faire renaître à Florence, le nouveau *stile recitativo* reprend les gestes expressifs des textes tragiques en les déplaçant vers le médium de la *voix*, comme l'explique Sigrid Weigel. Ainsi, la voix d'opéra apparaît comme une « *Pathosformel* avant la lettre[25] », qui réactive une énergie affective par la reprise et le déplacement de formules expressives survivantes.

Mais surtout – et cela concerne la dimension « sauvage » des pleureuses corses qui s'arrachent les cheveux – la formule de pathos désigne, autant ou plus qu'une reprise consciente de formes existantes, le retour inopiné, symptomatique, d'une intensité dionysiaque refoulée : c'est le sens de la « matrice mythologique » (Sigrid Weigel) que Warburg donne à la *Pathosformel* dans l'essai où ce concept apparaît pour la première fois, « Dürer et l'Antiquité italienne », paru en 1905, dix ans

24 Aby Warburg, « I costumi teatrali per gli intermezzi del 1589 », cité dans Sigrid Weigel, « Pathosformel und Oper », art. cité, p. 238.

25 Sigrid Weigel, « Pathosformel und Oper », art. cité, p. 239.

après son article sur les « costumes de théâtre » (1895). Il y développe l'exemple de la mort d'Orphée, déchiré par les ménades en furie qui se vengent d'avoir été délaissées par leur ancien compagnon des cultes de Dionysos, désormais retiré et absorbé dans son deuil d'Eurydice. Cette « matrice mythologique », qui fait de la formule de pathos le lieu d'irruption d'une sauvagerie dionysiaque refoulée, se retrouve notamment dans l'article de Warburg sur « Les dernières volontés de Francesco Sassetti » où la formule de pathos fait « ressurgir l'expressivité païenne débridée », la « plainte funèbre orgiaque et déchaînée » au cœur de la « sépulture chrétienne[26] ». Or c'est ce caractère dionysiaque de la lamentation des pleureuses corses que Sebald relève, avec autant de gêne que de fascination – un caractère dionysiaque dont les effets les plus spectaculaires se produisent sur le plan vocal, puisqu'il est question de « la passion qui explose convulsivement dans les aigus » ou encore de « l'expression, semblable à une crise d'étouffement, de la douleur psychique ressentie au plus profond de l'âme[27] ». Ce sont bien ces formules de pathos vocales, excessives jusqu'au cri et à l'extinction de voix, que Sebald associe lui aussi à l'opéra et à ses « paroxysmes d'hystérie ».

Une fois repéré ce motif, a priori incongru dans la prose censément éprise d'impassibilité de Sebald, de l'opéra paroxysme d'hystérie, on le voit apparaître un peu partout à la manière d'un contre-motif obstiné, comme si l'opéra, plus encore que le théâtre dont il est pour ainsi dire l'état extrême, y figurait le retour du pathos refoulé, le lieu de l'expressivité superlative des affects. Dans *Vertiges* – dont la deuxième partie du titre, *Gefühle (sentiments)*, n'apparaît pas dans la traduction française –, Sebald imagine un Henri Beyle bouleversé par la représentation de *Il Matrimonio Segreto* de Cimarosa, à Ivrea, qui produit une contagion émotionnelle et une identification très éloignée de toute idée de distance et de médiation :

> Déjà fortement sollicitée par la précarité des circonstances, l'imagination [*Phantasie*] de Beyle s'exalta encore davantage à la musique de Cimarosa. Dès le passage du premier acte [...] *Cara, non dubitar : pietade troveremo, se il ciel barbaro non è*, il se crut non seulement lui-même sur les tréteaux de cette scène assez rudimentaire, mais aussi, réellement, dans la maison du marchand

26 *Ibid.*, p. 242-243.
27 CS', p. 32 [CS, p. 29-30].

> bolognais dur d'oreille, étreignant dans ses bras la plus jeune de ses filles. Son cœur se serra à ce point que dans la suite de la représentation les larmes lui vinrent aux yeux[28].

Lorsque plus tard, Henri Beyle revoit le même opéra à la Scala, il manque de lui « briser le cœur » :

> il était maintenant si éloigné de tout que la musique, ainsi qu'il crut le ressentir avec certitude, lui aurait presque brisé le cœur [*das Herz gebrochen*]. Le tonnerre d'applaudissements qui, à la fin du spectacle, emplit la salle de l'opéra, lui parut être l'acte final d'une destruction, comme les crépitements d'un gigantesque incendie, et longtemps encore il resta assis à sa place, comme figé par l'espoir que le feu allait le consumer [*daß das Feuer ihn aufzehren möge*][29].

Si le narrateur ne manque pas de relever les coulisses de ce déploiement de pathos, il observe aussi que ni le fait que « l'œil gauche de la soprano aux prises avec les vocalises un peu difficiles se déporte légèrement vers l'extérieur, ni qu'il lui manquât, en haut à droite, une canine », n'empêche Henri Beyle de se consumer dans le feu de la passion attisée par l'opéra jusqu'à désirer la mort[30].

Art du pathos extrême, l'opéra est capable de susciter les « paroxysmes d'hystérie » même qu'il met en scène. Comme le note Marcel Beyer :

> La scène de l'opéra est l'univers des émotions feintes qui, par l'intensité extrême de leur mise en scène, peuvent à chaque instant se transformer en émotions réelles [*Auf der Opernbühne sind gespielte* [...] *Gefühle zu Hause, die sich ob ihrer ungeheuren, inszenierten* [...] *Intensität jeden Moment in wirkliche Gefühle verwandeln können*][31].

Dans les *Anneaux de Saturne*, l'intensité vitale, c'est-à-dire éventuellement mortelle, du pathos de l'opéra évoquée dans *Vertiges* à propos de Stendhal réapparaît au sens littéral, puisque la présumée tentative de suicide de Joseph Korzeniowski, futur Joseph Conrad, est commentée ainsi :

> Le jeune homme se voyait en héros stendhalien, et [ce] geste dramatique [...] lui était inspiré par l'opéra qui exerçait alors, à Marseille comme dans les

28 V, p. 14 [SG, p. 13].
29 V, p. 18 [SG, p. 19].
30 V, p. 14 [SG, p. 14].
31 Marcel Beyer, *Das blindgeweinte Jahrhundert*, Berlin, Suhrkamp, 2017, p. 39.

autres villes d'Europe, une influence déterminante sur les mœurs de la société et, en particulier, sur les formes de la passion amoureuse[32].

On ne saurait opposer ici la vérité d'un sentiment intime à l'artifice d'un rôle emprunté : c'est bien cette intrication qui pose tant question à Sebald, pour qui en général le recours à des codes, des formes, a fortiori des formules empruntées est supposé incompatible avec une expression *authentique*[33]. C'est bien dans cet esprit qu'il condamne si violemment le recours à des formules dans les récits sur les bombardements, qu'il redoute avec Flaubert les ravages du stéréotype, et qu'il éprouve un malaise extrême face au phénomène des pleureuses corses et des « paroxysmes d'hystérie parfaitement mis au point » de l'opéra[34]. Les formules de pathos de Warburg, en articulant l'intensité expressive et la forme préexistante, le pathos et la formule, permettent de sortir de cette impasse théorique et d'expliquer l'intensité particulière de ces *gestes* dramatiques intempestifs et anachroniques qui traversent l'écriture de Sebald en défiant ses propres catégories théoriques, comme s'il leur rendait justice un peu malgré lui. Dans l'exemple de Joseph Conrad, ce sont bien des formules de pathos que le jeune homme emprunte à l'opéra pour donner forme à une « passion amoureuse » et du même coup la constituer comme telle : ici s'applique l'aphorisme d'Oscar Wilde selon lequel « la Vie imite l'Art bien plus que l'Art n'imite la Vie[35] » – et cette imitation, bien qu'elle soit dans une certaine mesure « pure comédie », n'en est pas moins, dans certains cas, une question de vie ou de mort.

L'ambivalence de Sebald à l'égard de l'opéra comme art du pathos se retrouve dans le récit de *Vertiges* consacré à Kafka, « Le Dr. K. va prendre les bains à Riva ». Le Kafka de Sebald, à Vérone, fuit les *spettacoli lirici all'Arena* pour « fuir dans un cinématographe [*Kinematographentheater*] », où il regarde « en pleurant », écrit Sebald, « la danse des poussières

32 AS, p. 137-138 [RS, p. 136-137].

33 Le *Historisches Wörterbuch der Rhetorik* édité par Gert Ueding note la continuité, du XVIIIe au XXe siècle, du rejet de la formule, associée au cliché, à une écriture creuse et sans expression. « Formel », vol. 3, Tübingen, Niemeyer, 1996, p. 411-415. *Cf.* Iris Denneler (éd.), *Die Formel und das Unverwechselbare*, *op. cit.*, qui s'interroge précisément sur le rapport paradoxal entre la formule prédéterminée et l'expression individuelle.

34 CS', p. 33 [CS, p. 30].

35 Oscar Wilde, *Le Déclin du mensonge. Une observation*, trad. Hugues Rebell, Paris, Allia, 2011, p. 43.

scintillantes se métamorphosant en images[36] ». Le film – muet – a beau couper le son aux débauches du pathos vocal – c'est le motif de la « plainte sans paroles [*lautlose Klage*] » –, Sebald décrit néanmoins son pathos propre dans les termes d'un *opéra muet*[37], fruit de la traduction de la voix pathétique en effets visuels de lumière : le protagoniste meurt, lit-on,

> au bas de l'image d'une mort ostentatoire, cependant que toute la scène, vacillante comme une lumière qui s'éteint, apparaît comme l'aria sans paroles [*tonlose Arie*] du héros agonisant. Ce genre de derniers soubresauts que l'opéra régulièrement nous offre, cette errance, comme il l'écrit, de la voix dans la mélodie, le Dr K. ne les a absolument pas perçus comme ridicules, mais bien plutôt comme l'expression de notre malheur pour ainsi dire naturel, tant il est vrai que notre vie durant, ainsi qu'il le remarque ailleurs, nous sommes sur les planches en train de mourir[38].

En faisant remarquer que Kafka n'a « pas ressenties comme ridicules » les « ultimes convulsions » de cette « mort ostentatoire », Sebald suggère bien sûr qu'on pourrait très bien les ressentir ainsi – pour leur caractère excessif et spectaculaire (ostentatoire, donc), mais aussi pour leur caractère *artificiel*, puisqu'au « ridicule », il oppose ici le *naturel*. Mais la distinction entre artificiel et naturel est aussitôt rendue caduque par la remarque de Kafka selon laquelle nous passons notre vie à mourir sur les planches ; par-delà le *topos* baroque du *theatrum mundi*, ce sont encore une fois les « paroxysmes compulsifs » des rituels archaïques, « pure comédie [*Schauspielerei*], qui néanmoins pouvait aller jusqu'à la mort[39] », dont la survivance semble active jusque dans le cinéma muet.

Toutes ces évocations sont caractérisées par le même mélange d'empathie, voire de sympathie, et d'ironie plus ou moins marquée : le pathos y est toujours aussi envisagé sous son aspect *hystérique*, à mi-chemin entre le ridicule et le pathologique – il est lui-même mis à

36 V, p. 136 [SG, p. 172]. Le livre de Hanns Zischler, *Kafka geht ins Kino*, paru en 1996 et auquel Sebald a consacré un long article en 1997 dans la *Frankfurter Rundschau* (republié dans *Campo Santo*), a récemment été réédité, augmenté notamment d'un DVD qui permet de voir les films (muets) que Kafka a vus. *Kafka geht ins Kino*, Berlin, Galiani, 2017.

37 Le lien entre opéra et cinéma a fait l'objet d'un colloque organisé à Berlin par le Zentrum für Literatur- und Kulturforschung et la Humboldt-Universität à la Deutsche Oper du 9 au 11 mars 2018.

38 V, p. 138 [SG, p. 174-175]. Traduction modifiée. Notons en passant que cette errance de la voix dans la mélodie figure aussi la manière dont les images errent dans le texte.

39 CS', p. 33 [CS, p. 30].

distance, comme un phénomène anthropologique qui laisse perplexe. Ainsi en est-il du passage des *Anneaux de Saturne* sur Swinburne :

> Sous l'effet grisant des conversations sur l'art auxquelles il participait dans les salons des préraphaélites et de la tension psychique provoquée par la composition de ses tragédies et poèmes animés par une prodigieuse fureur lyrique, il s'était mis à plusieurs reprises, lui qui avait atteint très jeune une notoriété légendaire, dans un *état d'exaltation paroxystique* [*Paroxysmen der Passioniertheit*] d'une véhémence telle que sa voix et ses membres ne lui obéissaient plus. Après de telles attaques quasi épileptiques, il restait souvent couché durant des semaines[40].

On n'est pas loin ici de la « grande crise hystérique » au sens propre, telle qu'elle a été observée, mais aussi suscitée, mise en scène, créée par ceux qui l'ont *inventée*, puisque c'est bien d'*invention de l'hystérie* qu'il s'agit. Georges Didi-Huberman a montré combien la théâtralité, le spectacle, la mise en scène et le recours à des formes préexistantes participent de cette invention. Ce sont bien des *formules de pathos* qu'Augustine et les autres patientes de Charcot et de ses confrères, à la Salpêtrière, ont réactivées au cœur même de leurs crises, sans que l'on puisse dire pour autant qu'elles les aient « simulées[41] ».

Le narrateur d'*Austerlitz* est lui-même affecté par ce qu'il interprète d'abord comme un symptôme hystérique, un trouble visuel spectaculaire qui affecte la vision centrale en laissant intacte la vision périphérique. Constatant que cette « faiblesse visuelle que je crus d'abord de nature hystérique [*hysterische Sehschwäche*][42] » étend inexorablement sa zone de grisaille (*schienen die grauen Felder sich auszudehnen*[43]), une singulière association d'idées lui vient à l'esprit :

> Déjà passablement déboussolé par cette perte d'acuité visuelle dont je redoutais qu'elle ne fût évolutive, je me souvins d'avoir lu un jour que jusque tard dans le XIXe siècle les chanteuses d'opéra, avant de se produire sur scène, ainsi que les jeunes femmes avant d'être mises en présence d'un prétendant, se voyaient déposer sur la rétine quelques gouttes d'un liquide distillé à partir d'une solanacée appelée belladone, qui faisait briller leur regard d'un éclat langoureux et quasi surnaturel mais les empêchait elles-mêmes de presque

40 AS, p. 191 [RS, p. 192]. C'est moi qui souligne.
41 Georges Didi-Huberman, *Invention de l'hystérie*, *op. cit.*, p. 19, 157 et 398 *sq.*
42 A', p. 46 [A, p. 51].
43 A', p. 46 [A, p. 51].

> rien voir [*wodurch ihre Augen erstrahlten in einem hingebungsvollen, quasi übernatürlichen Glanz, sie selber aber so gut wie gar nichts mehr wahrnehmen konnten*][44].

Cherchant à expliciter le sens de cette réminiscence, le narrateur revient au motif du *faux* – « la fausseté de la belle apparence [*Falschheit des schönen Scheins*] » – et dit sa peur de ne pas pouvoir poursuivre son travail. Mais cette perspective est en même temps un immense soulagement, puisqu'il est

> rempli par la perspective d'un état de grâce [*Vision der Erlösung*] où, délivré de la sempiternelle obligation de lire et d'écrire, je me voyais assis dans un fauteuil de jardin, entouré d'un monde sans contours, seulement reconnaissable, désormais, à quelques taches de couleurs[45].

L'association d'idées entre la perte d'acuité visuelle du narrateur et les larmes artificielles des chanteuses d'opéra témoigne d'une interrogation sur le rapport entre l'intensité expressive (pathétique) et une forme d'immunité et d'indifférence au monde (ne plus rien voir, pour les chanteuses, ne plus rien lire ni écrire, pour le narrateur) – un motif déjà rencontré à propos du « saint patron » de l'auteur, Sand Sebolt, questionnant le rapport entre la « glaciation et la désertification intérieures » et la capacité à faire croire que « le pauvre cœur est encore incandescent[46] ».

Martin von Koppenfels a montré que la « *fiamma di costanti affetti* » (Verdi, *Rigoletto*) qui caractérise le programme affectif de l'épopée – où les affects sont plus constants que la vie même – a fait place, au XIXe siècle, à une imprévisibilité affective qui en retour fait apparaître comme pathologique, pour ne pas dire *hystérique*, l'affect qui perdure sans perdre de son intensité : c'est ce qui ressort de la lecture de Freud et Breuer[47]. L'économie affective du roman moderne, elle, est fondée sur la fugacité, l'instabilité et l'anachronisme de l'affect. Mais le roman

---

44 A', p. 46 [A, p. 51-52].

45 A', p. 46 [A, p. 52].

46 AS, p. 108 [RS, p. 107].

47 Koppenfels cite ici Josef Breuer et Sigmund Freud, « Über den psychischen Mechanismus hysterischer Phänomene (Vorläufige Mitteilung) », *Gesammelte Werke*, éd. Anna Freud *et al.*, [London, Imago, 1952 / Frankfurt a. M., Fischer], Bd. I, p. 81-98, p. 86. Cité dans *Immune Erzähler*, *op. cit.*, p. 29. On retrouve la même idée (le caractère pathologique de la persistance inchangée d'un affect) dans l'essai de Freud « Trauer und Melancholie », *Studienausgabe* Bd. III, Frankfurt a. M., Fischer, 1975, p. 193-212.

moderne ne fait pas disparaître totalement le régime affectif qu'il supplante – il inscrit en lui une de ses formes survivantes :

> Rien n'est plus étranger au roman moderne que cette « *fiamma di costanti affetti* » qui au XIXe siècle est invoquée, non plus par la tragédie, mais par son successeur tardif, l'opéra italien, par le médium du chant [...]. L'opéra devient objet de fascination pour le roman du XIXe siècle, précisément parce que celui-ci sait qu'un abîme l'en sépare sur le plan de la représentation des affects. Le roman rivalise avec l'opéra et cherche à se l'incorporer comme une sorte de réserve affective. Flaubert aussi cite l'opéra, mais en l'intégrant à la série des figures dévalorisées du pathos[48].

L'opéra serait donc littéralement, avec toute son ambivalence de survivance et de déclin, de citation distanciée et de réactivation d'une « conserve d'énergie » (Warburg), une formule de pathos de la prose du XIXe siècle, cette prose même que Sebald a si souvent citée comme un de ses modèles. Les auteurs du « réalisme bourgeois [*bürgerlicher Realismus*] » en particulier, auxquels Sebald a consacré plusieurs de ses essais, sont généralement hostiles à tout pathos. Mais le pathos ainsi marginalisé produit de nouveaux types littéraires – l'homme nain ou difforme et la femme hystérique – par lesquels « le pathos classique est à la fois exorcisé et réintroduit sous forme de pathologie[49] ».

Il y a aussi de cela chez Sebald : quelque chose de cette pathologisation ou hystérisation, de cette marginalisation du pathos – de ce refoulement qui produit toujours aussi le retour du refoulé, de sorte que la prétendue impassibilité de la prose se nourrit toujours aussi de ce qu'elle refoule, la prétendue hystérie de l'opéra, autrement dit le pathos. Et c'est précisément le trait que Sebald, dans ses œuvres de fiction, relève chez les auteurs qu'il cite : Stendhal, Conrad, Kafka, Swinburne. Non par hasard, ce sont des auteurs – et notamment des prosateurs – qui chez Sebald s'avèrent particulièrement sensibles au pathos de l'opéra

48 Martin von Koppenfels, *Immune Erzähler*, *op. cit.*, p. 29.

49 Cornelia Zumbusch, introduction à *Pathos*, *op. cit.*, p. 23. Elle se réfère à l'article d'Annette Keck, « Groteskes Begehren und exzentrische Deklamationen. Zur Eskamotage des Pathos in der Literatur des bürgerlichen Realismus » dans le même volume, p. 117-138. Citons aussi l'excellente étude de Beate Söntgen sur le pathos de Manet, fondé selon elle sur le même type d'inversion que l'impassibilité de Flaubert, et qui se lit en particulier dans les formules de pathos théâtrales et l'immédiateté que créent paradoxalement le « pathos d'emprunt, le pathos d'adoption, le pathos indirect, le pathos contrarié ». Beate Söntgen, « Manets Pathos », *Renaissancen der Passion*, éd. Beate Söntgen et Gabriele Brandstetter, Berlin, August Verlag, 2012, p. 7-53, p. 39.

et particulièrement sujets à son « hystérie ». L'empathie ironique, ou l'ironie empathique, face aux larmes que versent Stendhal à l'opéra et Kafka au cinéma rappelle l'irréductible contradiction que décrit Roland Barthes dans son *Journal de deuil*, où il est bouleversé malgré lui par le pathos de « l'art vocal bourgeois » :

> 12 novembre
> [Bête] : en entendant Souzay chanter* : « J'ai dans le cœur une tristesse affreuse », j'éclate en sanglots.
> [*dont autrefois je me moquais][50].

Le pathos vocal apparaît comme le cas extrême de ce que représente le théâtre chez Sebald, dont le *genre* engage en même temps tout un mode expressif qui se traduit jusque dans le langage courant. En allemand, on parle de « *Theater* » comme en français on parle de cinéma (« c'est du cinéma », « faire tout un cinéma », etc.), pour qualifier un *excès* soupçonné d'inauthenticité, de simulation, d'exagération : le dictionnaire allemand Duden définit le *Theater* ainsi entendu comme « agitation, confusion, excitation, action ressentie comme fausse ou exagérée [*Unruhe, Verwirrung, Aufregung, als unecht oder übertrieben empfundenes Tun*] ». Sebald se situe sur ce versant familier et péjoratif, lorsqu'il emploie le terme de *Schauspielerei*, ainsi dans le passage de *Campo Santo* sur les rituels de sacrifice où la violence mortelle n'exclut pas selon lui la conscience que tout cela n'est au fond que pure comédie, « *pure […] Schauspielerei*[51] ».

Or cette *Schauspielerei*, qui associe un certain pathos à l'idée de *faux*, est un facteur central de ce que Sebald appelle, dans les *Émigrants*, le « caractère douteux de l'écriture en général [*Fragwürdigkeit der Schriftstellerei überhaupt*][52] ». En effet, le terme de *Schauspielerei*, parfois dans sa variante foraine de *Schaustellerei*, fait écho à celui de *Schriftstellerei*, qui désigne l'écriture – Sebald créant délibérément une proximité entre ces termes légèrements péjoratifs[53]. L'idée que l'écriture comporterait une part de théâtralité, dans le sens où le pathos serait aussi le produit d'une *froide*

50 Roland Barthes, *Journal de deuil*, *op. cit.*, p. 57. Cet « autrefois » fait référence à son article « L'art vocal bourgeois », paru vingt ans auparavant dans ses *Mythologies*, Paris, Seuil, 1957, p. 189-191.

51 CS', p. 33 [CS, p. 30].

52 LÉ, p. 270 [DA, p. 345]. Traduction modifiée.

53 *Cf.* Karine Winkelvoss, « Pathos et théâtralité dans la prose de Sebald », *Europe* n° 1009, 2013, p. 92-103.

mise en scène, est centrale chez Sebald. Souvenons-nous qu'elle fait l'objet, dans les *Anneaux de Saturne*, d'une sorte d'autoportrait critique sous les traits de « [son] saint patron » Sand Sebolt, dont l'œuvre miraculeuse aurait été de déchaîner un feu de glaçons dans la cheminée d'un charron avare de bois :

> Cette histoire de la crémation de la substance vitale gelée a toujours revêtu une signification particulière à mes yeux, et je me suis souvent demandé si, au bout du compte, la glaciation et la désertification intérieures ne constituent pas un préalable à partir duquel on peut faire croire au monde, au moyen d'une sorte de mise en scène mystificatrice [*vermittels einer Art schwindelhafter Schaustellerei*], que le pauvre cœur est encore incandescent [*in Flammen*][54].

La figure du saint ne fait affleurer la religion de l'art de la tradition romantique que pour la tirer du côté du prestidigitateur de foire et convoquer le *topos* moderne qui fait du saltimbanque, du clown, de l'artiste de cirque et de fête foraine (univers suggéré par le terme de *Schaustellerei*), l'« autoportrait travesti[55] » du poète et de l'artiste. Le thème de la dissociation affective est comme exacerbé par le terme de *Schaustellerei* qui, parce qu'il évoque un univers théâtral plus populaire et plus forain, fait pencher l'idée d'*expression* du côté de l'*exhibition* – *zur Schau stellen*, exhiber, exposer aux yeux de tous, avec une nuance d'indécence, de l'ordre de la « manipulation [...] du public devant lequel nous exposons nos souffrances [*Manipulation des Publikums, vor dem wir unsere Leiden ausstellen*][56] » dont il était question dans *Campo Santo*. Si, dans le portrait de son « saint patron », Sebald crée une analogie entre *Schaustellerei* et *Schriftstellerei*, c'est qu'à ses yeux l'écriture littéraire participe – et cela suscite chez lui un irrépressible jugement moral, ou du moins un trouble profond – du paradoxe des pleureuses corses et des chanteuses hystériques. La *Schaustellerei* est qualifiée de trompeuse, hypocrite, fausse – *schwindelhaft*, un terme dont l'effet autoréflexif est encore redoublé par la parenté avec le titre original de *Vertiges*, *Schwindel. Gefühle.*

L'art de « faire croire au monde [...] que le pauvre cœur est encore incandescent [*in Flammen*] » suggère un pathos aussi *faux* qu'*excessif*, plus reconnaissable encore lorsqu'il est mis en œuvre, non pas dans la

54 AS, p. 108 [RS, p. 107].

55 Jean Starobinski, *Portrait de l'artiste en saltimbanque*, Paris, Gallimard, ^{2}2004, p. 8.

56 CS', p. 32 [CS, p. 30].

sophistication de « l'art vocal bourgeois » et notamment de l'opéra, mais dans des formes plus triviales. Ainsi les *Anneaux de Saturne* évoquent ce « grand ténor héroïque connu sous le nom de Siegfried » qui, devant le public fortement alcoolisé du *Liston's Music Hall* de Manchester, chante

> *O weh, des Höchsten Schmerzenstag* ou *Wie dünkt mich doch die Aue heut so schön* ou encore quelque arioso grandiose pour lequel il n'hésitait pas à souligner avec l'emphase de circonstance les indications scéniques telles que *Parsifal est sur le point de s'effondrer sans connaissance*[57].

Notons d'ailleurs ici un certain renversement dans la hiérarchie des tonalités. Traditionnellement, le pathos est attaché à un genre noble, puisque parmi les *genera dicendi* de la rhétorique, il est situé au sommet de la hiérarchie des styles et des tons, c'est-à-dire du côté solennel qui ne sied qu'à l'hymne, l'ode, etc. À partir du moment où le pathos est considéré comme suspect, excessif, faux, il se trouve relégué vers des formes et des genres mineurs, il devient lui-même un symptôme de trivialité, tandis que c'est la prose censément impassible qui apparaît comme le genre « noble » (on se souvient du partage socio-culturel entre *Klassiker ohne Pathos* et *Musik mit Pathos*). La prose de Sebald quant à elle est d'autant plus éloignée de la trivialité associée au pathos qu'elle est caractérisée – en dépit peut-être de la modestie que suggère à première vue une certaine égalité de ton – par un certain ton « distingué, de haute tenue [*hoher Ton, vornehmer Ton*] » que n'ont pas manqué de relever, souvent avec ironie, certains critiques.

Ce qui frappe en tout cas, c'est que les références au théâtre sont toujours porteuses, au sein de la prose de Sebald, d'un certain pathos, et que c'est probablement la raison pour laquelle ces éclats de théâtralité pathétique sont, d'une certaine façon, marginalisés, en ce sens qu'ils sont incarnés, aussi, par des figures marginales – comme par exemple, dans *Vertiges*, les clochards de la gare d'Innsbruck. Un matin, le narrateur y observe en effet une douzaine de clochards qui devisent bruyamment sur des questions philosophiques, voire théologiques,

> les plus forts en gueule étant régulièrement ceux qui perdaient le fil et soudain restaient cois en plein milieu d'une phrase. Les clochards soulignaient chaque fois leur point de vue sur ce qui était momentanément l'objet du débat en

57 LÉ, p. 276 [DA, p. 352].

> déplaçant le plus d'air possible [littéralement : avec la plus grande théâtralité possible, *mit der größtmöglichen Theatralik*] et en se répandant en sentences définitives, et même lorsque l'un d'eux, parce qu'il n'arrivait pas à formuler l'idée qui venait de lui traverser la tête, en était réduit pour toute réplique à balayer l'argument de l'autre d'un revers de main dédaigneux, il semblait que ces gesticulations [*diese Gesten*] fussent empruntées au répertoire d'un art théâtral particulier, complètement inconnu de nos scènes. Peut-être cela tenait-il au fait que les clochards, serrant chacun une canette de bière dans leur dextre, avaient tous en quelque sorte un jeu de gauchers ou de manchots. Et peut-être, en déduisis-je sur la base de cette observation, serait-il également judicieux que pendant un an, au début de leur formation, tous les apprentis acteurs aient la main droite attachée dans le dos[58].

Sous une forme certes satirique et ironique, c'est bien là encore la question de l'expression, du pathos et de sa crédibilité qui est en jeu ici : on ne peut nier une certaine efficacité de cet « art théâtral particulier, complètement inconnu de nos scènes », notamment la pratique spectaculaire de l'aposiopèse, cette figure de rhétorique caractéristique du style pathétique qui consiste à s'interrompre au milieu de la phrase pour suggérer que l'affect dépasse les possibilités du discours – et en même temps, ici, c'est plutôt l'abus d'alcool et une rhétorique plus globalement défaillante qui sont en cause. De même, la puissance expressive des gestes des clochards est corrélée à une admirable économie de moyens qui n'exclut pas – et au contraire, produit peut-être – une théâtralité maximale. En même temps, cette gestuelle inédite, ce pathos de la main gauche obéit à une contrainte très prosaïque, la nécessité de tenir dans la droite la canette de bière. Mais l'ironisation de ces gestes du pathos n'empêche pas d'en percevoir la portée anthropologique.

Car ces dérives grotesques du pathos ne concernent pas que les artistes de seconde zone et les spectacles pour touristes ou ivrognes. On se souvient d'ailleurs que l'émotion très forte, même relatée avec une certaine ironie, du narrateur autobiographique de *Vertiges* devant les *Brigands* était suscitée par une troupe d'amateurs, qui plus tard remettront leurs costumes « pour participer au défilé du carnaval et poser avec les pompiers et les guignols, pitres et polichinelles pour une photo de groupe[59]. » Et Austerlitz sera « remué jusqu'au fond de l'âme » par les « cinq saltimbanques » du cirque Bastiani qui, « sous leur chapiteau

58 V, p. 156-157 [SG, p. 197].
59 V, p. 171 [SG, p. 216-217].

derrière la gare d'Austerlitz, jouèrent en ce samedi après-midi pour leur maigre public accouru d'on ne sait où[60] ». Les personnages et narrateurs sebaldiens disent souvent ignorer ce qui les bouleverse. L'univers théâtral de Sebald, de la Scala de Milan à la gare d'Innsbruck, du cirque Bastiani à la troupe costumée de Waterloo, des amateurs des *Brigands* à ceux du *Roi Lear*, apparaît comme le domaine par excellence de ce pathos erratique et fragile, surgissant sans prévenir et risquant à tout moment de basculer. Toujours le motif du théâtre fait surgir un pathos que la prose oblique de Sebald, dans l'ensemble, s'interdit. Tout se passe comme si les personnages qui le portent étaient marginalisés – marginalisés par sa propre économie du pathos, qui souligne l'incongruité de ces irruptions de pathos et les ruptures qu'elles représentent par rapport à la tonalité générale de sa prose. Là où le style légitime se veut d'une sobre neutralité (qu'elle soit réelle ou virtuelle, effective ou seulement désirée), le pathos est réservé aux saltimbanques et aux artistes de foire, aux ténors de music hall et aux clochards de hall de gare, aux enfants et aux malades mentaux… mais aussi aux écrivains, que Sebald montre particulièrement sujets au pathos et enclins à ses pathologies. C'est là le sens des « pathographies » que sont à ses yeux les biographies d'auteurs, et c'est bien un enjeu central de sa propre poétique.

PROTESTER CONTRE L'IRRÉVERSIBLE
Pathos et conscience politique

Dans la dernière partie, largement autobiographique, de *Vertiges*, le narrateur évoque une expérience théâtrale précoce et « bouleversante » – les *Brigands* de Schiller, vus « une demi-douzaine de fois » dans la grande salle du bistrot de son village natal :

> Rares sont les pièces qui plus tard, au théâtre, m'auront autant ébranlé que ces *Brigands*, que l'image du vieux Moor dans sa solitude glacée […] ou, ce qui provoquait chaque fois en moi la plus vive excitation, cet étrange et *infime mouvement de corps* qu'avait la livide Amalia lorsqu'elle disait : Écoutons ! Écoutons ! la porte n'a-t-elle pas fait du bruit ? […] Toujours *j'avais voulu alors*

60 A', p. 323 [A, p. 385].

> *intervenir* dans l'action et dire en un mot à Amalia que pour passer comme elle le souhaitait du cachot poussiéreux au paradis de l'amour il lui aurait suffi de tendre la main[61].

Là où la prose de Sebald se veut si attentive à éviter les excès et les dérives de l'identification – on se souvient que le narrateur des *Émigrants* s'interdisait d'imaginer le suicide de l'instituteur Paul Bereyter par crainte que ces « tentatives de faire revivre le passé » ne produisent des « débordements de sentiment qui me paraissaient blâmables[62] » –, le théâtre de l'enfance du narrateur semble avoir suscité exactement cela. Dans l'œuvre « périscopique », « oblique » de Sebald, si soucieuse de « filtrer » le récit, l'irruption d'un tel pathos sans médiation et d'une identification aussi intense avec les personnages apparaît comme une rupture, qui se fait ici à travers une double mise à distance : par la figure du théâtre et de la théâtralité, et par la référence à l'enfance.

Dans le passage d'*Austerlitz* où le personnage éponyme regarde la photographie sur laquelle sa nourrice a d'abord cru reconnaître ses parents – comédiens – sur scène, l'enfant devenu adulte se projette immédiatement dans la situation de la pièce en question,

> *Guillaume Tell*, *La Sonnambula* ou encore la dernière pièce d'Ibsen. Le garçonnet suisse m'est apparu avec sa pomme sur la tête ; *j'ai vécu l'instant de terreur* où la passerelle cède sous le pied d'Amina ; et j'ai pressenti que, des parois rocheuses, tout là-haut, allait se détacher l'avalanche qui engloutirait dans les profondeurs *les pauvres égarés* […] je crus aussi voir l'amas de neige dévaler la pente […][63].

Ces scènes, qui suscitent les émotions tragiques de la *terreur* et de la *pitié*, donnent accès, par le jeu de la fiction théâtrale, aux émotions associées à la catastrophe dont le souvenir avait été si longtemps inaccessible à Austerlitz. Le détour par la fiction, la projection dans des scènes de théâtre lui délivre quelque chose de sa propre expérience enfouie. Mais peut-on pour autant parler de catharsis ? Cette forme de répétition, même déplacée, de l'instant même de la catastrophe n'est-elle pas le symptôme plus que sa résolution ? Toute cette séquence où Austerlitz regarde la photographie des deux comédiens sur scène, puis sa propre

61 V, p. 169-170 [SG, p. 213-215]. C'est moi qui souligne.
62 LÉ, p. 42 [DA, p. 44-45].
63 A', p. 218 [A, p. 261].

photographie en petit page blanc, aboutit, on s'en souvient, à la paralysie de la pensée comme de l'émotion :

> je n'ai pas eu la réaction que l'on aurait attendue, je n'ai pas été ému ni bouleversé, dit Austerlitz, mais muet et stupide, incapable de la moindre pensée [*sprach- und begriffslos und zu keiner Denkbewegung imstande*]. Et quand plus tard je songeais au page de cinq ans, c'est une panique blanche [ou aveugle : *blinde Panik*] qui s'emparait de moi, et rien d'autre[64].

La question du théâtre permet de prolonger ici les réflexions du chapitre précédent sur l'arrêt sur image et son ambivalence, entre panique et illumination : le théâtre de la mémoire, ici, ne donne lieu à aucune catharsis.

Est-ce à dire que le concept de *pathos*, qui renvoie à la poétique de la tragédie et donc à la catharsis, n'est guère pertinent dans ce contexte, et que c'est bien plutôt le modèle du *trauma* qui s'applique ici ? Judith Kasper rappelle à ce propos comment Freud abandonne la méthode *cathartique* qu'il avait d'abord développée avec Breuer dans les *Études sur l'hystérie*, et qui consiste en une répétition mimétique de l'événement traumatique, supposée donner lieu à une forme de catharsis. Or la reproduction de la scène traumatique (à l'aide de l'hypnose) n'aboutit pas à une disparition des symptômes et donc à une guérison complète, parce que cette reproduction « hystérique », visant à une répétition infinie, ne cesse d'entrer en conflit avec la reproduction analytique, qui vise à une ultime répétition conclusive : le processus laisse donc un reste irréductible. C'est pourquoi Freud se détourne de ce modèle mimétique, ou cathartique, inspiré de la tragédie, au profit du modèle diégétique : le récit capable de répondre à l'écart qui se creuse, notamment lorsqu'il s'agit de trauma, entre l'événement et l'affect[65]. Réappliqué à la littérature, cela signifierait que, plus que le théâtre, médium de la présence, la prose narrative serait à même de représenter des affects qui se manifestent par retours et détours, anachronismes et déplacements, dans le médium temporel de l'après-coup (*Nachträglichkeit*)[66]. Est-ce à dire que chez Sebald, la narration prend en charge l'élucidation, développée dans

64 A', p. 220 [A, p. 264].

65 Judith Kasper, « Trauma und Affektabspaltung in der Holocaust-Literatur. Primo Levi, Georges Perec und W. G. Sebald », *Handbuch Literatur und Emotionen*, *op. cit.*, p. 496-511.

66 Sigmund Freud, « Aus der Geschichte einer infantilen Neurose », *Gesammelte Werke*, *op. cit.*, Bd. XII, p. 27-157, p. 70-75.

le temps, de ce dont l'instant de théâtre ne peut que répéter aveuglément le douloureux paroxysme ?

La limite du concept de trauma appliqué à une œuvre comme *Austerlitz* est qu'en dépit d'une certaine pertinence au niveau du personnage lui-même, il a tendance, par contre-coup, à réduire l'œuvre à ce seul niveau et n'est en rien opérant pour comprendre, ni le travail de la forme, ni ce qui se produit, par exemple, entre l'œuvre et le lecteur – très à la différence du concept de pathos, dont il occupe, selon Martin von Koppenfels, la place laissée vacante. Koppenfels montre en effet que la fortune critique du concept de « trauma[67] » est lié à un besoin de combler la place qui auparavant était celle du pathos tel que l'entendait Aristote, et qui relevait « d'une action qui provoque la mort ou la souffrance, et consiste à montrer sur scène la mort des personnages, leurs souffrances, leurs blessures etc.[68]. » Or le *trauma*, écrit Koppenfels, est justement un proche parent du terme – *trōsis* – qui désigne ces blessures :

> C'est plus qu'un hasard étymologique : l'après-coup traumatique [*traumatische Nachträglichkeit*] doit remplacer tant bien que mal aujourd'hui l'épiphanie tragique du pathos – ce qui indique clairement qu'il continue à y avoir besoin de figures de substitution à la rhétorique et à la poétique refoulées du pathos[69].

C'est à ce pathos refoulé que s'intéresse Koppenfels qui, en étudiant la « politique de l'affect dans le roman moderne », pense plus précisément les *formes* singulières que prend le pathos dans la modernité littéraire, quand bien même sous la forme paradoxale de « pathos négatif », de « pathos sans affect » ou de « pathos sans empathie ». Or pour que le concept de pathos demeure opérant dans le contexte de dissociation entre pathos-événement et pathos-émotion, qu'Aristote pensait comme une unité, il faut le détacher, dit Koppenfels, de la seule poétique de la tragédie, qui le lie trop étroitement à un seul modèle de traitement des affects, celui de la catharsis[70]. Car l'affect dissocié de l'événement qui le

---

67 Au point de revendiquer le statut d'un nouveau paradigme de la théorie de l'histoire qui fait du trauma historique une constante anthropologique, indifférente à l'événement, comme l'a critiqué Sigrid Weigel dans « Télescopage im Unbewußten. Zum Verhältnis von Trauma, Geschichtsbegriff und Literatur », art. cité.

68 Aristote, *Poétique*, *op. cit.*, p. 889 [1452b, 10].

69 Martin von Koppenfels, *Immune Erzähler*, *op. cit.*, p. 18.

70 *Ibid.*, p. 19.

provoque ne peut plus être représenté dans la présence immédiate de la scène ; le médium le plus approprié pour rendre sensible son anachronisme constitutif et la temporalité complexe de ses retours est dès lors le roman : « dans un univers d'affects déplacés, le concept de pathos devient un problème de théorie du récit[71]. »

Que signifient dès lors les moments de théâtre qui émaillent la prose de Sebald, ces moments de *pathos* qui échappent au discours théorique de l'auteur sur la neutralité de la prose et le filtre du narrateur, et qui imposent leur intensité affective en dépit de l'effet d'hystérisation et de marginalisation que produisent les figures qui les incarnent ? Peut-être faut-il se rappeler que la re-présentation de la catastrophe sur la scène de la mémoire a sans doute évoqué à Sebald, non pas d'abord la catharsis d'Aristote ni les débuts de la psychanalyse – quoique les écrits de Freud sur l'hystérie portent, dans sa bibliothèque de travail, de nombreuses traces de lecture –, mais le théâtre épique de Brecht et la réflexion théorique qui l'accompagne. Un des premiers travaux universitaires de Sebald est un ouvrage collectif qu'il a dirigé sur le théâtre allemand des années 1970 et 1980, qui porte le titre *A Radical Stage* et témoigne de l'évidence, pour Sebald, de la dimension critique et politique du théâtre.

Dans les *Anneaux de Saturne*, le théâtre – par le biais du motif du *Welttheater* ou *theatrum mundi*, dégagé ici de toute connotation religieuse évoquant la vanité des choses terrestres – est convoqué pour dire, à propos de Chateaubriand, le lien entre « le développement de ses propres sentiments et réflexions » et les grands bouleversements historiques de son temps :

> Les grands chambardements de l'époque servent de toile de fond aux sentiments et pensées personnels du narrateur : Révolution, Terreur, exil, ascension et chute de Napoléon, Restauration, monarchie bourgeoise se succèdent dans l'interminable pièce qui se joue sur la scène du théâtre du monde [*auf der Bühne des Welttheaters*] et dont l'action affecte [*in Mitleidenschaft zieht*] aussi bien le spectateur privilégié que la foule anonyme[72].

La métaphore du *théâtre du monde* place le témoin de l'histoire dans la position du *spectateur* qui, en principe, n'a pas vocation à entrer en scène.

---

71 *Ibid.*, p. 20.
72 AS, p. 302 [RS, p. 304]. C'est moi qui souligne. Traduction légèrement modifiée.

Mais ce qui nous intéresse ici, c'est la notion de *Mitleidenschaft*, qui associe la pitié (*Mitleid*) et la passion (*Leidenschaft*). Le terme est employé ici dans la seule tournure dans laquelle son usage est courant (l'expression *in Mitleidenschaft ziehen*, affecter, notamment dans le sens de « avoir un effet négatif sur », « nuire à »). Mais Sebald l'emploie à plusieurs reprises *absolument*, en-dehors de cette expression courante, faisant entendre dans ce mot une sorte de « passion de la pitié » : à propos d'Améry, mais aussi à propos de Roger Casement, qui avait rédigé un rapport accablant sur les atrocités commises par les colons au Congo et paya de sa vie son engagement. Face à ce que Casement décrit comme une *Leidensgeschichte* plus terrible que celles de la Bible, Sebald évoque à propos de Casement « sa conscience encline à la compassion plus qu'à nul autre sentiment [*sein von Mitleidenschaft tiefer als von jeder anderen Regung geprägtes Bewußtsein*][73] ».

Le rapport entre conscience (politique) et « pitié » a beaucoup occupé Brecht. Selon Hannah Arendt, il était évident pour Brecht que tous les révolutionnaires des siècles derniers avaient agi, justement, par « passion de la pitié [*aus der Leidenschaft des Mitleids heraus*][74] », une pitié toutefois immédiatement transformée en colère, car « ce n'est pas pour souffrir qu'il faut se mettre à la place de ceux qui souffrent, mais pour mettre fin à leur souffrance [*in die Leidenden nicht, um zu leiden, versetzt, sondern um ihre Leiden zu beenden*][75] ». D'où la critique que l'on connaît de l'*Einfühlung* et de la catharsis, et le travail sur l'effet de distanciation, *Verfremdungseffekt*. En même temps, Brecht n'exclut pas la possibilité que le renoncement au procédé « aristotélicien » de l'*Einfühlung*, auquel le théâtre de « notre temps » aurait été « contraint » pour ne pas « atténuer » la lutte des classes, soit « temporaire », même s'il tient pour peu probable sa survie ou son retour[76]. Seule la catharsis elle-même, qui constitue le

---

73 AS, p. 156 [RS, p. 157]. « *Wer den Oberlauf des Kongo hinauffährt und nicht geblendet ist von der Gier nach dem Geld, so schrieb Casement, vor dessen Augen entfaltet sich die Agonie eines ganzen Volkes in all ihren herzzerreißenden, die biblischen Leidensgeschichten weit in den Schatten stellenden Einzelheiten.* » AS, p. 154 [RS, p. 154-155].

74 Hannah Arendt, *Walter Benjamin, Bertolt Brecht. Zwei Essays*, München/Zürich, Piper, 1971, p. 93.

75 Brecht cité par Arendt, *ibid.*

76 Bertolt Brecht, *Écrits sur le théâtre*, éd. Jean-Marie Valentin, Paris, Gallimard, 2000 [« Kritik der Einfühlung » [Kritik der « Poetik » des Aristoteles]], *Schriften zum Theater I, Gesammelte Werke in 20 Bänden*, Bd. 15, Frankfurt a. M., Suhrkamp, 1967, p. 240-242, p. 241-242.

but de la tragédie, et dont l'*Einfühlung* est l'instrument, semble rejetée d'une manière définitive :

> Aucune *catharsis* ne peut avoir pour fondement une attitude de parfaite liberté, une attitude critique visant à trouver aux difficultés des solutions purement terrestres [*Eine völlig freie, kritische, auf rein irdische Lösungen bedachte Haltung des Zuschauers ist keine Basis für eine Katharsis*][77].

Mais Brecht ne développe pas. Et dans le texte intitulé « Point de vue rationnel et point de vue émotionnel », il insiste sur le fait qu'en rejetant l'*Einfühlung*, ce ne sont pas les émotions en tant que telles qu'il rejette :

> Dès les dernières années de la république de Weimar, la dramaturgie allemande d'après-guerre a pris un tournant résolument rationaliste. Le fascisme, avec sa manière grotesque d'insister sur le facteur émotionnel [...] m'[a] moi-même incité à porter davantage l'accent sur l'aspect rationnel. Et pourtant, c'est justement la forme la plus rationnelle, la *pièce didactique*, qui provoque les réactions les plus émotionnelles [*Jedoch zeigt gerade die rationellste Form, das Lehrstück, die emotionellsten Wirkungen*]. Une bonne partie des œuvres d'art me feraient volontiers parler d'un déclin de l'effet émotionnel dû à son divorce d'avec la raison, et de sa renaissance dès lors que la tendance rationaliste se renforce. Ce qui n'étonnera que ceux qui ont une conception on ne peut plus conventionnelle des émotions [*eine ganz konventionelle Vorstellung von den Emotionen*][78].

Que la forme la plus rationnelle puisse produire les effets les plus émotionnels, c'est ce que donne à voir en effet le plus rationnel des procédés du théâtre de Brecht : l'interruption de l'action, comme l'a développé Benjamin dans ses deux versions de « *Was ist das epische Theater* », que Sebald connaissait[79]. Benjamin y explique que le procédé

77 « Critique de la "Poétique" d'Aristote », *Écrits sur le théâtre*, p. 260 [*Schriften zum Theater*, p. 241].

78 Bertolt Brecht, « Point de vue rationnel et point de vue émotionnel », *Écrits sur le théâtre*, *op. cit.*, p. 299 [« Über rationellen und emotionellen Standpunkt », *Schriften zum Theater I*, *op. cit.*, p. 242-243. *Cf.* aussi : « Toutefois il [le changement de fonctionnement de la société] n'éloigne aucunement de l'art les sentiments [*Gefühle*], comme on pourrait le craindre. Ce qu'en revanche il modifie impitoyablement, c'est le rôle social des émotions [*Emotionen*], qui aujourd'hui font le jeu des puissants. » « Thesen über die Aufgabe der Einfühlung in den theatralischen Künsten », *Schriften zum Theater I*, *op. cit.*, p. 246.

79 *cf.* W. G. Sebald, « Das Wort unter der Zunge. Zu Hugo von Hofmannsthals Trauerspiel "Der Turm" », *Literatur und Kritik*, H. 125, 1978, p. 294-303. Sebald y parle de « l'émancipation du théâtre de la parole, notamment la technique du geste et du jeu, que Benjamin aborde dans le cadre de ses remarques sur le théâtre épique » (p. 302-303).

central du théâtre épique n'est pas le développement d'une action, qui susciterait l'empathie (*Einfühlung*) et donc la *catharsis* du spectateur, mais au contraire l'interruption de cette action et donc l'effet de distanciation (*Verfremdung*) qui à son tour permet de révéler des états de faits (*Zustände*) dont le spectateur est censé s'étonner. Cette interruption de l'action, Benjamin la rapproche du « "*tableau*" – comme on disait autour de 1900[80] ».

Dans l'œuvre fictionnelle de Sebald, les références théâtrales ne portent pas non plus sur l'action ou l'intrigue, ou la psychologie des personnages, mais bien aussi sur des moments isolés, des « tableaux » analogues, dans une certaine mesure, au principe brechtien et benjaminien de l'interruption. Le choix même des instants en question – des instants critiques qui précèdent la catastrophe et laissent en même temps imaginer que les choses auraient pu prendre une autre tournure (« *andere Wendung*[81] ») – présente une parenté certaine avec l'idée de « dialectique à l'arrêt [*Dialektik im Stillstand*] » que le théâtre épique, selon Benjamin, a pour but de révéler[82]. Cette « dialectique à l'arrêt » semble d'ailleurs aussi présider au choix d'un certain nombre d'images dites fixes, photographies ou tableaux, insérés ou évoqués dans le texte. L'exemple le plus souvent cité en est sans doute le tableau déjà évoqué de Lukas von Valckenborch qui, dans *Austerlitz*, semble avoir interrompu l'action au moment de la chute, sur la rivière gelée, d'une dame en robe jaune, comme si « l'instant fixé par Lucas Van Valckenborch n'était pas révolu[83] ».

Le but rationnel de l'interruption épique est de libérer la réflexion sur le déroulement de l'action en refusant toute notion de fatalité :

Cf. aussi Mark R. McCulloh, « The stylistic of stasis : paradoxical effects in W. G. Sebald », *Style*, Northern Illinois University, Vol. 38, 2004, p. 38-42.

80 Walter Benjamin, GS II, 2, p. 535. Le mot *tableau* est en français dans le texte. *Cf.* « Ce qui a été supprimé dans le théâtre de Brecht, c'est la catharsis aristotélicienne, la purge des passions par l'identification affective au destin émouvant du héros. » *Ibid.*

81 *Cf.* la suite du passage cité plus haut sur *Les Brigands* de Schiller : « Toujours *j'avais voulu alors intervenir* dans l'action et dire en un mot à Amalia que pour passer comme elle le souhaitait du cachot poussiéreux au paradis de l'amour il lui aurait suffi de tendre la main. Mais comme je n'osais pas intervenir de la sorte, l'autre tournure des événements [*die andere Wendung der Dinge*], celle qu'éventuellement l'action sur scène aurait pu prendre, me restait cachée. » V, 170 [SG, p. 213-215].

82 Walter Benjamin, GS II, 2, p. 530 : « *Der Zustand, den das epische Theater aufdeckt, ist die Dialektik im Stillstand* ».

83 A', p. 21 [A, p. 20]. Traduction modifiée.

« "Les choses peuvent se passer ainsi, mais elles peuvent aussi se passer tout autrement" – c'est l'attitude fondamentale de celui qui écrit pour le théâtre épique », dit Benjamin[84]. Chez Sebald en revanche, les moments d'interruption, d'*arrêt sur image* donnent moins à voir l'*action* possible que la souffrance subie – le *pathos*. Ainsi l'interruption de l'action aurait surtout pour fonction – et en tout cas pour effet – d'intensifier l'expression : en suspendant un instant le déroulement d'une catastrophe imminente, on aiguise, en lui donnant le temps de se déployer, la conscience douloureuse d'une catastrophe que rien ne peut plus empêcher – non pas parce qu'elle n'aurait pas pu être empêchée, mais simplement parce qu'elle ne l'a pas été, qu'elle a effectivement eu lieu. Ce n'est pas une question de fatalité, mais de réalité. L'espoir tout virtuel d'un arrêt du processus catastrophique – espoir que produit immanquablement sa suspension momentanée – ne fait qu'intensifier le désespoir qu'il soit advenu.

L'interruption de l'action, effet de distanciation central dans le théâtre épique, serait donc chez Sebald une formule de pathos. Comme le dit Brecht, la contradiction entre l'effet le plus rationnel et l'effet le plus émotionnel – et donc, si on veut, entre *Verfremdungseffekt* et *Pathosformel* – n'est qu'apparent. On trouve même un troisième terme commun : le théâtre kabuki, dont un des procédés centraux est le *mié*, une sorte d'arrêt sur image destiné à intensifier l'expression à travers l'immobilisation d'un geste à son paroxysme. Philippe-Alain Michaud rapporte en effet que Warburg, depuis San Francisco, avait l'intention de se rendre au Japon, sans doute pour y voir des représentations de théâtre kabuki, et gage que « s'il fallait exprimer *Pathosformel* en japonais, peut-être faudrait-il choisir de le traduire par "mié", mouvement figé dans l'instant de sa plus haute intensité » comme « le Laocoon dont Goethe comparait le mouvement à un éclair immobilisé ou à une vague[85] ». Or Brecht aussi s'est intéressé au théâtre kabuki, qui a joué un rôle dans l'élaboration de sa théorie théâtrale[86]. Un détail concret de la technique du mié est

84 « *"Es kann so kommen, aber es kann auch ganz anders kommen" – das ist die Grundhaltung dessen, der für das epische Theater schreibt* ». Walter Benjamin, GS II, 2, p. 525.

85 Philippe-Alain Michaud, « *Zwischenreich.* Mnemosyne, ou l'expressivité sans sujet », art. cité, p. 34, 33.

86 *Cf.* Bertolt Brecht, « Über das Theater der Chinesen », *Schriften zum Theater I, op. cit.*, p. 424-428 ; « Verfremdungseffekte in der chinesischen Schauspielkunst », *Schriften zum Theater II, Gesammelte Werke*, Bd. 16, p. 630-631.

particulièrement intéressant : c'est que le geste arrêté serait souvent accompagné de percussions. Or c'est un procédé très semblable que l'on trouve dans *Mutter Courage*, comme le relève Elias Canetti dans un entretien où il évoque précisément sa propre fascination pour le théâtre kabuki et sa puissance expressive :

> Je crois que les passages les plus forts dans ses pièces sont ceux où il [Brecht] est un auteur dramatique au sens ancien, comme dans « Mère Courage », lorsque la petite fille tambourine sur le toit. C'est quand même extrêmement fort, cette fille sourd-muette. Qu'est-ce que ça a encore à voir avec la distanciation[87] ?

Canetti en effet n'adhère pas aux théories de Brecht sur l'effet de distanciation et le refus de l'empathie, dont il considère qu'elles sont démenties par sa pratique théâtrale, dont il admire l'intensité expressive. Il est vrai qu'en l'occurrence, ce n'est pas un effet émotionnel produit par un effet rationnel, mais quelque chose de plus immédiat. Quoi qu'il en soit, le *pathos* est bien constitutif de l'œuvre de Brecht, qui écrit lui-même :

> la mémoire des souffrances endurées (*das Gedächtnis der Menschheit für erduldete Leiden*) est étonnamment courte chez les humains. Leur imagination des souffrances à venir (*ihre Vorstellungsgabe für kommende Leiden*) est presque plus faible encore. [...] C'est cette apathie (*Abgestumpftheit*) qu'il nous faut combattre[88].

Sur cette nécessité de travailler la mémoire et l'imagination des souffrances endurées, Sebald rejoint Brecht, et plus encore, sans doute, Benjamin : « *Histoire* et *pathos* se retrouvent, pour finir, dans une façon de regarder le monde, décidément – et mélancoliquement –, comme une grande "histoire pathétique" ou *Leidensgeschichte* », écrit Georges Didi-Huberman[89], citant Benjamin qui écrit dans son *Origine du drame baroque allemand* : « C'est là le noyau de la vision allégorique (*der Kern der allegorischen Betrachtung*), de l'exposition baroque de l'histoire comme histoire des souffrances du monde (*weltlichen Exposition der Geschichte als*

87 Elias Canetti / Manfred Durzak, « Akustische Maske und Maskensprung. Materialien zu einer Theorie des Dramas. Ein Gespräch », *Neue Deutsche Hefte*, Jg. 22, H. 3, 1975, p. 497-516, p. 503.

88 Brecht, *ABC de la guerre* (*Kriegsfibel*), cité par Georges Didi-Huberman dans *Quand les images prennent position*, *op. cit.*, p. 160.

89 *Ibid.*, p. 160.

Leidensgeschichte der Welt)[90] ». Sebald, pour qui *L'origine du drame baroque allemand* était une référence importante, traduit cette *Leidensgeschichte* en *restitution* des « traces de douleur » de l'histoire (*Schmerzensspuren*).

Il ne s'agit évidemment pas ici d'assimiler purement et simplement l'interruption du théâtre épique et l'arrêt sur image sebaldien, qui a si souvent un air de théâtre. Même si l'effet de distanciation et l'effet de pathos ne sont pas si antinomiques qu'on a tendance à le croire, il reste que Sebald met davantage l'accent sur le pathos du deuil et de la plainte, et que son œuvre ne se conçoit pas elle-même comme militante. Elle n'en a pas moins une dimension critique et politique, qui se lit précisément dans cette sensibilité aux *Leidensgeschichten* du monde. Lorsqu'Irving Wohlfarth écrit :

> Pour Benjamin, il n'y a pas de politique sans deuil, mais il n'y a pas non plus de deuil sans politique. En revanche, la politique de Sebald, si tant est qu'on puisse même parler de politique, s'épuise très largement dans le deuil[91],

il me semble qu'il sous-estime la portée politique du pathos de la plainte et du deuil en tant que tel, tel que l'a mis en évidence Nicole Loraux à propos de la tragédie grecque, et tel que Benjamin lui-même, dans ses *Thèses sur l'histoire*, la formule en remarquant que la force révolutionnaire se nourrit davantage de l'image des ascendants asservis que de l'idéal des descendants libérés (« *an dem Bild der geknechteten Vorfahren, nicht am Ideal der befreiten Enkel*[92] »). Ce n'est pas l'intensité du pathos, ni même son « excès », qui prive une œuvre de sa portée politique, mais sa neutralisation. Dans *A Radical Stage*, Sebald fustige justement ce qu'il décrit comme la dérive esthétisante d'un théâtre à l'origine très politique. Or sa critique porte très précisément sur un certain « théâtre des images [*Theater der Bilder*] » dans lequel l'arrêt sur image est tout le contraire d'un procédé dialectique : c'est selon Sebald une simple stase, esthétisante, anesthésiante, lénifiante, qui pour ainsi dire hypnotise le spectateur et le place dans un état de passivité totale :

> *the intended radicality of the message is submerged by the staggering display of theatrical means. The stylistic correlative of all this is a grandiose Theater der Bilder which at times approaches the point of stasis, when an audience can do no more than*

90 Cité dans *ibid.*, p. 160.

91 Wohlfarth, « Anachronie », art. cité, p. 193.

92 Walter Benjamin, GS II, 2, p. 700.

sit and watch in amazement. Hence the touch of the operatic noticeable in so many of the great productions of recent years[93].

En plaçant l'action sur la « scène de l'histoire[94] », le motif théâtral met en évidence la dimension historique et politique des drames individuels ; ce qui se joue sur la scène intérieure, ce que donne à voir le théâtre de la mémoire, est en même temps porté sur la scène de l'histoire, ou plutôt désigné comme lui appartenant d'emblée. C'est le cas pour les deux scènes centrales de remémoration dans *Austerlitz* : lorsqu'Austerlitz entre dans la salle d'attente de la Liverpool Street Station « tel un acteur [...] qui sort des coulisses » et entre en scène[95] ; et lorsque la salle du Théâtre des États de Prague se transforme en une sorte d'espace intérieur où un mouvement du rideau fait lever en Austerlitz des images fugaces et fragmentaires de la présence maternelle[96].

Ce théâtre intime du deuil est-il contraire à une perspective politique ? Le deuil qui se fixe ainsi sur l'irrémédiable est-il l'opposé exact de la conscience politique, qui sait que les choses pourraient être autrement qu'elles ne sont ? Roland Barthes écrit dans son *Journal de deuil* :

> – Donc, en fait : tel le psychotique de Winnicott[97], *j'ai peur d'une catastrophe qui a déjà eu lieu*. Je la recommence sans cesse en moi-même sous mille substituts[98].
>
> L'Irrémédiable est à la fois ce qui me déchire et ce qui me contient [...][99]

En réalité, il n'y a pas de contradiction entre la conscience de l'irrémédiable et celle que les choses auraient pu se passer autrement : au contraire, ces deux aspects s'intensifient mutuellement. La « catastrophe qui a déjà eu lieu » est d'autant plus sensible à qui se souvient qu'elle était « résistible » comme l'ascension d'Arturo Ui, et qu'elle n'aurait pas dû se produire. Et la conscience qu'elle aurait pu, qu'elle aurait dû être empêchée, aiguise la conscience de ce qu'elle ne l'a pas été. En somme, il ne faut

---

93 W. G. Sebald (éd.), *A Radical Stage. Theatre in Germany in the 1970s and 1980s*, Oxford / New York / Hamburg, Berg, 1988, p. 5.

94 Par exemple dans les *Anneaux de Saturne* : RS, p. 36, 94 et 150 *sq.*

95 A', p. 162 [A, p. 193].

96 A', p. 193 [A, p. 231-232].

97 *Cf.* Donald Woods Winnicott, « La crainte de l'effondrement », *Nouvelle revue française de psychanalyse*, nº 11, printemps 1977.

98 Note du 6 octobre 1978. *Journal de deuil*, *op. cit.*, p. 217.

99 Note du 18 janvier 1978. *Ibid.*, p. 100.

pas confondre l'irrémédiable – même avec un I majuscule comme chez Barthes – avec une quelconque puissance du destin ; si la catastrophe est – désormais – irrémédiable, c'est en vertu de sa seule réalité.

Cela signifie aussi que, notamment dans le cas de catastrophes politiques, il est légitime de « protester contre l'irréversible », comme l'écrit Cioran, cité par Sebald :

> Toute nostalgie est un dépassement du présent. Même sous la forme du regret, elle prend un caractère dynamique : on veut forcer le passé, agir rétroactivement, protester contre l'irréversible[100].

Mais c'est surtout Jean Améry qui développe cette idée, à laquelle il donne le nom de *ressentiment* – un sentiment nécessaire, écrit Sebald, à un point de vue véritablement critique sur le passé :

> L'énergie qui animait la polémique d'Améry lui venait d'un ressentiment [*Ressentiment*] que rien ne pouvait apaiser. Une grande partie des essais est consacrée à justifier ce sentiment [*Gefühlsregung*] compris généralement comme un besoin de revanche inassouvi, en le définissant comme l'élément indispensable d'une vision vraiment critique du passé [*Element einer wahrhaft kritischen Perspektive auf die Vergangenheit*]. Pleinement conscient que sa tentative de définition est alogique, Améry écrit que le ressentiment « cloue chacun de nous à la croix de son passé anéanti. Il exige l'absurde : que l'irréversible soit inversé, que l'événement n'ait pas eu lieu [*das Irreversible solle umgekehrt, das Ereignis unereignet gemacht werden*][101]. »

D'une certaine manière, le ressentiment ainsi entendu ne fait que revendiquer inlassablement pour le passé le point de vue critique qui consiste à voir que « les choses se sont passées comme cela, mais elles auraient pu se passer tout autrement. » Et si ce sentiment a quelque chose d'« absurde » dans l'ordre des faits, et qu'il est une souffrance pour celui qui en est « captif[102] », il n'est pas pour autant le symptôme individuel d'un deuil pathologique (« ne suis-je pas travaillé par un mal

100 CS', p. 157 [CS, p. 164] (en français dans le texte).

101 CS', p. 153 [CS, p. 160]. Le passage cité se trouve dans *Par-delà le crime et le châtiment*, *op. cit.*, p. 149.

102 « Le ressentiment bloque l'accès à la dimension humaine par excellence : l'avenir. Je sais, chez l'esclave du ressentiment, le sens du temps est distordu, dé-rangé [*ver-rückt*], si l'on veut, puisqu'il réclame ce qui est doublement impossible : le retour en arrière dans un temps écoulé et l'annulation de ce qui a eu lieu. » *Par-delà le crime et le châtiment*, *op. cit.*, p. 149-150 [*Jenseits von Schuld und Sühne*, *op. cit.*, p. 128].

incurable, par exemple l'hystérie ? La question est toute rhétorique », écrit Améry). C'est bien la réalité historique qui est « dérangée » :

> Je sais que ce qui m'accable n'est pas une névrose, mais le reflet exact de la réalité. Ce n'étaient pas des hallucinations [*keine hysterischen Halluzinationen*] quand j'entendais « Crève ! » et apprenais en passant ce que les gens pensaient vraiment : que quelque chose ne tournait pas rond avec ces juifs, sinon on ne serait pas si sévère avec eux. [...] Je suis forcé d'en arriver à la conclusion que ce n'est pas moi qui suis dérangé, mais que la névrose est plutôt du côté des événements historiques. Ce sont les autres qui sont fous, et moi je me retrouve désemparé et perplexe au milieu d'eux, moi qui ai tous mes sens. Je m'étais joint à la visite guidée d'une clinique psychiatrique et soudain j'ai perdu la trace des médecins et des gardiens[103].

On comprend là aussi les limites de l'usage du concept de « trauma » qui parfois, avec les meilleures intentions, en vient à pathologiser la victime et à faire de son état d'esprit un symptôme personnel qu'il s'agirait de surmonter, alors que, comme l'explique Améry, c'est une conscience politique qu'il s'agirait bien plutôt de partager, et qui en tant que telle ne concerne pas seulement le passé :

> Tout se ramène donc à la conscience du cataclysme passé et à la crainte légitime d'un nouveau cataclysme. Je porte les deux en moi, et le deuxième pèse doublement plus lourd du fait que je n'ai pas tout à fait échappé au premier. Je ne suis donc pas « traumatisé » mais je me trouve en parfaite concordance intellectuelle et psychique avec la réalité. Ma conscience d'être un Juif de la catastrophe [*Das Bewußtsein meines Katastrophen-Judeseins*] n'est pas une idéologie. Elle peut être comparée à la conscience de classes [*Klassenbewußtsein*] que Marx a tenté de dévoiler au prolétariat du XIXe siècle. Je vis et mets en lumière dans mon existence personnelle une réalité historique propre à mon époque, et comme j'en ai fait une expérience plus profonde que la plupart des camarades de ma tribu, je peux aussi mieux l'éclairer[104].

C'est cette conscience de la catastrophe – conscience du cataclysme passé et crainte légitime d'un nouveau, selon la formulation de Jean Améry – que Sebald a en tête lorsqu'il parle d'*éducation sentimentale* et de *patrimoine affectif*, de *traces de douleur* et de *parcours de deuil*. S'il est un symptôme à traiter, c'est celui que Sebald, à la suite des Mitscherlich, qualifie d'anesthésie ou de

103 Jean Améry, *Par-delà le crime et le châtiment*, *op. cit.*, p. 202 [*Jenseits von Schuld und Sühne*, *op. cit.*, p. 171].

104 *Ibid.*, p. 207-208 [*Jenseits von Schuld und Sühne*, *op. cit.*, p. 175]. Traduction modifiée.

paralysie affective, d'« étonnante raideur affective [*auffallende Gefühlsstarre*][105] » face à la réalité des crimes nazis qui ont « laissé dans la vie intérieure de la nouvelle société des traces négatives [*negative Profilierungen im Innenleben der neuen Gesellschaft*][106] », ou encore des « déformations profondes et durables de la vie émotionnelle [*Deformationen im Gefühlsleben*] de ceux qui se sont laissé intégrer sans problème dans le système[107] ». L'économie du pathos qui est en jeu dans l'œuvre de Sebald peut-elle être formulée en termes de catharsis dès lors qu'il s'agit moins de « purger » les émotions que de les susciter, moins d'en libérer le lecteur que de les lui transmettre, moins de le guérir que de le « blesser », selon l'expression de Kertész ?

Certes, l'apathie elle-même – *Abgestumpftheit*, disait Brecht – est une « passion » dont il faudrait être délivré, une *perturbatio animi*, une manière d'être « dérangé », « *gestört* », selon les termes d'Améry : c'est l'affect de l'absence d'affect si bien décrit par Patrice Loraux, et c'est contre cette apathie que s'écrit l'œuvre de Sebald. Mais s'il craint tant le *pathos*, c'est qu'il l'associe à une forme de catharsis entendue comme un soulagement, une consolation trop facile, « comme si tout allait bien se terminer », selon les mots de Canetti qui voit dans la Crucifixion de Grünewald un démenti radical de cette illusion-là :

> Peut-être la tâche essentielle de l'art a-t-elle été trop souvent oubliée : il ne s'agit pas de purifier, de consoler [*nicht Reinigung, nicht Trost*], de faire comme si tout allait bien se terminer, car les choses ne se terminent pas bien [*denn es geht nicht gut aus*]. Peste, ulcères, tortures, terreurs, et, une fois la peste vaincue, nous avons imaginé plus horrible pour la remplacer. Que peuvent encore vouloir dire ces illusions consolantes devant cette vérité, toujours égale à elle-même et qu'il faut toujours garder présente à l'esprit ? Le doigt de saint Jean, un doigt immense, la désigne : cela est, cela sera de nouveau [*das ist es, das wird es wieder sein*][108].

L'œuvre de Sebald, elle, déploie une sorte de pathos en suspension dont n'émane pas moins une impression semblable. Mais de sa prose se dégage une douceur que Jean-Christophe Bailly décrit, on s'en souvient, comme un « lamento effaré » ; « avec tout ce qu'elle soulève de tragique, la phrase de Sebald est intégralement calme[109] ». C'est une « posture de

105 CS', p. 99 [CS, p. 101].
106 *Ibid.*
107 CS', p. 111 [CS, p. 114].
108 Elias Canetti, *Le flambeau dans l'oreille*, *op. cit.*, p. 244 [*Die Fackel im Ohr*, *op. cit.*, p. 258-259].
109 Jean-Christophe Bailly, « W. G. Sebald ou l'écriture argentique », art. cité, p. 40.

stupeur douce et de prostration », dit Oliver Rohe, « plus que de révolte enragée, de cynisme déguisé ou de ressentiment – ce même ressentiment qu'il comprend et défend dans les essais de Jean Améry[110] ». Cette douceur fascine et exaspère, elle est souvent décrite comme un charme, un envoûtement, une captation : Gwenaëlle Aubry dit le lecteur « prisonnier du cercle, enserré dans les rêts de la phrase[111] », Hugo Dittberner parle du « timbre attirant de la voix endeuillée et [de] la séduction de son *sentiment* [*Sentiment*][112] », Thomas Wirtz évoque la « mélodie merveilleuse de sa phrase », Kertész la « mélodie mélancolique d'un violoncelle[113] ». Ces métaphores musicales disent aussi, souvent, une méfiance à l'égard d'une séduction ambiguë, un piège émotionnel nuisible à la raison et à la conscience politique – Wohlfarth reprend des mots de Benjamin pour parler à propos de Sebald du « désir de bercer, de border, de calmer l'époque [*Sehnsucht, das Zeitalter einzulullen, zuzudecken, stillzulegen*] », « de l'endormir en la berçant [*in Schlaf zu wiegen*][114] ». L'effet de la prose sebaldienne est-il de « pacifier le catastrophique et le monstrueux[115] » ? Peut-on dire que « le monde disparaît dans un nuage de mélancolie et avec lui le malheur dont parle Sebald », et que « Sebald raconte la persécution et le génocide des Juifs de telle sorte que le lecteur ne s'en rende pas compte[116] » ? Ou est-ce plutôt le contraire : « Sebald ne mentionne jamais l'Holocauste. Pourtant, le lecteur ne pense à rien d'autre[117] » ? On ne saurait mieux illustrer que par ces lectures contradictoires la *passibilité* que produit la prose de Sebald et en particulier son *ton*, qui n'est pas documentaire, pas neutre, pas impassible, et qui n'est pas non plus *pathétique*, mais qui relève de cette « pulvérulence subtile », selon l'expression de Calvino, de ce pathos en suspension qui ne laisse pas oublier et continue de hanter le présent du lecteur, avec cette douceur qui ne berce que pour mieux éveiller et dont l'intensité diffuse, loin de pacifier la mémoire, ne cesse de « protester contre l'irréversible » des catastrophes passées et de maintenir vive la conscience des catastrophes en cours.

110 Oliver Rohe, « Fragments », art. cité, p. 328-329.
111 Gwenaëlle Aubry, « Le page blanc », art. cité, p. 312.
112 Hugo Dittberner, « Ein starker Hauch Patina », art. cité, p. 13.
113 Cité par Lucie Campos, *Fictions de l'après*, *op. cit.*, p. 19.
114 Irving Wohlfarth, « Anachronie », art. cité, p. 211.
115 Klaus Scherpe, « Auszeit des Erzählens », art. cité, p. 499.
116 Sibylle Cramer, « Zarbitterstes », art. cité.
117 André Aciman, AdM, p. 11.

BIBLIOGRAPHIE

Les œuvres de Sebald figurent en début d'ouvrage dans la table des abréviations.

SUR LE PATHOS EN GÉNÉRAL ET LA FORMULE DE PATHOS SELON ABY WARBURG

AGAMBEN, Giorgio, « Aby Warburg et la science sans nom », *Image et mémoire*, Paris, Hoëbeke, 1998, p. 9-43.

BOLZ, Norbert (éd.), *Das Pathos der Deutschen*, München, Fink, 1996.

BUSCH, Katrin et DÄRMANN, Iris, *« pathos ». Konturen eines kulturwissenschaftlichen Grundbegriffs*, Bielefeld, transcript, 2007.

COUDREUSE, Anne, *Le goût des larmes au* XVIII*e siècle*, Paris, Desjonquères, 2013.

COUDREUSE, Anne, *Le refus du pathos au* XVIII*e siècle*, Paris, Honoré Champion, 2001.

CURTIUS, Ernst Robert, « Antike Pathosformeln in der Literatur des Mittelalters [1950] », *Gesammelte Aufsätze zur romanischen Philologie*, Bern/München, Francke, 1960, p. 23-27.

DACHSELT, Rainer, *Pathos. Tradition und Aktualität einer vergessenen Kategorie der Poetik*, Heidelberg, Winter, 2003.

DIDI-HUBERMAN, Georges, « Aby Warburg et l'archive des intensités », *Études photographiques*, 10/ novembre 2001. http://etudesphotographiques.revues.org/index268.html (consulté le 12/11/2020)

DIDI-HUBERMAN, Georges, *L'image survivante. Histoire de l'art et temps des fantômes selon Aby Warburg*, Paris, Minuit, 2002.

DIDI-HUBERMAN, Georges, « Pathos et Praxis : Eisenstein contre Barthes », *1895. Revue de l'association française de recherche sur l'histoire du cinéma*, n° 67 (2012), p. 7-23.

FLECKNER, Uwe, « Ohne Worte. Aby Warburgs Bildkomparatistik zwischen wissenschaftlichem Atlas und kunstpublizistischem Experiment », introduction à Aby Warburg, *Bilderreihen und Ausstellungen*, éd. Uwe Fleckner et Isabella Woldt, *Gesammelte Schriften* Bd. II. 2., Berlin, Akademie Verlag, 2012, p. 1-18.

GÖDDE, Susanne, « Pathos in der griechischen Tragödie », *Handbuch Literatur und Emotionen*, éd. Martin von Koppenfels et Cornelia Zumbusch, Berlin/Boston, Walter de Gruyter, 2016, p. 209-243.

GUILLEMIN, Anna, « The Style of Linguistics : Aby Warburg, Karl Vossler, and Hermann Osthoff », *Journal of the History of Ideas*, vol. 69, nº 4, 2008, p. 605-626.

KECK, Annette, « Groteskes Begehren und exzentrische Deklamationen. Zur Eskamotage des Pathos in der Literatur des bürgerlichen Realismus », *Pathos. Zur Geschichte einer problematischen Kategorie*, éd. Cornelia Zumbusch, Berlin, Akademie Verlag, 2010, p. 117-138.

KNAPE, Joachim, « Gibt es Pathosformeln ? Überlegungen zu einem Konzept von Aby M. Warburg », *Muster im Wandel. Zur Dynamik topischer Wissensordnungen in Spätmittelalter und Früher Neuzeit*, éd. W. Dickhut, S. Manns, N. Winkler, Göttingen, V&R Unipress, 2008, 115-137 ; une version française de ce texte a paru sous le titre « Les formules du pathos selon Aby M. Warburg », *Littérature*, 2008/1 nº 149, p. 56-72.

KNAPE, Joachim, « Rhetorischer Pathosbegriff und literarische Pathosnarrative », *Pathos. Zur Geschichte einer problematischen Kategorie*, éd. Cornelia Zumbusch, Berlin, Akademie Verlag, 2010, p. 25-44.

KOFLER, Peter (éd.), *Ekstatische Kunst – Besonnenes Wort. Aby Warburg und die Denkräume der Ekphrasis*, Bozen, edition sturzflüge, 2009.

KOPPENFELS, Martin von, « Pathos », *Lexikon Literaturwissenschaft. Hundert Grundbegriffe*, éd. Gerhard Lauer et Christine Ruhrberg, Stuttgart, Reclam, 2011, p. 246-249.

KRAUS, M., Bär, J. A., Vollmann, B. K., « Pathos », *Historisches Wörterbuch der Rhetorik*, éd. Gert Ueding, vol. 6, Tübingen, Niemeyer, 2003, p. 689-717.

KROIS, John M., « Die Universalität der Pathosformeln : Der Leib als Symbolmedium [2002] », *Bildkörper und Körperschema. Schriften zur Verkörperungstheorie ikonischer Formen*, éd. Horst Bredekamp et Marion Lauschke, Berlin, Akademie Verlag, 2011, p. 76-91.

MEYER-SICKENDIEK, Burkhard, *Affektpoetik. Eine Kulturgeschichte literarischer Emotionen*, Würzburg, Königshausen & Neumann, 2005.

MICHAUD, Philippe-Alain, *Aby Warburg et l'image en mouvement*, préface de Georges Didi-Huberman, Paris, Macula, 1998.

MICHAUD, Philippe-Alain, « Zwischenreich. Mnemosyne, ou l'expressivité sans sujet » [1999-2000], in : *Sketches : histoire de l'art, cinéma*, Paris, Kargo : L'éclat, 2006, p. 11-40.

PFISTERER, Ulrich, « "Die Bilderwissenschaft ist mühelos". Topos, Typus und Pathosformel als methodische Herausforderung der Kunstgeschichte », *Visuelle Topoi*, éd. U. Pfisterer et M. Seidel, München/Berlin, Deutscher Kunstverlag, 2003, p. 21-47.

PORT, Ulrich, « "Katharsis des Leidens". Aby Warburgs "Pathosformeln" und ihre konzeptionellen Hintergründe in Rhetorik, Poetik und Tragödientheorie », *Deutsche Vierteljahrsschrift für Literaturwissenschaft und Geistesgeschichte* Jg. 73, Sonderheft, 1999, p. 5-42.

PORT, Ulrich, *Pathosformeln. Die Tragödie und die Geschichte exaltierter Affekte (1755-1888)*, München, Wilhelm Fink, 2005.

PORT, Ulrich, « "Pathosformeln" 1906-1933 : Zur Theatralität starker Affekte nach Aby Warburg », Erika Fischer-Lichte (éd.), *Theatralität und die Krisen der Repräsentation*, Stuttgart/Weimar, Metzler, 2001, p. 226-251.

RAULFF, Ulrich, « Warburg oder die Wiederholung », *Der unsichtbare Augenblick. Zeitkonzepte in der Geschichte*, Göttingen, Wallstein, 1999, p. 85-117.

RAULFF, Ulrich, *Wilde Energien. Vier Versuche zu Aby Warburg*, Göttingen, Wallstein, 2003.

SASSE, Sylvia, « Pathos und Antipathos. Pathosformeln bei Sergej Ejzenstejn und Aby Warburg », *Pathos. Zur Geschichte einer problematischen Kategorie*, éd. Cornelia Zumbusch, Berlin, Akademie Verlag, 2010, p. 171-190.

SCHIFFERMÜLLER, Isolde, « Wort und Bild im Atlas ‚Mnemosyne'. Zur pathetischen Eloquenz der Sprache Aby Warburgs », *Ekstatische Kunst – Besonnenes Wort. Aby Warburg und die Denkräume der Ekphrasis*, éd. Peter Kofler, Bozen, edition sturzflüge, 2009, p. 7-21.

SCHOELL-GLASS, Charlotte, « Warburg über Grisaille. Ein Splitter über einen Splitter », *Aby Warburg. Akten des internationalen Symposions Hamburg 1990*, éd. Horst Bredekamp, Michael Diers et Charlotte Schoell-Glass, Weinheim, VCH, Acta humaniora, 1991, p. 199-212.

SNAUWAERT, Maïté, « Une poétique du pathétique », *Philippe Forest. Une vie à écrire*, éd. Aurélie Foglia, Catherine Mayaux, Anne-Gaëlle Saliot et Laurent Zimmermann, Paris, Gallimard, 2018, p. 15-25.

SÖNTGEN, Beate, « Manets Pathos », *Renaissancen der Passion*, éd. Beate Söntgen et Gabriele Brandstetter, Berlin, August Verlag, 2012, p. 7-53.

UEDING, Gert, « Rhetorica movet – zur rhetorischen Genealogie des Pathos », *Das Pathos der Deutschen*, éd. Norbert Bolz, München, Fink, 1996, p. 27-38.

WARBURG, Aby, *Der Bilderatlas Mnemosyne*, éd. Martin Warnke avec la collaboration de Claudia Brink, Berlin, Akademie Verlag, 2000.

WARBURG, Aby, *Fragmente zur Ausdruckskunde*, éd. Ulrich Pfisterer et Hans Christian Hönes, Berlin/Boston, De Gruyter, 2015 (*Gesammelte Schriften, Studienausgabe*, vol. IV).

WARBURG, Aby, *Werke in einem Band*, éd. Perdita Ladwig, Martin Treml et Sigrid Weigel, Berlin, Suhrkamp, 2010.

WARNKE, Martin, « Der Leidschatz der Menschheit wird humaner Besitz », *Die Menschenrechte des Auges. Über Aby Warburg*, éd. Werner Hofmann, Georg Syamken et Martin Warnke, Frankfurt a. M., 1980, p. 113-186.

WARNKE, Martin, « Vier Stichworte : Ikonologie – Pathosformel – Polarität und Ausgleich – Schlagbilder und Bilderfahrzeuge », *Die Menschenrechte des Auges. Über Aby Warburg*, éd. Werner Hofmann, Georg Syamken et Martin Warnke, Frankfurt a. M., Europäische Verlagsanstalt, 1980, p. 53-83.

WEDEPOHL, Claudia, « Von der "Pathosformel" zum "Gebärdensprechatlas". Dürers *Tod des Orpheus* und Warburgs Arbeit an einer ausdruckstheoretisch begründeten Kulturgeschichte », *Die entfesselte Antike. Aby Warburg und die Geburt der Pathosformel*, éd. Marcus Andrew Hurttig, Köln, Walther König, 2012, p. 33-50.

WEIGEL, Sigrid, « Aby Warburgs "Göttin im Exil". Das "Nymphenfragment" zwischen Brief und Taxonomie, gelesen mit Heinrich Heine », *Vorträge aus dem Warburg-Haus*, IV, 2000, p. 65-103.

WEIGEL, Sigrid, « Homo dolens. Der Schmerz als bedeutungsgebendes Vermögen », in : *Schmerz. Kunst +Wissenschaft*, éd. E. Blume, A. Hürlimann, Th. Schnalke, D. Tyradellis, Köln, Dumont, 2007, p. 281-288.

WEIGEL, Sigrid, « Mitleid/Compassio. Über Rituale, Diskurse und die Kulturgeschichte des Mitgefühls », *Die Leidenschaften, ein Drama in fünf Akten : Begleitbuch zur Ausstellung des Deutschen Hygiene-Museums Dresden*, 2012, p. 222-228.

WEIGEL, Sigrid, « Pathosformel und Oper. Die Bedeutung des Musiktheaters für Aby Warburgs Konzept der Pathosformel », *KulturPoetik* 6 (2006), p. 234-253.

WEIGEL, Sigrid, « Pathos, Passion, Gefühl. Schauplätze affekttheoretischer Verhandlungen in Kultur- und Wissenschaftsgeschichte », *Literatur als Voraussetzung der Kulturgeschichte. Schauplätze von Shakespeare bis Benjamin*, München, Fink, 2004, p. 147-172.

WOLDT, Isabella, « Urworte leidenschaftlicher Gebärdensprache », Aby Warburg, *Bilderreihen und Ausstellungen*, éd. Uwe Fleckner et Isabella Woldt, *Gesammelte Schriften* Bd. II. 2., Berlin, Akademie Verlag, 2012, p. 73-78.

ZUMBUSCH, Cornelia, « Besonnenheit. Warburgs Denkraum als antipathetisches Verfahren », *Warburgs Denkraum. Formen, Motive, Materialien*, éd. Martin Treml, Sabine Flach et Pablo Schneider München, Fink, 2014, p. 243-258.

ZUMBUSCH, Cornelia, « "Gesteigerte Gesten". Pathos und Pathologie bei Freud und Warburg », *Übung und Affekt : Aspekte des Körpergedächtnisses*, éd. Bettina Bannasch et Günther Butzer, Berlin / New York, De Gruyter, 2007, p. 269-289.

ZUMBUSCH, Cornelia, *Pathos. Zur Geschichte einer problematischen Kategorie*, Berlin, Akademie Verlag, 2010.

ZUMBUSCH, Cornelia, *Wissenschaft in Bildern : Symbol und dialektisches Bild in Aby Warburgs Mnemosyne-Atlas und Walter Benjamins Passagen-Werk*, Berlin, Akademie Verlag, 2004.

SUR W. G. SEBALD

AGAZZI, Elena, « Riti antichi e persistenza del passato. Il percorso interrotto nell'opera-testamento *Campo Santo* », *La grammatica del silenzio di W. G. Sebald*, Rome, Artemide, 2007, p. 117-131.

ATZE, Marcel, « Die Gesetze von der Wiederkunft der Vergangenheit. W. G. Sebalds Lektüre des Gedächtnistheoretikers Maurice Halbwachs », *Sebald. Lektüren*, éd. Marcel Atze et Franz Loquai, Eggingen, Isele, 2005, p. 195-211.

ATZE, Marcel, « Koinzidenz und Intertextualität. Der Einsatz von Primärtexten in W. G. Sebalds Erzählung 'All'estero », *W. G. Sebald* [*Porträt* 7], Eggingen, Isele, 1997, p. 146-169.

AUBRY, Gwenaëlle, « La place du mort », *W. G. Sebald. Littérature et éthique documentaire*, éd. Muriel Pic et Jürgen Ritte, Paris, Presses de la Sorbonne Nouvelle, 2017, p. 79-84.

AUBRY, Gwenaëlle, « Le page blanc », *Face à Sebald*, Paris, Inculte, 2011, p. 305-320.

BAILLY, Jean-Christophe, « W. G. Sebald ou l'écriture argentique », *Politique de la mélancolie. À propos de W. G. Sebald*, éd. Muriel Pic, Dijon, Les presses du réel, 2016, p. 37-48.

BANKI, Luisa, *Post-Katastrophische Poetik. Zu W. G. Sebald und Walter Benjamin*, München, Fink, 2016.

BOEHNKE, Heiner, « Clair obscur. W. G. Sebalds Bilder », *Text + Kritik* n° 158, 2003, p. 43-61.

BOUJU, Emmanuel, « *Mind the gap !* Humour et exil de la mélancolie », *W. G. Sebald*, éd. Lucie Campos et Raphaëlle Guidée, *Europe* n° 1009, 2013, p. 117-130.

BÜLOW, Ulrich von, « "Aufzeichnungen aus Korsika". Zur Natur- & Menschenkunde von W. G. Sebald ». Aus dem Nachlass herausgegeben von Ulrich von Bülow, *Wandernde Schatten. W. G. Sebalds Unterwelt*, éd. Ulrich von Bülow, Heike Gfrereis et Ellen Strittmatter, Marbach a. N., Deutsche Schillergesellschaft (Marbacher Kataloge 62), 2008, p. 128-209.

BÜLOW, Ulrich von, GFREREIS, Heike et STRITTMATTER, Ellen (éd.), *Wandernde Schatten. W. G. Sebalds Unterwelt*, Marbach a. N., Deutsche Schillergesellschaft (Marbacher Kataloge 62), 2008.

BÜLOW, Ulrich von, « Sebalds Korsika-Projekt », *Wandernde Schatten. W. G. Sebalds Unterwelt*, éd. Ulrich von Bülow, Heike Gfrereis et Ellen Strittmatter, Marbach a. N., Deutsche Schillergesellschaft (= Marbacher Katalog 62), 2008, p. 210-224.

CAMPOS, Lucie, *Fictions de l'après : Coetzee, Kertész, Sebald. Temps et contretemps de la conscience historique*, Paris, Classiques Garnier, 2012.

CAMPOS, Lucie, « L'excès du savoir et du sentiment », *W. G. Sebald*, éd. Lucie Campos et Raphaëlle Guidée, *Europe* n° 1009, 2013, p. 79-88.

COVINDASSAMY, Mandana, « Du lien entre intime et politique dans l'œuvre de W. G. Sebald », *L'intime et le politique dans la littérature et les arts contemporains*, éd. Florence Baillet et Arnaud Regnauld, Paris, Michel Houdiard, 2011, p. 186-195.

COVINDASSAMY, Mandana, *W. G. Sebald. Cartographie d'une écriture en déplacement*, Paris, Presses de l'Université Paris-Sorbonne, 2014.

CRAMER, Sibylle, « Zartbitterstes. Ist es versuchte Nähe, ist es "Abwehrzauber" ? Warum nur lieben alle den Kitsch W. G. Sebalds ? », *die tageszeitung*, 9. 7. 1993.

DENNELER, Iris, « Am Anfang A. Spuren und Familienähnlichkeiten in W. G. Sebalds Werk », *W. G. Sebald : mémoire, transferts, images*, éd. Ruth Vogel-Klein, *Recherches germaniques*, hors série n° 2, 2005, p. 139-156.

DENNELER, Iris, « "Das Andenken ist ja im Grunde nichts anderes als ein Zitat" – Zu Formel und Gedächtnis am Beispiel von W. G. Sebalds *Die Ausgewanderten* », *Die Formel und das Unverwechselbare. Interdisziplinäre Beiträge zu Topik, Rhetorik und Individualität*, éd. Iris Denneler, Frankfurt a. M., Peter Lang, 1999, p. 160-179.

DENNELER, Iris, « Das Gedächtnis der Namen. Zu W. G. Sebalds *Die Ausgewanderten* », *Von Namen und Dingen*, Würzburg, Königshausen & Neumann, 2001, p. 133-161.

DENNELER, Iris, « Dichtkunst – Bildkunst. Zu einem Aspekt der ästhetischen Verfahrensweise W. G. Sebalds am Beispiel der *Ausgewanderten*, der *Ringe des Saturn* und *Austerlitz* », *Literatur für Leser* 27 (2004/4), p. 227-246.

DITTBERNER, Hugo, « Der Ausführlichste oder : ein starker Hauch Patina. W. G. Sebalds Schreiben », *Text + Kritik* 158 (2003), p. 6-14.

ESHEL, Amir, « Against the Power of Time : The Poetics of Suspension in W. G. Sebald's *Austerlitz* », *New German Critique* 88, 2003, p. 71-96.

FUCHS, Anne, *"Die Schmerzensspuren der Geschichte". Zur Poetik der Erinnerung in W. G. Sebalds Prosa*, Köln/Weimar/Wien, Böhlau, 2004.

FUCHS, Anne, « W. G. Sebald's Painters : The function of fine arts in his prose works », *The Modern Language Review* 2006, H. 1, p. 167-183.

GASSELEDER, Klaus, « Erkundungen zum Prätext der Luisa-Lanzberg-Geschichte aus W. G. Sebalds *Die Ausgewanderten.* Ein Bericht », *Sebald. Lektüren*, éd. Marcel Atze et Franz Loquai, Eggingen, Isele, 2005, p. 157-175.

GÖRNER, Rüdiger, « Im Allgäu, Grafschaft Norfolk. Über W. G. Sebald in England », *Text + Kritik* 158, 2003, p. 23-29.

GRAY, Richard T., *Ghostwriting. W. G. Sebald's Poetics of History*, New York, Bloomsbury Academic, 2017.

GUIDÉE, Raphaëlle, « Freud, Resnais et Verlaine s'en vont à Marienbad : l'inquiétante étrangeté du passé dans *Austerlitz* », *W. G. Sebald. Récit, histoire et biographie biographie dans* Die Ausgewanderten *et* Austerlitz, éd. Sylvie Arlaud, Mandana Covindassamy et Frédéric Teinturier, Paris, L'Harmattan, 2015, p. 105-120.

GUIDÉE, Raphaëlle, « "Le temps n'existe absolument pas" : photographie et sortie du temps dans Austerlitz, de W. G. Sebald », http://www.fabula.org/atelier.php?Photographie_et_sortie_du_temps (consulté le 12/11/2020)

GUIDÉE, Raphaëlle, « L'éternel retour de la catastrophe. Répétition et destruction dans les œuvres de Georges Perec et W. G. Sebald », *La littérature dépliée : reprise, répétition, réécriture*, éd. Jean-Paul Engélibert et Yen-Maï Tran-Gervat, Rennes, Presses Universitaires de Rennes, 2008, p. 37-47.

GUIDÉE, Raphaëlle, *Mémoires de l'oubli. William Faulkner, Joseph Roth, Georges Perec et W. G. Sebald*, Paris, Classiques Garnier, 2017.

GUIDÉE, Raphaëlle, « Politique de la catastrophe. Mélancolie et dépolitisation de l'histoire dans l'œuvre de W. G. Sebald », *W. G. Sebald*, éd. Lucie Campos et Raphaëlle Guidée, *Europe* n° 1009, 2013, p. 53-67.

HEIDELBERGER-LEONARD, Irene, « Jean Amérys Werk – Urtext zu W. G. Sebalds *Austerlitz ?* », *W. G. Sebald : mémoire, transferts, images*, éd. Ruth Vogel-Klein, *Recherches germaniques*, hors série n° 2, 2005, p. 117-128.

HIRSCH, Marianne, « The Generation of Postmemory », *Poetics Today* 29,1/2008, p. 103-128.

HOFFMANN, Torsten, « In weiter Ferne, so nah. W. G. Sebalds Stilkritik an Alfred Andersch », *Alfred Andersch 'revisited'. Werkbiographische Studien im Zeichen der Sebald-Debatte*, éd. Jörg Döring et Markus Joch, Berlin/Boston, De Gruyter, 2011, p. 331-356.

HOFFMANN, Torsten, « Polemik », *W. G. Sebald-Handbuch. Leben – Werk – Wirkung*, éd. Claudia Öhlschläger et Michael Niehaus, Stuttgart, Metzler, 2017, p. 155-158.

HOFFMANN, Torsten, et ROSE, Uwe, « "Quasi jenseits der Zeit". Zur Poetik der Fotografie bei W. G. Sebald », *Zeitschrift für deutsche Philologie* 125/4 (2006), p. 580-608.

HORSTKOTTE, Silke, *Nachbilder. Fotografie und Gedächtnis in der deutschen Gegenwartsliteratur*, Köln/Weimar/Wien, Böhlau, 2009.

HUTCHINSON, Ben, « "L'ombre de la résistance". W. G. Sebald et l'École de Francfort », *W. G. Sebald*, éd. Lucie Campos et Raphaëlle Guidée, *Europe* n° 1009, 2013, p. 68-78.

HUTCHINSON, Ben, *W. G. Sebald. Die dialektische Imagination*, Berlin / New York, De Gruyter, 2009.

ISENSCHMID, Andreas, « Der Sebald-Satz », *W. G. Sebald* [Porträt 7], éd. Franz Loquai, Eggingen, Isele, 1997, p. 247-249.

JOSEPHS, Jeremy, et BECHHÖFER, Susi, *Rosas Tochter. Bericht über eine wiedergefundene Kindheit* [1996], München, Piper, 1998.

KAHN, Robert, « Les lambeaux de la mémoire. *Dora Bruder* de Patrick Modiano et *Austerlitz* de W. G. Sebald », *Culture et mémoire : représentations contemporaines de la mémoire dans les espaces mémoriels, les arts du visuel, la littérature et le théâtre*, éd. Carola Hähnel-Mesnard, Marie Liénard-Yeterian, Cristina Marinas, Palaiseau, Éditions de l'école polytechnique, 2008, p. 401-408.

KASPER, Judith, « Trauma und Affektabspaltung in der Holocaust-Literatur. Primo Levi, Georges Perec und W. G. Sebald », *Handbuch Literatur und Emotionen*, éd. Martin von Koppenfels et Cornelia Zumbusch, Berlin/ Boston, De Gruyter, 2016, p. 496-511.

KLIMKE, Christoph A., *W. G. Sebald und der Film*, Frankfurt a. M., Peter Lang, 2011.

KÖHLER, Andrea, « Verabredungen in der Vergangenheit. Das Archivierungswerk des Schriftstellers W. G. Sebald », *Merkur. Deutsche Zeitschrift für europäisches Denken*, H. 4, 59. Jg., April 2005, p. 343-349.

KORFF, Sigrid, « Die Treue zum Detail. W. G. Sebalds *Die Ausgewanderten* », *In der Sprache der Täter. Neue Lektüren deutschsprachiger Gegenwarts- und Nachkriegsliteratur*, éd. Stephan Braese, Opladen, 1998, p. 167-197.

LETHEN, Helmut, « Sebalds Raster. Überlegungen zur ontologischen Unruhe in Sebalds *Die Ringe des Saturn* », *W. G. Sebald. Politische Archäologie und melancholische Bastelei*, éd. Michael Niehaus et Claudia Öhlschläger, Berlin, Erich Schmidt, 2006, p. 13-30.

LEMKE, Anja, « Das photographische Portrait zwischen Identität und Identifikation bei Walter Benjamin und W. G. Sebald », *Bild und Eigensinn. Über Modalitäten der Anverwandlung von Bildern*, éd. Petra Leutner et Hans-Peter Niebuhr, Bielefeld, transcript, 2006, p. 160-178.

LEMKE, Anja, « Figurationen der Melancholie. Spuren Walter Benjamins in W. G. Sebalds "Die Ringe des Saturn" », *Zeitschrift für deutsche Philologie* n° 127, 2008, p. 239-267.

LÖFFLER, Sigrid, « ‚Melancholie ist eine Form des Widerstands'. Über das

Saturnische bei W. G. Sebald und seine Aufhebung in der Schrift », *Text + Kritik* n° 158, IV/2003, p. 103-111.

LONG, Jonathan J., *W. G. Sebald. Image, archive, modernity*, Edinburgh, Edinburgh University Press, 2007.

LONG, Jonathan J. et WHITEHEAD, Anne (éd.), *W. G. Sebald – A Critical Companion*, Edinburgh, Edinburgh University Press, 2004.

LOQUAI, Franz (éd.), *W. G. Sebald* [Porträt 7], Eggingen, Isele, 1997.

MAIER, Anja K., « "Der panische Halsknick". Organisches und Anorganisches in W. G. Sebalds Prosa », *Politische Archäologie und melancholische Bastelei*, éd. Claudia Öhlschläger et Michael Niehaus, Berlin, Erich Schmidt, 2006, p. 111-126.

MAIER, Anja K., « Schmerzästhetik und Zeugenschaft bei W. G. Sebald und Anne Duden », *Schmerzdifferenzen. Physisches Leid und Gender in kulturwissenschaftlicher Perspektive*, éd. Iris Hermann et Anne-Rose Meyer, Königstein, Helmer, 2006, p. 115-139.

MARTIN, Sigurd, « Lehren vom Ähnlichen. Mimesis und Entstellung bei Sebald », *Verschiebebahnhöfe der Erinnerung. Zum Werk W. G. Sebalds*, éd. Sigurd Martin et Ingo Wintermeyer, Würzburg, Königshausen & Neumann, 2007, p. 81-103.

MARTIN, Sigurd et WINTERMEYER, Ingo (éd.), *Verschiebebahnhöfe der Erinnerung. Zum Werk W. G. Sebalds*, Würzburg, Königshausen & Neumann, 2007.

MCCRUM, Robert, « "Characters, Plot, Dialogue ? That's Not Really My Style..." W. G. Sebald : The Books Interview », *Observer*, 7 june 1998, p. 17.

MCCULLOH, Mark R., « The stylistic of stasis : paradoxical effects in W. G. Sebald », *Style*, Northern Illinois University, Vol. 38, 2004, p. 38-42.

MCGONAGILL, Doris, *Warburg, Sebald, Richter : toward a visual memory archive*, Cambridge/Mass., Harvard University, 2006.

MOSBACH, Bettina, *Figurationen der Katastrophe. Ästhetische Verfahren in W. G. Sebalds* Die Ringe des Saturn *und* Austerlitz, Bielefeld, Aisthesis, 2008.

MÜLDER-BACH, Inka, « Der große Zug des Details. W. G. Sebald : *Die Ringe des Saturn* », *Was aus dem Bild fällt : Figuren des Details in Kunst und Literatur*, éd. Edith Futscher, Stefan Neuner, Wolfram Pichler et Ralph Ubl, München, Fink, 2007, p. 281-307.

NAUMANN, Barbara, « Übertragung des Bildes. W. G. Sebalds symptomaler Text », *Intermedien. Zur kulturellen und artistischen Übertragung*, éd. Alexandra Kleihues, Barbara Naumann et Edgar Pankow, Zürich, 2010, p. 433-446.

NIEHAUS, Michael, « Das fingierte Ich. Zum Problem des Fiktionalen in W. G. Sebalds *Austerlitz* », *W. G. Sebald. Récit, histoire et biographie biographie dans* Die Ausgewanderten *et* Austerlitz, éd. Sylvie Arlaud, Mandana Covindassamy et Frédéric Teinturier, Paris, L'Harmattan, 2015, p. 83-102.

NIEHAUS, Michael, « Fiktion – Dokument », *W. G. Sebald-Handbuch. Leben – Werk – Wirkung*, éd. Claudia Öhlschläger et Michael Niehaus, Stuttgart, Metzler, 2017, p. 130-142.

NIEHAUS, Michael et ÖHLSCHLÄGER, Claudia (éd.), *W. G. Sebald Handbuch. Leben – Werk – Wirkung*, Stuttgart, Metzler, 2017.

NIEHAUS, Michael et ÖHLSCHLÄGER, Claudia (éd.), *W. G. Sebald. Politische Archäologie und melancholische Bastelei*, Berlin, Erich Schmidt, 2006.

ÖHLSCHLÄGER, Claudia, *Beschädigtes Leben. Erzählte Risse. W. G. Sebalds poetische Ordnung des Unglücks*, Freiburg i. Br. / Berlin / Wien, Rombach, 2006.

ÖHLSCHLÄGER, Claudia, « Der Saturnring oder Etwas vom Eisenbau », *Politische Archäologie und melancholische Bastelei*, éd. Michael Niehaus et Claudia Öhlschläger, Berlin, Erich Schmidt, 2006, p. 189-204.

ÖHLSCHLÄGER, Claudia, « Medialität und Poetik des trompe-l'œil : W. G. Sebald und Jan Peter Tripp », *Gegenwartsliteratur. Ein germanistisches Jahrbuch* 6/2007, p. 21-43.

ÖHLSCHLÄGER, Claudia, « Unabschließbare Rahmen. Wege des Erzählens bei W. G. Sebald », *W. G. Sebald. Intertextualität und Topographie*, éd. Irene Heidelberger-Leonard et Mireille Tabah, Berlin, LIT, 2008, p. 169-186.

ÖHLSCHLÄGER, Claudia, « Unschärfe. Schwindel. Gefühle. W. G. Sebalds intermediale und intertextuelle Gedächtniskunst », *W. G. Sebald : mémoire, transferts, images*, éd. Ruth Vogel-Klein, *Recherches germaniques*, hors série n° 2, 2005, p. 11-23.

ÖHLSCHLÄGER, Claudia, « W. G. Sebald », *Handbuch der Kunstzitate : Malerei, Skulptur, Fotografie in der deutschsprachigen Literatur der Moderne*, éd. Konstanze Fliedl, Berlin, De Gruyter, 2001, p. 719-722.

ÖHLSCHLÄGER, Claudia, « W. G. Sebald – Matthias Grünewald », *Kunst im Text*, éd. Konstanze Fliedl et Irene Fußl, Basel/Frankfurt a. M., Stroemfeld, 2005, p. 257-279.

PIC, Muriel, « Élégies documentaires », *W. G. Sebald*, éd. Lucie Campos et Raphaëlle Guidée, *Europe* n° 1009, 2013, p. 104-116.

PIC, Muriel, « La fiction par les traces, l'histoire par les présages », *Face à Sebald*, Paris, Éditions Inculte, 2011, p. 143-168.

PIC, Muriel, « Leçons d'anatomie. Pour une histoire naturelle des images chez Walter Benjamin », *Images Re-vues* [en ligne], hors-série 2/2010. http://journals.openedition.org/imagesrevues/409 (consulté le 12/11/2020)

PIC, Muriel (éd.), *Politique de la mélancolie. À propos de W. G. Sebald*, Dijon, Les presses du réel, 2016.

PIC, Muriel, « Révérence à la poussière. W. G. Sebald et l'archive », *W. G. Sebald. Littérature et éthique documentaire*, éd. Muriel Pic et Jürgen Ritte, Paris, Presses de la Sorbonne nouvelle, 2017, p. 170-171.

PIC, Muriel, « W. G. Sebald et *La Légende de saint Julien l'Hospitalier* : empathie, traces et présages », *Empathie et esthétique*, éd. Alexandre Gefen et Bernard Vouilloux, Paris, Hermann, 2013, p. 247-266.

PIC, Muriel, *W. G. Sebald – l'image papillon*, Dijon, Les presses du réel, 2009.

PIC, Muriel et RITTE, Jürgen (éd.), *W. G. Sebald. Littérature et éthique documentaire*, Paris, Presses de la Sorbonne Nouvelle, 2017.

RADISCH, Iris, « Der Waschbär der falschen Welt. W. G. Sebald sammelt Andenken und rettet die Vergangenheit vorm Vergehen », *Die Zeit*, 5. 4. 2001, p. 55-56.

RITTE, Jürgen, *Endspiele. Geschichte und Erinnerung bei Dieter Forte, Walter Kempowski und W. G. Sebald*, Berlin, Matthes & Seitz, 2009.

ROHE, Oliver, « Écrire, inventer la trace, sur W. G. Sebald », *Inculte* n° 1, 2004, p. 23-29.

ROHE, Oliver, « Fragments », *Face à Sebald*, Paris, Éditions Inculte, 2011, p. 321-331.

RYAN, Judith, « Fulgurations : Sebald and Surrealism », *The Germanic Review*, vol. 82, n° 3, 2007, p. 227-249.

SCHÄFER, Armin, « Stil/Schreibweise », *W. G. Sebald-Handbuch. Leben – Werk – Wirkung*, éd. Claudia Öhlschläger et Michael Niehaus, Stuttgart, Metzler, 2017, p. 143-149.

SCHERPE, Klaus R., « Auszeit des Erzählens – W. G. Sebalds Poetik der Beschreibung », *Schreiben ex patria / Expatriate Writing*, éd. Gerhard Fischer, Amsterdam / New York, Rodopi, 2009, p. 297-315.

SCHLEY, Fridolin, *Kataloge der Wahrheit. Zur Inszenierung von Autorschaft bei W. G. Sebald*, Göttingen, Wallstein, 2012.

SCHÖNTHALER, Philipp, *Negative Poetik. Die Figur des Erzählers bei Thomas Bernhard, W. G. Sebald und Imre Kertész*, Bielefeld, transcript, 2011.

SCHNELL, Rebekka, *Natures mortes. Zur Arbeit des Bildes bei Proust, Musil, W. G. Sebald und Claude Simon*, Paderborn, Fink, 2016.

SHIELDS, Andrew, « Neun Sätze aus *Austerlitz* », *Akzente. Zeitschrift für Literatur*, 2003/1, p. 63-80.

SONTAG, Susan, « Une âme en peine », *Face à Sebald*, Paris, éditions inculte, 2011, p. 383-396. Version originale : « A Mind in Mourning », *Times Literary Supplement*, 25/02/2000, p. 3-4. Version allemande : « Ein trauernder Geist », *Akzente* H. 1, 2003, p. 88-95.

STEINAECKER, Thomas von, *Literarische Foto-Texte : zur Funktion der Fotografien in den Texten Rolf Dieter Brinkmanns, Alexander Kluges und W. G. Sebalds*, Bielefeld, transcript-Verlag, 2007.

STISTRUP JENSEN, Merete, « Le spectre des mots. Austerlitz de W. G. Sebald », Danielle Perrot-Corpet et Christine Queffélec, *Citer la langue de l'autre. Mots étrangers dans le roman, de Proust à W. G. Sebald*, Lyon, Presses Universitaires de Lyon, 2007, p. 203-215.

TAÏEB, Lucie, « Sans histoire, pas d'histoire ? *Unerzählt*, ou l'envers de la prose sebaldienne », *W. G. Sebald*, éd. Lucie Campos et Raphaëlle Guidée, *Europe* n° 1009, 2013, p. 176-184.

TISCHEL, Alexandra, « Aus der Dunkelkammer der Geschichte. Zum Zusammenhang von Photographie und Erinnerung in W. G. Sebalds *Austerlitz* », *W. G. Sebald. Politische Archäologie und melancholische Bastelei*, éd. Michael Niehaus et Claudia Öhlschläger, Berlin, Erich Schmidt, 2006, p. 31-45.

VOGEL-KLEIN, Ruth, « Dans l'atelier de W. G. Sebald. Écriture oblique et chronotopes parisiens », *W. G. Sebald*, éd. Lucie Campos et Raphaëlle Guidée, *Europe* n° 1009, 2013, p. 147-156.

VOGEL-KLEIN, Ruth, « "Ein Flickerlteppich". Interview de Ruth Vogel-Klein avec Gertrud Th. Aebischer-Sebald », *W. G. Sebald : mémoire, transferts, images*, éd. Ruth Vogel-Klein, *Recherches germaniques*, hors série n° 2, 2005, p. 211-220.

VOGEL-KLEIN, Ruth, « "Stendhal nach Auschwitz". Zur Rezeption W. G. Sebalds in Frankreich », *Sebald. Lektüren*, éd. Marcel Atze et Franz Loquai, Eggingen, Isele, 2005, p. 133-142.

VOGEL-KLEIN, Ruth (éd.), *W. G. Sebald : mémoire, transferts, images. Recherches germaniques*, hors série n° 2, 2005.

WEBER, Markus R., « Die fantastische befragt die pedantische Genauigkeit. Zu den Abbildungen in W. G. Sebalds Werken », *Text und Kritik* n° 158, IV/2003, p. 63-74.

WEIDNER, Daniel, « Holocaust », *W. G. Sebald-Handbuch. Leben – Werk – Wirkung*, éd. Claudia Öhlschläger et Michael Niehaus, Stuttgart, Metzler, 2017, p. 232-239.

WINKELVOSS, Karine, « Bild – Text », *W. G. Sebald-Handbuch. Leben – Werk – Wirkung*, éd. Claudia Öhlschläger et Michael Niehaus, Stuttgart, Metzler, 2017, p. 114-121.

WINKELVOSS, Karine, « "Die Schrecksekunde des Blitzlichts". L'arrêt sur image chez Sebald, entre panique et illumination », *W. G. Sebald. Récit, histoire et biographie biographie dans* Die Ausgewanderten *et* Austerlitz, éd. Sylvie Arlaud, Mandana Covindassamy et Frédéric Teinturier, Paris, L'Harmattan, 2015, p. 141-161.

WINKELVOSS, Karine, « Pathos et théâtralité dans la prose de Sebald », *W. G. Sebald*, éd. Lucie Campos et Raphaëlle Guidée, *Europe* n° 1009, 2013, p. 92-103.

WINKELVOSS, Karine, « *Peur du faux* et *forme authentique* chez Sebald », *Littérature et éthique documentaire*, éd. Muriel Pic et Jürgen Ritte, Paris, Presses de la Sorbonne Nouvelle, 2017, p. 87-102.

WINKELVOSS, Karine, « Vogelperspektiven und Flügelsandalen. W. G. Sebalds geheime Ornithologie », *Poetische Ornithologie*, éd. Teresa Präauer, *Neue Rundschau* 2017/1, p. 68-80.

WIRTZ, Thomas, « Schwarze Zuckerwatte. Anmerkungen zu W. G. Sebald », *Merkur* 2001/6, p. 530-534.

WOHLLEBEN, Doren, « Effet de flou. Unschärfe als literarisches Mittel der Bewahrheitung in W. G. Sebalds *Schwindel. Gefühle.* », *W. G. Sebald. Politische Archäologie und melancholische Bastelei*, éd. Michael Niehaus et Claudia Öhlschläger, Berlin, Erich Schmidt, 2006, p. 127-143.

WOHLLEBEN, Doren, *Schwindel der Wahrheit. Ethik und Ästhetik der Lüge in Poetik-Vorlesungen und Romanen der Gegenwart. Ingeborg Bachmann, Reinhard Baumgart, Peter Bichsel, Sten Nadolny, Christoph Ransmayr, W. G. Sebald, Hans-Ulrich Treichel*, Freiburg i.B. / Berlin, Rombach, 2005.

WOHLFARTH, Irving, « Anachronie. Interferenzen zwischen Walter Benjamin und W. G. Sebald », *Internationales Archiv für Sozialgeschichte der deutschen Literatur (IASL)* 33/2 (2008), p. 184-242.

ZENETTI, Marie-Jeanne, « Travail littéraire du dispositif documentaire dans l'œuvre de W. G. Sebald », *W. G. Sebald. Littérature et éthique documentaire*, éd. Muriel Pic et Jürgen Ritte, Paris, Presses de la Sorbonne Nouvelle, p. 37-49.

ZUCCHI, Matthias « Zur Kunstsprache W. G. Sebalds », *Verschiebebahnhöfe der Erinnerung. Zum Werk W. G. Sebalds*, éd. Sigurd Martin et Ingo Wintermeyer, Würzburg, Königshausen & Neumann, 2007, p. 163-181.

AUTRES SOURCES

ADORNO, Theodor W., et Horkheimer, M., *Dialektik der Aufklärung. Philosophische Fragmente*, Frankfurt a. M., Fischer, 1969.

ADORNO, Theodor W., *Negative Dialektik, Jargon der Eigentlichkeit*, Frankfurt a. M., Suhrkamp, 2003.

AGAMBEN, Giorgio, *Ce qui reste d'Auschwitz : l'archive et le témoin*, trad. P. Alféri, Paris, Rivages, 2003.

AMÉRY, Jean, *Jenseits von Schuld und Sühne. Bewältigungsversuche eines Überwältigten*, *Werke*, éd. Irene Heidelberger-Leonard, vol. 2, éd. Gerhard Scheit, Stuttgart, Klett-Cotta, 2002. Traduction française : *Par-delà le crime et le châtiment.*

Essai pour surmonter l'insurmontable, trad. Françoise Wuilmart, Arles, Actes Sud, 1995.

AMÉRY, Jean, « Über das unbeschreibliche Schreiben » [1977], *Werke*, éd. Irene Heidelberger-Leonard, vol. 7, *Aufsätze zur Politik und Zeitgeschichte*, éd. Stephan Steiner, Stuttgart, Klett-Cotta, 2005, p. 103-106.

ARENDT, Hannah, *Walter Benjamin, Bertolt Brecht. Zwei Essays*, München/ Zürich, Piper, 1971.

ARISTOTE, *Poétique*, *Œuvres. Éthiques, Politique, Rhétorique, Poétique, Métaphysique*, éd. Richard Bodéüs, Paris, Gallimard [Bibliothèque de la Pléiade], 2014, p. 875-914.

ARISTOTE, *Rhétorique*, *Œuvres. Éthiques, Politique, Rhétorique, Poétique, Métaphysique*, éd. Richard Bodéüs, Paris, Gallimard [Bibliothèque de la Pléiade], 2014, p. 699-873.

AUDI, Paul, *L'empire de la compassion*, Paris, Les Belles Lettres, coll. « encre marine », 2011.

BACHELARD, Gaston, *La Poétique de l'Espace*, Paris, PUF, 1952.

BAQUÉ, Dominique, *Pour un Nouvel Art politique, de l'art contemporain au documentaire*, Paris, Flammarion, 2004.

BARTHES, Roland, *Journal de deuil. 26 octobre 1977 – 15 septembre 1979*. Texte établi et annoté par Nathalie LÉGER, Seuil/Imec, 2009.

BARTHES, Roland, *La chambre claire. Note sur la photographie*, Paris, Cahiers du cinéma / Gallimard / Seuil, 1980. Traduction anglaise utilisée par Sebald : *Camera lucida*, trad. Richard Howard, London, Fontana Paperbooks, coll. Flamingo Edition, 1984.

BARTHES, Roland, *La Préparation du Roman. Cours au Collège de France 1978-1979 et 1979-1980*. Texte annoté par Nathalie Léger. Transcription des enregistrements par Nathalie Lacroix. Avant-propos de Bernard Comment, Paris, Seuil, 2015 [*Cf.* aussi *La Préparation du Roman I et II : cours et séminaires au Collège de France (1978-1979 et 1979-1980)*, éd. Nathalie Léger, Paris, Seuil/Imec, « Traces écrites », 2003].

BARTHES, Roland, « L'écriture et le silence », *Le Degré zéro de l'écriture* [1953], Paris, Seuil, 1972, p. 54-57.

BARTHES, Roland, « L'effet de réel » [1968], *Littérature et réalité*, éd. R. Barthes, L. Bersani, Ph. Hamon, M. Riffaterre, I. Watt, Paris, Seuil, 1982, p. 81-90.

BARTHES, Roland, « Réflexion sur le style de l'Étranger », *Œuvres complètes* I, 1942-1961, Paris, Seuil, 2002.

BASSANI, Giorgio, *Il giardino dei Finzi-Contini*, Milano, Mondadori, 1980. Traduction allemande utilisée par Sebald : *Die Gärten der Finzi-Contini. Roman.* Aus dem Italienischen von Herbert Schlüter, München/Zürich, Piper, 1997 (12e édition).

BASSANI, Giorgio, *Erinnerungen des Herzens*, éd. Eberhard Schmidt, München/Zürich, Piper, 1991.

BAYARD, Pierre, *Peut-on appliquer la littérature à la psychanalyse ?*, Paris, Minuit, 2004.

BELTING, Hans, *Bild-Anthropologie. Entwürfe für eine Bildwissenschaft*, München, Fink, 2001.

BENJAMIN, Walter, *Einbahnstraße, Gesammelte Schriften*, éd. Rolf Tiedemann et Hermann Schweppenhäuser, Bd. IV, 1 [*Kleine Prosa. Baudelaire-Übertragungen*], éd. Tillman Rexroth, Frankfurt a. M., Suhrkamp, 1972. Traduction française : *Sens unique* précédé de *Enfance Berlinoise*, trad. Jean Lacoste, Paris, 10/18, 1978.

BENJAMIN, Walter, « Erfahrung und Armut », *Gesammelte Schriften*, éd. Rolf Tiedemann et Hermann Schweppenhäuser, Bd. II, 1 [*Aufsätze. Essays. Vorträge*], Frankfurt a. M., Suhrkamp, 1977, p. 213-219.

BENJAMIN, Walter, « Der Erzähler », *Gesammelte Schriften*, éd. Rolf Tiedemann et Hermann Schweppenhäuser, Bd. II, 2 [*Aufsätze. Essays. Vorträge*], Frankfurt a. M., Suhrkamp, 1977, p. 438-465.

BENJAMIN, Walter, « Lehre vom Ähnlichen », « Über das mimetische Vermögen », *Gesammelte Schriften*, éd. Rolf Tiedemann et Hermann Schweppenhäuser, Bd. II, 1 [*Aufsätze. Essays. Vorträge*], Frankfurt a. M., Suhrkamp, 1977, p. 204-210 et p. 210-213. Traduction française : « La théorie de la ressemblance », trad. Pierre Rusch, *Benjamin, Cahiers de l'Herne* n° 104, oct. 2013, p. 120-122, et « Sur le pouvoir d'imitation », *Œuvres II*, trad. Maurice de Gandillac, Rainer Rochlitz et Pierre Rusch, Paris, Gallimard, 2000.

BENJAMIN, Walter, *Das Passagen-Werk*, *Gesammelte Schriften*, éd. Rolf Tiedemann et Hermann Schweppenhäuser, Bd. V, 1 et V, 2, éd. Rolf Tiedemann, Frankfurt a. M., Suhrkamp, 1982.

BENJAMIN, Walter, « Über den Begriff der Geschichte », *Gesammelte Schriften*, éd. Rolf Tiedemann et Hermann Schweppenhäuser, Bd. I, 2 [*Abhandlungen*], Frankfurt a. M., Suhrkamp, p. 691-704. Traduction française : « Sur le concept d'histoire », *Œuvres III*, trad. Maurice de Gandillac, Rainer Rochlitz et Pierre Rusch, Paris, Gallimard, 2000, p. 427-443. *Cf.* aussi « Sur le concept d'histoire », *Écrits français*, Paris, Gallimard, 1991, p. 432-443.

BENJAMIN, Walter, *Ursprung des deutschen Trauerspiels*, *Gesammelte Schriften*, éd. Rolf Tiedemann et Hermann Schweppenhäuser, Bd. I, 1 [*Abhandlungen*], Frankfurt a. M., 1974, p. 203-409.

BENJAMIN, Walter, « Was ist das epische Theater ? [1 et 2] », *Gesammelte Schriften*, éd. Rolf Tiedemann et Hermann Schweppenhäuser, Bd. II, 2 [*Aufsätze. Essays. Vorträge*], Frankfurt a. M., Suhrkamp, 1977, p. 519-539.

BEYER, Marcel, *Das blindgeweinte Jahrhundert*, Berlin, Suhrkamp, 2017.

BLOOMFIELD, Camille et ZENETTI, Marie-Jeanne, « Écrire avec le document : quels enjeux pour la recherche et la création littéraire contemporaines ? », *Littérature* n° 166, juin 2012, p. 7-12.

BLUMENBERG, Hans, *Naufrage avec spectateur : paradigme d'une métaphore de l'existence*, traduit de l'allemand par Laurent Cassagnau, Paris, L'Arche, 1997 [*Schiffbruch mit Zuschauer : Paradigma einer Daseinsmetapher*, Frankfurt a. M., Suhrkamp, 1997].

BOEHM, Gottfried, « Bild und Zeit », *Das Phänomen Zeit in Kunst und Wissenschaft*, éd. Hannelore Paflik, Weinheim, VCH, Acta Humaniora, 1987, p. 1-23.

BOEHM, Gottfried, « Jenseits der Sprache ? Anmerkungen zur Logik der Bilder », *Iconic Turn*, éd. C. Maar u. H. Burda, Köln, DuMont, 2004, p. 28-43.

BOEHM, Gottfried, « Mnemosyne. Zur Kategorie des erinnernden Sehens », *Modernität und Tradition. Festschrift Max Imdahl*, éd. G. Boehm, K. Stierle et G. Winter, München, Fink, 1985, p. 37-57.

BÖHME, Hartmut, « Der Wettstreit der Medien im Andenken an die Toten », *Der zweite Blick. Bildgeschichte und Bildreflexion*, éd. Hans Belting et Dietmar Kamper, München, Fink, 2000, p. 23-42.

BOULAY, Benjamin, « Le document et la métaphore du voyage de l'historien », *Littérature* n° 166, 2012, p. 64-68.

BRECHT, Bertolt, « Kritik der Einfühlung [Kritik der "Poetik" des Aristoteles] », *Gesammelte Werke in 20 Bänden*, Bd. 15 [*Schriften zum Theater I*], Frankfurt a. M., Suhrkamp, 1967, p. 240-242.

BRECHT, Bertolt, « Thesen über die Aufgabe der Einfühlung in den theatralischen Künsten », *Gesammelte Werke in 20 Bänden*, Bd. 15 [*Schriften zum Theater I*], Frankfurt a. M., Suhrkamp, 1967.

BRECHT, Bertolt, « Über das Theater der Chinesen », *Gesammelte Werke in 20 Bänden*, Bd. 15 [*Schriften zum Theater I*], Frankfurt a. M., Suhrkamp, 1967, p. 424-428.

BRECHT, Bertolt, « Über rationellen und emotionellen Standpunkt », *Gesammelte Werke in 20 Bänden*, Bd. 15 [*Schriften zum Theater I*], Frankfurt a. M., Suhrkamp, 1967, p. 242-243.

BRECHT, Bertolt, « Verfremdungseffekte in der chinesischen Schauspielkunst », *Gesammelte Werke in 20 Bänden*, Bd. 16 [*Schriften zum Theater II*], p. 619-631.

BUTZER, Günter, « Gedächtnismetaphorik », *Gedächtniskonzepte der Literaturwissenschaft. Theoretische Grundlegung und Anwendungsperspektiven*, éd. Astrid Erll et Ansgar Nünning, Berlin / New York, De Gruyter, 2005, p. 11-29.

CALVINO, Italo, « Légèreté », *Leçons américaines. Aide-mémoire pour le prochain millénaire.* Traduit de l'italien par Yves Hersant, Paris, Gallimard, 1989, p. 17-58.

CANETTI, Elias, *Die Fackel im Ohr, Lebensgeschichte 1921-1931* [1980], Frankfurt a. M., Fischer, 1982.

CANETTI, Elias et DURZAK, Manfred, « Akustische Maske und Maskensprung. Materialien zu einer Theorie des Dramas. Ein Gespräch », *Neue Deutsche Hefte*, Jg. 22, H. 3, 1975, p. 497-516.

COQUIO, Catherine, « La catharsis sous condition. De l'interdit de représentation à "l'Holocauste comme culture" », *Littérature et thérapeutique des passions. La catharsis en question*, éd. Jean-Charles Darmon, Paris, Hermann, 2011, p. 195-238.

COQUIO, Catherine, *La littérature en suspens. Écritures de la Shoah : le témoignage et les œuvres*, Paris, L'Arachnéen, 2015.

COQUIO, Catherine, *Le mal de vérité ou l'utopie de la mémoire*, Paris, Armand Colin, 2015.

DELEUZE, Gilles, « La peinture enflamme l'écriture », *Deux régimes de fous. Textes et entretiens 1975-1995*, éd. David Lapoujade, Paris, Minuit, 2003, p. 167-172.

DELEUZE, Gilles et GUATTARI, Félix, *Kafka. Pour une littérature mineure*, Paris, Minuit, 1975. Traduction allemande utilisée par Sebald : *Kafka. Für eine kleine Literatur.* Aus dem Französischen übersetzt von Burkhart Kroeber, Frankfurt a. M., Suhrkamp, 1976.

DELEUZE, Gilles et GUATTARI, Félix, *Mille plateaux*, Paris, Minuit, 1980.

DENNELER, Iris (éd.), *Die Formel und das Unverwechselbare. Interdisziplinäre Beiträge zu Topik, Rhetorik und Individualität*, Frankfurt a. M. / Berlin, Peter Lang, 1999.

DERRIDA, Jacques, *L'animal que donc je suis*, éd. Marie-Louise Mallet, Paris, Galilée, 2006.

DIDI-HUBERMAN, Georges, *Atlas ou le gai savoir inquiet*, Paris, Minuit, 2011.

DIDI-HUBERMAN, Georges, *Devant le temps. Histoire de l'art et anachronisme des images*, Paris, Minuit, 2000.

DIDI-HUBERMAN, Georges, *Devant l'image. Question posée aux fins d'une histoire de l'art*, Paris, Minuit, 1990.

DIDI-HUBERMAN, Georges, *Génie du non-lieu. Air, poussière, empreinte, hantise*, Paris, Minuit, 2002.

DIDI-HUBERMAN, Georges, *Images malgré tout*, Paris, Minuit, 2004.

DIDI-HUBERMAN, Georges, *Invention de l'hystérie. Charcot et l'iconographie photographique de la Salpêtrière*, Paris, Macula, [6]2014.

DIDI-HUBERMAN, Georges, *L'homme qui marchait dans la couleur*, Paris, Minuit, 2001.

DIDI-HUBERMAN, Georges, *Ninfa moderna. Essai sur le drapé tombé*, Paris, Gallimard, 2002.

DIDI-HUBERMAN, Georges, *Soulèvements*. Avec des essais de Nicole Brenez, Judith Butler, Marie-José Mondzain, Antonio Negri, Jacques Rancière, Paris, Gallimard / Jeu de Paume, 2016.

DIDI-HUBERMAN, Georges, *Quand les images prennent position* (*L'œil de l'histoire, 1*), Paris, Minuit, 2009.

DIETZ, Richard, « Formel », *Historisches Wörterbuch der Rhetorik*, éd. Gert Ueding, vol. 3, Tübingen, Niemeyer, 1996, p. 411-415.

ENZENSBERGER, Hans Magnus, « Enzensbergers April-Lektüre. Heinz Küpper, Wörterbuch der deutschen Umgangssprache II », *Der Spiegel* 14/1963, p. 84-85.

ERDLE, Birgit, « Die Verführung der Parallelen. Zu Übertragungsverhältnissen zwischen Ereignis, Ort und Zitat », *Trauma. Zwischen Psychoanalyse und kulturellem Deutungsmuster*, éd. Elisabeth Bronfen, Birgit R. Erdle et Sigrid Weigel, Köln/Weimar/Wien, Böhlau, 1999, p. 27-50.

ERLL, Astrid et NÜNNING, Ansgar (éd.), *Gedächtniskonzepte der Literaturwissenschaft. Theoretische Grundlagen und Anwendungsperspektiven*, Berlin / New York, De Gruyter, 2005.

FÉDIDA, Pierre, « Passé anachronique et présent réminiscent. *Epos* et puissance mémoriale du langage », *L'Écrit du temps* n° 10, 1985, p. 23-45.

FLAUBERT, Gustave, *Le Dictionnaire des idées reçues* et *Le Catalogue des idées chic*, texte établi, présenté et annoté par Anne Herschberg Pierrot, Paris, Librairie Générale Française, 1997.

FLAUBERT, Gustave, *L'Éducation sentimentale*, *Œuvres* II, éd. A. Thibaudet, R. Dumesnil, Paris, Gallimard, 1952 (coll. Bibliothèque de la Pléiade).

FOREST, Philippe, « Petit éloge du pathos », *Le roman, le réel et autres essais* (*Allaphbed 3*), Nantes, Éditions Cécile Defaut, 2007, p. 211-219.

FREUD, Sigmund, « Aus der Geschichte einer infantilen Neurose », *Gesammelte Werke*, éd. Anna Freud *et al.*, [London, Imago, 1946 / Frankfurt a. M., Fischer], Bd. XII, p. 27-157.

FREUD, Sigmund, *Das Unbewußte*, *Gesammelte Werke*, éd. Anna Freud *et al.*, [London, Imago, 1946 / Frankfurt a. M., Fischer], Bd. X, p. 263-303.

FREUD, Sigmund, « Erinnern, Wiederholen und Durcharbeiten », *Studienausgabe, Ergänzungsband. Schriften zur Behandlungstechnik*, Frankfurt a. M., Fischer, 1975, p. 205-215.

FREUD, Sigmund, *Le délire et les rêves dans la* Gradiva *de W. Jensen*, précédé de W. Jensen, *Gradiva. Fantaisie pompéienne*, Paris, Gallimard, 1986.

FREUD, Sigmund, « Trauer und Melancholie », *Studienausgabe* Bd. III, Frankfurt a. M., Fischer, 1975, p. 193-212.

FREUD, Sigmund, « Über Deckerinnerungen », *Gesammelte Werke*, éd. Anna Freud *et al.*, [London, Imago, 1952 / Frankfurt a. M., Fischer], Bd. I, p. 529-554.

FREUD, Sigmund, « Über den Gegensinn der Urworte », *Studienausgabe*, éd. par Alexander Mitscherlich, Angela Richards et James Strachey, Frankfurt a. M., Fischer, 1969-1975, vol. 4, p. 227-234.

FREUD, Sigmund et Josef BREUER, « Über den psychischen Mechanismus hysterischer Phänomene (Vorläufige Mitteilung) », *Gesammelte Werke*, éd. Anna Freud *et al.*, [London, Imago, 1952 / Frankfurt a. M., Fischer], Bd. I, p. 81-98 [édition de Sebald : *Studienausgabe*, vol. 6, *Hysterie und Angst*].

GINZBURG, Carlo, « L'estrangement. Préhistoire d'un procédé littéraire », *À distance. Neuf essais sur le point de vue en histoire*, trad. de l'italien par Pierre-Antoine Fabre, Gallimard, 2001, p. 15-36. Traduction allemande : « Verfremdung. Vorgeschichte eines literarischen Verfahrens », *Holzaugen. Über Nähe und Distanz*, aus dem Italienischen von Renate Heimbucher, Berlin, Wagenbach, 1999, p. 11-41.

GINZBURG, Carlo, « Traces, racines d'un paradigme indiciaire », *Mythes, Emblèmes, Traces. Morphologie et histoire*, trad. M. Aymard, Ch. Paoloni, E. Bonan et M. Sancini-Vignet, Paris, Flammarion, 1989.

GIORDANO, Ralph, *Die zweite Schuld oder von der Last Deutscher zu sein*, Hamburg/ Zürich, Rasch und Röhring, 1987.

HALBWACHS, Maurice, *Les cadres sociaux de la mémoire*, Paris, Alcan, 1925. Traduction allemande utilisée par Sebald : *Das Gedächtnis und seine sozialen Bedingungen*, übersetzt von Lutz Geldsetzer, Frankfurt a. M., Suhrkamp, 1985.

HANDKE, Peter, *Le malheur indifférent*, trad. Anne Gaudu, Paris, Gallimard, 1979.

HANDKE, Peter, « Über Lieblingswörter », *Langsam im Schatten. Gesammelte Verzettelungen 1980-1992*, Frankfurt a. M., Suhrkamp, 1992, p. 14-15.

HECKSCHER, William, *Rembrandt's Anatomy of Dr. Nicolaas Tulp : an iconological study*, Washington Square, New York University Press, 1958. http://archive.org/details/rembrandt00heck (consulté le 12/11/2020).

JUREIT, Ulrike et SCHNEIDER, Christian, *Gefühlte Opfer. Illusionen der Vergangenheitsbewältigung*, Stuttgart, Klett-Cotta, 2010.

KALISKY, Aurélia, « Les voix distantes. Réflexions sur les malentendus du témoignage », *Die ersten Stimmen. Deutschsprachige Texte zur Shoah 1945-1963*, éd. Ruth Vogel-Klein, Würzburg, Königshausen & Neumann, 2010, p. 289-328.

KERTÉSZ, Imre, entretien avec Martin Doerry et Volker Hage, *Der Spiegel* n° 18/1996, p. 225-229.

KERTÉSZ, Imre, *L'Holocauste comme culture, Discours et essais.* Préface de Péter Nádas, traduit du hongrois par Natalia Zaremba-Huzsvai et Charles Zaremba, Arles, Actes Sud, 2009.

KLEMPERER, Victor, « Inferno und Nazihölle. Bemerkungen zu den "Tagebüchern aus dem Ghetto" », *Neue deutsche Literatur*, Heft 9/10, Sept./ Okt. 1959, p. 245-252.

KLÜGER, Ruth, *weiter leben. Eine Jugend* [1992], München, dtv, 1994. Traduction française : *Refus de témoigner. Une jeunesse*, traduit de l'allemand par Jeanne Étoré, Paris, Viviane Hamy, 1997.

KLUGE, Alexander, *Chronik der Gefühle*, Frankfurt a. M., Suhrkamp, 2000 [2 volumes].

KOPPENFELS, Martin von, *Immune Erzähler. Flaubert und die Affektpolitik des modernen Romans*, München, Wilhelm Fink, 2007.

KOPPENFELS, Martin von, « Pathos », *Lexikon Literaturwissenschaft. Hundert Grundbegriffe*, éd. Gerhard Lauer et Christine Ruhrberg, Stuttgart, Reclam, 2011, p. 246-249.

KOPPENFELS, Martin von, et ZUMBUSCH, Cornelia (éd.), *Handbuch Literatur und Emotionen*, Berlin/Boston, Walter de Gruyter, 2016.

KRAUSS, Rosalind, *L'originalité de l'avant-garde et autres mythes modernistes*, Paris, Macula, 1993.

LAUTERWEIN, Andrea, *Essai sur la mémoire de la shoah en Allemagne fédérale* (1945-1990), Paris, Kimé, 2005.

LAVOCAT, Françoise, *Fait et fiction. Pour une frontière*, Paris, Seuil, 2016.

LEPPER, Marcel, *Lamento : Zur Affektdarstellung in der Frühen Neuzeit*, Frankfurt a. M., Peter Lang, 2008.

LESSING, Gotthold Ephraim, *Laokoon oder über die Grenzen der Malerei und Poesie*, *Lessings Werke*, éd. Kurt Wölfel, vol. III (= Schriften II), Frankfurt a. M., Insel, 1967, p. 7-171 [édition de W. G. Sebald]. Traduction française : *Laocoon ou Des frontières respectives de la peinture et de la poésie*, trad. et commenté par Frédéric Teinturier, Paris, Klincksieck, 2011.

LETHEN, Helmut, *Verhaltenslehren der Kälte : Lebensversuche zwischen den Kriegen*, Frankfurt a. M., Suhrkamp, 1994.

LETHEN, Helmut, « Versionen des Authentischen : sechs Gemeinplätze », *Literatur und Kulturwissenschaften. Positionen, Theorien, Modelle*, éd. Hartmut Böhme et Klaus R. Scherpe, Reinbek, Rowohlt, 1996, p. 205-231.

LEVI, Primo, *Les Naufragés et les rescapés*, trad. A. Maugé, Paris, Gallimard, 1989.

LORAUX, Nicole, *La voix endeuillée. Essai sur la tragédie grecque*, Paris, Gallimard, 1999.

LORAUX, Patrice, « Les disparus », *L'art et la mémoire des camps. Représenter exterminer*, éd. Jean-Luc Nancy, *Le genre humain*, déc. 2001, p. 41-57.

LUGON, Olivier, *Le style documentaire. D'August Sander à Walker Evans, 1920-1945*, Paris, Macula, 2001.

MAUSS, Marcel, « L'expression obligatoire des sentiments (rituels oraux funéraires australiens) », *Journal de psychologie*, 18, 1921, p. 3-8.

MESNARD, Philippe, *Témoignage en résistance*, Paris, Stock, 2007.

MEYER-SICKENDIEK, Burkhard, *Affektpoetik. Eine Kulturgeschichte literarischer Emotionen*, Würzburg, Königshausen & Neumann, 2005.

MITSCHERLICH, Alexander et Margarete, *Die Unfähigkeit zu trauern. Grundlagen kollektiven Verhaltens* [1967], München/Berlin/Zürich, Piper, 1977.

NAVRATIL, Leo, *Gespräche mit Schizophrenen*, München, dtv, 1978.

PEREC, Georges, *Un homme qui dort*, Paris, Denoël, 1967.

PEREC, Georges, *W ou le souvenir d'enfance*, Paris, Denoël, 1975.

PFOTENHAUER, Helmut, RIEDEL, Wolfgang et SCHNEIDER, Sabine (éd.), *Poetik der Evidenz. Die Herausforderung der Bilder in der Literatur um 1900*, Würzburg, Königshausen & Neumann, 2005.

PIC, Muriel, « La fiction documentaire (XIXe-XXIe siècle) : devinette, divination, deuil », *Littérature et document autour de 1930. Hétérogénéité et hybridation générique*, éd. Sarah Bonciarelli, Anne Reverseau et Carmen Van den Bergh, *La Licorne. Revue de langue et de littérature française*, n° 109, septembre 2014, p. 39-51.

PLINE L'ANCIEN, *Histoire naturelle*, XXXV, xxxvi, 73, éd. et trad. J.-M. Croisille, Paris, Les Belles Lettres, 1985.

RABATÉ, Dominique et VIART, Dominique (éd.), *Écritures blanches*, Saint-Étienne, Publications de l'Université de Saint-Étienne, 2009.

REVAULT D'ALLONNES, Myriam, *L'homme compassionnel*, Paris, Seuil, 2008.

REY, Alain (éd.), *Dictionnaire historique de la langue française*, Paris, Le Robert, 1998.

RYKNER, Arnaud, *Pans. Liberté de l'œuvre et résistance du texte*, Paris, José Corti, 2004.

SAMOYAULT, Tiphaine, « Avant-propos. Du goût de l'archive au souci du document », *Littérature* n° 166, juin 2012, p. 3-6.

SCHERPE, Klaus R., « Von Bildnissen zu Erlebnissen : Wandlungen der Kultur "nach Auschwitz" », *Literatur und Kulturwissenschaften. Positionen, Theorien, Modelle*, éd. Hartmut Böhme et Klaus R. Scherpe, Reinbek bei Hamburg, Rowohlt, 1996, p. 254-282.

SCHMIDT, Eberhard, « Auf den Spuren der Finzi-Contini. Ein Gang durch Giorgio Bassanis Ferrara – heute », Giorgio Bassani, *Erinnerungen des Herzens*, éd. par Eberhard Schmidt, München/Zürich, Piper, 1991, p. 133-149.

SCHNEIDER, Sabine, *Verheißung der Bilder. Das andere Medium in der Literatur um 1900*, Tübingen, Niemeyer, 2006.

SONTAG, Susan, *Devant la douleur des autres* [2002], traduit de l'anglais par Fabienne Durand-Bogaert, Paris, Christian Bourgois, 2003.

STAROBINSKI, Jean, *Portrait de l'artiste en saltimbanque* [1970], Paris, Gallimard, ²2004.

TOLEDO, Camille de, *Oublier trahir puis disparaître*, Paris, Seuil, 2014.
TRAVERSO, Enzo, *L'Histoire comme champ de bataille. Interpréter les violences au XXe siècle*, Paris, La Découverte, 2011.
TRAVERSO, Enzo, *Mélancolie de gauche. La force d'une tradition cachée (XIXe-XXe siècle)*, Paris, La Découverte, 2016.
VINCENT-BUFFAULT, Anne, *L'Éclipse de la sensibilité. Éléments d'une histoire de l'indifférence*, Lyon, Parangon-VS, 2009.
VIDAL SEPHIHA, Haïm, « Introduction à l'étude de l'intensif », in *Langages*, 5e année, n° 18, 1970, *L'ethnolinguistique*, 104-120. https://www.persee.fr/doc/lgge_0458-726x_1970_num_5_18_2031 (consulté le 12/11/2020).
WEIGEL, Sigrid, *Bilder des kulturellen Gedächtnisses. Beiträge zur Gegenwartsliteratur*, Dülmen/Hiddingsel, tende, 1994.
WEIGEL, Sigrid, *Entstellte Ähnlichkeit. Walter Benjamins theoretische Schreibweise*, Frankfurt a. M., Fischer, 1997.
WEIGEL, Sigrid, *Ingeborg Bachmann. Hinterlassenschaften unter Wahrung des Briefgeheimnisses*, Wien, Zsolnay, 1999.
WEIGEL, Sigrid, « L'éclair de la connaissance et le temps de l'image », *Europe*, n° 1008, 2013, p. 160-178.
WEIGEL, Sigrid, « Télescopage im Unbewußten. Zum Verhältnis von Trauma, Geschichtsbegriff und Literatur », *Trauma. Zwischen Psychoanalyse und kulturellem Deutungsmuster*, éd. Elisabeth Bronfen, Birgit R. Erdle et Sigrid Weigel, Köln/Weimar/Wien, Böhlau, 1999, p. 51-76.
WEIGEL, Sigrid, *Walter Benjamin. Die Kreatur, das Heilige, die Bilder*, Frankfurt a. M., Fischer, 2008.
WEISS, Peter, « Laokoon oder Über die Grenzen der Sprache », *Rapporte*, Frankfurt a. M., Suhrkamp, 1968, 170-187.
WIEVIORKA, Annette, *L'ère du témoin* [1998], Paris, Fayard, 2013.
WILDE, Oscar, *Le Déclin du mensonge. Une observation*, trad. Hugues Rebell, Paris, Allia, 2011.
ZENETTI, Marie-Jeanne, *Factographies. L'enregistrement littéraire à l'époque contemporaine*, Paris, Classiques Garnier, 2014.
ZENETTI, Marie-Jeanne, « Prélèvement/déplacement : le document au lieu de l'œuvre », *Littérature* n° 166, juin 2012.
ZISCHLER, Hanns, *Kafka geht ins Kino* [[1]1996], Berlin, Galiani, 2017.

INDEX DES NOMS

Ne sont repris ici que les noms cités dans le corps du texte (à l'exception de celui de Sebald). Pour retrouver l'intégralité des auteurs des textes cités en notes, se reporter à la bibliographie.

TABLE DES MATIÈRES

IMPRIM'VERT®

Achevé d'imprimer par Corlet,
Condé-en-Normandie (Calvados), en mai 2021
N° d'impression : 21050193 - dépôt légal : mai 2021
Imprimé en France